Leer «Lolita» en Teherán

quinteto

Azar Nafisi

Leer «Lolita» en Teherán

Traducción de M.ª Luz García

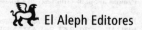 El Aleph Editores

Título original: *Reading Lolita in Teheran. A Memoir in Books*

© Azar Nafisi, 2003
© de la traducción, M.ª Luz García de la Hoz, 2003
© de esta edición, Grup Editorial 62 S.L.U., El Aleph Editores, 2004
   Peu de la Creu. 4. 08001 Barcelona

Diseño de la cubierta: Opalworks
Ilustración de la cubierta: AP / Wide World Photos
Primera edición: octubre de 2004

Depósito legal: B. 40.236-2004
ISBN: 84-96333-15-9
Impresión y encuadernación: Litografía Rosés, S. A.
Printed in Spain - Impreso en España

El derecho a utilizar la marca Quinteto corresponde a las editoriales ANAGRAMA,
EDHASA, GRUP 62, SALAMANDRA y TUSQUETS.

Biografía

Azar Nafisi es profesora en la Universidad Johns
Hopkins. Obtuvo una beca de Oxford e impartió
clases de literatura inglesa en la Universidad de
Teherán, la Universidad Libre Islámica y la
Universidad Allameh Tabatabai de Irán. Fue
expulsada de la Universidad de Teherán por negarse
a cubrirse con el velo; abandonó Irán en 1997
y se instaló en Estados Unidos. Ha colaborado con
The New York Times, *The Washington Post*,
The Wall Street Journal y *The New Republic*.
Ha intervenido asimismo en numerosos programas
de radio y televisión, y es autora de *Anti-Terra:*
A Critical Study of Vladimir Nabokov's Novels.
Vive en Washington con su marido y sus dos hijos.

A la memoria de mi madre, Nezhat Nafisi
Para mi padre, Ahmad Nafisi, y mi familia:
Bijan, Negar y Dara Naderi

¿A quién le explicamos lo que ocurrió en la Tierra? ¿Para quién disponemos por todas partes espejos gigantescos con la esperanza de que sean colmados y así se mantengan?

CZESLAW MILOSZ, «Annalena»

Contenido

Nota de la autora

Ciertos aspectos de los personajes y los hechos que aparecen en esta historia se han modificado, principalmente para proteger a las personas, no sólo de la censura sino también de aquellos que leen esta clase de obras para averiguar quién es quién y quién le hizo qué a quién, para prosperar y colmar su propio vacío con secretos ajenos. Los hechos que se narran en este libro son verídicos en la medida en que los recuerdos pueden ser fidedignos, pero he hecho lo imposible por proteger a amigos y alumnos, bautizándolos con nombres falsos y disfrazándolos, cambiando e intercambiando facetas de sus vidas para que sus secretos queden a salvo.

PRIMERA PARTE

Lolita

I

En el otoño de 1995, tras dimitir de mi último puesto académico, decidí darme un capricho y cumplir un sueño. Seleccioné a siete de mis mejores y más entregadas alumnas y les invité a acudir a mi casa los jueves por la mañana para hablar de literatura. Todas eran mujeres, ya que dar una clase mixta en mi domicilio particular era demasiado arriesgado, aunque nos dedicáramos a hablar de inofensivas obras de ficción. Un varón muy cabezota al que había excluido de nuestra clase insistió en sus derechos. Se llamaba Nima, y quedamos en que leería el material asignado y vendría a casa en días especiales para hablar sobre los libros que estábamos leyendo.

A menudo les recordaba en broma a mis alumnas *The Prime of Miss Jane Brodie*, de Muriel Spark, y les preguntaba: «¿Quién de vosotras me traicionará?». Porque soy pesimista por naturaleza y estaba segura de que al menos una se volvería contra mí. En cierta ocasión Nassrin respondió con malicia: «Tú misma nos dijiste que al final somos nuestros propios traidores, los Judas de nuestro propio Cristo». Manna señaló que yo no era la señorita Brodie y que ellas... bueno, ellas eran lo que eran. Me hizo recordar una advertencia que yo acostumbraba a hacer: «Nunca, en ninguna circunstancia, menospreciéis una obra de ficción tratando de convertirla en un calco de la vida real; lo que buscamos en la ficción no es la realidad, sino la manifestación de la verdad». Aunque supongo que si tuviera que contravenir mi propia recomendación y elegir una obra de ficción que sintonizara más con nuestra vida en la República Islámica de Irán, no elegiría *The Prime of Miss Jane Brodie*, ni siquiera *1984*, sino *Invitado a una decapitación* de Nabokov o, mejor aún, *Lolita*.

La última noche que pasé en Teherán, un par de años después de comenzar con los seminarios de los jueves, unos pocos amigos y alumnos vinieron a casa para despedirse y ayudarme a hacer el equipaje. Cuando terminamos de vaciar la vivienda, cuando los objetos se esfumaron y los colores hubieron desaparecido en ocho maletas grises, como genios errantes que se desintegraran en sus respectivas botellas, mis alumnas y yo nos pusimos contra la pared blanca y desnuda del comedor y nos hicimos dos fotografías.

En este momento tengo las dos fotos ante mí. En la primera hay siete mujeres de pie, delante de una pared blanca. Todas llevan manto negro y pañuelo negro en la cabeza, de acuerdo con la ley del país; van totalmente tapadas, con excepción de las manos y del óvalo de la cara. En la otra fotografía están las mismas personas, en la misma postura, delante de la misma pared. Pero se han quitado el manto y el pañuelo. Manchas de color diferencian a una de otra. Destacan individualmente por el color y el estilo de la ropa, por el color y la longitud del cabello; ni siquiera las dos que llevan pañuelo parecen las mismas.

La que está en el extremo derecho de la segunda fotografía es nuestra poetisa, Manna, con camiseta blanca y vaqueros. Ha hecho poesía sobre temas que mucha gente desecha. La fotografía no refleja la especial opacidad de sus ojos oscuros, testimonio de su carácter tímido y reservado.

Junto a ella está Mahshid, cuyo largo pañuelo negro contrasta con sus rasgos de porcelana y su sonrisa retraída. Mahshid era experta en muchas cosas, pero poseía cierta elegante delicadeza y dimos en llamarla «mi señora». Nassrin solía decir que, más que definir a Mahshid, habíamos conseguido añadir otra dimensión a la palabra «señora». Mahshid es muy sensible. «Es como la porcelana —me dijo Yassi una vez—, fácil de romper.» Por eso parece frágil a quienes no la conocen bien, pero ay de quien la ofenda... «En cuanto a mí —siguió diciendo con buen humor—, soy como el plástico recio de antes: no me rompo me hagan lo que me hagan.»

Yassi era la más joven del grupo. Es la que va de amarillo, está encorvada y riéndose a carcajadas. Solíamos pincharla diciendo que era nuestra actriz. Era tímida por naturaleza, pero había cosas que le entusiasmaban y hacían que se desinhibiera. Tenía un acento ligeramente burlón que ponía en duda no sólo a los demás, sino también a sí misma.

Yo soy la de marrón, estoy al lado de Yassi, con el brazo en su hombro. Inmediatamente detrás de mí está Azin, mi alumna más alta, con su largo cabello rubio y la camiseta rosa. Se está riendo, como las demás. Las sonrisas de Azin nunca parecían sonrisas; eran más bien como preludios de una hilaridad incontenible y nerviosa. Sonreía de aquella manera tan especial incluso cuando estaba contando el último problema que tenía con su marido. Siempre extravagante y franca, Azin saboreaba el factor sorpresa de sus actos y comentarios y a menudo chocaba con Mahshid y Manna. La llamábamos «la salvaje».

Al otro lado tengo a Mitra, que quizá era la más tranquila de todas. Como los colores pastel de sus cuadros, parecía difuminarse y desvanecerse en un registro más pálido. Su belleza se salvaba de lo previsible en virtud de un par de milagrosos hoyuelos que podía utilizar, y de hecho utilizaba, para conseguir que muchas víctimas desprevenidas se doblegaran ante su voluntad.

Sanaz, que, presionada por la familia y la sociedad, vacilaba entre su deseo de independencia y su necesidad de aprobación, está cogida del brazo de Mitra. Todas estamos riendo. Y Nima, marido de Manna y mi único crítico literario de verdad (ojalá tuviera constancia para acabar los brillantes ensayos que empezó a escribir), es nuestro compañero invisible, el fotógrafo.

Había otra más: Nassrin. No está en las fotografías, no llegó hasta el final. Pero mi historia estaría incompleta sin quienes no pudieron quedarse o no se quedaron. Como en muchos otros escritos sobre aquella época, las ausencias persisten como un dolor agudo que no parece tener un origen físico. Eso es Teherán para mí: sus ausencias eran más reales que sus presencias.

Cuando veo a Nassrin en el recuerdo, está ligeramente desenfocada, borrosa, casi lejana. He estado mirando las fotografías que mis estudiantes se hicieron conmigo durante aquellos años y Nassrin aparece en varias, pero siempre escondida detrás de algo: una persona, un árbol. En una estoy con ocho estudiantes en el pequeño jardín que está delante de la facultad, escenario de muchas fotografías de despedida con el correr de los años. Al fondo hay un gran sauce, estamos riendo y, en un rincón, detrás del alumno más alto, asoma la cara de Nassrin, como un diablillo que se cuela pícaramente en una escena a la que no ha sido invitado. En otra apenas puedo distinguir su cara por el pequeño hueco en forma de V que forman los hombros de dos alumnas. En ésta parece perdida en sus pensamientos, con el entrecejo fruncido, como si no se diera cuenta de que le están haciendo una fotografía.

¿Cómo puedo describir a Nassrin? En cierta ocasión dije que era como el gato de Cheshire, apareciendo y desapareciendo inesperadamente en mi vida académica. La verdad es que no sé describirla: ella era su propia definición. Lo único que puede decirse es que Nassrin era Nassrin.

Durante dos años, casi todos los jueves por la mañana, lloviera o hiciera sol, venían a mi casa, y casi nunca dejaba de asombrarme cuando las veía despojarse de los velos y mantos obligatorios y estallar en colores. Al entrar en aquella sala se quitaban mucho más que el pañuelo y el manto. Poco a poco iban adquiriendo perfil y forma, convirtiéndose en su propio e inimitable ser. Nuestro mundo en aquella sala, con la ventana enmarcando las amadas montañas de Teherán, se convirtió en un santuario, en un universo autosuficiente que burlaba la realidad de los pañuelos negros y las caras hurañas de la ciudad que se extendía más abajo.

El tema de la clase era la relación entre ficción y realidad.

Leíamos literatura clásica persa, como los cuentos de nuestra heroína de ficción, Scherezade, de *Las mil y una noches*, junto con clásicos occidentales: *Orgullo y prejuicio*, *Madame Bovary*, *Daisy Miller*, *El diciembre del decano* y, desde luego, *Lolita*. Mientras escribo el título de cada libro, los recuerdos revolotean en el viento y turban la tranquilidad de este día otoñal en otra habitación, en otro país.

De vez en cuando me siento en ese otro mundo que tantas veces afloraba en nuestras conversaciones y vuelvo a imaginarme a mí y a mis alumnas, mis chicas, como acabé llamándolas, leyendo *Lolita* en una mal soleada habitación de Teherán. Pero, por utilizar las palabras de Humbert, el poeta/criminal de *Lolita*, «te necesito, lector, para que nos imagines, porque no existiremos de verdad si no lo haces». Contra la tiranía del tiempo y la política, imagínanos como ni siquiera nosotras nos atrevemos a veces a imaginarnos: en los momentos más íntimos y secretos, en los instantes de vida más extraordinariamente cotidianos, escuchando música, enamorándonos, paseando por las calles sombreadas o leyendo *Lolita* en Teherán. Y luego vuelve a imaginarnos, con todo esto confiscado, enterrado, arrebatado de nuestras manos.

Si escribo sobre Nabokov hoy es para conmemorar nuestra lectura de Nabokov en Teherán, contra todo pronóstico. Entre todas sus novelas, escogí la que enseñé al final, y la que está vinculada con muchos más recuerdos. Quiero escribir sobre *Lolita*, pero ya no puedo escribir sobre esa novela sin escribir también sobre Teherán. Así que ésta es la historia de *Lolita* en Teherán, de cómo *Lolita* dio un color diferente a Teherán y de cómo Teherán ayudó a redefinir la novela de Nabokov, convirtiéndola en esta *Lolita*, nuestra *Lolita*.

2

Y sucedió que un jueves de primeros de septiembre nos congregamos en mi salita para celebrar la primera reunión. Ahí llegan, una vez más. Primero oigo el timbre, una pausa, y la puerta de la calle al cerrarse. Luego oigo pasos que suben la escalera y pasan por delante de la vivienda de mi madre. Al acercarme a la puerta entreveo un fragmento de cielo por la ventana lateral. En cuanto una chica llega a la puerta, se quita el manto y el pañuelo, y a veces se sacude el pelo. Se detiene antes de entrar en la sala. Pero no hay sala, sólo el vacío burlón del recuerdo.

Más que ninguna otra parte de la vivienda, la salita era el símbolo de mi vida nómada y de prestado. Allí coexistían muebles vagabundos de diferentes épocas y lugares, tanto por necesidad económica como por mi gusto ecléctico. Curiosamente, aquellos ingredientes disonantes creaban en la sala una simetría de la que carecían las restantes habitaciones, amuebladas con más cuidado.

Mi madre se ponía furiosa cada vez que veía los cuadros apoyados contra la pared, los jarrones de flores en el suelo y las ventanas sin cortinas, que me había negado a poner hasta que finalmente me recordaron que aquél era un país islámico y era necesario que las ventanas estuvieran cubiertas. «No sé si eres realmente hija mía —decía, lamentándose—. ¿No te he educado para que seas ordenada y organizada?» Su tono de voz era serio, pero había repetido tantas veces la misma queja, y durante tantos años, que a aquellas alturas era un ritual casi tierno. «Azi —así es como me llamaban—, Azi —decía—, ya eres adulta, compórtate como tal.» Aunque había algo en su voz que me mantenía joven, frágil y obstinada, y todavía cuando oigo su voz en el recuerdo, sé que nunca he satisfecho sus expectativas, que nunca he sido la mujer que ella quería que fuera.

Aquella habitación a la que no prestaba mucha atención entonces, ahora que se ha convertido en un objeto precioso para el recuerdo, ha adquirido, para mi mirada interior, otra categoría. Era una habitación espaciosa, escasamente amueblada y decorada. En un rincón estaba la chimenea, una creación extravagante de mi marido, Bijan. Arrimado a una pared había un confidente que había cubierto con una colcha de encaje, antiquísimo regalo de mi madre. De cara a la ventana había un sofá de color melocotón claro, flanqueado por dos sillones a juego y una gran mesa de hierro con superficie cuadrada de cristal.

Mi sitio era siempre el sillón de espaldas a la ventana, que daba a un ancho callejón sin salida llamado Azar. Al otro lado de la ventana estaba el antiguo Hospital Americano, en otros tiempos un pequeño hospital selectivo y ahora un abarrotado centro médico para veteranos de guerra heridos o inválidos. Los «fines de semana», que en Irán son los jueves y los viernes, la callejuela se llenaba de visitantes del hospital, que acudían como quien va de merienda, con bocadillos y niños. El jardín de mi vecino, que era su orgullo y alegría, constituía la principal víctima de las agresiones, sobre todo en verano, cuando la gente hacía sus necesidades encima de sus amadas rosas. Oíamos los gritos de los niños que lloraban y reían, mezclados con las voces de sus madres, que también gritaban y voceaban los nombres de sus hijos, amenazándolos con castigos. A veces un par de muchachos pulsaban nuestro timbre y salían corriendo, repitiendo esta peligrosa experiencia de vez en cuando.

Desde nuestra vivienda, que estaba en la segunda planta (mi madre ocupaba la de la primera, y la de mi hermano, en la tercera, estaba vacía desde que se había ido a Inglaterra), podíamos ver las ramas más altas de un árbol frondoso y, a lo lejos, por encima de los edificios, los montes de Alborz. La calle, el hospital y sus visitantes se volvían invisibles. Sólo notábamos su presencia por los incorpóreos ruidos que llegaban de abajo.

No podía ver mis montañas favoritas desde donde me sentaba, pero en la pared del fondo del comedor había un objeto de anticuario, un espejo oval, regalo de mi padre, en el que distinguía reflejadas las montañas, con la cima cubierta de nieve incluso en verano, y los árboles cambiando de color. Aquel paisaje censurado intensificaba mi impresión de que el ruido no llegaba de la calle, sino de algún lugar lejano, un lugar cuyo constante ronroneo era el único nexo de unión con el mundo que, durante aquellas pocas horas, nos habíamos negado a reconocer.

Aquella habitación, para todas nosotras, se convirtió en un lugar de transgresión. ¡Era el país de las maravillas! Sentadas alrededor de aquella gran mesa de hierro llena de ramos con flores, comentábamos sin cesar las novelas que leíamos. Al mirar atrás me sorprende lo mucho que aprendimos casi sin darnos cuenta. Íbamos a ver, de la mano de Nabokov, cómo las piedras corrientes de la vida corriente se transformaban en joyas gracias al ojo mágico de la ficción.

3

Las seis de la mañana: primer día de clase. Ya estaba levantada. Demasiado nerviosa para desayunar, preparé café y luego me di una larga y pausada ducha. El agua me iba acariciando el cuello, la espalda y las piernas mientras estaba allí, clavada en el suelo y ligera al mismo tiempo. Por primera vez en muchos años pensé en las horas siguientes sin sentir tensiones: no necesitaba cumplir con los tortuosos rituales que comenzaban a primera hora de la mañana cuando enseñaba en la universidad; unos rituales que prescribían lo que estaba obligada a vestir, cómo se esperaba que me comportase, los gestos que tenía que reprimir. Para aquellas clases me preparaba de otra forma.

La vida en la República Islámica era tan caprichosa como el mes de abril, cuando tras cortos intervalos de sol venían rachas repentinas de lluvias y tormentas. Era impredecible: el régimen tenía ciclos en que alternaban los periodos de cierta tolerancia con otros caracterizados por las medidas enérgicas. Tras un período de relativa calma y supuesta liberalización, habíamos entrado de nuevo en una época difícil. Las universidades habían vuelto a ser el blanco de los ataques de los puristas culturales, que se dedicaban a imponer leyes más estrictas, llegando al extremo de separar a los hombres de las mujeres en las aulas y a castigar a los profesores desobedientes.

La Universidad de Allameh Tabatabai, donde yo había sido profesora desde 1987, se había distinguido por ser la más liberal de Irán. Se rumoreaba que alguien del Ministerio de Enseñanza Superior había preguntado, retóricamente, si los profesores de Allameh pensaban que vivían en Suiza. Suiza se había convertido en cierto modo en sinónimo de laxitud occidental: cualquier programa o acción considerados antiislámicos se rechazaban con un comentario burlón acerca de que Irán no era Suiza.

La presión era mayor sobre los estudiantes. Yo me sentía impotente escuchando sus interminables tribulaciones. Las alumnas empezaron a recibir castigos por subir corriendo la escalera cuando llegaban tarde a clase, por reír en los pasillos o por hablar con personas del sexo opuesto. Un día Sanaz irrumpió llorando en clase, cuando estábamos a punto de terminar. Explicó entre sollozos que la razón de su retraso era que la guardia femenina de la puerta había encontrado colorete en su bolso y había querido enviarla a su casa con una reprimenda.

¿Por qué dejé de dar clases tan súbitamente? Me he hecho esta pregunta varias veces. ¿Fue por la menguante calidad de la universidad? ¿Por la creciente indiferencia entre los profesores que quedaban y los estudiantes? ¿Por la lucha diaria contra leyes y restricciones arbitrarias?

Sonreía mientras me frotaba la piel con la áspera manopla, recordando la reacción de las autoridades de la universidad ante mi carta de dimisión. Me habían hostigado y limitado de todas las formas posibles, vigilando a mis visitas, controlando mis actos, negándome una titularidad que me correspondía desde hacía mucho, y cuando dimití hicieron que me pusiera furiosa, porque de repente se ablandaron y se negaron a aceptar mi dimisión. Los alumnos habían amenazado con boicotear las clases, y me produjo cierta satisfacción descubrir más tarde que, a pesar de las amenazas de represalias, boicotearon a la persona que me sustituyó. Todos creyeron que cedería y al final volvería.

Tardaron dos años en aceptar mi dimisión. Recuerdo que un amigo me dijo: «No entiendes su mentalidad. No aceptan tu dimisión porque no creen que tengas derecho a irte. Son ellos quienes deciden cuánto tiempo debes quedarte y cuándo deben prescindir de ti». Era más que nada aquella arbitrariedad lo que había llegado a ser insoportable.

«¿Qué vas a hacer? —me habían preguntado mis amistades—. ¿Te quedarás en casa y ya está?» «Bueno, podría escribir otro libro», les decía yo. Pero en realidad no tenía ningún plan definido. Seguía capeando las reacciones desatadas por mi libro sobre Nabokov y cuando me ponía a pensar en la forma de mi siguiente libro sólo veía ideas vagas, semejantes a nubes de vapor. Durante algún tiempo al menos podía continuar con la agradable tarea de estudiar a los clásicos persas, pero en mi mente iba ganando relieve un proyecto en particular, una idea que había estado alimentando durante años. Ya hacía mucho tiempo que soñaba con crear un seminario especial que me permitiera las libertades que se les negaban a mis clases en la República Islámica. Quería enseñar a un puñado de alumnos escogidos, dedicados totalmente al estudio de la literatura, alumnos que no hubieran sido seleccionados por el Gobierno, que no hubieran elegido Filología Inglesa porque no habían sido aceptados en otras asignaturas o porque creyeran que una licenciatura en esta materia era un buen punto en su currículo.

En la República Islámica, la docencia, como cualquier otra profesión, estaba supeditada a la política y sometida a las arbitrarias leyes del momento. La alegría de enseñar se nublaba siempre por culpa de las distracciones y consideraciones a que nos obligaba el régimen: ¿cómo podía enseñar bien nadie cuando la principal preocupación de los funcionarios de la universidad no era la calidad del trabajo de la persona que enseñaba, sino el color de sus labios o la carga subversiva de un simple mechón de cabellos? ¿Podía nadie concentrarse en el trabajo cuando lo que preocupaba a la junta de profesores era cómo eliminar la palabra «vino» de una novela de Hemingway, o cuando decidía pasar por alto la existencia de Emily Brontë porque parecía admitir el adulterio?

Me estaba acordando de una pintora amiga mía que empezó pintando escenas cotidianas, principalmente habitaciones vacías, casas abandonadas y fotos olvidadas de mujeres. Gradualmente su trabajo fue haciéndose más abstracto y, en su última exposición, las pinturas eran salpicaduras de colores rebeldes, como las dos que tengo en la sala, espacios oscuros con pequeñas gotas azules. Le pregunté por su evolución del realismo moderno a la abstracción. «La realidad se ha vuelto tan insoportable —dijo—, tan sombría, que lo único que puedo pintar ahora son los colores de mis sueños.»

«Los colores de mis sueños», repetí para mí, pisando las frías baldosas. Me gustaba. ¿Cuánta gente tiene la oportunidad de pintar los colores de sus sueños? Me enfundé en el albornoz extragrande; me sentó bien cambiar la seguridad del agua que abraza por la protectora coraza de un albornoz que envuelve seductoramente. Fui descalza a la cocina, me serví café en mi taza favorita, la que tenía fresas rojas, y me senté en el diván del vestíbulo con la mente perdida.

Aquella clase era el color de mis sueños. Suponía un alejamiento de una realidad que se había vuelto hostil. Quería con todas mis fuerzas seguir con aquel raro humor alegre y optimista. Porque en el fondo no sabía qué me esperaba al final de aquel proyecto. «Te das cuenta —me había dicho un amigo— de que te estás encerrando cada vez más en ti misma, y ahora que has cortado tus relaciones con la universidad, tu único contacto con el mundo exterior quedará restringido básicamente a una habitación. ¿Adónde irás desde allí?», me había preguntado. «Encerrarse en los propios sueños podría ser peligroso», me dije mientras me dirigía al dormitorio para cambiarme; eso lo había aprendido de los desquiciados soñadores de Nabokov, como Kinbote y Humbert.

Al seleccionarlos no quise fijarme en la educación ideológica o religiosa de mis alumnas. Más tarde pensaría que el principal logro de aquel seminario había sido que un grupo así, formado por personas diferentes y a veces contrapuestas por su formación tanto personal como religiosa o social, fuera tan leal a sus metas e ideales.

Una razón por la que elegí a aquellas chicas fue la especial mezcla de fragilidad y coraje que noté en ellas. Eran lo que podríamos llamar solitarias que no pertenecían a ningún grupo o secta en particular. Admiraba su habilidad para sobrevivir, no a pesar de su solitaria vida, sino, en muchas ocasiones, gracias a ella. Podemos llamar a la clase «nuestro espacio propio», había sugerido Manna, una especie de versión colectiva de la «habitación propia» de Virginia Woolf.

Aquella primera mañana pasé más tiempo de lo habitual eligiendo mi indumentaria, probándome distintas blusas, hasta que finalmente me decidí por una blusa de rayas rojas y unos pantalones ajustados negros de pana. Me maquillé a conciencia y me puse un pintalabios rojo brillante. Cuando me estaba poniendo los pendientes, me dio un ataque de pánico. ¿Y si no funcionaba? ¿Y si no querían venir?

«¡No, no lo hagas! Suspende todos los temores durante las próximas cinco o seis horas por lo menos, por favor, por favor», me supliqué mientras me ponía los zapatos y me dirigía a la cocina.

4

Estaba en la cocina preparando té cuando sonó el timbre. Había estado tan sumida en mis pensamientos que la primera vez que sonó no lo había oído. Abrí la puerta a Mahshid. «Pensaba que no estabas en casa», dijo, mientras me daba un ramo de narcisos blancos y amarillos. Cuando se estaba quitando el manto negro le dije que no había hombres en la casa: «Puedes quitarte eso también». Titubeó antes de sacarse el largo pañuelo negro. Yassi y ella respetaban el velo, pero en los últimos tiempos Yassi se había relajado en la forma de llevar el pañuelo. Se lo ataba con un nudo flojo por debajo de la barbilla, con el oscuro pelo castaño, peinado con raya desigual en el centro, asomándole por la parte inferior. Por debajo llevaba el pelo cuidadosamente arreglado y rizado. Sus cortos mechones le daban un extraño aspecto pasado de moda que me parecía más europeo que iraní. Llevaba una chaquetilla azul intenso encima de una blusa blanca, con una gran mariposa amarilla bordada a la derecha: «¿Llevas eso en honor de Nabokov?».

Ya no me acuerdo de cuándo empezó Mahshid a asistir a mis clases. En cierto modo es como si siempre hubiera estado allí. Su padre, un devoto musulmán, había sido un ardiente partidario de la revolución. Ella llevaba pañuelo antes de la revolución, y en su diario escolar escribía sobre las mañanas solitarias que pasaba en un elegante colegio para señoritas sintiéndose abandonada y marginada a causa, paradójicamente, de su llamativo atuendo. Después de la revolución fue encarcelada durante cinco años por su filiación con una organización religiosa disidente y se le prohibió continuar con sus estudios en los dos años posteriores a su liberación.

La imagino en aquellos días previos a la revolución, recorriendo durante incontables mañanas soleadas la empinada calle que llevaba al colegio. La veo andando sola, con la cabeza gacha. Entonces, como ahora, no disfrutaba del esplendor del día. Digo «entonces, como ahora», porque la revolución que había impuesto el pañuelo a las demás no había curado su soledad. Antes de la revolución podía en cierto modo sentirse orgullosa de su aislamiento. En aquella época, se había puesto el pañuelo como testimonio de su fe. Había sido una decisión voluntaria. Cuando la revolución obligó a que las demás también llevaran el pañuelo, su gesto dejó de tener sentido.

Mahshid es como debe ser en el auténtico sentido de la expresión: tiene encanto y cierta dignidad. Su piel es del color de la luz de la luna, tiene los ojos almendrados y un cabello negro azabache que se arregla con un estilo pasado de moda, con rizos por debajo. Viste con colores apastelados y tiene la voz suave. Sus antecedentes devotos deberían haberla protegido, pero estuvo en la cárcel cinco años por pertenecer a una organización religiosa disidente. No puedo imaginármela en la cárcel.

Durante los muchos años que hace que conozco a Mahshid, rara vez se ha referido a sus experiencias en la cárcel, de la que salió con un solo riñón. Un día, mientras hablábamos en clase de nuestros terrores y pesadillas cotidianos, mencionó que los recuerdos carcelarios la acosaban de tarde en tarde y que todavía no había encontrado la manera de expresarlos. «Pero la vida cotidiana —añadió—, no tiene menos horrores que la prisión.»

Pregunté a Mahshid si quería un té. Siempre considerada, dijo que prefería esperar a las otras y se disculpó por haber llegado un poco antes. «¿Puedo ayudarte?», preguntó. No había nada en lo que me pudiera ayudar. «Estás en tu casa», le dije mientras iba a la cocina con las flores, en busca de un jarrón. El timbre volvió a sonar. «Yo abriré», exclamó Mahshid en la salita. Oí risas; habían llegado Manna y Yassi.

Manna entró en la cocina con un ramillete de rosas. «Es de parte de Nima —dijo—, quiere que te sientas mal por haberlo excluido de la clase. Dice que cogerá un ramo de rosas y, para protestar, desfilará delante de tu casa durante las horas de clase.» Manna sonreía; una breve chispa brilló en sus ojos y luego se apagó.

Mientras ponía las pastas en una bandeja grande pregunté a Manna si imaginaba las palabras de sus poemas en colores. «Nabokov dice en su autobiografía que él y su madre veían las letras del abecedario en color —expliqué—. De sí mismo dice que es un escritor pictórico.»

«La República Islámica ha embrutecido mi sentido del color —dijo Manna señalando las hojas caídas de las rosas—. Quiero vestir colores escandalosos, como rosa fuerte o rojo tomate. Me siento demasiado ávida de colores para verlos en palabras poéticas cuidadosamente escogidas.» «Manna —me dije— es de esas personas que pueden experimentar éxtasis pero no alegría.» «Ven aquí, quiero enseñarte algo», le dije, mientras la llevaba al dormitorio. Cuando era pequeña estaba obsesionada con el color de los lugares y las cosas de los que mi padre me hablaba en sus cuentos nocturnos. Quería saber el color del vestido de Scherezade, de su colcha, el color del genio y de la lámpara mágica, y una vez le pregunté por el color del paraíso. Dijo que podía ser de cualquier color que yo quisiera. No me bastó. De pronto, un día que teníamos invitados y estaba tomándome la sopa en el comedor, mis ojos se posaron en un cuadro que había visto en la pared desde que tengo memoria, y al momento supe el color de mi paraíso. «Aquí lo tienes», le dije, señalando con orgullo una pequeña pintura al óleo con un viejo marco de madera: un paisaje verde de hojas sólidas y exuberantes, con dos pájaros, dos manzanas rojo oscuro, una pera dorada y un toque de azul.

«¡Mi paraíso es azul piscina! —exclamó Manna sin apartar los ojos del cuadro—. Vivíamos en un jardín muy grande que era de mis abuelos —dijo volviéndose hacia mí—, ya conoces los antiguos jardines persas, con árboles frutales, melocotoneros, manzanos, cerezos, caquis y algún que otro sauce. Mis mejores recuerdos son de cuando me bañaba en la piscina, grande y de forma irregular. Era campeona de natación en la escuela, algo de lo que mi padre estaba muy orgulloso. Casi un año después de la revolución, mi padre murió de un ataque cardíaco, el Gobierno confiscó nuestra casa y el jardín, y nos mudamos a una casa de unos vecinos. Nunca más volví a nadar. Mi sueño está en el fondo de aquella piscina. Tengo un sueño recurrente en el que me zambullo para recuperar parte del recuerdo de mi padre y de mi infancia», dijo mientras íbamos hacia la salita, pues el timbre había vuelto a sonar.

Azin y Mitra habían llegado juntas. Azin se estaba quitando el kimono negro que llevaba a modo de manto (los mantos a la japonesa eran el último grito en aquel entonces), dejando al descubierto una blusa blanca de estilo campesino que no pretendía cubrirle los hombros, grandes pendientes dorados y pintalabios rosa. Llevaba un ramo de orquídeas amarillas: «De parte de Mitra y mía», dijo con aquella voz suya tan especial que sólo puedo describir como un mohín coqueto.

A continuación llegó Nassrin. Traía dos cajas de turrón: «Un regalo de Isfahán», informó. Iba vestida con el uniforme de siempre: manto azul marino, pañuelo azul marino y zapatos planos de color negro. La última vez que la había visto en clase llevaba un amplio chador negro que sólo dejaba al descubierto el óvalo de la cara y dos manos inquietas, las cuales, cuando no escribían o hacían garabatos, estaban en constante movimiento, como si trataran de escapar de los confines de la espesa ropa negra. Recientemente había cambiado el chador por largos mantos informes de color azul marino, negro o marrón oscuro, con bastos pañuelos a juego que escondían su cabello y enmarcaban su pequeña cara. Tenía una cara pequeña y pálida, con una piel tan transparente que podían contarse las venas, unas cejas espesas, pestañas largas, ojos vivarachos (castaños), nariz recta y pequeña y boca malhumorada: una miniatura inacabada de un pintor que hubiera tenido que abandonar repentinamente el trabajo y hubiera dejado la cara, dibujada con esmero, encerrada en un descuidado estallido de colores oscuros.

Oímos un chirrido de ruedas y un frenazo brusco. Miré por la ventana: un viejo Renault de color crema se había detenido junto a la acera. Al volante iba un joven con modernas gafas de sol y de perfil desafiante que apoyaba el brazo y la manga negra en la curva de la ventanilla abierta y daba la impresión de conducir un Porsche. Miraba al frente mientras hablaba con la mujer que se sentaba a su lado. Sólo una vez volvió la cabeza a la derecha, con una expresión que supuse de enfado, y fue cuando la mujer bajó del coche y cerró la portezuela con un golpe furioso. Mientras ella se dirigía a la puerta de mi casa, él asomó la cabeza y gritó unas palabras, pero ella no se volvió para responder. El viejo Renault era de Sanaz; ella lo había comprado con dinero que había ahorrado trabajando.

Me volví hacia la habitación, llena de vergüenza ajena. Aquél debía de ser su repelente hermano, me dije. A los pocos segundos sonó el timbre, oí los pasos apresurados de Sanaz y le abrí la puerta. Parecía nerviosa, como si hubiera estado huyendo de un moscón o de un ladrón. En cuanto me vio, compuso una sonrisa y dijo sin respiración: «Espero no llegar tarde».

Había dos hombres muy importantes que dominaban la vida de Sanaz en aquel momento. Uno era su hermano. Tenía diecinueve años y todavía no había terminado la segunda enseñanza; era el preferido de los padres, que, después de tener dos chicas, una de las cuales había muerto a los tres años, habían logrado finalmente la bendición de un hijo. Lo habían malcriado y la única obsesión de su vida era Sanaz. Se había empeñado en demostrar su masculinidad espiándola, escuchando sus conversaciones telefónicas, conduciendo su coche y vigilando sus movimientos. Los padres habían tratado de calmar a Sanaz y le suplicaban que, como hermana mayor, tuviera paciencia y comprensión, que utilizara su instinto maternal para ayudarlo a salir de aquel difícil período.

El otro era el amor de su infancia, un chico al que conocía desde los once años. Los padres de ambos eran buenos amigos y las dos familias pasaban mucho tiempo y muchas vacaciones juntos. Sanaz y Alí parecían enamorados desde siempre. Sus padres fomentaban aquella unión y decían que era un enlace hecho en el cielo. Cuando Alí se fue a Inglaterra, y de aquello hacía seis años, su madre se acostumbró a decir que Sanaz era su novia. Los dos jóvenes se escribían, se enviaban fotos y, desde hacía un tiempo, como los pretendientes de Sanaz se habían multiplicado, se hablaba de compromiso y de un reencuentro en Turquía, donde los iraníes no necesitaban visado de entrada. Aquello podía ocurrir cualquier día y era un suceso que Sanaz esperaba con algo de miedo e inquietud.

Nunca había visto a Sanaz sin el uniforme y casi me quedé transfigurada cuando se quitó el manto y el pañuelo. Llevaba una camiseta naranja remetida en unos tejanos ceñidos y botas marrones, aunque la transformación más radical era la masa de cabello castaño oscuro y reluciente que ahora le enmarcaba la cara. Sacudió la magnífica cabellera; más tarde descubrí que era una costumbre suya: la sacudía y se la peinaba con los dedos cada dos por tres, como para asegurarse de que su más preciada posesión seguía allí. Sus rasgos parecían más suaves y radiantes; el pañuelo negro que llevaba en público hacía que su carita pareciera descarnada y casi seca.

«Lo siento, llego un poco tarde —dijo sin aliento, mientras se pasaba los dedos por el cabello—. Mi hermano insistió en traerme y se negó a levantarse a tiempo. Nunca se levanta antes de las diez, pero quería saber adónde iba. A lo mejor me dirigía a una cita secreta, ya sabes, un amante o algo así.»

«Me preocupa que alguna de vosotras pueda tener problemas por asistir a esta clase —dije, invitándolas a sentarse alrededor de la mesa de la salita—. Espero que vuestros padres y esposos no tengan nada que objetar a nuestro acuerdo.»

Nassrin, que estaba paseando por la habitación, observando los cuadros como si los viera por primera vez, se detuvo para decir de repente: «Le mencioné la idea a mi padre como por casualidad, para ver su reacción, y la censuró con vehemencia».

«¿Cómo lo convenciste de que te dejara venir?», pregunté. «Mentí», contestó. «¿Mentiste?» «¿Qué otra cosa puede hacerse con una persona tan despótica que no quiere que su hija, con esta edad, asista a un seminario de literatura sólo para mujeres? Además, ¿no es así como tratamos al régimen? ¿Podemos decirles la verdad a los guardias de la revolución? Les mentimos, escondemos las antenas parabólicas. Les decimos que no tenemos libros prohibidos ni alcohol en nuestras casas. Incluso mi venerable padre les miente cuando está en juego la seguridad de la familia», añadió desafiante Nassrin.

«¿Y si me llama para controlarte?», pregunté medio en broma. «No lo hará, tengo una coartada estupenda. Le he dicho que Mahshid y yo nos hemos ofrecido voluntarias para traducir textos islámicos al inglés.»

«¿Y te ha creído?» «Bueno, no tiene motivos para no hacerlo. Nunca le había mentido, por lo menos en serio, y es lo que él quería creer. Además confía completamente en Mahshid.»

«Entonces, si me llama, ¿debo mentirle?», insistí. «Eso es asunto tuyo —dijo Nassrin tras una pausa, mirándose las inquietas manos—. ¿Crees que deberías decírselo? —En aquel momento percibí un matiz de desesperación en su voz—. ¿Estoy creándote problemas?»

Nassrin obraba siempre con tanta seguridad que a veces me olvidaba de lo vulnerable que era bajo aquel papel de chica dura. «Desde luego, respeto tu confianza —le dije con más dulzura—. Como bien has dicho, ya eres mayor y sabes lo que haces.»

Me había sentado en el sillón de costumbre, enfrente del espejo, donde las montañas se habían aposentado. Resulta extraño mirar un espejo y no vernos a nosotros, sino un paisaje muy lejano. Mahshid, después de vacilar un poco, se había sentado en el sillón de mi derecha. Manna se instaló en el extremo derecho del sofá y Azin en el izquierdo; instintivamente se mantenían a cierta distancia. Sanaz y Mitra estaban sentadas en el confidente, con las cabezas juntas, murmullando y riéndose.

En aquel momento llegaron Yassi y Nassrin con la bandeja del té, la dejaron en la mesa de superficie de cristal y miraron a su alrededor en busca de asiento. Azin dio unas palmaditas en la parte vacía del sofá, invitando a Yassi a sentarse. Yassi titubeó un momento y luego se situó entre Azin y Manna. Se dejó caer de golpe y pareció desplazar a sus dos compañeras, que estaban muy tiesas y un poco rígidas en sus rincones respectivos. Nassrin había ido al comedor en busca de una silla. «Podemos apretarnos para dejarte sitio», dijo Manna. «No, gracias, prefiero una silla.» Cuando volvió, puso la silla entre el sofá y Mahshid.

Mantuvieron aquel orden hasta el final, fielmente. Acabó por ser un fenómeno representativo de sus ataduras emocionales y sus relaciones personales. Y así empezó nuestra primera clase.

5

«¡Ipsilamba!», oí que exclamaba Yassi cuando entré en el comedor con la bandeja del té. A Yassi le encantaban los juegos de palabras. Una vez nos contó que su obsesión por las palabras era patológica: «En cuanto descubro una palabra nueva, tengo que usarla, como quien compra un vestido de noche y está tan impaciente que se lo pone para ir al cine o a comer».

Permitidme detener y rebobinar la cinta para reconstruir los sucesos que culminan con la exclamación de Yassi. Era nuestra primera sesión. Todas nos sentíamos nerviosas e incapaces de decir nada. Estábamos acostumbradas a reunirnos en público, sobre todo en aulas y en salas de conferencias. Yo conocía a las chicas por separado, pero exceptuando a Nassrin y Mahshid, que eran íntimas, y la relativa amistad entre Mitra y Sanaz, las demás apenas se conocían; de hecho, creo que en algunos casos no se habrían buscado para ser amigas. La intimidad colectiva las incomodaba.

Les había explicado el objetivo de la clase: leer, comentar y sentir obras de ficción. Cada una llevaría un diario personal en el que apuntaría sus reacciones ante las novelas, así como la forma en que las obras y los comentarios se relacionaban con sus experiencias personales y sociales. Les expliqué que las había elegido a ellas para aquel seminario porque todas parecían entregadas al estudio de la literatura. Mencioné que un principio que me había orientado en la selección de los libros era la fe de sus autores en el crítico y casi mágico poder de la literatura, y les recordé al Nabokov de diecinueve años que, durante la Revolución Rusa, no había dejado que lo distrajera el zumbido de las balas. Siguió escribiendo poesías sobre la soledad mientras oía los cañones y veía los sangrientos enfrentamientos desde la ventana. «Veamos —dije— si setenta años después nuestra fe desinteresada nos recompensa transformando la triste realidad creada por esta otra revolución.»

La primera obra que comentamos fue *Las mil y una noches*, la conocida historia del rey cornudo que mató a una serie de esposas vírgenes para vengarse de la traición de su reina, y cuya mano criminal fue detenida finalmente por la fascinante cuentista Scherezade. Formulé varias preguntas generales para que las meditaran, la principal de las cuales fue cómo podía ayudarnos aquella obra maestra de la imaginación en nuestra actual y encorsetada situación como mujeres. No buscábamos recetas ni una solución fácil, pero esperábamos encontrar un nexo entre los espacios abiertos de las novelas y los espacios cerrados en que estábamos confinadas. Recuerdo que les leí a mis chicas unas palabras de Nabokov: «Los lectores nacieron libres y deben seguir libres».

Lo que más me había intrigado de la historia básica de *Las mil y una noches* era los tres tipos de mujer que retrataba, todas víctimas del irracional gobierno de un rey. Antes de que Scherezade entre en escena, las mujeres de la historia se dividen en las que traicionan y después son ejecutadas (la reina), y las que son ejecutadas antes de tener la oportunidad de traicionar (las vírgenes). Las vírgenes, que, salvo Scherezade, no tienen voz en la historia, casi no existen para la crítica. Su silencio, sin embargo, es significativo. Entregan su virginidad y su vida sin resistencia ni protesta. Apenas llegan a existir porque no dejan rastro con su muerte anónima. La infidelidad de la reina no despoja al rey de su autoridad absoluta, pero le desestabiliza. Ambos tipos de mujer (la reina y la virgen) aceptan tácitamente la autoridad pública del rey obrando sin salirse de los límites de su poder y acatando sus leyes arbitrarias.

Scherezade rompe el ciclo de violencia optando por una forma diferente de compromiso. Ella crea su universo, no con la fuerza física, como el rey, sino con la imaginación y la reflexión. Esto le da valor para arriesgar la vida y la sitúa aparte de los demás personajes de la historia.

Nuestra edición de *Las mil y una noches* constaba de seis volúmenes. Afortunadamente, había comprado la mía antes de que fuera prohibida y alcanzara precios exorbitantes en el mercado negro. Repartí los volúmenes entre las chicas y les pedí que para la siguiente sesión clasificaran los cuentos según los modelos de mujer que desempeñaban papeles centrales en ellos.

Una vez asignados los deberes, les pedí que explicaran una por una por qué habían preferido pasar las mañanas de los jueves hablando de Nabokov y de Jane Austen. Sus respuestas fueron breves y forzadas. Para romper el hielo, sugerí una distracción tranquilizadora: té y bollos de crema.

Esto nos lleva al momento en que entro en el comedor con ocho vasos de té en una vieja y deslustrada bandeja de plata. Preparar y servir el té es en Irán un ritual estético que se ejecuta varias veces al día. Servimos el té en vasos transparentes, pequeños y estilizados; los más populares son los de cintura de avispa: redondos y anchos por arriba, estrechos por el centro y redondos y anchos por abajo. El color del té y su delicado aroma son indicios de la habilidad de quien lo prepara.

Entro en el comedor con ocho vasos de cintura de avispa cuyo líquido color miel tiembla seductoramente. En aquel momento oigo a Yassi gritar triunfante: «¡Ipsilamba!». Me lanza la palabra como una pelota y mentalmente doy un salto para atraparla.

«¡Ipsilamba!» La palabra me retrotrae a la primavera de 1994, cuando cuatro de mis chicas y Nima asistían a un curso que yo impartía sobre la novela del siglo xx. El libro favorito de la clase era *Invitado a una decapitación* de Nabokov. En esta novela, el imaginativo y solitario héroe, Cincinnatus C., se diferencia de quienes lo rodean por su originalidad, en una sociedad en que la uniformidad no sólo es la norma, sino también la ley. Ya de niño, nos cuenta Nabokov, Cincinnatus paladeaba la frescura y belleza del lenguaje, mientras otros pequeñuelos «se entendían entre sí a la primera palabra, ya que no tenían palabras que terminaran de manera inesperada, quizá en alguna carta arcaica, una ipsilamba, que se convertía en pájaro o en tirachinas con resultados asombrosos».

Ninguna de las presentes se había molestado en preguntar el significado de la palabra. Ninguna de las que estaban recibiendo oficialmente el curso, quiero decir, porque muchas alumnas de años anteriores seguían acudiendo incluso después de licenciarse. A menudo estaban más interesadas y se esforzaban más que mis alumnas oficiales. Y ocurrió que algunos de quienes asistían como oyentes, incluidas Nassrin, Manna, Nima, Mahshid y Yassi, se reunieron un día en mi despacho para hablar de esto y otras cosas.

Decidí tender una pequeña trampa a la clase para comprobar su curiosidad. Una de las preguntas que les puse en los primeros exámenes parciales fue: «Explica el significado de la palabra "Ipsilamba" en el contexto de *Invitado a una decapitación*. Qué significa la palabra y cómo se relaciona con el tema principal de la novela». Exceptuando a cuatro o cinco alumnas, nadie sabía a qué me estaba refiriendo, algo que no dejé de recordarles cada dos por tres durante el resto del curso.

La verdad es que «ipsilamba» era una de aquellas extravagantes creaciones de Nabokov, una palabra que había inventado a partir de la ípsilon, la vigésima letra del alfabeto griego. Así que aquel primer día de clase volvimos a dar rienda suelta a la imaginación e inventamos significados de nuestra propia cosecha.

Yo dije que asociaba «ipsilamba» con la alegría imposible de un salto que quedaba suspendido. Yassi, que parecía nerviosa por nada en concreto, exclamó que ella siempre había creído que podía ser el nombre de un baile, ya sabes, «Vamos, *baby*, ipsilamba conmigo». Propuse que para la siguiente reunión cada una explicara en un par de frases lo que la palabra significaba para ella.

Manna sugirió que «ipsilamba» evocaba la imagen de un pececillo plateado saltando en un lago a la luz de la luna. Nima había añadido entre paréntesis: «Sólo para que no me olvides, aunque me hayas prohibido la asistencia al seminario, ¡anda y que te ipsilamben a ti también!». Para Azin era un sonido, una melodía. Mahshid describió una imagen con tres niñas saltando a la comba y gritando «¡Ipsilamba!» a cada salto. Para Sanaz la palabra era el nombre mágico y secreto de un niño africano. Mitra no estaba segura de por qué la palabra le recordaba la paradoja del suspiro de felicidad. Y para Nassrin era la palabra mágica que abría la puerta de una cueva secreta y llena de tesoros.

«Ipsilamba» pasó a formar parte de nuestro creciente repertorio de palabras y expresiones en clave, un repertorio que se enriqueció con el tiempo hasta que gradualmente creamos nuestro propio lenguaje secreto. Aquella palabra se convirtió en un símbolo, una señal de aquella vaga sensación de alegría, el escalofrío que Nabokov espera que sientan sus lectores cuando leen ficción; era una sensación que distinguía a los buenos lectores, como él los llamaba, de los vulgares. También se convirtió en la palabra mágica que abría la cueva secreta de los recuerdos.

6

En el prefacio a la edición inglesa de *Invitado a una decapitación* (1959), Nabokov recuerda al lector que no es una novela de *tout pour tous*. De ningún modo. «Es —asegura— un violín en el vacío.» Y sin embargo, continúa diciendo, «conozco [...] a unos cuantos lectores que darán un salto y se tirarán de los pelos». Completamente de acuerdo. La versión original, nos dice Nabokov, se publicó por entregas en 1935. Casi sesenta años después, en un mundo desconocido y posiblemente inconcebible para Nabokov, en un desamparado cuarto con ventanas que daban a las lejanas montañas nevadas, vería yo de vez en cuando a las lectoras más inesperadas tirarse de los pelos como posesas.

Invitado a una decapitación comienza con el anuncio de que su frágil héroe, Cincinnatus C., ha sido condenado a muerte por haber cometido el «delito gnóstico»: en un lugar en el que todos los ciudadanos están obligados a ser transparentes, él es opaco. La principal característica de este mundo es su arbitrariedad; el único privilegio del condenado es saber la hora de su muerte, pero los verdugos le niegan incluso eso y convierten cada día en el día de la ejecución. Conforme avanza la historia, el lector descubre con creciente incomodidad la naturaleza artificial de ese extraño lugar. La luna de la ventana es falsa; también lo es la araña del rincón que, según las convenciones, debe ser la fiel compañera del preso. El director de la cárcel, el carcelero y el abogado defensor son el mismo hombre, que va cambiando de lugar. El personaje más importante, el verdugo, se presenta por primera vez al preso con otro nombre y como un preso más: M'sieur Pierre. El verdugo y el condenado han de aprender a amarse y a cooperar en la ejecución, que se celebrará con una fiesta con mucho oropel. En este mundo falso, la única ventana que tiene Cincinnatus para asomarse a otro universo es lo que escribe.

El mundo de la novela es un mundo de rituales vacíos. Todos los acontecimientos están desprovistos de sustancia y significado e incluso la muerte se convierte en un espectáculo para el que los buenos ciudadanos compran entradas. Sólo a través de estos rituales vacíos se hace posible la brutalidad. En otra novela, *La verdadera vida de Sebastian Knight*, el hermano de Sebastian ve dos cuadros aparentemente incongruentes en la biblioteca de su difunto hermano: un precioso niño de pelo rizado jugando con un perro y un chino en el momento de ser decapitado. Los dos cuadros nos recuerdan la cercana relación entre banalidad y brutalidad. Nabokov tenía un término ruso especial para esto: *poshlust*.

Poshlust, explica Nabokov, «no sólo es lo malo evidente, sino también lo falsamente importante, lo falsamente bello, lo falsamente inteligente, lo falsamente atractivo». Sí, se pueden extraer muchos ejemplos de la vida cotidiana, desde los edulcorados discursos de los políticos hasta los manifiestos de ciertos escritores, pasando por los pollos. ¿Los pollos? Todos han visto esos que ofrecen actualmente los vendedores callejeros; quien vive en Teherán no puede pasarlos por alto. Esos que sumergen en colorante, rosa chillón, rojo subido o azul turquesa, para hacerlos más atractivos. O las flores de plástico, los gladiolos artificiales rosa o azul brillante que llenan la universidad tanto en los días de duelo como en las celebraciones.

Lo que Nabokov crea para los lectores en *Invitado a una decapitación* no es el dolor ni la opresión física y real de un régimen totalitario, sino la pesadilla de vivir en una atmósfera de miedo perpetuo. Cincinnatus C. es frágil, es pasivo, es un héroe sin saberlo ni reconocerlo: lucha con sus instintos, y escribir es su forma de escaparse. Es un héroe porque se niega a ser como los demás.

Al contrario que en otras novelas utópicas, en ésta las fuerzas del mal no son omnipotentes; Nabokov también nos revela su fragilidad. Son ridículas y pueden ser derrotadas, lo cual no empequeñece la tragedia: la inutilidad. *Invitado a una de-*

capitación está escrita desde el punto de vista de la víctima, que al final se da cuenta de la absurda farsa de sus acusadores y para sobrevivir tiene que refugiarse en su interior.

Quienes vivíamos en la República Islámica de Irán nos dábamos cuenta de la trágica e insensata crueldad a la que estábamos sometidos. Teníamos que burlarnos de nuestra propia desgracia para poder sobrevivir. También reconocíamos instintivamente lo que era *poshlust*, no sólo en los demás sino en nosotros mismos. Ésta fue una de las razones por las que el arte y la literatura pasaron a ser tan esenciales para nuestra vida, no como un lujo, sino como una necesidad. Lo que Nabokov reprodujo fue la textura de la vida en una sociedad totalitaria, donde el individuo está completamente solo en un mundo ilusorio y lleno de falsas promesas; donde ya no se sabe distinguir al salvador del verdugo.

Creamos un vínculo especial con Nabokov pese a la dificultad de su prosa. Fue más profundo que nuestra identificación con sus temas. Sus novelas están organizadas alrededor de trampillas invisibles, agujeros inesperados que constantemente le quitan al lector la alfombra de debajo de los pies. Están llenas de desconfianza hacia lo que llamamos «realidad cotidiana», de un agudo sentido de la inconstancia y la fragilidad de la realidad.

Había algo, tanto en su ficción como en su vida, con lo que conectábamos y que entendíamos instintivamente: la posibilidad de una libertad sin trabas cuando han desaparecido todas las opciones. Creo que fue eso lo que me impulsó a crear el seminario. Mi principal vínculo con el mundo exterior había sido la universidad, y ahora, tras haber cortado el vínculo, allí, al borde del vacío, podía inventar el violín o ser engullida por el vacío.

7

Las dos fotografías deberían ponerse juntas. Ambas encarnan la «frágil irrealidad» (por citar a Nabokov a propósito de su propia condición de expatriado) de nuestra existencia en la República Islámica de Irán. Una invalida la otra, aunque sin la una, la otra está incompleta. En la primera fotografía, con los mantos y pañuelos negros, somos tal como nos han formado los sueños de otros. En la segunda aparecemos como nos imaginamos nosotras. En ninguna podríamos sentirnos totalmente a gusto.

La segunda fotografía pertenecía al mundo interior de la sala. Pero fuera, bajo la ventana que engañosamente sólo dejaba ver las montañas y los árboles del exterior, estaba el otro mundo, donde las arpías y las furias esperaban para transformarnos en las enlutadas criaturas de la primera.

Lo mejor que se me ocurre para explicar este paradójico infierno de negación de la propia identidad es una anécdota que, como muchas otras anécdotas, cuestiona la ficción para convertirse en su propia metáfora.

El director de la censura cinematográfica en Irán, hasta 1994, era ciego. Bueno, casi ciego. Antes había sido censor de teatro. Un amigo dramaturgo me contó en cierta ocasión que se sentaba en la butaca con unas gruesas gafas que parecían ocultar más de lo que dejaban ver. Un ayudante se sentaba a su lado y le explicaba lo que sucedía en escena, y él indicaba las partes que había que modificar.

Después de 1994, el censor pasó a ser director del reciente canal de televisión. Allí perfeccionó su método de censura y exigió que los guionistas le dieran los guiones en casetes; les estaba totalmente prohibido embellecerlos o hacerlos espectaculares de la manera que fuese. Luego se pronunciaba sobre los guiones basándose en las casetes. Más interesante resulta saber que su sucesor, que no era ciego, es decir, no físicamente ciego, siguió el mismo sistema.

Nuestro mundo, bajo el régimen de los ulemas, estaba estructurado por los lechosos cristalinos del censor ciego. Nuestra realidad y nuestra ficción habían adoptado aquel curioso barniz en un mundo en el que el censor rivalizaba con el poeta en la reorganización y reestructuración de la realidad, en la que nos inventábamos a nosotros mismos y al mismo tiempo éramos producto de la imaginación ajena.

Vivíamos en una cultura que negaba todo valor a las obras literarias, que consideraba importantes sólo cuando podían servir para algo que por lo visto era más necesario, a saber, la ideología. Era un país donde todos los gestos, incluso los más privados, se interpretaban en sentido político. Los colores de mi pañuelo o de la corbata de mi padre eran símbolos de decadencia occidental y de tendencias imperialistas. No llevar barba, estrechar la mano a miembros del sexo opuesto, aplaudir o silbar en reuniones públicas se tachaba de occidental y por lo tanto de decadente, parte de la conspiración de los imperialistas para acabar con nuestra cultura.

Hace unos años, unos diputados del Parlamento iraní fundaron una comisión investigadora para analizar el contenido de la Televisión Nacional. La comisión redactó un largo informe en el que condenó la proyección de *Billy Budd* porque, al parecer, hacía proselitismo de la homosexualidad. Lo paradójico era que los programadores de la televisión iraní habían escogido aquella película principalmente porque en ella no salían personajes femeninos. La versión en dibujos animados de *La vuelta al mundo en ochenta días* también recibió críticas, porque el personaje principal, un león, era británico y la película terminaba en ese bastión del imperialismo que es Londres.

Nuestro seminario tomó cuerpo en este contexto, como un intento de escapar de la mirada del censor ciego durante unas horas a la semana. Allí, en aquella salita, redescubrimos que éramos además seres humanos, vivos y de sangre caliente, y que, al margen de lo represivo que se volviera el Estado, al margen de lo intimidadas y asustadas que estuviéramos, a semejanza de Lolita, queríamos huir y crear nuestras pequeñas trincheras de libertad. Y a semejanza de Lolita, aprovechábamos todas las oportunidades para hacer gala de nuestra insubordinación, enseñando un poco de pelo por debajo del pañuelo, poniendo un poco de color en la gris uniformidad de nuestro aspecto, dejándonos crecer las uñas, enamorándonos y escuchando música prohibida.

Una artificialidad absurda regía nuestras vidas. Queríamos vivir en espacios abiertos, en las rendijas abiertas entre aquella habitación, que se había convertido en nuestro capullo protector, y el mundo exterior del censor, con sus brujas y sus duendes. ¿Cuál de aquellos dos mundos era más real y a cuál pertenecíamos realmente? Ya no conocíamos la respuesta. Puede que una forma de descubrir la verdad fuera hacer lo que hicimos: tratar de articular aquellos dos mundos con imaginación y, en el proceso, dar forma a nuestra concepción de las cosas y a nuestra identidad.

8

¿Cómo puedo crear ese otro mundo fuera de la salita? Mi única posibilidad es apelar de nuevo a la imaginación del lector. Imaginemos a una de las chicas, por ejemplo a Sanaz, saliendo de mi casa; sigámosla hasta su punto de destino. Se despide, se pone el manto y el pañuelo negros sobre la camiseta naranja y los tejanos, se tapa el cuello con el pañuelo para ocultar los grandes pendientes dorados. Se remete los mechones sueltos bajo el pañuelo, guarda las notas de clase en el bolso, se lo cuelga del hombro y se dirige al pasillo. En la escalera se detiene un momento para ponerse los guantes negros de encaje y ocultar las uñas pintadas.

Seguimos a Sanaz escalera abajo, hasta la puerta y la calle. Se nota ya que su paso y sus gestos han cambiado. No le conviene ser vista, ni oída ni advertida. No camina erguida, sino que agacha la cabeza y no mira a los demás viandantes. Anda con rapidez y determinación. Las calles de Teherán y otras ciudades están tomadas por milicianos de ambos sexos que patrullan armados en grupos de cuatro en Toyotas blancos, a veces seguidos por un minibús. Son la Sangre de Dios. Recorren las calles para que las mujeres como Sanaz lleven el velo debidamente, no vayan maquilladas y no paseen en público con hombres que no sean miembros de su familia cercana. Sanaz, mientras tanto, pasará ante consignas escritas en las paredes, citas de Jomeini y de un grupo llamado Partido de Dios: NO ESTAMOS CONTRA EL CINE, ESTAMOS CONTRA LA PROSTITUCIÓN; LOS HOMBRES QUE LLEVAN CORBATA SON LACAYOS DE LOS AMERICANOS; EL VELO ES LA PROTECCIÓN DE LA MUJER. Al lado de la consigna hay un dibujo de una mujer, hecho con un trozo de carbón: el óvalo del rostro carece de rasgos y está envuelto en un chador oscuro. HERMANA, VIGILA TU VELO; HERMANO, VIGILA TUS OJOS.

Si sube a un autobús, el autobús está dividido en dos partes. Debe entrar por la puerta de atrás y sentarse en los asientos traseros, reservados a las mujeres. Sin embargo, en los taxis, que aceptan un máximo de cinco pasajeros, hombres y mujeres se apiñan como sardinas en lata, como suele decirse, y lo mismo ocurre en los minibuses, donde, según se quejan muchas alumnas mías, las acosan hombres barbados y temerosos de dios.

También podríamos preguntarnos en qué está pensando Sanaz mientras recorre las calles de Teherán. ¿En qué medida la afecta esa experiencia? Lo más probable es que trate de alejarse mentalmente todo lo posible de lo que la rodea. Quizá esté pensando en su hermano, en su lejano novio y en el momento en que se reunirá con él en Turquía. ¿Compara su situación con la de su madre cuando tenía su misma edad? ¿Está enfadada porque la generación de su madre podía recorrer libremente las calles, disfrutar de la compañía del sexo opuesto, ser policía o piloto y vivir con leyes que se hallaban entre las más adelantadas del mundo en lo que se refiere a las mujeres? ¿Se siente humillada por las nuevas leyes, por el hecho de que después de la revolución la edad para contraer matrimonio se redujera de los dieciocho a los nueve años o porque la lapidación fuese, una vez más, el castigo para el adulterio y la prostitución?

En el curso de casi dos décadas, las calles se han convertido en zonas de guerra donde a las mujeres jóvenes que desobedecen las normas las meten en coches patrulla, las llevan a la cárcel, las azotan, las multan, las obligan a limpiar los retretes y las humillan y, tan pronto como quedan en libertad, vuelven a hacer lo mismo. ¿Es Sanaz consciente del poder que tiene? ¿Se da cuenta de lo peligrosa que puede ser cuando cada uno de sus gestos indebidos se convierte en una alteración de la seguridad pública? ¿Piensa en lo vulnerables que son los guardias que durante más de dieciocho años han patrullado las calles de Teherán y han tenido que soportar a jóvenes como ella y de otras generaciones, paseando, hablando, enseñando un mechón de pelo sólo para recordarles que ellas no se han convertido?

Hemos llegado a casa de Sanaz, en cuya puerta la dejaremos y donde quizá se encuentre con su hermano o tal vez siga pensando íntimamente en su novio.

Estas chicas, mis chicas, tenían una historia real y otra fabricada. Aunque procedían de medios diferentes, el régimen que las gobernaba había intentado convertir la identidad y la historia personal de cada una de ellas en algo irrelevante. El régimen las había calificado de musulmanas y nunca se librarían de la etiqueta.

Fuésemos quienes fuésemos, y sin que importara a qué religión pertenecíamos, ni si deseábamos o no llevar velo, ni si observábamos o no ciertas normas religiosas, nos habíamos convertido en criaturas de los sueños de otro. Un adusto ayatolá, un sedicente rey filósofo, había acabado gobernando nuestro país. Había llegado en nombre del pasado, de un pasado que le habían robado, según él. Y ahora quería recrearnos a imagen y semejanza de aquel pasado ilusorio. ¿Podía servir de consuelo pensar que lo que nos hizo fue lo que le permitimos hacer?

9

Sorprende comprobar que, cuando parece que nos han quitado todas las posibilidades, la más pequeña hendidura puede representar una gran libertad. Cuando estábamos juntas sentíamos que éramos casi completamente libres. Esta sensación estuvo flotando en el aire desde el primer jueves por la mañana. Aunque tenía un plan para la clase y un número de libros para leer, estaba dispuesta a dejar que la misma clase me impusiera su propia forma; estaba preparada para que el violín llenara el vacío y lo alterase con su música.

A menudo me pregunto: ¿fui yo quien eligió a mis alumnas para aquel curso o me eligieron ellas a mí? Cierto que tenía una idea concreta cuando las invité a participar en el curso, pero se diría que fueron ellas quienes lo crearon y quienes, por algún medio invisible, me inspiraron la organización de la salita.

Fijémonos en Yassi, la más joven. Está ahí, en la primera fotografía, con cierto aire de tristeza en la cara. Inclina la cabeza a un lado, insegura de qué expresión elegir. Lleva un fino pañuelo blanco y gris alrededor del cuello: un homenaje convencional al austero pasado religioso de su familia. Yassi era una estudiante de primero que asistió como oyente a mi curso para posgraduados durante mi último año de profesora. Se sentía intimidada por las veteranas, a quienes en virtud de su antigüedad creía dotadas no sólo de mayor conocimiento y mejor dominio del inglés, sino también de más sabiduría. Aunque comprendía los textos más difíciles mejor que muchas licenciadas que asistían al curso, y aunque leía los textos con más aplicación y más placer que muchas, sólo se sentía segura de su terrible sensación de inseguridad.

Un mes después de tomar la decisión de abandonar Allameh Tabatabai, Yassi y yo estábamos delante del portalón verde que daba acceso a la universidad. Lo que recuerdo más claramente de la universidad es el portalón verde. Lo había cruzado al menos dos veces al día, exceptuando los fines de semana, durante varios años, y sin embargo no puedo evocarlo tal como era. En mis recuerdos, aquel portalón de hierro adquiere una cualidad elástica y se convierte en una puerta mágica que protege los terrenos de la universidad sin muros que la sostengan. Sin embargo recuerdo sus fronteras. Por un lado daba a una calle ancha que parecía conducir directamente a las montañas. Por el otro daba a un jardincillo que pertenecía a la Facultad de Filología Persa y Extranjera, un jardín con rosas persas y otras flores autóctonas alrededor de una fuente sin agua, ornamental y agrietada, con una estatua rota en el centro.

Debo el recuerdo del portalón verde a Yassi: lo mencionó en uno de sus poemas. El poema se titula «Qué pequeñas son las cosas que me gustan». En él describe sus objetos favoritos: una mochila naranja, una chaqueta de color vivo, una bicicleta como la de su prima, y describe lo mucho que le gusta entrar en la universidad por el portalón verde. El portalón aparece en el poema y en otros escritos suyos como una entrada mágica al mundo prohibido de todas las cosas cotidianas que le han sido negadas en la vida.

El portalón verde estaba cerrado para ella y para todas mis chicas. Al lado del portalón había una pequeña entrada con una cortina. Era una rareza que llamaba la atención porque no pertenecía al lugar: el agujero se abría con la arrogante autoridad de un intruso. Todas las alumnas, incluidas mis chicas, tenían que entrar por aquella abertura y pasar a un cuartucho oscuro donde las inspeccionaban. Yassi describiría más tarde, mucho después de la primera sesión, lo que le hacían en aquel cuarto: «Primero me inspeccionaban para comprobar que llevaba la ropa de rigor: el color de la chaqueta, la longitud del uniforme, el espesor del pañuelo, la forma de los zapatos, los objetos del bolso, el menor rastro de maquillaje, el tamaño de los anillos y su nivel de atracción, todo tenía que investigarse para que me dejaran entrar en el campus universitario, la misma universidad en la que estudian los hombres. La puerta principal, con sus inmensas entradas, sus símbolos y sus banderas, está generosamente abierta para ellos».

Aquella pequeña entrada lateral era causa de interminables historias de frustración, humillación y dolor. Estaba pensada para hacerlas vulgares e invisibles. Por el contrario, atraía sobre ellas las miradas y las convertía en objetos de curiosidad.

Imaginemos a Yassi conmigo delante del portalón verde, riendo entre susurros de complicidad, los cuerpos juntos. Con el manto extragrande parece más llenita de lo que es; la primera vez que la vi sin el manto me sorprendió la delgadez y fragilidad de su cuerpo. Me estaba hablando del profesor que enseñaba Moralidad Islámica y Traducción. «Un personajillo retrógrado», dijo. Tres meses después de la muerte de su mujer, se había casado con su cuñada, porque un hombre (y aquí Yassi bajó la voz), «un hombre tiene necesidades especiales».

La voz de Yassi adoptó un tono más serio cuando habló de su reciente clase sobre las diferencias entre el islamismo y el cristianismo. Ella misma se convirtió en el hombrecillo retrógrado, delante de la pizarra, con una tiza rosa en una mano y una tiza blanca en la otra. Había dividido la pizarra en dos secciones trazando una raya por la mitad y en un lado había escrito, con grandes letras blancas, CHICA MUSULMANA, y en el otro, con grandes letras rosa, CHICA CRISTIANA. Luego había preguntado a las alumnas si conocían las diferencias entre las dos. «Una era virgen —dijo por fin después de un incómodo silencio—, blanca y pura, ya que se reservaba para su marido y sólo para su marido. Su poder surgía de su modestia. La otra, bueno, qué se podía decir de la otra, salvo que no era virgen.» Ante la sorpresa de Yassi, las dos chicas que se sentaban tras ella, ambas militantes de la Asociación de Estudiantes Islámicos, habían empezado a reírse por lo bajo y susurraban: «No me extraña que cada vez haya más musulmanes que se convierten al cristianismo».

Estábamos allí, en medio de la ancha calle que subía la colina, riendo; fue uno de los raros momentos en que vi desaparecer su sonrisa ladeada y tímida y asomar el diablillo que se escondía detrás. Su risa está ausente de la mayor parte de las fotografías, en las que posa a cierta distancia de los demás, como indicando que ella, como miembro más joven de nuestro seminario, sabe cuál es su sitio.

Todas contaban anécdotas parecidas casi todos los días. Nos reíamos con ellas y luego nos enfurecíamos, aunque las repetíamos interminablemente en las fiestas, tomando café, en las colas del pan, en los taxis. Era como si el simple acto de contarlas nos otorgara algún control sobre ellas, como si el tono despectivo que utilizábamos, nuestros gestos e incluso nuestras risas histéricas pudieran reducir el poder que tenían sobre nuestra vida.

En la soleada intimidad de aquel encuentro invité a Yassi a tomar un helado. Fuimos a un pequeño establecimiento y allí, sentadas una frente a la otra con dos *café glacé* en medio, cambió nuestro humor. Nos pusimos, si no sombrías, por lo menos totalmente serias. Yassi procedía de una familia culta y religiosa que había quedado muy malparada con la revolución. Sus padres decían que la República Islámica era una traición al islamismo, y no su afirmación. Al comienzo de la revolución, la madre de Yassi y su tía se habían unido a un grupo progresista de musulmanas que se había visto obligado a pasar a la clandestinidad cuando el nuevo Gobierno empezó a tomar medidas contra sus antiguos partidarios. La madre y la tía de Yassi estuvieron escondidas mucho tiempo. Esta tía tenía cuatro hijas jóvenes, todas eran mayores que Yassi y todas, de una manera u otra, apoyaban a un grupo de oposición muy célebre entre la juventud religiosa iraní. Todas menos una fueron detenidas, torturadas y encarceladas. Cuando salieron de la cárcel, todas se casaron en el plazo de un año. Se casaron casi de repente, como para negar su antiguo yo rebelde. Yassi decía que habían sobrevivido a la cárcel, pero que no podrían escapar de las cadenas del matrimonio tradicional.

La verdadera rebelde, en mi opinión, era Yassi. No se había afiliado a ningún grupo político ni a ninguna organización. Siendo adolescente había desafiado las tradiciones familiares y, enfrentándose a la oposición mayoritaria, se había dedicado a la música. Oír música no religiosa, incluso en la radio, estaba prohibido en su familia, pero Yassi había conseguido salirse con la suya. Era la pequeña Cenicienta que vivía en las sombras de un palacio inaccesible, enamorada de un príncipe invisible que algún día oiría su música.

Su rebelión no se detuvo aquí: no se casó con el pretendiente adecuado en el momento adecuado; antes bien, insistió en dejar la casa familiar de Shiraz para estudiar en la Universidad de Teherán. Ahora vivía unas veces con su hermana mayor y su cuñado y, otras, en casa de un tío con inclinaciones fanáticas religiosas. La universidad, con su escasa calidad académica, su moralidad mezquina y sus estrechez de miras, la había desilusionado. En cierto sentido era más limitada que su casa, donde gozaba de un entorno afectuoso y culto. La pérdida de aquel afecto y de aquella calidez le había hecho pasar muchas noches de insomnio en Teherán. Echaba de menos a sus padres y a su familia, y se sentía culpable por la pena que les había causado. Más tarde descubrí que sus largas migrañas tenían su origen en aquel sentimiento de culpa.

¿Qué podía hacer ella? No creía en la política ni se quería casar, pero sentía curiosidad por el amor. Aquel día, sentada frente a mí, dando vueltas a la cucharilla, me explicó por qué todos los actos normales de la vida se habían convertido, para ella y otras jóvenes como ella, en pequeños actos de rebeldía y de insubordinación política. Toda su vida había estado protegida, nunca la habían perdido de vista y, por lo tanto, nunca había tenido un rincón privado para pensar, sentir o escribir. No le permitían que se viera a solas con ningún chico. No sólo le enseñaban cómo debía comportarse con los hombres, sino que creían que también podían decirle cómo debía sentirse hacia ellos. «Lo que a ti te parece natural —me había dicho— es extraño y desconocido para mí.»

¿Podría vivir alguna vez como yo, a su aire, dar largos paseos de la mano de la persona amada, incluso tener un perrito? Yassi no lo sabía. Era como si aquel velo ya no significara nada para ella, aunque sin él se sintiera perdida. Siempre había llevado el velo. ¿Quería llevarlo o no? No lo sabía. Recuerdo el movimiento de su mano al decir esto, agitándose ante la cara como si espantara una mosca invisible. Decía que no podía imaginarse a una Yassi sin velo. ¿Qué aspecto tendría? ¿Afectaría a su forma de andar o de mover la mano? ¿Cómo la mirarían los demás? ¿Se convertiría en una persona más inteligente, más estúpida? Éstas eran sus obsesiones, junto con sus novelas favoritas de Austen, Nabokov y Flaubert.

Volvió a repetir que nunca se casaría, nunca jamás. Dijo que para ella el hombre existiría únicamente en los libros y que pasaría el resto de su vida con el señor Darcy, ya que ni siquiera en los libros había muchos hombres que le gustaran. ¿Qué tenía de malo? Quería ir a Estados Unidos, como sus tíos, como yo. A su madre y a sus tías no les habían permitido ir, pero sus tíos tuvieron esa oportunidad. ¿Vencería alguna vez todos los obstáculos e iría a Estados Unidos? ¿Debía ir a Estados Unidos? Quería que yo la aconsejara. Todas querían. Pero ¿qué podía ofrecer yo a una joven que quería de la vida mucho más de lo que le habían dado?

En realidad no había nada que yo pudiera darle, así que, en lugar de aconsejarla, le hablé del «otro mundo» de Nabokov. Le pregunté si se había dado cuenta de que sobre muchas novelas de Nabokov, *Invitado a una decapitación*, *Barra siniestra*, *Ada*, *Pnin*, planeaba siempre la sombra de otro mundo, de un mundo que sólo era accesible a través de la ficción. Es este mundo el que salva a sus héroes y heroínas de la desesperación más profunda, el que pasa a ser su refugio en una vida que es sistemáticamente brutal.

Fijémonos en *Lolita*. Es la historia de una niña de doce años que no tiene adónde ir. Humbert había querido convertirla en una fantasía suya, en un amor muerto, y la había destruido. La desesperada verdad de la historia de *Lolita* no es la violación de una niña de doce años por un viejo verde, sino *la apropiación de una vida por otra*. No sabemos qué habría sido de Lolita si Humbert no la hubiera engullido. Sin embargo, la novela, la obra acabada, es esperanzadora, incluso hermosa, una defensa no sólo de la belleza, sino también de la vida, de la vida común y corriente, de todos los placeres normales de los que Lolita, como Yassi, había sido privada.

Cada vez más animada y súbitamente inspirada, añadí que de hecho Nabokov se había vengado de nuestros propios egófagos, se había vengado del ayatolá Jomeini, del último pretendiente de Yassi e incluso del profesor retrógrado. Habían tratado de moldear a los demás según sus propios sueños y deseos, pero Nabokov, a través de su retrato de Humbert, había desenmascarado a todos los egófagos que se apoderan de la vida de los demás. Yassi tenía grandes capacidades, podía ser lo que quisiera, una buena esposa o profesora y poetisa. Lo importante es que supiera qué quería.

Continué hablándole de uno de mis cuentos favoritos de Nabokov, «La habitación del mago». Al principio quiso titularlo «El hombre secreto». Trataba de un escritor y crítico de gran talento cuyos dos grandes amores habían sido la literatura y el cine. Después de la revolución, todo lo que le gustaba estaba prohibido, condenado a la clandestinidad. Así que decidió dejar de escribir para dejar de ganarse la vida durante todo el tiempo que los comunistas permanecieran en el poder. Apenas salía de su pequeña vivienda. Estuvo a punto de morirse de hambre varias veces y, si no hubiera sido por sus buenos amigos y alumnos y el poco dinero que le habían dejado sus padres, habría muerto de verdad.

Describí minuciosamente la vivienda de este hombre. Estaba vacía y todo en ella era blanco: las paredes, las baldosas, incluso los armarios de la cocina. La única decoración de la salita era una pintura en la pared, por lo demás desnuda, que quedaba delante de la puerta. Era un paisaje con árboles, matices de verde intenso sobre verde. No había luz, aunque los árboles estaban iluminados, como si reflejaran una luminosidad que procediera, no del sol, sino de su interior.

Los muebles de la salita del mago consistían en un sofá marrón, una mesita y dos sillones a juego. Había una mecedora que parecía encallada entre la zona de estar y la de comer. Delante de la mecedora había una alfombrita, regalo de un amor perdido y ya olvidado. El hombre secreto recibía a sus seleccionadas visitas en aquel sofá y en aquella habitación. Eran gente famosa, cineastas, guionistas, pintores, escritores, críticos, antiguos alumnos y amigos. Todos acudían a él en busca de consejo para sus películas, libros y amantes: sobre cómo podían saltarse las normas, cómo podían engañar a la censura o desenvolverse con sus amores furtivos. Él daba forma a sus obras y a sus vidas por ellos. Pasaba horas hablando de la estructura de una idea, o en la sala de montaje, montando una película. A unos amigos les aconsejaba cómo seguir con sus amantes. A otros les aconsejaba que, si querían escribir mejor, tenían que enamorarse. Leía casi todas las publicaciones de la Unión Soviética y, sin que se supiera cómo, estaba al tanto de los últimos y mejores libros y películas escritos en el extranjero.

Muchos deseaban formar parte de aquel reino oculto, pero él sólo elegía a los pocos que pasaban su examen secreto. Él hacía todas las ofertas y los aceptaba o rechazaba por razones personales. Como compensación por su ayuda, pedía a sus amigos que nunca le dieran las gracias ni mencionaran su nombre públicamente. Había roto relaciones con muchos de ellos porque no habían obedecido esta petición. Recuerdo una de sus frases más repetidas: «Quiero que me olviden, no soy miembro de este club».

La cara que ponía Yassi me animó a perfilar y a inventar mi propia versión. Me recordaba a mí misma de pequeña, cuando mi padre, de noche, y también por la mañana temprano, antes de ir a trabajar, se sentaba en mi cama y me contaba historias. Cuando estaba enfadado por algo que yo había hecho, cuando quería que hiciera algo, cuando deseaba calmarme, transformaba todos los detalles prosaicos de una relación cotidiana en un cuento que me llenaba de intriga y temblores repentinos.

Lo que no le conté a Yassi aquel día fue que el mago de Nabokov, el hombre que era tan peligroso para el Estado como un rebelde armado, no existía, al menos en la ficción. Era real y vivía a menos de quince minutos de donde ella y yo estábamos sentadas, agitando las largas cucharas en los largos vasos del café.

Así fue como tomé la decisión de pedirle a Yassi que participara en el seminario.

10

He pedido que se nos imagine, que se nos imagine en el momento de leer *Lolita* en Teherán: una novela sobre un hombre que posee y cautiva a una niña de doce años, causando indirectamente la muerte de la madre de ésta, y la retiene como amante secreta durante dos años. ¿Hay alguien confuso? ¿Por qué *Lolita*, por qué *Lolita* en Teherán?

Quiero hacer hincapié una vez más en que nosotras no éramos Lolita, el ayatolá no era Humbert y su República no era lo que Humbert llamaba su principado de la costa. *Lolita* no era una crítica de la República Islámica, pero iba contra la esencia de todas las perspectivas totalitarias.

Vayamos a la página en que Humbert llega al campamento de verano de Lolita para recogerla después de la muerte de su madre, hecho que ella desconoce por completo. Esta escena es el preludio de dos años de cautividad durante los cuales la inconsciente Lolita vaga de motel en motel con su guardián y amante:

> Permítaseme evocar un momento la escena con todos sus pormenores triviales y fatídicos: la vieja Holmes extendiendo un recibo, rascándose la cabeza, abriendo un cajón del escritorio, poniendo calderilla en la impaciente palma de mi mano y desplegando un billete después con un animado «¡... y cinco!»; fotografías de niñas; alguna abigarrada polilla o mariposa todavía viva, clavada con firmeza en la pared («ciencias naturales»); el diploma enmarcado del dietista del campamento; mis manos trémulas; una ficha escrita por la eficiente Holmes con un informe sobre la conducta de Dolly Haze en julio («tirando a buena; le gustan la natación y el remo»); el rumor de los árboles y los pájaros y de mi palpitante corazón [...]. Estaba de espaldas a la puerta abierta y la sangre se me subió a la cabeza al oír su respiración y su voz detrás de mí.

Aunque no sea una de las escenas más espectaculares de *Lolita,* demuestra la habilidad de Nabokov y creo que forma parte del meollo de la novela. Nabokov se definía como un escritor visual, y esta escena es un buen ejemplo de lo que quería decir. La descripción vibra con la tensión entre lo que ha ocurrido (el descubrimiento por parte de Charlotte de la traición de Humbert y el enfrentamiento que conduce al accidente fatal de Charlotte) y el conocimiento de que ocurrirán cosas peores. Mediante la yuxtaposición de objetos insignificantes (un diploma enmarcado, fotografías de niñas), de trámites habituales («tirando a buena; le gustan la natación y el remo»), de sentimientos y emociones personales («la impaciente palma de mi mano», «mis manos trémulas», «mi palpitante corazón»), Nabokov prefigura las horribles proezas de Humbert y el futuro de la huérfana Lolita.

Los objetos cotidianos de esta escena descriptiva están desestabilizados por las emociones, poniendo al descubierto la secreta culpabilidad de Humbert. Desde este momento, los temblores y estremecimientos de Humbert influyen en cada matiz de la historia, imponiendo emociones en paisaje, tiempo y episodio, por marginales o insignificantes que parezcan. ¿Cree alguien, como mis chicas, que la maldad implícita en las acciones y emociones de Humbert es mucho más terrorífica porque se comporta como un marido normal, un padrastro normal, un ser humano normal?

Además está la mariposa... ¿o es una polilla? La incapacidad de Humbert para distinguirlas, su indiferencia, indica una despreocupación moral en otros temas. Esta ciega indiferencia se refleja en su actitud insensible hacia el hijo muerto de Charlotte y los sollozos nocturnos de Lolita. Quienes dicen que Lolita es una lagartona que se merece lo que le ha caído, deberían recordar sus sollozos nocturnos en brazos de su violador y carcelero, porque todos vemos que Humbert nos recuerda con una mezcla de alivio y compasión que «ella no tiene donde ir».

Acudimos a todo esto cuando comentamos en clase la apropiación de la vida de Lolita por parte de Humbert. Lo primero que nos llamó la atención al leer la novela, ya desde la primera página, es que Lolita nos venía dada como creación de Humbert. De ella sólo tenemos vislumbres pasajeros. «Lo que yo había poseído con locura —nos dice—, no era ella, sino mi propia creación, una Lolita imaginaria, quizá más real que Lolita [...] sin voluntad, sin conciencia, y a decir verdad sin vida propia.» Humbert identifica a Lolita al principio llamándola por su nombre, un nombre que se convierte en el reflejo de sus deseos. Ya en la primera página repasa sus varios nombres, nombres para diferentes circunstancias, Lo, Lola, y en sus brazos siempre Lolita. También se nos informa de su nombre «real», Dolores, que nos habla de dolor.

Para reinventarla, Humbert debe despojar a Lolita de su historia real y reemplazarla por la suya propia, convirtiendo a Lolita en una reencarnación de su amor juvenil perdido y no correspondido, Annabel Leigh. Conocemos a Lolita no directamente, sino a través de Humbert, y no a través del pasado de ella, sino a través del pasado o del pasado imaginario de su narrador/agresor. Es lo que Humbert, ciertos críticos y también uno de mis alumnos, Nima, llamaban egofagia de Lolita por Humbert.

No obstante, Lolita tiene un pasado. A pesar de los intentos de Humbert por dejar huérfana a Lolita despojándola de su historia, ese pasado nos llega a retazos. El arte de Nabokov hace que esos atisbos huérfanos sean mucho más profundos comparados con la omnímoda obsesión de Humbert por su propio pasado. Lolita tiene un pasado trágico, con un padre muerto y un hermano de dos años también muerto. Y ahora también una madre muerta. Como en el caso de mis alumnas, Lolita vive su pasado no tanto como una pérdida sino como una carencia, y, al igual que mis alumnas, acaba siendo fruto del sueño de otra persona.

La verdad sobre el pasado de Irán fue en cierto momento tan inmaterial para quienes se apropiaron de él como la verdad de Lolita para Humbert. Se convirtió en algo inmaterial, del mismo modo que la verdad de Lolita, sus deseos y su vida, debían perder relieve ante la única obsesión de Humbert: que una niña traviesa de doce años fuera su amante.

Cuando pienso en Lolita, pienso en esa mariposa, todavía viva, clavada en la pared. La mariposa no es un símbolo obvio, pero sugiere que Humbert inmoviliza a Lolita de la misma forma que está inmovilizada la mariposa; él la quiere para sí, quiere que un ser humano que respira se vuelva inmutable y renuncie a su vida a cambio de la naturaleza muerta que le ofrece. En la mente de los lectores la imagen de Lolita queda asociada para siempre a la de su carcelero. Lolita por sí misma no tiene significado; sólo vive a través de los barrotes de su prisión.

Así fue como leí *Lolita*. Una y otra vez, mientras la comentábamos en clase, las conversaciones estaban teñidas por las penas y alegrías personales de mis alumnas. Como lágrimas que humedecen una carta, aquellas incursiones en lo oculto y lo personal sombreaban todas nuestras conversaciones sobre Nabokov. Y cada vez pensaba más en aquella mariposa; lo que nos unía tan estrechamente era esa perversa intimidad de la víctima y el carcelero.

11

Utilizaba grandes agendas para las notas con que daba las clases. Casi todas las páginas estaban en blanco, salvo las de los jueves, que a veces inundaban las páginas de los viernes, los sábados y los domingos. Cuando me fui de Irán, las agendas pesaban demasiado para llevármelas, así que arranqué las páginas escritas, que son las que ahora tengo ante mí, páginas arrancadas de aquellas agendas inolvidables. Hay garabatos y referencias que ya no entiendo, pero las notas de los primeros meses son claras y ordenadas. Casi todas se refieren a intuiciones que tuve durante las conversaciones que celebrábamos sobre las obras que leíamos.

Las primeras semanas leímos y comentamos las obras que había seleccionado de una manera ordenada, casi oficial. Había preparado una serie de preguntas para las alumnas, copiadas de otras que un amigo me había enviado de su programa de Investigaciones sobre las Mujeres, dirigidas a vencer su timidez. Contestaron las preguntas a conciencia: qué piensas de tu madre, nombra las seis personalidades que más admires en la vida, las seis que más detestes, qué dos palabras utilizarías para describirte a ti misma... Sus respuestas a estas insípidas preguntas fueron insípidas; escribieron lo que se esperaba de ellas. Recuerdo que Manna había intentado personalizar sus respuestas. A la pregunta de «cuál es la imagen que tienes de ti misma», había respondido: «Todavía no estoy preparada para esa pregunta». No estaban preparadas, todavía.

Desde el principio tomé notas como si fuera un experimento. Ya en noviembre, cuando llevábamos reuniéndonos poco más de un mes, escribí: «Mitra: otras mujeres dicen que tener hijos es su destino, como si estuvieran condenadas». Añadí: «Algunas chicas son más radicales que yo en su resentimiento hacia los hombres. Todas quieren ser independientes. Creen que no podrán encontrar hombres iguales a ellas. Creen que han crecido y madurado, pero el hombre de su vida no, porque no se ha molestado en pensar». Veintitrés de noviembre: «Manna: estoy asustada de mí misma, nada de cuanto hago o tengo es como lo que hacen o tienen cuantos me rodean. Los demás me dan miedo. Yo me doy miedo». En términos generales, desde el principio hasta el final, observo que no tienen una imagen clara de sí mismas, que sólo se ven y se perfilan a través de los ojos de otras personas, paradójicamente las mismas a las que desprecian. He subrayado «quiérete, autoconfianza».

Cuando se sinceraban y emocionaban era al comentar las obras. Las novelas eran un escape de la realidad, en el sentido de que podíamos maravillarnos de su belleza y perfección y arrinconar los cotilleos sobre los tutores, la universidad y las patrullas de la moralidad en las calles. Había cierta inocencia en la lectura de aquellos libros; los leíamos alejadas de nuestra propia historia y esperanzas, como Alicia corriendo tras el conejo blanco y metiéndose en el agujero. Esta inocencia rendía sus frutos: no creo que sin ella hubiéramos podido entender nuestra propia torpeza expresiva. Curiosamente, las novelas con las que escapábamos nos condujeron finalmente a interrogarnos sobre nuestra propia realidad, sobre la que nos sentíamos tan impotentemente mudas.

A diferencia de la generación de escritores e intelectuales con la que yo había crecido y con la que ahora tenía que confraternizar, la nueva generación a la que pertenecían mis chicas no estaba interesada ni en ideologías ni en posturas políticas. Tenían una curiosidad sincera, una auténtica sed por las obras de los grandes escritores, los condenados a la sombra tanto por el régimen como por los intelectuales revolucionarios, la mayoría de cuyos libros estaban prohibidos. A diferencia de lo que ocurría en la época prerrevolucionaria, los preferidos de la juventud eran ahora los «escritores no revolucionarios», los puntales del canon. James, Nabokov, Woolf, Bellow, Austen y Joyce eran nombres reverenciados, heraldos de aquel mundo prohibido que habíamos convertido en algo mucho más puro y dorado de lo que nunca fue ni será.

En cierto modo, el deseo de belleza, las instintivas ganas de luchar con la «forma indebida de las cosas», como decía Vadim, el narrador de la última novela de Nabokov, «¡Mira a los arlequines!», condujo a muchos extremistas a lo que generalmente llamamos cultura. Era un campo donde la ideología desempeñaba un papel relativamente modesto.

Me gustaría creer que todo aquel entusiasmo significaba algo, que en Teherán había algo en el aire, algo que no era la primavera pero sí al menos una brisa, un soplo que auguraba que la primavera estaba en camino. A esto es a lo que me aferraba, al sutil aroma de una emoción continua y contenida que me recordaba que leyera un libro como *Lolita* en Teherán. Todavía percibo ese aroma en las cartas de mis antiguas alumnas, cuando, después de dos años y a pesar de todos sus miedos y preocupaciones por un futuro sin trabajo ni seguridad y un presente frágil e infiel, me escriben sobre su búsqueda de la belleza.

12

Me pregunto si el lector podrá imaginarnos. Estamos sentadas alrededor de la mesa de hierro y cristal un nublado día de noviembre; las hojas amarillas y rojas que se reflejan en el espejo del comedor están envueltas en bruma. Yo y quizá dos más tenemos un ejemplar de *Lolita* en el regazo. Las demás tienen un pesado fajo de fotocopias. El acceso a estos libros no es fácil, ya no se pueden comprar en las librerías. Además de los censores, que los prohibieron casi todos, el Gobierno ordenó que se retiraran del mercado: numerosas librerías extranjeras cerraron o sobrevivieron recurriendo a los fondos prerrevolucionarios. Muchos de aquellos libros se podían encontrar en librerías de lance y unos pocos en la Feria Internacional del Libro de Teherán, que se celebraba todos los años. Un libro como *Lolita* era difícil de encontrar, sobre todo la versión comentada que querían mis chicas. Fotocopiamos las trescientas páginas para las que no tenían ejemplares. Durante el descanso tomábamos té o café con pastas. No recuerdo a quién le tocaba llevar las pastas. Hacíamos turnos y cada semana se encargaba una.

13

«Angelito», «monstruito», «corrupta», «superficial» y «niña mimada» son algunos de los adjetivos asignados a Lolita por sus críticos. Comparados con estos ataques, los de Humbert contra Lolita y su madre casi parecen piropos. También hay críticos (entre ellos Lionel Trilling, nada menos) que ven la novela como una grandiosa historia de amor, y otros que condenan

Lolita porque creen que Nabokov convirtió la violación de una niña de doce años en una experiencia estética.

En el seminario no estábamos de acuerdo con ninguna de estas interpretaciones. La opinión unánime (me siento orgullosa de decirlo) coincidía con Vera Nabokov y apoyaba a Lolita. «Lolita comentada en la prensa desde todos los puntos de vista posibles, menos desde uno: el de su belleza y su patetismo —escribió Vera en su diario—. Los críticos prefieren buscar símbolos morales, justificaciones, condenas o explicaciones a los apuros de HH [...]. Ojalá alguien se diera cuenta de la tierna descripción de la indefensión de la niña, de su patética dependencia del monstruoso HH, de su conmovedora valentía todo el tiempo, que culmina en ese sórdido pero esencialmente puro y saludable matrimonio, y su carta, y su perro. Y la terrible expresión en su rostro cuando ha sido engañada por HH sobre algún pequeño placer que se le había prometido. Todos se olvidan de que la "niñata" Lolita es buena persona [...]; de lo contrario, no habría podido enderezar su vida después de haber sido tan horriblemente machacada, no habría sido capaz de encontrar una vida decente con el pobre Dick, más de su agrado que la otra que llevaba.»

La narración de Humbert es confesional, en el sentido más literal de la palabra, pues está escribiendo una confesión en la cárcel mientras espera el juicio por el asesinato del dramaturgo Claire Quilty, con quien se había fugado Lolita para huir de él y que la había abandonado al negarse ella a participar en sus crueles juegos sexuales. Humbert aparece ante nosotros como narrador y seductor, no sólo de Lolita, sino también de sus lectores, a quienes se dirige en todo el libro diciendo: «Señoras y señores del jurado» (a veces «Sublimes señores del jurado»). Según se desarrolla el argumento, se nos revela un crimen más profundo, más grave que el de Quilty: la captura y violación de Lolita (cabe hacer notar que mientras las escenas de Lolita están escritas con pasión y ternura, el asesinato de Quilty se describe como una farsa). La prosa de Humbert, que a veces es de un recargado vergonzoso, tiende a seducir al lector, sobre todo al lector noble, propenso a ser engañado por estos ejercicios eruditos. Lolita pertenece a una categoría de víctimas indefensas a las que nunca se les concede la oportunidad de contar su propia historia. Como tal, se convierte en una víctima doble: no sólo le arrebatan su vida, sino también la historia de su vida. Nos dijimos que estábamos en aquel seminario para no ser víctimas de este segundo crimen.

Lolita y su madre están condenadas antes de que las conozcamos: la casa Haze, como Humbert la llama (*haze* significa «bruma»), más gris que blanca, es «el típico lugar donde sabes que en vez de ducha habrá un tubo de goma acoplado al grifo de la bañera». Cuando estamos en el vestíbulo (adornado con un carillón de puerta y con «esa superficial niña con los ojos de la clase media con pretensiones, *La arlesiana* de Van Gogh»), nuestra sonrisa ya es de burla y superioridad. Miramos hacia la escalera y oímos la «voz de contralto» de la señora Haze antes de que Charlotte («una versión aguada de Marlene Dietrich») aparezca ante nuestra vista. Frase tras frase y palabra tras palabra, Humbert destruye a Charlotte incluso mientras la describe: «Era una de esas mujeres tras cuyas pulidas palabras se adivinaba un club del libro o un club de bridge, o cualquier otra cosa convencional y aburrida, pero nunca su alma».

La pobre mujer nunca tiene una oportunidad, no mejora según la vamos conociendo, mientras al lector le llueven descripciones de su superficialidad, de su celosa pasión por Humbert y de lo mal que trata a su hija. A través de su bello lenguaje («Siempre puedes esperar que un asesino tenga una prosa imaginativa», Humbert se concentra en las pequeñas y banales crueldades del consumismo americano, creando una sensación de simpatía y complicidad con el lector, al que anima a que acepte como algo razonable la despiadada seducción de una viuda solitaria y su matrimonio con ella para seducir a su hija.

El arte de Nabokov queda patente en su habilidad para hacer que nos compadezcamos de las víctimas de Humbert (o al menos de sus dos esposas, Valeria y Charlotte) sin que tengamos que identificarnos con ellas. Condenamos la crueldad de Humbert con ellas aunque estemos de acuerdo en que son superficiales. Lo que tenemos aquí es la primera lección de la democracia: que todos los individuos, sin que importe lo despreciables que puedan ser, tienen derecho a la vida, la libertad y la búsqueda de la felicidad. En *Invitado a una decapitación* y *Barra siniestra*, los malvados de Nabokov son los gobernantes totalitarios, mediocres y brutales que tratan de poseer y controlar las mentes imaginativas; en *Lolita*, el malvado es el que tiene la mente imaginativa. El lector nunca se sentirá confuso ante el señor Pierre, pero ¿cómo va a juzgar al señor Humbert?

Humbert explota al máximo su arte y su astucia al preparar al lector para su delito más abyecto: el primer intento de poseer a Lolita. Nos prepara para la escena final de la seducción con la misma precisión y exactitud con que se prepara para drogar a Lolita y aprovecharse de su cuerpo dormido. Trata de ponernos de su parte colocándonos en la misma categoría en que se encuentra él y seamos críticos enardecidos de la cultura del consumidor. Describe a Lolita como a un pendón vulgar y corriente: «Una niña asquerosamente convencional». «Y tampoco es la frágil criatura de la literatura femenina».

Como los mejores abogados defensores, que nos confunden con su retórica y apelan al más alto sentido de la moralidad, Humbert se exculpa acusando a su víctima, un método con el que estamos bastante familiarizados en la República Islámica de Irán. («No estamos contra el cine —había declarado el ayatolá Jomeini mientras sus secuaces incendiaban los cines—. ¡Estamos contra la prostitución!») Dirigiéndose a las «frígidas señoras del jurado», Humbert nos informa: «Les voy a contar algo muy extraño: fue ella quien me sedujo. Ni un solo indicio de modestia percibí en esta bella y malcriada joven a la que la educación mixta, las costumbres juveniles, la red de campamentos de verano y otros ingredientes modernos habían corrompido completamente y sin esperanza posible. Veía el acto crudo simplemente como parte de un mundo furtivo de la juventud, desconocido para los demás».

Hasta aquí se diría que Humbert el criminal, con la ayuda de Humbert el poeta, ha conseguido seducir tanto a Lolita como al lector. Aunque de hecho fracasa en ambos frentes. En el caso de Lolita, nunca consigue poseer su voluntad, por lo que cada cópula es en lo sucesivo una violación más cruel y más deshonrosa que la anterior; ella rehúye el acto todas las veces. Y él fracasa en seducir completamente al lector, o al menos a algunos lectores. Paradójicamente, su habilidad como poeta, su propia prosa imaginativa, lo delata como lo que es.

Como hemos visto, la prosa de Nabokov tiende trampas al lector confiado: la credibilidad de cada una de las afirmaciones de Humbert es al mismo tiempo cuestionada y denunciada por la verdad oculta que dan a entender sus descripciones. De este modo emerge otra Lolita que va más allá de la caricatura de la niña descarada, vulgar e insensible, aunque lo sea. Una chica solitaria, herida, despojada de su infancia, huérfana y sin refugio. La extraña perspicacia de Humbert nos permite ver instantáneas del personaje de Lolita, de su vulnerabilidad y su soledad. «Si tuviera —dice—, que pintar las paredes de Los Cazadores Encantados, el motel en que la viola por primera vez, habría pintado un lago, una pérgola en llamas y finalmente habría habido «un ópalo de fuego disolviéndose en una charca de oleaje concéntrico, un último latido, un último toque de color, rojo fuerte, rosa vivo, un suspiro, una niña haciendo muecas.» (Una niña, recuérdenlo, señoras y señores del jurado, aunque si esa niña hubiera vivido en la República Islámica, ya haría tiempo que habría estado madura para casarse con hombres más viejos que Humbert.)

Según se desarrolla la trama, crece la lista de reproches de Humbert. La llama «querida y abyecta putilla» y habla de sus «obscenas y jóvenes piernas», aunque pronto descubrimos lo que siginifican las quejas de Humbert: ella está sentada sobre los muslos del hombre, con el dedo en la nariz, absorta en «la sección más superficial del periódico, indiferente a mi turgencia, como si se hubiera sentado sobre un objeto cualquiera, un zapato, una muñeca, el mango de una raqueta de tenis». Claro que todos los asesinos, y todos los opresores, tienen una larga lista de quejas contra sus víctimas, sólo que pocos son tan elocuentes como Humbert Humbert.

No siempre es un gentil amante con ella; a poco que quiere independizarse recibe la descarga de la cólera de Humbert: «Le propiné un tremendo revés que le dio de lleno en el caliente, duro y pequeño pómulo». «Y luego los remordimientos, la punzante dulzura de la expiación sollozante, amor humillado, la desesperanza de la reconciliación sensual. En la noche aterciopelada del Motel Mirana (¡Mirana!) besé las plantas amarillentas de sus pies de largos dedos, me inmolé [...] pero todo fue en vano. Ambos estábamos condenados. Y yo no tardaría en entrar en un nuevo ciclo persecutorio.»

Ningún hecho nos conmueve más que la indefensión absoluta de Lolita. La misma mañana que sigue al doloroso (para ella, que da todo un espectáculo) y extasiante (para Humbert) encuentro sexual, ella le pide dinero para llamar a su madre. «¿Por qué no puedo llamar a mi madre si quiero?» «Porque —contesta Humbert— tu madre ha muerto.» Aquella noche Lo y Humbert ocupan habitaciones separadas, pero «a media noche —dice Humbert— vino llorando a la mía, y nos reconciliamos muy dulcemente. Entendámonos, no tenía ningún otro sitio adonde ir».

Y éste es el quid de la cuestión, que no tenía a donde ir, y durante dos años, en moteles sombríos y carreteras comarcales, en su casa e incluso en la escuela, la obliga a ceder. Él evita que se mezcle con chicos de su edad, la vigila para que no tenga amigos, la asusta para que guarde el secreto, le ofrece dinero a cambio de actos sexuales y cuando ha obtenido lo que quería no se lo da.

Antes de que el lector se forme un juicio sobre Humbert o sobre nuestro censor ciego, he de recordarle que en determinado punto del libro, Humbert también dice: «¡Lector! Bruder!», que nos recuerda el conocido verso de Baudelaire, de la introducción a *Las flores del mal*: «Hypocrite lecteur, mon semblable, mon frère!».

14

Al coger una pasta, Mitra dice que hay algo que le preocupa desde hace tiempo: ¿por qué las historias como *Lolita* y *Madame Bovary*, historias tristes y trágicas, nos producen satisfacción? ¿No es pecaminoso sentir placer al leer algo tan terrible? ¿Sentiríamos lo mismo si lo leyéramos en el periódico, o si nos sucediera a nosotras? Si escribiéramos sobre nuestra vida en la República Islámica de Irán, ¿produciríamos satisfacción a los lectores?

Aquella noche, como muchas otras, me llevé el seminario a la cama. Sabía que no había contestado bien a la pregunta de Mitra y me tentaba llamar a mi mago para hablar con él sobre nuestra conversación. Era una de esas extrañas noches en que me quedaba despierta, no a causa de mis pesadillas y ansiedades, sino a causa de algo emocionante y estimulante. Casi todas las noches me quedaba despierta, esperando que un inesperado desastre cayera sobre la casa, o un telefonazo con malas noticias sobre una amistad o un familiar. Creo que, sin saber por qué, pensaba que mientras estuviera despierta, nada malo podía ocurrir, que lo malo ocurriría sólo cuando estuviera soñando.

Puedo remontar estos temores nocturnos a la época en que, durante el noveno curso, en una horrible escuela de Suiza, me llamaron al despacho del director mientras un rígido profesor americano daba una clase de historia. Allí me dijeron que acababan de oír por la radio que mi padre, el alcalde más joven de la historia de Teherán, había sido encarcelado. Sólo tres semanas antes había visto una gran fotografía suya en color en *Paris Match*, al lado del general De Gaulle. No estaba con el sha ni con ningún otro dignatario; sólo mi padre y el general. Como el resto de la familia, mi padre era un esnob que se metió en política, pero despreciaba a los políticos y los desafiaba cada dos por tres. Era insolente con sus superiores, a la vez popular y franco, y estaba en buenas relaciones con la prensa. Escribía poesía y pensaba que su auténtica vocación tendría que haber sido escribir. Más tarde supe que el general le había tomado un especial aprecio, sobre todo tras el discurso de bienvenida de mi padre, en francés y lleno de alusiones a los grandes escritores franceses, como Chateaubriand y Victor Hugo. De Gaulle decidió concederle la Legión de Honor. Este hecho no cayó muy bien entre los dirigentes iraníes, ya molestos por su actitud insubordinada y ahora celosos de tales atenciones.

Una pequeña compensación por la mala noticia fue que no tuve que seguir estudiando en Suiza. Aquella Navidad volví a casa con una escolta especial que me llevó al aeropuerto. La realidad del encarcelamiento de mi padre se hizo patente cuando aterricé en el aeropuerto de Teherán y no lo vi. Durante los cuatro años que lo tuvieron en aquel encierro «temporal», en la biblioteca de la cárcel, que estaba al lado del depósito de cadáveres, unas veces nos decían que lo iban a ejecutar, otras que a liberar y otras nos decían casi al mismo tiempo las dos cosas. Finalmente fue absuelto de todos los cargos, salvo del de insubordinación. Siempre lo recordaré: insubordinación; después de aquello se convirtió en una forma de vida para mí. Mucho más tarde, cuando leí la frase de Nabokov «la curiosidad es la insubordinación en su forma más pura», me vino a la cabeza el veredicto contra mi padre.

Nunca me recuperé de la conmoción que supuso para mí aquel momento en que me apartaron de la seguridad de la rígida clase del señor Holmes (creo que ése era su nombre) y me dijeron que mi padre, el alcalde, estaba en la cárcel. La revolución islámica se llevó toda la sensación de seguridad que había conseguido recuperar después de la liberación de mi padre.

Tras varios meses de seminario descubrimos que casi todas habíamos tenido al menos una pesadilla, en unos casos de una manera, en otros de otra, en la que nos habíamos olvidado del velo o no nos lo habíamos puesto; y en aquellos sueños, la persona que soñaba siempre estaba corriendo. En uno, quizá en el mío, la que soñaba quería correr pero no podía: estaba clavada en tierra, frente a la puerta de su casa. No podía dar media vuelta, abrir la puerta y esconderse dentro. La única de nosotras que aseguraba no haber experimentado nunca tal miedo era Nassrin. «A mí —dijo—, siempre me ha asustado mentir, ya sabéis lo que dicen: la sinceridad es cosa muy personal y todo eso. Yo creía en esas cosas —dijo encogiéndose de hombros—. Pero he mejorado», añadió, como si se le acabara de ocurrir.

Más tarde Nima nos contó que el hijo de una amiga suya, de diez años, había despertado a sus padres, lleno de horror, para decirles que había tenido un «sueño prohibido». Estaba soñando que se encontraba en una playa con un grupo de hombres y mujeres que se besaban, y no sabía qué hacer. Siguió repitiendo a sus padres que tenía sueños prohibidos.

En *Invitado a una decapitación*, en la pared de la celda de Cincinnatus C., decorada como un hotel de tercera, hay ciertas instrucciones para los prisioneros, por ejemplo: «La docilidad de un preso es un orgullo para la prisión». La regla número seis, que está hacia la mitad de la novela, es: «Sería de desear que el interno no tuviera ningún sueño en absoluto y, si lo tuviere, deberá reprimir inmediatamente todos los sueños nocturnos cuyo contexto pudiera ser incompatible con la condición y categoría del preso, por ejemplo: paisajes resplandecientes, salidas con amigos, comidas familiares, así como comercio carnal con personas que en la vida real y en estado de vigilia no soportarían que se les acercase el individuo en cuestión, en cuyo caso la ley considerará a dicho individuo culpable de violación».

Por el día todo mejoraba. Me sentía valiente, contestaba a los guardias revolucionarios, discutía con ellos, no temía que me llevaran a los comités revolucionarios. No tenía tiempo de pensar en todos los amigos y parientes muertos, ni en nuestras escapadas cortas y afortunadas. Lo pagaba por la noche, siempre por la noche, cuando volvía. ¿Qué pasará ahora? ¿A quién matarán? ¿Cuándo vendrán? Había interiorizado el miedo para no tener que pensar en él siempre que estaba consciente, pero tenía insomnio; vagaba por la casa, leía y me quedaba dormida con las gafas puestas, a menudo abrazada al libro. Con el miedo llegan las mentiras y las justificaciones, que, por muy convincentes que sean, nos dejan la autoestima por los suelos, como Nassrin nos había recordado con dolor.

Algunas cosas me salvaban: mi familia y un reducido grupo de amigos, las ideas, los pensamientos, los libros que comentaba con mi hombre secreto cuando dábamos nuestros paseos vespertinos. Constantemente tenía miedo por la excusa que daríamos si nos paraban en la calle. No estábamos casados, no éramos hermanos; se preocupaba por mí y por mi familia y, cuanto más se preocupaba él, más audaz me volvía yo: dejaba que se me cayera el pañuelo, me reía en voz alta. A «ellos» no podía hacerles nada, pero conseguía que se enfadara él, mi marido, y todos los hombres que eran tan cautos y tanto se preocupaban por mí, por «mi bien».

Después del primer comentario sobre *Lolita* me fui a la cama nerviosa, pensando en la pregunta de Mitra. ¿Por qué *Lolita* o *Madame Bovary* nos llenan de tanta alegría? ¿Les pasaba algo a aquellas novelas o sólo a nosotras? ¿Eran Flaubert y Nabokov unos brutos insensibles? El jueves siguiente ya había llegado a una conclusión y ardía en deseos de contársela al resto de la clase.

«Nabokov llama "cuentos de hadas" a todas las grandes novelas —dije—. Bien, creo que estoy de acuerdo. Primero, dejadme que os recuerde que en los cuentos de hadas abundan las brujas horripilantes que comen niños, las madrastras malvadas que envenenan a sus bellas hijastras y los padres débiles que abandonan a sus hijos en el bosque. Pero la magia llega del poder del bien, esa fuerza que nos dice que no debemos rendirnos ante las limitaciones y restricciones impuestas por McSuerte, como la llama Nabokov.

»Todo cuento de hadas ofrece la posibilidad de traspasar los límites presentes, así que en cierto sentido el cuento de hadas ofrece libertades que la realidad niega. En todas las grandes obras de ficción, indistintamente de la cruel realidad que presenten, hay una afirmación de la vida frente a la transitoriedad de esa vida, un desafío esencial. Esta afirmación descansa en la forma en que el autor controla la realidad contándola a su manera y, por tanto, crea otro mundo. Toda gran obra de arte, podría añadir yo solemnemente, es una celebración, un acto de insubordinación contra las traiciones, horrores e infidelidades de la vida. La perfección y la belleza de la forma se rebelan contra la fealdad y la mezquindad del tema. Por eso nos gusta *Madame Bovary* y lloramos por Emma, por eso orgullosamente leemos *Lolita* mientras nuestro corazón se rompe por la pequeña, vulgar, poética y provocadora heroína huérfana.»

15

Manna y Yassi habían llegado temprano. Sin saber cómo, nos pusimos a hablar sobre los apodos que habíamos puesto a las asistentes al seminario. Les dije que Nassrin era mi gato de Cheshire porque tenía la costumbre de aparecer y desaparecer en los momentos más extraños. Cuando Nassrin llegó con Mahshid, le explicamos lo que habíamos comentado. Manna dijo que si tuviera que inventar un apodo para Nassrin, debería llamarla «contrasentido». Por alguna razón, este comentario hizo enfadar a Nassrin. Se volvió hacia Manna con gesto casi acusador. «Tú eres la poetisa, Mitra la pintora, ¿y qué soy yo?, ¿un contrasentido?»

Había una parte de verdad en la definición de Manna, que sólo era irónica en parte. El sol y las nubes que definían los infinitos estados de ánimo de Nassrin eran demasiado íntimos, demasiado inseparables. Vivía de afirmaciones sorprendentes que barbotaba del modo más torpe. Todas mis chicas me dejaban boquiabierta en un momento u otro, pero ella más que ninguna.

Un día se quedó después de clase para ayudarme a ordenar y archivar las notas preparatorias. Habíamos hablado de todo un poco: de los días de la universidad y de la hipocresía de algunos funcionarios y activistas de diversas asociaciones musulmanas. Luego, mientras metía tranquilamente los papeles en carpetas azules y anotaba la fecha y el tema en cada carpeta, me contó que su tío más joven, un hombre devoto y pío, había abusado sexualmente de ella cuando apenas tenía once años de edad. Nassrin contó que su tío solía decir que quería mantenerse casto y puro para su futura esposa y, para conseguirlo, se negaba a tener amistad con mujeres. «Casto y puro», repetía con tono burlón. Estuvo cuidando de Nassrin, niña inquieta y revoltosa, tres veces por semana durante cerca de un año. La ayudaba con el árabe y a veces con las matemáticas. Durante aquellas sesiones, sentados codo con codo ante el escritorio, le había manoseado las piernas y todo el cuerpo mientras repetía los tiempos verbales árabes.

Aquél fue un día memorable por muchos motivos. Habíamos hablado de la idea del malvado en la novela. Yo había dicho que Humbert era un malvado porque no sentía curiosidad por la vida de los demás, ni siquiera por la persona a la que más quería, Lolita. Humbert, como muchos dictadores, sólo estaba interesado por su forma de ver a los demás. Había creado la Lolita que deseaba y no quería alejarse de aquella imagen. Les recordé la afirmación de Humbert acerca de que deseaba detener el tiempo y retener a Lolita para siempre en «una isla de tiempo encantado», una tarea emprendida tan sólo por dioses y poetas.

Traté de explicar por qué *Lolita* era una novela más compleja que ninguna de las de Nabokov que habíamos leído hasta entonces. En la superficie, *Lolita* desde luego es más realista, pero tiene las mismas trampas, los mismos giros imprevistos de los acontecimientos. Les enseñé una pequeña fotografía de un cuadro de Joshua Reynolds, *La edad de la inocencia*, que había encontrado por casualidad en una vieja revista. Estábamos comentando la escena en que Humbert, que ha ido a la escuela de Lolita, la encuentra en un aula. La reproducción de Reynolds —una joven de blanco, de cabello castaño y rizado— está colgada encima de la pizarra. Lolita está sentada detrás de otra «nínfula», una exquisita rubia de «cuello desnudo y blanco como la porcelana» y «maravilloso pelo platino». Humbert se sienta junto a Lolita, «inmediatamente detrás de aquel cuello y de aquel cabello», se desabrocha el abrigo y, a cambio de una recompensa, obliga a Lolita a que ponga la «mano manchada de tinta y de tiza, y con los nudillos enrojecidos», debajo del pupitre, para satisfacer su lujuria.

Detengámonos un momento en esta anodina descripción de las manos de colegiala de Lolita. La inocencia de la descripción encubre la acción que Lolita se ve obligada a realizar. Las palabras «tinta, tiza, nudillos enrojecidos» bastan para llevarnos al borde de las lágrimas. Hay una pausa, y ¿me lo estoy imaginando ahora o hubo una larga pausa después de hablar de aquella escena?

«Desde luego, lo que más nos molesta —dije— no es la profunda indefensión de Lolita, sino el hecho de que Humbert le robe su infancia.» Sanaz cogió su edición fotocopiada de la novela y empezó: «Y me di cuenta —leyó—, mientras mis rodillas de autómata subían y bajaban, de que en realidad no sabía nada de la mentalidad de mi amada y de que era muy posible que tras aquellos espantosos clichés juveniles hubiera en ella un jardín y un crepúsculo, y la puerta de un palacio, oscuras regiones adorables que me estaban comprensible y totalmente prohibidas con mis harapos contaminados y mis desdichadas convulsiones...».

Traté de no hacer caso de las miradas con segundas que intercambiaron mis chicas.

—Me cuesta leer —dijo Mahshid por fin— los párrafos sobre los sentimientos de Lolita. Ella sólo quiere ser una chica normal. Recuerda la escena en que el padre de Avis va a recogerla y Lolita se fija en que la niña regordeta y el padre se abrazan. Lo único que quiere es vivir una vida normal.

—Es interesante —dijo Nassrin— que Nabokov, que tanto insiste en lo *poshlust*, nos haga sentir lástima por la pérdida de las formas de vida más convencionales.

—¿Crees que Humbert cambia cuando la ve al final —interrumpió Yassi—, deshecha, embarazada y pobre?

La hora del descanso había llegado y pasado, pero estábamos demasiado absortas en la conversación para darnos cuenta. Manna, que parecía enfrascada en un pasaje del libro, levantó la cabeza.

—Es curioso —dijo—, pero algunos críticos parecen tratar el texto de la misma forma que Humbert trata a Lolita: sólo se ven a sí mismos y lo que quieren ver. —Se volvió hacia mí y continuó—: Me refiero a los censores, o a algunos de nuestros críticos politizados: ¿no hacen ellos lo mismo, corregir libros para recrearlos a su propia imagen? Lo que el ayatolá Jomeini trató de hacer con nuestra vida, convirtiéndonos, como dices, en producto de su imaginación, también lo han hecho con nuestra literatura. Fijaos en el caso de Salman Rushdie.

Sanaz, jugueteando con su largo cabello y enrollándoselo en un dedo, levantó los ojos y dijo:

—Muchos piensan que Rushdie retrató su religión de una manera distorsionada e irreverente. Me refiero a que no se oponen a que escriba, sino a que sea ofensivo.

—¿Es posible escribir una novela reverente —dijo Nassrin— y que sea buena? Además, el pacto con el lector implica que eso no es la realidad, sino un mundo inventado. Tiene que haber algún maldito espacio en la vida —dijo enfadada— en el que podamos ser ofensivos, por el amor de Dios.

Sanaz se había sobresaltado un poco ante la vehemencia de Nassrin. Mientras hablaba, Nassrin había estado trazando rayas furiosas en su cuaderno y, cuando terminó la proclama, continuó con los garabatos.

—El problema de los censores es que no son dúctiles. —Todas miramos a Yassi. Se encogió de hombros como para decir que no podía evitarlo; la palabra la atraía—. ¿Recordáis que eliminaron a Ofelia de la versión rusa de *Hamlet* cuando la emitieron por televisión?

—Habría sido un buen titular de prensa —dije—, «De luto por Ofelia». —Desde que había empezado a viajar al extranjero, principalmente a Estados Unidos y a Inglaterra, para dar charlas y conferencias, todos los temas adquirirían inmediatamente, en mi cabeza, la forma de un titular de periódico o de una presentación.

—Para ellos todo es ofensivo —dijo Manna—; o no es políticamente correcto o es sexualmente incorrecto. —Mientras miraba su corto pero elegante corte de pelo, su camiseta y sus tejanos, pensé en lo fuera de lugar que parecía, prisionera de la hinchada tela de su velo.

Mahshid, que había estado callada hasta entonces, habló de repente.

—Tengo un problema con todo esto —dijo—. No dejamos de decir que Humbert está equivocado, y creo que lo está, pero no hablamos de la cuestión de la moralidad. Ciertas cosas son ofensivas para cierta gente. —Se detuvo, azorada por su propia vehemencia—. Quiero decir, mis padres son muy religiosos, ¿es eso un delito? —preguntó, levantando los ojos hacia mí—. ¿No tienen derecho a esperar de mí que sea como ellos? ¿Por qué he de condenar a Humbert, pero no a la chica de *Merodeando con aviesa intención*, y decir que está bien tener una relación adúltera? Son cuestiones serias y se vuelven difíciles cuando las aplicamos a nuestra propia vida —añadió bajando la vista, como si buscara la respuesta en los dibujos de la alfombra.

—Yo creo —contestó Azin— que una adúltera es mucho mejor que una hipócrita. —Azin estaba muy nerviosa aquel día. Se había traído a su hija de tres años (la guardería estaba cerrada y no había nadie que pudiera cuidarla) y nos había costado convencer a la pequeña Negar de que se despegara de su madre y se quedara en el comedor viendo dibujos animados con Tahereh Khanoom.

Mahshid se volvió hacia Azin y dijo con desdén:

—Nadie está hablando de elegir entre el adulterio y la hipocresía. La cuestión es: ¿tenemos moralidad? ¿Creemos que todo vale, que no tenemos responsabilidades con los demás, salvo para satisfacer nuestras necesidades?

—Bueno, es el quid de las grandes novelas —añadió Manna—, como *Madame Bovary* o *Ana Karenina*, o las de James, si nos ponemos; la cuestión de si hacemos lo que está bien o lo que queremos hacer.

—¿Y qué pasa si decimos que está bien hacer lo que queremos hacer y no lo que la sociedad o una figura autoritaria nos dice que hagamos? —dijo Nassrin, esta vez sin molestarse en levantar los ojos del cuaderno. Aquel día había algo en el ambiente que no procedía directamente de los libros que habíamos leído. La conversación nos había introducido en esferas más personales y privadas, y mis chicas descubrieron que no podían resolver sus propios dilemas tan limpiamente como resolvían los de Emma Bovary o los de Lolita.

Azin se había inclinado hacia delante y sus largos pendientes dorados jugaban al escondite entre los rizos de su cabello rubio.

—Tenemos que ser sinceras con nosotras mismas —dijo—. Quiero decir que ésa es la primera condición. Como mujeres, ¿tenemos el mismo derecho que los hombres a disfrutar del sexo? ¿Cuántas dirían sí, tenemos derecho, tenemos el mismo derecho a disfrutar del sexo y, si nuestros maridos no nos satisfacen, tenemos derecho a buscar satisfacción en otra parte? —Trató de expresar su opinión con toda la indiferencia posible, pero nos dejó a todas de una pieza.

Azin es la más alta de la fotografía, la de cabello rubio y piel blanca. Se mordía un extremo del labio inferior y lanzaba peroratas sobre el amor, el sexo y los hombres como un niño tiraría un pedrusco en una piscina, no sólo para salpicar, sino también para mojar a los adultos. Azin había estado casada tres veces, la última con un comerciante guapo y rico, de una familia bazarí, tradicional y provinciana. Yo había visto a su marido en muchas de mis conferencias y reuniones, a las que solían acudir mis chicas. Parecía muy orgulloso de ella, y a mí siempre me trataba con exquisita deferencia: procuraba que estuviera cómoda en todas las reuniones; si no había agua en la tribuna, se ocupaba de corregir el descuido; si se necesitaban más sillas, daba órdenes a los empleados. En cierto modo era como si en aquellas reuniones fuese él el amable anfitrión, que nos concedía su espacio y su tiempo porque era lo único que tenía para dar.

Estaba segura de que el ataque de Azin iba en parte dirigido contra Mahshid y, quizá indirectamente, también contra Manna. Sus enfrentamientos no se debían sólo a su diferente formación. Las salidas de Azin, su franqueza al hablar de su vida personal y sus deseos, hacían que Manna y Mahshid, reservadas por naturaleza, se sintieran muy incómodas. Disentían de ella y Azin se daba cuenta. Sus esfuerzos por ser cordial se tenían por hipócritas.

La reacción de Mahshid, como de costumbre, fue guardar silencio. Se encerró en sí misma y se negó a llenar el vacío que había creado la pregunta de Azin. Su silencio se extendió entre las demás, rasgado por la breve risa de Yassi. Pensé que era un buen momento para hacer un alto y fui a la cocina a buscar el té.

Al volver oí reír a Yassi. Para aligerar el ambiente, estaba diciendo:

—¿Cómo pudo Dios cometer la crueldad de crear a una musulmana tan flaca? —Se volvió hacia Mahshid y la miró fingiendo asco.

Mahshid agachó la cabeza; luego, tímida y noblemente, la levantó con los ojos muy abiertos y una sonrisa de comprensión.

—Tú no necesitas atractivo sexual —le dijo a Yassi.

Pero Yassi no se rindió.

—Ríete, por favor, ríete —le suplicó a Mahshid—. Doctora Nafisi, por favor, ordénale que se ría. —Y la risa forzada de Mahshid quedó ahogada por la hilaridad, menos reprimida, de las demás.

Hubo una pausa y un momento de silencio mientras dejaba la bandeja del té encima de la mesa. Nassrin dijo de repente:

—Sé lo que significa estar atrapada entre la tradición y el cambio. He estado en medio toda mi vida.

Se sentó en el brazo del sillón de Mahshid mientras ésta se esforzaba por tomarse el té sin tropezar con Nassrin, cuyas expresivas manos, moviéndose en todas direcciones, se acercaron peligrosamente a la taza varias veces.

—Lo sé por experiencia —dijo—. Mi madre procedía de una familia rica, laica y moderna. Era la única niña y tenía dos hermanos; los dos eligieron la carrera diplomática. Mi abuelo era muy liberal y quería que ella completara su educación y fuera a la universidad. La envió al instituto americano.

—¿Al instituto americano? —repitió Sanaz, toqueteándose cariñosamente el pelo.

—Sí, en aquella época casi ninguna chica terminaba el bachillerato, no hablemos ya de ir al instituto americano, pero mi madre sabía inglés y francés. —Nassrin parecía satisfecha y orgullosa de aquel hecho.

—¿Y qué hizo?

—Se enamoró de mi padre, que era su tutor. Era muy mala

en matemáticas y ciencias. ¡Qué paradoja! —Nassrin levantó la mano otra vez, acercándola peligrosamente a la taza de Mahshid—. Creían que mi padre, que procedía de un entorno religioso, estaría a salvo con una joven como mi madre y, en todo caso, ¿quién iba a pensar que una chica moderna como ella se interesaría por un joven estirado que apenas sonreía, nunca la miraba a los ojos y cuyas hermanas y cuya madre llevaban chador? Pero se enamoró de él, quizá porque era muy distinto de ella, quizá porque ponerse el chador y cuidar de él le parecía más romántico que ir a una universidad y ser médica o lo que sea.

»Decía que nunca lo había lamentado, casarse, pero siempre hablaba del instituto americano y de sus viejas amigas de la escuela, a las que nunca más volvió a ver después de la boda. Y me enseñó inglés. De pequeña me enseñó el abecedario y luego me compró libros en inglés. Gracias a ella, nunca he tenido problemas con el inglés. Ni mi hermana, que me lleva nueve años. Ya es extraño para una musulmana, quiero decir que debería habernos enseñado árabe, pero es que no sabía árabe. Mi hermana se casó con un moderno —hizo el gesto de las comillas con las manos— y se fue a vivir a Inglaterra. Sólo la vemos cuando viene por vacaciones.

La hora del descanso había pasado, pero la historia de Nassrin nos había atrapado, e incluso Azin y Mahshid parecían haber llegado a una tregua. Cuando Mahshid hizo ademán de coger un pastelito, Azin le acercó la bandeja con una sonrisa amistosa, forzando un educado «gracias».

—Mi madre fue siempre fiel a mi padre, cambió toda su vida por él, y nunca se quejó —prosiguió Nassrin—. La única concesión de mi padre fue permitirle que nos preparase platos exóticos, cocina francesa de fantasía, según mi padre... toda comida de fantasía era francesa para él. Aunque nos educamos según los dictados de mi padre, la familia de mi madre y su propio pasado estaban siempre en la sombra, proponiendo otra forma de vida. No era sólo que mi madre no llegara nunca a llevarse bien con los parientes de mi padre, que la consideraban pretenciosa y forastera. Está muy sola. A veces creo que me gustaría que cometiera adulterio o algo parecido.

Mahshid la miró con cara de sorpresa y Nassrin se levantó y se echó a reír.

—Bueno —dijo—, o algo parecido.

La historia de Nassrin y el enfrentamiento entre Azin y Mahshid habían cambiado demasiado nuestro humor para volver al seminario. Terminamos hablando de todo un poco y parloteando de nuestras experiencias en la universidad, hasta que nos despedimos.

Cuando las chicas se fueron aquella tarde, dejaron a sus espaldas el aura de sus problemas y dilemas sin resolver. Me sentía exhausta. Escogí la única manera que conocía de convivir con los problemas: fui a la nevera, saqué un cucharón de helado de café, vertí café frío por encima, busqué las nueces, vi que no quedaban, busqué las almendras, las partí con los dientes y las eché en el mejunje.

Sabía que la actitud escandalizada de Azin era hasta cierto punto defensiva. Que era su manera de vencer las defensas de Mahshid y de Manna. Mahshid pensaba que Azin desdeñaba su educación tradicional, sus gruesos pañuelos oscuros, sus modales de solterona; no sabía lo efectivos que podían llegar a ser sus despectivos silencios. Pequeña y delicada, con sus broches de camafeo (realmente llevaba camafeos), sus pequeños pendientes, sus blusas rosa pálido abrochadas hasta el cuello y su suave sonrisa, Mahshid era un enemigo formidable. ¿Sabían Manna y ella hasta qué punto afectaban a Azin y la dejaban indefensa sus obstinados silencios y su censura inmaculada y fría?

En uno de sus enfrentamientos, durante el descanso, había oído a Mahshid decirle a Azin: «Sí, tú tienes experiencias sexuales, y admiradores, no eres una vieja solterona como yo. Sí, vieja solterona... no tengo un marido rico ni coche, pero aun así no tienes derecho, no tienes derecho a faltarme al respeto».

Cuando Azin se quejó, «Pero ¿cómo?, ¿en qué he sido irrespetuosa?», Mahshid ya se había dado la vuelta y la había dejado allí, con una sonrisa que parecía las sobras frías de una comida. Por más que hice y dije, en clase o en privado, con cada una de ellas, no conseguí que se reconciliaran. La única concesión que me hicieron fue que procurarían dejarse en paz en clase. No eran demasiado dúctiles, como diría Yassi.

16

¿Es así como empezó todo? ¿Fue el día que estábamos sentados en el comedor de él, devorando con glotonería el bocadillo prohibido de jamón y queso, y llamándolo «croque monsieur»? En algún momento debimos de captar la misma expresión de placer voraz y genuino en los ojos del otro, porque empezamos a reír a la vez. Alcé mi vaso de agua hacia él y dije: «Quién iba a pensar que una comida tan sencilla iba a parecernos un festín real», y él repuso: «Tenemos que dar las gracias a la República Islámica por habernos hecho redescubrir e incluso codiciar todas estas cosas que dábamos por sentadas: se podría escribir un ensayo sobre el placer de comer un bocadillo de jamón». Y dije: «¡Ah, la de cosas que tenemos que agradecerle!». Y aquel día memorable se convirtió en el principio de una larga lista de deudas para con la República Islámica: fiestas, comer helado, enamorarse, cogerse de la mano, llevar los labios pintados, reírse en público y leer *Lolita* en Teherán.

A veces, para pasear por la tarde, quedábamos en un cruce de la amplia y arbolada avenida que conducía a las montañas. Me preguntaba qué habría pensado el comité revolucionario de aquellos encuentros. ¿Habrían sospechado una conspiración política o una cita de amantes? Resultaba extrañamente gracioso (¿estimulante?) que quizá nunca llegaran a adivinar el auténtico fin de nuestros encuentros. ¿No es emocionante la vida cuando todo acto, por sencillo que sea, adquiere la complejidad de una misión secreta y peligrosa? Siempre teníamos algo que intercambiar: libros, artículos, discos o cajas de bombones que le enviaban de Suiza, pues el chocolate era caro, sobre todo el chocolate suizo. Me traía vídeos de películas raras que mis hijos, y más tarde mis alumnas y yo, veíamos: *Una noche en la ópera, Casablanca, El Pirata, Johnny Guitar.*

Mi mago solía decir que se podía saber mucho de una persona por sus fotografías, sobre todo por el ángulo de su nariz. Tras una pequeña vacilación, le di algunas fotos de mis chicas, esperando ansiosamente sus comentarios. Cogió una, la miró desde diferentes puntos de vista y emitió un breve dictamen.

Yo quería que leyera lo que habían escrito y que viese sus dibujos, en aquel preciso momento: quería saber qué pensaba. «Son buenas personas», dijo, mirándome con la sonrisa irónica de un padre complaciente. ¿Buenas? ¿Buenas personas? Yo quería que dijera que eran genios, aunque me alegraba que me confirmara su bondad. Dos, según él, podían sacar provecho de sus escritos. «¿Te las traigo, quieres conocerlas?» No, él estaba tratando de librarse de la gente, no de aumentar el círculo de sus amistades.

17

Cincinnatus C., el protagonista de *Invitado a una decapitación*, habla de una «extraña clase de tiempo [...] la pausa, el paréntesis, cuando el corazón es como una pluma [...] parte de mis pensamientos se arremolinan en el invisible cordón umbilical que une este mundo con algo que todavía no voy a decir».

La liberación de Cincinnatus de sus carceleros depende de su descubrimiento de este invisible cordón interior que le une con otro mundo, para poder al final escapar del mundo organizado y falso de sus verdugos. En el prólogo a *Barra siniestra*, Nabokov describe un eslabón parecido con otro mundo, un charco que se le aparece a Krug, el protagonista, en varias partes de la novela: «una grieta de su mundo que da a otro mundo de ternura, inteligencia y belleza».

Creo que, en cierto modo, nuestras lecturas y comentarios acabaron por convertirse en nuestro paréntesis, en nuestro vínculo con ese otro mundo de «ternura, inteligencia y belleza». Sólo al final nos veíamos obligadas a regresar.

Una mañana, durante el descanso, mientras tomábamos el café con pastas, Mitra empezó a contarnos cómo se sentía cuando subía por la escalera todos los jueves por la mañana. Dijo que conforme avanzaba iba advirtiendo que dejaba la realidad tras de sí, poco a poco; que abandonaba la oscura y húmeda celda en la que vivía para salir por unas horas al aire libre y a la luz del día. Luego, cuando todo acababa, volvía a la celda. En aquel momento me pareció que era un argumento contra el seminario, como si éste, de alguna manera, tuviera que garantizar la existencia del aire puro y de la luz del día fuera de sus confines. La confesión de Mitra llevó a un debate sobre si necesitábamos ese descanso de la vida real para volver a ella remozadas y listas para enfrentarla. Sin embargo, seguí dándole vueltas a la observación de Mitra: ¿qué pasaba después del descanso? Tanto si lo deseábamos como si no, nuestra vida al otro lado de aquellas paredes tenía sus exigencias.

Pero era la atmósfera de cuento de hadas a la que Mitra había aludido lo que hacía posible que las ocho nos contáramos confidencias y gran parte de nuestra vida secreta. Aquel aura de afinidad mágica hizo posible que Mahshid y Manna encontraran la manera de coexistir pacíficamente con Azin durante unas horas todos los jueves por la mañana. Nos permitía desafiar la realidad represiva del exterior y además vengarnos de quienes nos controlaban la vida. Durante aquellas escasas y preciosas horas nos sentíamos libres para hablar de nuestras penas y alegrías, complejos y debilidades; durante aquel tiempo en suspenso nos olvidábamos de las responsabilidades ante nuestros padres, parientes y amistades y ante la República Islámica. Expresábamos con nuestras palabras todo lo que nos pasaba; y nos reconocíamos, por una vez, en nuestra propia imagen.

El comentario sobre *Madame Bovary* continuó pasada la hora. Ya había ocurrido antes, pero aquella vez nadie quería irse. La descripción de la mesa del comedor, el viento en el cabello de Emma, la cara que ve antes de morir fueron detalles que nos entretuvieron durante horas. Al principio el horario de clase era de nueve a doce, pero poco a poco se fue extendiendo hacia la tarde. Aquel día sugerí que continuáramos con los comentarios y que todo el mundo se quedara a comer. Creo que fue así como iniciamos las comidas.

Recuerdo que en la nevera no había más que huevos y tomates, así que hicimos una tortilla de tomate. Dos semanas después celebramos un banquete; cada chica había cocinado algo especial: arroz con cordero, ensalada de patata, *dolmeh*, arroz con azafrán y una tarta redonda. Mi familia se unió y todos nos sentamos a la mesa bromeando y riendo. *Madame Bovary* había logrado lo que años de enseñanza en la universidad no habían conseguido: crear una intimidad compartida.

Durante los años en que vinieron a mi casa conocieron a mi familia, mi cocina, el dormitorio, supieron cómo me vestía, paseaba y hablaba en casa. Yo nunca puse un pie en sus casas, ni conocí a la madre traumatizada, ni al hermano delincuente, ni a la hermana tímida. Nunca pude situar sus historias privadas en un contexto, en un lugar concreto. Sin embargo, las había conocido en el espacio mágico de mi sala de estar. Venían a casa en un incorpóreo estado de suspensión, trayendo a mi sala sus secretos, sus penas y sus regalos.

Poco a poco mi vida y mi familia se convirtieron en parte del paisaje, moviéndose por la salita durante los descansos. Tahereh Khanoom, que nos ayudaba con las faenas de la casa, a veces quería unirse a nosotras y contar historias sobre su parte de la ciudad, como a ella le gustaba decir. Un día mi hija irrumpió llorando. Negar estaba histérica. Entre lágrimas contó que no podía llorar allí, que no quería llorar delante de ellas. Manna fue a la cocina y volvió con Tahereh Khanoom y un vaso de agua. Me acerqué a Negar, la cogí en brazos y traté de calmarla. Le quité suavemente el pañuelo y el manto azul marino; tenía el pelo empapado en sudor. Al desabrocharle el uniforme, le dije que nos contara qué le había pasado.

Aquel día, en mitad de la última clase (Ciencias), el director y el profesor de moralidad habían irrumpido en el aula y les habían dicho a las niñas que pusieran las manos sobre los pupitres. Todas las alumnas habían tenido que salir del aula, sin explicaciones, y sus mochilas habían sido registradas en busca de armas y objetos de contrabando: grabaciones, novelas, pulseras de la amistad. Además las habían cacheado y les habían inspeccionado las uñas. Una estudiante, una chica que el año anterior había vuelto con su familia de Estados Unidos, fue conducida al despacho del director: tenía las uñas demasiado largas. El director en persona le cortó las uñas a la chica, apurando tanto que le hizo sangre. Cuando las soltaron, Negar había visto a su compañera en el patio de la escuela, haciendo tiempo para ir a casa, acariciándose el dedo culpable. El profesor de moralidad estaba a su lado, impidiendo que se le acercaran las demás alumnas. Para Negar, el hecho de que ni siquiera pudiera acercarse a consolar a su amiga fue tan desagradable como todo el trauma del registro.

—No paraba de decir que no conocía las normas y reglamentos; ya sabes, mamá, que acaba de llegar de América: ¿cómo crees que se siente cuando nos obligan a pisotear la bandera norteamericana y a gritar «Muera América»? Me odio, me odio —repetía mientras yo la mecía y le limpiaba el sudor y las lágrimas.

Este hecho desconcertó totalmente a la clase. Todas trataron de animar a Negar, bromeando y contándole anécdotas personales: que a Nassrin, una vez, la habían enviado al comité de disciplina para que le inspeccionaran las pestañas. Sus pestañas eran largas y sospechaban que se ponía rímel.

—Eso no es nada —dijo Manna—, comparado con lo que le pasó a las amigas de mi hermana en la Universidad Politécnica Amir Kabir. A la hora del almuerzo había tres chicas en el patio comiendo manzanas. Los guardias les echaron una reprimenda: ¡estaban mordiendo las manzanas de un modo seductor! —Al poco rato Negar estaba riéndose con ellas y al final se fue con Tahereh Khanoom para que le diera la comida.

18

Imagina que estás paseando por un sendero flanqueado de árboles. Es a principios de primavera, antes de la puesta de sol, alrededor de las seis de la tarde. El sol desciende y paseas sola, acariciada por la brisa ligera de la tarde. De repente, sientes una gruesa gota de agua en el brazo. ¿Llueve? Levantas los ojos. El cielo está prácticamente despejado y sólo hay unas nubes aquí y allá. Segundos más tarde, otra gota. Entonces, con el sol todavía luciendo, te empapas bajo un chaparrón. Así es como me invaden los recuerdos, brusca e inesperadamente: empapada de repente, me quedo sola en el sendero soleado, con el recuerdo de la lluvia.

He dicho que estábamos en aquella sala para protegernos de la realidad exterior. También he dicho que esta realidad se imponía en nosotras como un niño enfadado, incapaz de dejar que sus contrariados padres tengan un momento de vida propia. Creaba y moldeaba nuestra intimidad, arrojándonos a una complicidad inesperada. Nuestra relación se volvió personal en muchos aspectos. No sólo las actividades más cotidianas ganaron en perspectiva a la luz de nuestro secreto, sino que el día a día adquiría a veces la cualidad de la ficción. Teníamos que revelar a las demás aspectos de nuestra personalidad que ni siquiera sabíamos que existían. Constantemente sentía que me estaba desnudando delante de personas extrañas.

19

Hace unas semanas, mientras recorría en coche la avenida George Washington, mis hijos y yo nos pusimos a recordar Irán. De repente me di cuenta de que habían adoptado una actitud extranjera para hablar de su propio país. Decían «ellos», «los de allí». ¿Los de allí dónde? ¿Donde enterraste a tu canario muerto, al lado de un rosal, junto a tu abuelo? ¿Donde tu abuela te llevaba los bombones que nosotros te habíamos prohibido? Muchas cosas no las recordaban. Unos recuerdos los ponían tristes y nostálgicos; otros, en cambio, los desdeñaban. Evocaban el nombre de mis padres, de los tíos de Bijan y de nuestros amigos íntimos como mantras mágicos que adquirían forma alegremente y desaparecían cuando se pronunciaban.

¿Qué desató aquellos recuerdos? ¿Fue el compacto de los Doors que tanto habían oído mis hijos en Irán? Me lo habían regalado el día de la madre y lo escuchábamos en el coche. Del equipo brotaba la despreocupada y seductora voz de Jim Morrison: «Like to have another kiss...». Su voz se estiraba, giraba y retorcía mientras hablábamos y reíamos. «She's a twentieth century fox.» Unos recuerdos les aburrían, otros les animaban, como cuando se burlaban de su madre y bailaban por toda la casa, desde el vestíbulo hasta la salita, cantando «C'mon, baby, light my fire...». Me dicen que ya han olvidado muchas cosas, que se han vuelto borrosas demasiadas caras. Cuando les pregunto si recuerdan esto o lo otro, es frecuente que la respuesta sea que no. Jim Morrison está cantando una canción de Brecht, «Oh show me the way to the next whiskey bar», canta, y coreamos los versos siguientes: «Oh, don't ask why...». Ya cuando vivíamos en Irán, sentían poco interés por la música persa, como casi todos los chicos de su edad. Identificaban la música persa con las canciones políticas y las marchas militares; para disfrutar de la música buscaban en otra parte. Me llevaría una sorpresa al comprobar que lo que recordaban de las canciones y películas de su infancia iraní era los Doors, los hermanos Marx y Michael Jackson.

Se animan con un recuerdo. Éste es asombrosamente claro; describen todos los detalles que yo había olvidado. Me vienen imágenes a la mente mientras sus voces se interrumpen entre sí y Jim Morrison se desvanece al fondo. «Sí, Yassi estaba aquel día, ¿verdad?» Recordaban a todo el seminario, pero a Yassi más que a ninguna, ya que en cierto momento casi pasó a formar parte de la familia. Todos lo hicieron: Azin, Nima, Manna, Mahshid y Nassrin nos visitaban con frecuencia. Acostumbraban a malcriar a mis hijos, llevándoles regalos a pesar de mis observaciones en contra. Mi familia había aceptado a aquellas intrusas como si fuera otra excentricidad mía, con tolerancia y curiosidad.

Sucedió en el verano de 1996, cuando mis dos hijos volvieron de la escuela. Era una mañana perezosa, habíamos estado deambulando por la casa y preparamos el desayuno tarde. Yassi se había quedado a dormir, cosa que hacía con regularidad, así que la esperamos. Dormía en una habitación contigua a la salita, que en teoría era mi despacho; pero era una habitación demasiado ruidosa para mí y me había instalado abajo, en una habitación del sótano con ventanas que daban al pequeño jardín.

La habitación de Yassi estaba llena de trastos; había un escritorio y un antiquísimo ordenador portátil, libros, mi ropa de invierno, la cama provisional de la joven y una lámpara. A veces pasaba horas en aquella habitación, con la luz apagada, debido a sus dolores de cabeza. Recuerdo que aquella mañana estaba radiante. Así es como la veo, en la cocina o en el pasillo, de pie o sentada, y la imagino imitando a algún profesor gracioso, partiéndose de risa.

Aquel verano me acompañó mucho por la casa contándome anécdotas. El lugar más habitual era la cocina o el comedor, y me alegraba que, al contrario que a los adultos y al igual que a mis hijos, le gustara mi forma de cocinar. Le encantaban mis creps y tostadas francesas, mis inventos con huevos, tomates y legumbres. Nunca esbozó esa sonrisa de comprensión que veía en la cara de mis amigos adultos, como diciendo: «¿Cuándo aprenderás?». Mientras yo cocinaba o troceaba, se quedaba a mi lado y contaba anécdotas, sobre todo de sus clases. Negar, que por entonces tenía once años, se unía a nosotras y las tres hablábamos durante horas.

Aquel día Yassi habló sin parar de su tema favorito: sus tíos. Tenía cinco tíos y tres tías. A uno lo había matado la República Islámica y los demás vivían en Estados Unidos y en Europa. Las mujeres eran la espina dorsal de la familia y todos dependían de ellas. Trabajaban en casa y fuera de casa. Sus matrimonios se habían concertado cuando eran muy jóvenes, con hombres bastante mayores que ellas y, salvo una hermana (la madre de Yassi), todas habían tenido que soportar a maridos caprichosos y gruñones, inferiores en inteligencia y en todo lo demás.

Eran los hombres, sus tíos, los que siempre habían simbolizado para Yassi la promesa de que existía el futuro. Eran como Peter Pan: de vez en cuando descendían sobre ella desde el País de Nunca Jamás. Cuando volvían a su ciudad, celebraban interminables reuniones y fiestas. Todo lo que decían los tíos era mágico. Habían visto cosas que nadie más había visto, hecho cosas que nadie más había hecho. Y se agachaban, le acariciaban el pelo y le decían: «Eh, pequeña, ¿qué has estado haciendo?».

Era una mañana tranquila y apacible. Yo estaba con la larga bata de estar por casa, encogida en un sillón de la salita, oyendo hablar a Yassi de un poema que le había escrito uno de sus tíos. Tahereh Khanoom estaba en la cocina. A través de la puerta abierta llegaban distintos ruidos, el rumor del agua del grifo, el tintineo de cazuelas y sartenes o media frase dirigida a los niños, que estaban en el pasillo, riendo y discutiendo. Recuerdo narcisos blancos y amarillos; toda la salita estaba llena de jarrones con narcisos. Había puesto los jarrones en el suelo y no en las mesas, al lado de un cuadro de dos jarrones azules con flores amarillas que también estaba en el suelo.

Estábamos esperando el café turco de mi madre. Mi madre hacía un café turco fabuloso, espeso y agridulce; le servía de pretexto para entrometerse continuamente. Varias veces al día oíamos su voz llamándonos por la puerta que comunicaba ambas viviendas. «Tahereh, Tahereh...», decía, y proseguía incluso cuando Tahereh y yo contestábamos al unísono. Convencida de que queríamos café, desaparecía, a veces durante más de una hora.

Ésa era la manera de comunicarse de mi madre desde que tengo memoria. Intrigada por el seminario de los jueves, pero demasiado orgullosa para irrumpir en él, utilizaba el café para conseguir acceder a nuestro santuario. Una mañana «pasaba por allí» y me llamó desde la cocina. «¿Quieren café tus invitadas?», preguntó, mirando por la puerta abierta a mis alumnas, curiosas y sonrientes. Y así se añadió otro ritual a los jueves: la hora del café de mi madre. Pronto tuvo sus favoritas entre las chicas y trató de relacionarse por separado con ellas.

Recuerdo que no le importaba invitar a perfectos desconocidos a tomar café en casa. Un día tuvimos que impedir la entrada a un hombre peligrosamente musculoso, casi cuarentón, que por equivocación había pulsado nuestro timbre y preguntaba por una señora que le había dicho que fuera a tomar café con ella. Los guardias del hospital de enfrente eran sus «clientes» habituales. Al principio se quedaban respetuosamente en pie, con la taza en la mano; después, ante la insistencia de mi madre, se sentaban en una silla mientras contaban todo lo que sabían sobre los vecinos y lo que pasaba en el hospital. Así fue como supimos los detalles de lo que había pasado aquel día.

Yassi y yo estábamos esperando el café, disfrutando del lujo de no tener prisa, cuando oímos el timbre, que resonó más que de costumbre debido al silencio de la calle. Mientras vuelve a sonar en mis recuerdos, oigo cómo Tahereh Khanoom avanza hacia la puerta arrastrando las zapatillas. Oigo sus pasos desvaneciéndose mientras baja lentamente la escalera hasta la puerta de la calle. La oímos intercambiar unas palabras con un hombre.

Volvió sobresaltada. Había dos agentes de paisano en la puerta, explicó, dos hombres del comité revolucionario. Querían registrar el piso del inquilino del señor Coronel. El señor Coronel era un vecino nuevo al que mi madre ninguneaba sistemáticamente por sus modales de nuevo rico. Había destruido un hermoso jardín que estaba al lado de nuestra casa para construir un edificio de piedra gris de tres plantas. Él vivía en el primer piso, su hija en el segundo y había alquilado la planta baja. Tahereh Khanoom nos dijo que querían detener al inquilino del señor Coronel, pero no podían entrar en la casa. Así que querían pasar a nuestro jardín y saltar la valla para entrar en la propiedad del vecino. Obviamente, o quizá no tan obviamente, nos habría gustado negarles el permiso. Como dijo Tahereh con gran inteligencia: «¿Cómo puede ser eficaz un funcionario del comité que llega sin una orden de registro y sólo puede acceder a las casas de la gente a través del jardín de sus vecinos?». No necesitaban orden de registro para irrumpir en las casas de la gente decente cuando querían, así que ¿por qué se mostraban tan impotentes a la hora de entrar en la de aquel sinvergüenza? Aunque tuviéramos diferencias con el vecino, no íbamos a entregarlo al comité.

Mientras Tahereh Khanoom contaba todo aquello, hubo una conmoción en la calle. Oímos a hombres hablando a toda prisa, pies corriendo, el motor de un coche poniéndose en marcha. No habíamos terminado de criticar al comité cuando volvió a sonar el timbre. Esta vez fue más persistente. A los pocos minutos volvió Tahereh Khanoom acompañada por dos jóvenes de uniforme caqui, entonces de moda entre los guardias revolucionarios. Nos explicaron que ya no necesitaban el jardín para saltar a la casa del vecino: el culpable había saltado a nuestro jardín y estaba allí armado y atrincherado. Querían utilizar mi galería y la del segundo piso para distraerle disparando desde allí mientras sus compañeros trataban de reducirlo. No necesitaban nuestro permiso, pero eran educados con «las mujeres y madres de otros» y por eso lo solicitaban. Nos dieron a entender, con gestos y medias palabras, que su presa era peligrosa: no sólo era un traficante armado, sino que tenía otros delitos en su haber.

Entraron tres compañeros de los dos intrusos y subieron directamente. Lo que pensé de pronto en aquel momento fue, según averigüé más tarde, lo mismo que le pasó a Tahereh Khanoom por la cabeza. Arriba, en un rincón de la terraza, teníamos escondida la enorme y prohibida antena parabólica. Todas nos preguntaríamos después por qué no pensamos sobre todo en nuestra seguridad, en el hecho de que cinco desconocidos armados estuvieran utilizando la casa para entablar un tiroteo con un vecino que también estaba armado y escondido en nuestro jardín. Al igual que todos los iraníes normales, nos sentíamos culpables y teníamos algo que esconder: y teníamos miedo por la antena parabólica. Tahereh Khanoom estaba más serena que yo y conocía mejor el lenguaje de aquellos hombres, de modo que la mandé arriba. Yassi se quedó a cargo de mis dos asustados hijos y yo acompañé a los dos hombres a la galería, a la que se entraba por mi dormitorio y que daba al jardín de abajo. Recuerdo que, en medio de toda aquella confusión, se me ocurrió pensar que era una buena anécdota para que Yassi se la contara a sus tíos. Seguro que ni siquiera ellos podían superarla.

Los sucesos de aquel día, incluso después de que mis hijos y yo repasáramos todos los detalles, siguen siendo en cierta manera confusos. Tal como lo recuerdo, yo estaba en dos sitios al mismo tiempo. Como el genio de la película de dibujos de Aladino, estaba en la galería en medio del tiroteo, oyendo a los hombres del comité amenazar al acusado mientras me contaban parte de su historia delictiva, dando a entender que lo protegía «gente muy bien situada», lo que explicaba por qué no tenían orden de registro; y cuando me daba cuenta, ya estaba arriba, oyendo decir a Tahereh Khanoom que los guardias estaban demasiado ocupados para prestar atención a la antena parabólica. Más tarde me dijo que habían tratado de utilizarla a ella de escudo, alegando que aquel hombre les dispararía a ellos pero a ella no.

En las pausas del tiroteo, los intérpretes de aquellos extraños procedimientos me contaron que, aunque detuvieran al vecino, tendría muchas probabilidades de quedar en libertad gracias a sus poderosos amigos. Me alertaron con insistencia de la naturaleza maligna de aquel delincuente que se hallaba ahora en el rincón más alejado del jardín, bajo la generosa sombra de mi sauce favorito. Con una desesperación casi cómica, se lamentaban de la inutilidad de su misión, ante nosotras, que considerábamos a ambas partes igual de criminales e intrusas y queríamos que todos salieran de nuestra vida lo antes posible.

La caza se trasladó a la casa del otro vecino, cuyos dos hijos salieron con la canguro a refugiarse en la calle. El tiroteo nos había destrozado los cristales de una ventana. El perseguido se escondió en un pequeño cobertizo que había al fondo del jardín, al lado de la piscina, pero los guardias ya se habían acercado por varios lados. El perseguido tiró la pistola a la piscina, no sé por qué, y la escena se trasladó a la calle. Dejamos entrar en casa a los hijos del vecino. Yassi, yo y todos los niños nos asomamos a la ventana para ver a los hombres del comité arrastrando a la presa hasta la parte trasera del Toyota blanco; el individuo gritaba sin parar, llamando a su mujer y a su hijo, y diciéndoles que en ninguna circunstancia abrieran la puerta de su casa.

Tomamos el café al final de aquel día; todos los participantes, Yassi, Tahereh Khanoom, los niños y yo, y los guardias del hospital, nos reunimos en el salón de mi madre para intercambiar versiones. Los guardias nos hicieron una descripción del inquilino del señor Coronel. Tenía treinta y tantos años. Su arrogancia y sus modales bruscos le habían granjeado el odio y el miedo del personal del hospital. Durante las últimas seis semanas, nuestra calle había estado vigilada por los miembros del comité que acababan de participar en su captura.

Todos convinimos en que era una lucha entre facciones y que lo más probable era que el detenido fuese agente de ciertos altos funcionarios. Esto explicaría por qué, a tan temprana edad, podía permitirse el exorbitante alquiler que pagaba, el opio y los coches antiguos que había en su garaje. A los guardias del hospital les habían dicho que era un terrorista responsable de algunos atentados cometidos en París en los últimos diez años. Nuestra comisión investigadora privada predijo que lo dejarían en libertad muy pronto. Predicción que resultó ser cierta: no sólo quedó en libertad, sino que un día vino a nuestra casa y trató de convencer a Tahereh Khanoom de que presentáramos una queja contra los miembros del comité revolucionario que habían irrumpido en nuestra casa para detenerle, cosa que no hicimos.

Aquella noche, mientras mi marido y yo tomábamos el té en otra reunión en casa de nuestros vecinos, los niños, intrigados por los sucesos del día, decidieron inspeccionar todos los escenarios de la refriega. En el cobertizo de las herramientas encontraron la cazadora de cuero del detenido y, en un bolsillo, una grabadora. Como éramos ciudadanos respetuosos con la ley, después de escuchar una conversación incomprensible sobre camiones, entregamos la grabadora y la cazadora al comité, a pesar de las vehementes protestas de los niños.

La anécdota se contó muchas veces, por ejemplo el jueves

siguiente, cuando Tahereh Khanoom y mis hijos, que por entonces habían perdido la timidez, y con ella el imprescindible respeto para no entrar en la salita durante el seminario, recrearon la escena ante un público entusiasta y sonriente. Fue interesante ver que «ellos», los del comité, eran inútiles, torpes y poco profesionales. Como dijo Yassi, habíamos visto mejores películas. Pero no nos consolaba saber que nuestra vida estaba en manos de unos zoquetes inútiles. A pesar de todas las bromas y de la fuerza que sentíamos, la casa se volvió un poco menos segura después de aquello y los timbrazos nos sobresaltaron durante mucho tiempo.

De hecho, los timbrazos se convirtieron en advertencias de aquel otro mundo que habíamos intentado convertir en una broma. Sólo dos meses después, un nuevo timbrazo trajo a otros dos hombres del comité a nuestra casa. Querían registrarla y llevarse la antena parabólica. Esa vez no hubo heroicidades: cuando se fueron, la casa quedó medio de luto. En cierto momento en que le llamé la atención a mi hija por comportarse como una niña malcriada, ella replicó con resentimiento que yo no podía entender su aflicción. «Cuando yo tenía su edad —dijo—, ¿me castigaban por llevar cordones de colores, por correr en el patio de la escuela y por comer helado en público?»

El jueves siguiente hablamos detalladamente de todo esto en el seminario. Una vez más saltamos de nuestra vida a las novelas y viceversa: ¿había que sorprenderse de que apreciáramos y nos interesara tanto *Invitado a una decapitación*? Todas éramos víctimas de la naturaleza arbitraria de un régimen totalitario que se entrometía constantemente en los rincones más íntimos de nuestra vida para imponernos sus implacables ficciones. ¿Era aquel régimen la ley del Islam? ¿Qué recuerdos estábamos creándoles a nuestros hijos? La agresión constante, la persistente falta de bondad era lo que más me asustaba.

20

Unos meses antes, Manna y Nima habían acudido a mí en busca de consejo. Habían ahorrado algún dinero y dudaban entre comprar algo «necesario para la vida», según dijeron, o una antena parabólica. No eran ricos y habían ahorrado lo poco que tenían dando clases particulares. Tras cuatro años de matrimonio, y como era habitual en las parejas jóvenes, aún no tenían domicilio propio. Vivían con la madre y la hermana pequeña de Manna. No recuerdo qué les aconsejé aquel día, pero sé que poco después compraron una antena parabólica. Estaban eufóricos con la antena, y desde ese momento cada día les oía hablar de algún clásico norteamericano que habían visto la noche anterior.

Las antenas parabólicas hacían furor en todo Irán. No sólo la gente como yo, o de las clases educadas, se moría por ellas. Tahereh Khanoom nos contó que en los barrios más pobres y religiosos de Teherán, la familia que tenía antena les alquilaba programas a sus vecinos. Recuerdo que cuando llegué a Estados Unidos, en 1996, David Hasselhoff, el protagonista de *Vigilantes de la playa*, presumía de que su serie era la que más se veía en Irán.

Manna y Nima nunca fueron alumnos míos, en el sentido estricto de la palabra. Estaban haciendo un máster en Filología Inglesa en la Universidad de Teherán. Habían leído mis artículos y habían oído hablar de mis clases a sus amigos, y un día decidieron pasarse por allí. Luego me preguntaron si podían asistir como oyentes a los cursos. Después asistieron a todas las clases que daba, así como a las conferencias y charlas públicas. Yo los veía en aquellas conferencias, casi siempre de pie al lado de la puerta, siempre con una sonrisa. Creía que su sonrisa era para animarme a seguir hablando de Nabokov, Bellow y Fielding, para decirme lo importante que era que siguiera haciendo lo que hacía, costase lo que costase, tanto a mí como a ellos.

Se habían conocido en la Universidad de Shiraz y se habían enamorado, sobre todo debido a su interés común por la literatura y a su aislamiento de la vida universitaria en general. Manna me contó después que su relación estaba basada, en gran medida, en las palabras. Durante el noviazgo se escribían cartas y se leían poesías. Se volvieron adictos al mundo seguro que habían creado con las palabras, un mundo conspirador en el que todo lo que era hostil e incontrolable se volvía dulce y comprensible. Ella estaba haciendo la tesis sobre Virginia Woolf y los impresionistas, y él sobre Henry James.

Manna solía emocionarse sin que se le notara; su felicidad parecía proceder de una desconocida profundidad interior. Aún recuerdo el primer día que los vi, a Nima y a ella, en mi clase. Me recordaban a mis dos hijos cuando maquinaban un plan para que me pusiera contenta. Al principio Nima era el más locuaz de los dos; caminaba a mi lado y Manna iba detrás de él. Nima hablaba y contaba anécdotas, y yo veía la cara de Manna por detrás de Nima, observándome para comprobar mi reacción. Raramente hablaba por iniciativa propia. Sólo al cabo de varios meses, apremiada por mi insistencia, me enseñó algunas poesías y no le quedó más remedio que hablarme directamente y no a través de Nima.

Yo había decidido darles nombres con una sonoridad parecida, aunque ellos eran muy diferentes en la vida real. Estaba tan acostumbrada a verlos juntos, expresando los mismos pensamientos y sentimientos, que para mí eran como dos hermanos que acababan de descubrir algo maravilloso en el jardín, una puerta que daba a un reino mágico. Yo era el hada madrina, la loca en la que podían confiar.

Mientras ordenábamos la habitación, poniendo las novelas verticales y guardando las notas en distintas carpetas, contaban anécdotas y cotilleos de la Universidad de Teherán. Yo conocía a muchas de las personas que mencionaban, por ejemplo a nuestro malvado favorito, el profesor X, que les odiaba a los dos con una insistencia retorcida. Era uno de los pocos profesores que no habían sido expulsados o habían dimitido desde que yo me había ido. Él estaba convencido de que no le guardaban el debido respeto. Había inventado una forma eficiente de resolver todos los complicados problemas de la crítica literaria: hacía que se sometieran a votación las distintas interpretaciones. Como la votación era a mano alzada, los debates solían acabar dándole la razón.

Su principal contencioso con Manna y Nima se había desatado por culpa de un trabajo de ella sobre Robert Frost. En la siguiente clase, informó a los estudiantes de los diversos puntos en que estaba en desacuerdo con la conclusión de Manna y les pidió que votaran. Todos los alumnos, salvo Manna, Nima y otro, votaron a favor del profesor. Tras la votación, éste le preguntó a Nima por qué era un chaquetero. ¿Era porque su mujer le había lavado el cerebro? Cuanto más los cuestionaba y más sometía a votación sus ideas, más obstinados se volvían ellos. Le llevaron libros de críticos eminentes que apoyaban sus ideas y contradecían las del profesor. En un ataque de cólera, los expulsó de su clase.

Uno de sus estudiantes había decidido escribir la tesis sobre *Lolita*. No pensaba utilizar bibliografía ni había leído a Nabokov, pero el plan de su tesis fascinó al profesor, que estaba obsesionado por las jovencitas que destrozan la vida de los intelectuales. El estudiante en cuestión quería escribir sobre cómo había seducido Lolita a Humbert, un «poeta del intelecto», y le había destrozado la vida. El profesor X, mirándole con intensidad, le había preguntado si sabía algo de las perversiones sexuales de Nabokov. Nima imitaba al profesor con un matiz de desdén en la voz, sacudiendo tristemente la cabeza y afirmando que en las novelas sólo vemos a hombres de profesión intelectual destruidos por mujeres veleidosas. Manna juraba que siguió lanzándole miradas venenosas mientras se explayaba sobre su tema favorito. Pero a pesar de su opinión sobre los pendoncetes de Nabokov, cuando aquel hombre se puso a buscar otra esposa, la condición principal fue que no pasara de los veintitrés años. Su segunda esposa, debidamente reclutada, tenía al menos veinte años menos que él.

21

Un jueves por la mañana, tan caluroso que el calor parecía entibiar la refrigeración de la casa, estábamos las siete hablando de todo un poco antes de comenzar el seminario. Hablamos de Sanaz. Había faltado a clase la semana anterior sin llamar para dar explicaciones y no sabíamos si iba a volver. Nadie, ni siquiera Mitra, sabía nada de ella. Especulábamos sobre si su problemático hermano habría urdido un nuevo plan. El hermano de Sanaz se había convertido en un tema de conversación constante, en otro de los muchos hombres malvados que salían a la superficie semana tras semana.

—Nima dice que no entendemos las dificultades a las que se enfrentan los hombres —dijo Manna con un asomo de sarcasmo—. Tampoco ellos saben cómo comportarse y a veces fanfarronean sólo porque se sienten vulnerables.

—Bueno, eso es verdad hasta cierto punto —dije—. Después de todo, se necesitan dos personas para una relación, y cuando conviertes a la mitad de la población en invisible, la otra mitad también sufre.

—¿Imagináis qué clase de hombre puede ser el que se siente provocado sexualmente sólo porque me ve un mechón de pelo? —dijo Nassrin—. ¿O el que se vuelve loco al ver los dedos de los pies de una mujer?... ¡Uau! ¡Mis pies son armas mortales!

—Las mujeres que se tapan están ayudando y secundando al régimen —dijo Azin con ademán desafiante.

Mahshid guardaba silencio, con los ojos clavados en la pata de hierro de la mesa.

—Y esas cuyo sello distintivo es pintarse los labios de rojo pasión y flirtear con profesores —dijo Manna con una mirada helada—, ¿lo hacen por el progreso de la causa?

Azin se ruborizó y no dijo nada.

—Y ¿qué tal si castramos a los hombres —sugirió Nassrin con indiferencia—, para poner freno a sus apetitos sexuales? —Había estado leyendo el libro de Nawal al-Sadawi sobre la brutalidad contra las mujeres en algunas sociedades musulmanas. Sadawi era médica y explicaba con todo detalle los terribles efectos de mutilar a las niñas para frenar sus apetitos sexuales—. Estaba trabajando con ese texto para mi proyecto de traducción...

—¿Tu proyecto de traducción?

—Sí, ¿no lo recuerdas? Le dije a mi padre que estaba traduciendo textos islámicos al inglés para ayudar a Mahshid.

—Pero creía que sólo era una excusa para poder venir —dije.

—Lo era, pero he decidido traducir tres horas por semana, o más, a cuenta de las otras mentiras. He llegado a un pacto con mi conciencia —dijo con una sonrisa.

—Deberíais saber que el ayatolá no era un pardillo en temas sexuales —continuó Nassrin—. He estado traduciendo su obra maestra: *Los principios políticos, filosóficos, sociales y religiosos del ayatolá Jomeini*, y hace unas cuantas observaciones interesantes.

—Pero ya está traducido —dijo Manna—. ¿Qué sentido tiene?

—Sí —dijo Nassrin—, se han traducido pasajes, pero cuando se convirtió en el centro de interés de los chistes y las fiestas, y desde que las embajadas extranjeras descubrieron que la población leía el libro no por motivos edificantes, sino para reírse, las traducciones se han vuelto muy difíciles de encontrar. En todo caso, mi traducción es exacta, con notas y referencias a obras de otros personajes ilustres. ¿Sabíais que una manera de calmar el apetito sexual masculino es practicar el coito con animales? Y luego está el problema del coito con pollos y gallinas. Hay que preguntarse si un hombre que ha copulado con un pollo o una gallina puede comérselos después. Nuestro caudillo nos ha traído la respuesta: no, ni él ni su familia inmediata, ni sus vecinos colindantes, pueden comer la carne de ese pollo o esa gallina, pero sí puede un vecino que viva a dos puertas de distancia. ¿No os parece un poco perverso que mi padre prefiera que yo pierda el tiempo con esos textos a que lea a Jane Austen o Nabokov? —añadió.

No nos sorprendieron las eruditas alusiones de Nassrin a las obras del ayatolá Jomeini. Se había referido a un texto famoso de Jomeini, algo así como su tesis doctoral, de lectura obligatoria para todos los que alcanzan el rango de ayatolá, y cuyo objeto era solucionar todos los problemas que podrían afrontar sus discípulos. Muchos otros habían escrito de una manera casi idéntica antes que él. Lo inquietante era que quienes nos gobernaban se tomaban aquellos textos muy en serio, y en sus manos estaba nuestra suerte y la suerte del país. Todos los días, en la televisión nacional y en la radio, aquellos guardianes de la moralidad y la cultura hacían afirmaciones parecidas y comentaban todos aquellos temas como si fueran lo más serio sobre lo que cabía reflexionar.

En medio de aquella erudita conversación, sazonada con las carcajadas de Azin y la actitud taciturna de Mahshid, oímos un frenazo, y supe que habían llegado Sanaz y su hermano. Una pausa, un portazo, el timbre y al poco rato entró Sanaz; la primera palabra que pronunciaron sus labios, una disculpa; estaba tan consternada por haber llegado tarde y haberse perdido la clase que parecía a punto de echarse a llorar.

Traté de calmarla y Yassi fue a la cocina a buscar té. Traía una caja grande de pastas en la mano.

—¿A qué viene esto, Sanaz?

—Me tocaba la semana pasada —dijo sin convicción—, así que la he traído hoy.

Le quité la caja de las manos (estaba sudando) y ella se quitó el manto y el pañuelo negros. Se había recogido el pelo con una goma. Su cara parecía desnuda y triste.

Se sentó en su lugar habitual, al lado de Mitra, con un vaso de agua fría en la mano y el té abandonado en la mesa; todas callábamos, esperando oír lo que tuviera que contarnos. Azin trató de romper el silencio con una broma.

—Creíamos que te habías ido a Turquía a celebrar el compromiso y habías olvidado invitarnos.

Sanaz quiso sonreír y tomó un sorbo de agua en vez de responder. Parecía querer hablar y al mismo tiempo no decir nada. Había lágrimas en su voz antes de que fueran visibles en sus ojos.

Lo que nos contó nos resultó ya conocido. Hacía un par de semanas, Sanaz y cinco amigas habían ido a pasar dos días de vacaciones al mar Caspio. El primer día habían visitado al novio de una, que vivía en una casa de campo cercana. Sanaz aseguraba que todas iban vestidas adecuadamente, con el pañuelo y el manto, y todas se sentaron fuera, en el jardín: seis mujeres y un hombre. No había bebidas alcohólicas en la casa, ni casetes ni discos prohibidos. Sanaz pareció dar a entender que, de haberlos habido, quizá habrían merecido el trato que les habían dado los guardias de la revolución.

Y entonces llegaron con sus armas, las escuadras de la moralidad, que saltaron las vallas y pillaron al grupo por sorpresa. Según ellos, habían recibido un informe sobre actividades ilegales y querían registrar el lugar. Incapaz de encontrar un fallo en su indumentaria, un guardia dijo con sarcasmo: «Miradlas, con esas actitudes occidentales...».

—¿Qué es una actitud occidental? —la interrumpió Nassrin.

Sanaz la miró y sonrió:

—Se lo preguntaré la próxima vez que lo vea.

El caso es que la búsqueda de bebidas alcohólicas, casetes y compactos resultó infructuosa, pero como tenían la orden de registro, no querían irse con las manos vacías. Los guardias se las llevaron a una cárcel especial para infractores de la moralidad. Allí, a pesar de sus protestas, encerraron a las chicas en un cuartucho oscuro que la primera noche compartieron con varias prostitutas y una drogadicta. Los carceleros entraron en el cuarto dos o tres veces en mitad de la noche para despertar a las que se hubieran quedado adormiladas y cubrirlas de insultos.

Estuvieron cuarenta y ocho horas encerradas en aquella celda. A pesar de que lo solicitaron varias veces, les negaron el derecho a llamar a sus padres. Exceptuando las breves excursiones al lavabo en horas preestablecidas, sólo salieron de la celda dos veces: una para ser conducidas a un hospital donde una ginecóloga que se había llevado a todos sus alumnos las sometió a una prueba de virginidad. No satisfechos con el veredicto, los guardias las llevaron a una clínica privada para someterlas a otro examen.

Los padres, en Teherán, ya estaban nerviosos, porque no sabían nada de ellas. El tercer día, el encargado de la casa de campo les dijo que a lo mejor habían muerto en un reciente accidente de tráfico. Partieron inmediatamente para el pueblo turístico, en busca de sus hijas, y finalmente las encontraron. Las chicas, mientras tanto, habían sido sometidas a un juicio sumarísimo, obligadas a firmar un documento confesando pecados que no habían cometido y condenadas a recibir veinticinco latigazos.

Sanaz, que era muy delgada, llevaba una camiseta debajo del manto. Sus carceleros sugirieron en broma que, como llevaba una prenda de más, no sentiría dolor, así que le dieron más latigazos. Soportó mejor el dolor físico que la humillación de las pruebas de virginidad y el odio que sentía contra sí misma por haber firmado una confesión forzada. Era extraño, pero el castigo físico era una fuente de satisfacción para ella, una compensación por haber cedido a las otras humillaciones.

Cuando por fin las dejaron en libertad y sus padres las llevaron a casa, Sanaz tuvo que soportar una nueva humillación: las reprimendas de su hermano. ¿Qué podía esperarse si se permitía que seis chicas indisciplinadas se fueran de viaje sin un

hombre que las vigilara? ¿Es que nadie le hacía caso sólo porque tenía unos años menos que su descerebrada hermana, que
ya debería estar casada? Los padres de Sanaz, aunque com-
prensivos con ella y con la dura prueba que había atravesado,
estaban de acuerdo en que quizá no había sido prudente dejarla ir de viaje, no porque no confiaran en ella, sino porque las
condiciones del país no eran las más adecuadas para tales in-
discreciones.

—Después de todo lo que ha pasado, ahora soy la culpable
—dijo—. Me han prohibido utilizar mi coche y me acompaña
a todas partes mi sensato hermano menor.

No puedo olvidar la historia de Sanaz. Vuelvo a ella una y
otra vez, aún hoy lo hago, recreándola frase por frase: la valla
del jardín, las seis chicas y el chico sentados en la galería, quizá contándose chistes y riendo. Y entonces llegan «ellos». Recuerdo este incidente como recuerdo muchos otros de mi propia vida en Irán; incluso recuerdo los sucesos que la gente me
ha contado por escrito o de viva voz desde que me fui. Extrañamente, se han convertido en recuerdos míos.

Puede que sólo ahora, en la distancia, sea capaz de hablar
de aquellas experiencias abiertamente y sin miedo, de empezar
a entenderlas y a superar mi terrible sensación de impotencia.
En Irán, nuestra relación con aquellas experiencias cotidianas
brutales y humillantes se caracterizaba por una curiosa sensación de lejanía. Allí hablábamos como si los sucesos no tuvieran que ver con nosotras; como pacientes esquizofrénicos, tratábamos de distanciarnos de aquel otro ser, al mismo tiempo
íntimo y ajeno.

22

En *Habla, memoria,* Nabokov describe una acuarela que estaba colgada encima de su cama cuando era niño. Es un paisaje, un sendero que se pierde en un bosque frondoso. Su madre le leyó un cuento sobre un niño que se perdió un día en el cuadro de encima de su cama, y aquello se convirtió en el deseo de Vladimir en sus plegarias nocturnas. Cuando el lector nos imagina en aquella habitación, debe entender que nuestro deseo era desaparecer de ese mismo modo. Cuanto más nos retirábamos a nuestro santuario, más nos alejábamos de la vida cotidiana. Cuando iba por la calle me preguntaba: «¿Es ésta mi gente, mi ciudad? ¿Soy yo quien soy?».

Ni Humbert ni el censor ciego poseen jamás a sus víctimas: como objetos de fantasía que son, siempre escapan de ellos, alcanzables e inaccesibles a la vez. A pesar del daño que se les pueda llegar a hacer, las víctimas no caen en la sumisión.

En todo esto pensaba un jueves por la tarde, después del seminario, mientras leía los diarios que las chicas habían dejado con sus últimos ensayos y poemas. Al principio de todo les había pedido que describieran la imagen que tenían de sí mismas. Entonces no estaban preparadas para afrontar semejante cuestión, pero de vez en cuando volvía a proponerla. Ahora, sentada en el confidente, miraba las docenas de páginas que habían llenado con las respuestas.

Tengo ante mí una de esas respuestas. Es la de Sanaz, escrita poco después de su detención a orillas del Caspio. Se trata de un sencillo dibujo en blanco y negro de una chica desnuda, cuyo cuerpo blanco está atrapado en una burbuja negra. Está encogida, en posición fetal, abrazándose una rodilla. Tiene la otra pierna estirada hacia atrás. Su largo y liso cabello sigue la curva del contorno de la espalda, pero el rostro está oculto. La burbuja está suspendida en el aire, colgada de un pájaro gigante de enormes garras negras. Lo que sobre todo me llama la atención es un pequeño detalle porque desmiente la imagen de la chica y la burbuja, y es que la mano de la chica sale de la burbuja y se sujeta a la garra. Su desnudez servil depende de la garra, y la chica se aferra a ella.

El dibujo me recordó lo que dice Nabokov en el famoso epílogo de *Lolita*, que sintió «el primer latido de *Lolita*» en 1939 o a principios de 1940, cuando estaba postrado con un ataque agudo de neuralgia intercostal. Cuenta que «el escalofrío inicial de la inspiración me lo suscitó una noticia de prensa sobre un mono del Jardín Botánico, que, después de ser tratado durante meses por un científico, hizo el primer dibujo al carbón de la historia animal: el boceto retrataba los barrotes de la jaula del pobre bicho».

Las dos imágenes, la de la novela y la de la realidad, revelan una gran verdad. Lo más terrible está en el hecho de que en los dos casos se ha cometido un acto violento. Éste va más allá de los barrotes, revelando la proximidad e intimidad de la víctima con su carcelero. En ambos casos el centro de interés es ese delicado punto en que el prisionero toca el barrote, en el invisible contacto entre la carne y el frío metal.

Casi todas las chicas se expresaron con palabras. Manna se veía como humo, moviéndose sobre objetos concretos, adaptándose a su forma pero sin convertirse nunca en ellos. Yassi se describía como un invento. Nassrin daba la definición de «paradoja» que figura en el diccionario Oxford. En casi todas las descripciones se podía leer entre líneas que se veían en el contexto de una realidad exterior que les impedía definirse con claridad y por separado.

Manna había escrito en cierta ocasión algo sobre unos calcetines de color rosa que le granjeó las censuras de la Asociación de Estudiantes Islámicos. Cuando se quejó a su profesor favorito, éste se burló de ella diciéndole que ya había atrapado a su hombre, Nima, y no necesitaba los calcetines rosa para volver a atraparlo.

Aquellos estudiantes, como el resto de su generación, se

distinguían de la mía en un aspecto fundamental. Mi generación se quejaba de la pérdida, del vacío que se creó en nuestra vida cuando nos robaron el pasado, convirtiéndonos en exiliados en nuestro propio país. Como teníamos un pasado que comparar con el presente, teníamos recuerdos e imágenes de aquello de lo que nos habían despojado. Mi generación hablaba constantemente de besos robados, de películas que nunca habían sido vistas y de la brisa que la piel nunca había sentido. La última generación no tenía pasado. Sus recuerdos eran un deseo a medio expresar, algo que nunca habían tenido. Aquella carencia, aquel anhelo de lo vulgar, de cosas básicas, daba a sus palabras una cualidad luminosa, afín a la poesía.

Si ahora, en este mismo momento, tuviera que dirigirme a los que se sientan cerca de mí en esta cafetería, en un país que no es Irán, para hablarles de la vida en Teherán, ¿cómo reaccionarían? ¿Condenarían las torturas, las ejecuciones y los actos de violencia? Creo que sí. ¿Y las transgresiones de la vida cotidiana, como el deseo de llevar calcetines rosa?

Les había preguntado a mis estudiantes si recordaban la escena del baile en *Invitado a una decapitación*: el carcelero invita a Cincinnatus a bailar. Inician un vals y salen al pasillo, tropezándose con un guardia en una esquina: «Describieron un círculo junto a él y volvieron a entrar en la celda, y Cincinnatus lamentó que el extasiante abrazo hubiera sido tan breve». Este movimiento en círculo es el principal movimiento de la novela. Mientras siga aceptando el mundo de farsa que los carceleros le imponen, Cincinnatus seguirá siendo su prisionero y seguirá moviéndose en los círculos creados por ellos. El peor crimen que cometen las ideologías totalitarias es que obligan a los ciudadanos, incluidas las víctimas, a ser cómplices de sus crímenes. Bailar con el propio carcelero o participar en la propia ejecución son actos de extrema crueldad. Mis alumnas lo veían en los juicios que se transmitían por televisión y lo ponían en práctica cada vez que salían a la calle vestidas como les habían dicho que debían. No formaban parte de la multitud que miraba las ejecuciones, pero tampoco tenían fuerza para protestar.

La única manera de salir del círculo, de dejar de bailar con el carcelero, es descubrir la forma de conservar la individualidad, esa cualidad única que escapa a la descripción pero diferencia a un ser humano de otro. Por eso son tan importantes en sus rituales mundanos, en sus rituales vacíos. No había mucha diferencia entre nuestros carceleros y los verdugos de Cincinnatus. Invadían la intimidad y trataban de moldear cada gesto para obligarnos a convertirnos en uno de ellos, lo cual constituía otra forma de ejecución.

Al final, cuando conducen a Cincinnatus al cadalso y pone la cabeza en el tajo para que lo ejecuten, repite el mantra mágico: «A solas conmigo mismo». Este constante recordatorio de su individualidad y sus intentos de escribir, de expresarse y crear un lenguaje diferente del impuesto por sus carceleros, le salva en el último momento, cuando coge la cabeza con sus manos y se aleja a pie hacia las voces que lo llaman desde el otro mundo, mientras el cadalso y todo el mundo de farsa que le había rodeado se desintegra junto con sus verdugos.

SEGUNDA PARTE

Gatsby

Una mujer sola está en medio de la multitud en el aeropuerto de Teherán, con una mochila a la espalda, una bolsa grande colgando del hombro y una maleta enorme con ruedas que empuja con un pie. Sabe que su padre y el hombre con el que se ha casado hace dos años tienen que estar por alguna parte con las maletas. Está en la aduana, con los ojos húmedos, buscando desesperadamente una cara amable, alguien a quien decirle: «Oh, qué alegría, qué contenta estoy de volver a casa. Por fin, para quedarme». Pero nadie sonríe siquiera. Las paredes del aeropuerto se han convertido en un espectáculo extraño, con grandes carteles en los que se ve a un ayatolá mirando fijamente con expresión de reproche. Su estado de ánimo se refleja en los lemas escritos en negro y rojo sangre: ¡MUERTE A AMÉRICA! ¡ABAJO EL IMPERIALISMO Y EL SIONISMO! ¡AMÉRICA ES NUESTRO ENEMIGO NÚMERO UNO!

Sin haber asimilado todavía que el país que había dejado hacía diecisiete años, cuando tenía trece, ya no era el mismo país, se siente sola, llena de emociones contradictorias, dispuesta a explotar a la menor provocación. Trato de no verla, de no tropezar con ella, de pasar por su lado inadvertida. Pero no hay manera de esquivarla.

Aquel aeropuerto, el de Teherán, siempre me ponía de un humor de perros. La primera vez que me fui era un lugar acogedor y mágico, con un buen restaurante que los viernes por la noche celebraba bailes y una cafetería con grandes puertas de cristal que daban a una terraza. Cuando éramos pequeñas nos quedábamos embobadas mirando aquellas puertas, comiendo helado mientras contábamos los aviones. Los aterrizajes tenían siempre un momento especial de revelación, cuando de repente una alfombra de luces indicaba que habíamos llegado, que Teherán nos esperaba abajo. Durante dieciocho años soñé con aquellas luces, tan atractivas y seductoras. Soñaba con sumergirme en ellas para no tener que marcharme otra vez.

El sueño se había convertido por fin en realidad. Estaba en mi país, pero el ambiente del aeropuerto no era de bienvenida. Era sombrío y ligeramente amenazador, como los rostros serios del ayatolá Jomeini y de su ungido sucesor, el ayatolá Montazeri, que cubrían las paredes. Era como si una bruja malvada hubiera bajado en su escoba y de una pasada se hubiera llevado todo el edificio, con los restaurantes, los niños y las mujeres vestidas de colores que yo recordaba. Aquella sensación se confirmó cuando vi ansiedad y cautela en los ojos de mi madre y de los amigos que habían acudido al aeropuerto para darnos la bienvenida.

Cuando cruzamos la aduana, un joven taciturno nos cerró el paso: quería registrarme. Le dije que ya nos habían registrado. «Pero no el equipaje de mano», respondió con brusquedad. «¿Por qué?, estoy en mi país», quise decirle, como si esto pudiera eximirme de la sospecha y el escrutinio. Tenía que registrarme por si llevaba bebidas alcohólicas. Me llevaron a un rincón. Bijan, mi marido, me observaba con nerviosismo, sin saber a quién temer más, si al guardia taciturno o a mí. Esbozó una sonrisa que más tarde se convertiría en un gesto familiar: cómplice, conciliadora, práctica.

«¿Discutes con un perro rabioso?», me preguntó alguien después.

Primero me vaciaron el bolso: pintalabios, bolígrafos y lápices, mi diario y la funda de las gafas. Luego la emprendieron con la mochila, de la que sacaron mi título, el certificado de matrimonio, los libros (*Ada, Judíos sin dinero, El gran Gats-*

by...). El guardia los cogió con asco, como si fuera la ropa sucia de otra persona. Pero no los confiscó, en aquel momento no. Eso llegaría después.

2

Durante mis primeros años en Europa, y luego en Estados Unidos, quise adaptar otros lugares a mi idea de Irán. Quise «persianizar» el paisaje, e incluso trabajé durante un trimestre en una pequeña universidad de Nuevo México porque me recordaba a mi país. «Fijaos, Frank y Nancy: ese arroyuelo flanqueado de árboles y que se abre camino a través de un terreno reseco es como Irán. Exactamente como Irán, como mi patria.» Lo que más me impresionaba de Teherán, contaba a todo el que quería escucharme, eran las montañas y su clima seco aunque generoso, los árboles y arbustos que florecían y crecían en la tierra cuarteada y parecían sorberle la luz al sol.

Cuando encarcelaron a mi padre volví al país y me permitieron quedarme un año. Sentía suficiente inseguridad para casarme sin pensarlo antes de cumplir los dieciocho años. Me casé con un hombre cuyo mayor mérito era que no era como nosotros, que ofrecía un tipo de vida que, en contraste con la nuestra, parecía práctica y sin complicaciones; además, estaba muy seguro de él. No concedía valor a los libros («tu problema y el de tu familia es que vivís más en los libros que en la realidad»), tenía unos celos enfermizos, celos que eran parte de la imagen que tenía de sí mismo como hombre que mandaba en su destino y en sus propiedades, su objetivo era medrar en la vida («cuando tenga despacho propio, mi sillón será más alto que los de las visitas, para que siempre se sientan intimidados por mi presencia») y admiraba a Frank Sinatra. El día que dije sí,

117

supe que acabaría divorciándome. No había límites para mis impulsos autodestructivos ni para los riesgos que estaba dispuesta a correr con mi propia vida.

Me fui a vivir con él a Norman, Oklahoma, mientras él estudiaba en la universidad para conseguir un título de ingeniero; al cabo de seis meses había llegado a la conclusión de que me divorciaría en cuanto mi padre saliera de la cárcel. Para eso tuvieron que pasar otros tres años. Se negó a concederme el divorcio («una mujer entra en el hogar de su marido con el vestido de boda y sale con el sudario»). Me había subestimado. Quería que su mujer vistiera con elegancia, se hiciera la manicura y fuera a la peluquería todas las semanas. Yo le desafiaba con faldas largas y vaqueros rotos, llevaba el pelo largo y me sentaba en la hierba del campus con mis amigos norteamericanos, mientras sus amigos pasaban de largo mirándonos de reojo.

Mi padre estaba totalmente a favor del divorcio y amenazó con presentar una demanda para solicitar una pensión alimenticia, la única protección que concede a la mujer el derecho musulmán. Sólo aceptó divorciarse cuando convine en no solicitar la pensión alimenticia y cederle el dinero de nuestra cuenta corriente, el coche y las alfombras. Él volvió a su patria, mientras que yo me quedé en Norman; era la única estudiante extranjera del Departamento de Filología Inglesa. Evitaba la compañía de la comunidad iraní, sobre todo de los hombres, que se habían hecho muchas ilusiones sobre la disponibilidad de una joven divorciada.

Mis recuerdos de Norman consisten en tierra roja y mariposas, canciones y manifestaciones en el Oval, lecturas de Melville, Poe, Lenin y Mao Tse Tung, lecturas de Ovidio y Shakespeare en cálidas mañanas de primavera con un profesor que me gustaba, de tendencias políticas conservadoras, que por las tardes cantaba canciones revolucionarias acompañado por otro. Por la noche veíamos las últimas películas de Bergman, Fellini, Goddard y Passolini. Cuando rememoro aquellos días, los distintos paisajes y sonidos se mezclan en mi memoria: las tristes imágenes de las mujeres de Bergman se funden con la suave voz de David, mi profesor radical, cuando cantaba con la guitarra:

> Todas las noches salen predicadores melenudos
> que os enseñan a ser cojonudos,
> y cuando les pedís de comer
> os dicen con voz de caramelo:
> «Comeréis dentro de poco en el cielo».
> Reza y trabaja,
> aliméntate de paja
> y, cuando mueras, serás feliz en el cielo.
> ¡Es un camelo!

Hacíamos las manifestaciones por la mañana; ocupábamos el edificio de secretaría y cantábamos en el césped que había delante del departamento de inglés, llamado Oval Sur, y por el que algunos nudistas pasaban corriendo hacia el edificio de ladrillo rojo, que era la biblioteca. En aquellos días de protestas contra la guerra de Vietnam me manifesté con los sufridos estudiantes del Cuerpo de Capacitación de Oficiales de la Reserva, que compaginaban los estudios con el servicio militar obligatorio y que hacían como que no estábamos allí. Más tarde iría a fiestas con mi verdadero amor, el que me había iniciado en Nabokov al regalarme *Ada*, en cuya guarda delantera había escrito: «Para Azar, mi Ada. Ted».

Mi familia siempre había menospreciado la política con cierta condescendencia rebelde. Se enorgullecían de que ochocientos años antes («catorce generaciones», decía mi madre con solemnidad) los Nafisi ya fueran conocidos por su contribución a la literatura y a la ciencia. Los hombres eran *hakim*, sabios, y más tarde, en este siglo, las mujeres Nafisi habían ido a la universidad a dar clase cuando pocas se atrevían a salir de casa. Cuando mi padre fue alcalde de Teherán, en lugar de una fiesta hubo una sensación de inquietud en la familia. Mis tíos más jóvenes, que en aquella época estaban estudiando, se negaron a reconocer a mi padre como hermano. Más tarde, cuando mi padre cayó en desgracia, él y mi madre se las arreglaron para que nos sintiéramos más orgullosos de su encarcelamiento que de su mandato como alcalde.

Me uní al movimiento estudiantil iraní a regañadientes. La reclusión de mi padre y las vagas simpatías nacionalistas de mi familia me habían vuelto sensible a la política, pero era más una rebelde que una activista, aunque en aquella época no había mucha diferencia. Uno de los atractivos era que los hombres de la confederación no trataban de agredirme ni de seducirme, sino que organizaban grupos de estudio para leer y comentar *El origen de la familia, la propiedad y el Estado*, de Engels, y *El 18 brumario de Luis Bonaparte*, de Marx. En los años setenta, el talante de los estudiantes iraníes, como el de los norteamericanos y los europeos, era revolucionario. Estaba el ejemplo cubano, y el chino, desde luego. La jerga revolucionaria y la atmósfera romántica eran contagiosas, y los estudiantes iraníes estaban en la vanguardia de la lucha. Eran activos e incluso buscaban el enfrentamiento, y fueron a la cárcel por ocupar el consulado iraní de San Francisco.

El grupo de estudiantes iraníes de la Universidad de Oklahoma era una sección de la Confederación Mundial de Estudiantes Iraníes, que tenía miembros y secciones en casi todas las grandes ciudades de Europa y Estados Unidos. En Oklahoma fue responsable de la introducción en el campus del RSB, la sección estudiantil del Partido Comunista Revolucionario, y de la creación del Comité del Tercer Mundo contra el Imperialismo, compuesto por estudiantes radicales de diferentes nacionalidades. La Confederación, creada a imagen del centralismo democrático de Lenin, mantenía estrechamente vigilados el estilo de vida y las actividades sociales de sus miembros. Con el tiempo, cada vez había más activistas y marxistas dominando el grupo, desbancando y aislando las tendencias más nacionalistas y más moderadas. Sus miembros solían llevar guerreras y botas al estilo del Che Guevara; las mujeres llevaban el pelo muy corto, rara vez se maquillaban y vestían guerreras al estilo Mao y pantalones caqui.

Comenzó entonces un período esquizofrénico en mi vida, en el que trataba de conciliar mis aspiraciones revolucionarias con el estilo de vida que más me gustaba. Nunca me integré del todo en aquel movimiento. Durante los largos y acalorados encuentros con facciones rivales abandonaba a menudo la sala con diferentes excusas y a veces me encerraba en el cuarto de baño para escapar. Me empeñaba en llevar vestidos largos fuera de las reuniones, me negaba a cortarme el pelo o a hacerme trenzas, y escuchaba. Nunca abandoné la costumbre de leer con placer a autores contrarrevolucionarios: T. S. Eliot, Austen, Plath, Nabokov, Fitzgerald, pero hablaba apasionadamente en los mítines; inspirada por frases que había leído en novelas y poemas, tejía palabras para convertirlas en sonidos revolucionarios. Convertía la opresiva añoranza de la patria en discursos exaltados contra los tiranos de Irán y contra los norteamericanos que los financiaban y, aunque me sentía ajena al movimiento en sí, que en ningún momento fue nada mío, encontré gracias a él un marco ideológico en el que justificar aquella pasión desenfrenada e irreflexiva.

El otoño de 1977 fue memorable por dos acontecimientos: mi boda, en septiembre, y la última y dramática visita del sha a Estados Unidos, en noviembre. Había conocido a Bijan Naderi dos años antes, en un mitin que se celebraba en Berkeley. Era el líder del grupo con el que más simpatizaba. Me enamoré de él por varias razones, todas equivocadas: no por su retórica revolucionaria, sino porque poseía una confianza en sí mismo y en sus creencias que iba más allá de la histeria del movimiento. Era leal, se entregaba con pasión a todo, fuera su familia, su trabajo o el movimiento, pero su lealtad nunca le impidió ver en qué se estaba convirtiendo el movimiento, y yo lo admiré aún más por su posterior negativa a obedecer las órdenes revolucionarias.

En las muchas manifestaciones en que participé, gritando

consignas contra los intereses norteamericanos en Irán, en los mítines de protesta en los que discutíamos hasta bien entrada la noche, pensando que estábamos hablando de Irán cuando en realidad estábamos más preocupados por lo que pasaba en China, la imagen de mi país estaba siempre presente. Era mío y podía evocarlo en todo momento, y emparentarlo con el mundo a través de su imagen borrosa.

Mi idea de «patria» contenía incongruencias o paradojas de base. Estaba el Irán familiar por el que sentía añoranza, el lugar de los padres, los amigos y las noches de verano a orillas del mar Caspio. Pero también era real el Irán reconstruido del que hablábamos en todas las reuniones, discutiendo sobre lo que querían las masas iraníes. Por lo visto, mientras en los años setenta aumentaba la radicalización del movimiento, lo que querían las masas era que no tomáramos alcohol en nuestras celebraciones, que no bailáramos ni pusiéramos música «decadente»: sólo se permitía la música popular y revolucionaria. Querían que las chicas llevaran el pelo muy corto o trenzado. Querían evitarnos esa costumbre burguesa de estudiar.

3

Un mes después de aterrizar en el aeropuerto de la capital iraní, estaba en el Departamento de Inglés de la Universidad de Teherán. Al llegar casi tropecé con un joven de traje gris, pelo rizado y aspecto cordial. Más tarde averigüé que era otro fichaje reciente; acababa de llegar de Estados Unidos y, como yo, estaba lleno de ideas modernas y emocionantes. La secretaria, que irradiaba cierta santidad a pesar de su corpulenta belleza, me sonrió y, arrastrando los pies, se acercó a la puerta del despacho del director del departamento. Al poco rato volvió y me indicó por señas que entrara. Al cruzar el umbral tropecé con un pequeño taco de madera que había entre las dos puertas, perdí el equilibrio y a punto estuve de aterrizar en el escritorio del director.

Me recibió con una sonrisa desconcertada y me ofreció asiento. Yo había estado en aquel despacho dos semanas antes y me había entrevistado otro director, un hombre alto y amable que me había preguntado por varios familiares míos, escritores y académicos eminentes. Le agradecí interiormente que tratara de facilitarme las cosas, pero me preocupó la posibilidad de tener que vivir durante el resto de mi vida compitiendo con los muertos famosos de mi familia.

Aquel director nuevo, el doctor A., era diferente. Su sonrisa era cordial, pero no cercana: era más tentativa. Aunque su actitud era distante, me invitó a una fiesta que daba en su casa aquella misma noche. Hablamos de literatura y no de parientes. Traté de explicarle por qué había cambiado de idea en lo que se refería a mi tesis doctoral.

—Verás —le dije—, yo quería hacer un estudio comparativo entre la literatura de los años veinte y la de los años treinta, los proletarios y los no proletarios. El mejor era Fitzgerald, para los años veinte, claro. —Esto le pareció obvio—. Pero no tenía muy claro a quién elegir en el otro extremo del espectro: ¿a Steinbeck, a Farrell, a Dos Passos? Ninguno podría compararse con Fitzgerald, ¿verdad? Quiero decir en lo literario. Pues ¿qué otro aspecto puede haber? Bueno, el caso es que seguí con los proletarios auténticos, cuyo espíritu estaba mucho mejor captado en Mike Gold.

—¿En quién?

—En Michael Gold. Fue director de *The New Masses*, una revista literaria, popular y radical. No lo creerás, pero fue un buen golpe en su época. Fue el primero que formuló la idea de arte proletario en Estados Unidos. Incluso escritores como Hemingway tomaban nota de lo que decía; y eso que llamaba a Hemingway «literato de salón» y a Thornton Wilder «la Emily Post de la cultura».

»Bueno, al final decidí descartar a Fitzgerald, sentía curiosidad por Gold y por el motivo por el que acabó imponiéndose... porque se impuso. En los años treinta, los autores como Fitzgerald quedaron arrinconados por esta nueva generación, y quería saber por qué. Además, yo era revolucionaria y quería entender la pasión que empuja a personas como Michael Gold.

—¿Querías pasión —preguntó— y dejaste a Fitzgerald por ese otro tipo?

La conversación resultó interesante y acepté su invitación.

El otro, el director alto y cordial a quien había conocido la primera vez, estaba ahora en la cárcel. Nadie sabía cuándo lo dejarían en libertad, ni siquiera si lo iban a soltar algún día. Ya habían despedido a muchos profesores y pronto despedirían a más. Así estaban las cosas en aquellos primeros días de la revolución, cuando yo, ingenuamente y con sentimientos totalmente inapropiados para las circunstancias, empecé mi carrera docente en el Departamento de Inglés de la Facultad de Filología Persa y Extranjera de la Universidad de Teherán; era el miembro más joven y el más reciente. Si me hubieran ofrecido el mismo puesto en Oxford o en Harvard, no me habría sentido más honrada ni más intimidada.

La cara que puso el doctor A. cuando tropecé en el umbral de su puerta fue la misma que pondrían al verme, con el paso de los años, muchos otros directores de departamento, muy distintos de él. Era una expresión de sorpresa con un punto de tolerancia. «Una mujer extraña —parecían decir—; necesita que la orienten y, de vez en cuando, que la pongan en su sitio.» Más tarde hallaría una cara diferente, una expresión de contrariedad, como si no me hubiera comportado según el contrato inicial: me había vuelto una criatura indisciplinada y díscola, y no me podían controlar.

4

Todos mis recuerdos de aquellos primeros años giran alrededor de la Universidad de Teherán. Era el ombligo, el centro inamovible al que se vinculaban todas las actividades políticas y sociales. Cuando, estando en Estados Unidos, leíamos u oíamos algo acerca de la agitación en Irán, la Universidad de Teherán parecía ser escenario de batallas importantísimas. Todos los grupos hacían suya la universidad en sus manifiestos.

Así que no era de extrañar que el nuevo Gobierno islámico se apoderase de la universidad para rezar las plegarias de los viernes. Dicho acto adquirió un significado añadido, porque incluso después de la revolución los estudiantes musulmanes, sobre todo los más fanáticos, fueron una minoría eclipsada en todas las ocasiones por los grupos izquierdistas laicos. Era como si, con aquel acto, la facción islámica afirmara su superioridad sobre otros grupos políticos: y al igual que un ejército victorioso, se posicionaba en el lugar más preciado de las tierras ocupadas, en el centro del territorio conquistado. Todas las semanas, uno de los miembros más destacados del clero subía al estrado para dirigirse a los miles de personas que llenaban el campus, los hombres a un lado y las mujeres a otro. Subía con una pistola en la mano y pronunciaba el sermón de la semana, sobre los asuntos políticos más importantes del momento. Y sin embargo, era como si el mismo campus se rebelara contra aquella ocupación.

En aquella época creía que había una guerra territorial entre distintos grupos políticos y que ésta se libraba sobre todo en la universidad. Aún no sabía que también yo tendría que librar mi propia batalla. Al mirar atrás, me alegro de no haberme dado cuenta de mi vulnerabilidad particular. Con mi pequeña colección de libros, era como una emisaria de un país que no existía, que llegaba con un repertorio de sueños para proclamar que aquel otro país era su patria. Entre rumores de traición y cambios gubernamentales, sucesos que en mi mente se han vuelto ya confusos e intemporales, siempre que tenía ocasión me instalaba rodeada de libros y notas y trataba de dar forma a mis clases. Aquel primer semestre organicé un largo seminario «de investigación» en el que nos concentramos en *Las aventuras de Huckleberry Finn*, y dimos un repaso a la literatura del siglo XX.

Trataba de ser políticamente justa. Además de estudiar *El gran Gatsby* y *Adiós a las armas*, hablaba de las obras de Máximo Gorki y Michael Gold. Pasé muchos días curioseando en las librerías que había enfrente de la universidad. Aquella calle, rebautizada recientemente como avenida de la Revolución, era el centro de las librerías y editoriales más importantes de Teherán. Era un placer ir de librería en librería y conocer a este vendedor o a aquel cliente ocasional que quería hablarme de alguna joya reciente, o sorprenderme diciendo que conocía a un oscuro escritor inglés llamado Henry Green.

En medio de aquellos febriles preparativos, tenía que ir a la universidad por asuntos completamente ajenos a mis clases y a mis libros. Casi todas las semanas, a veces todos los días, había manifestaciones y mítines, que nos atraían como un imán, al margen de nuestra voluntad.

Un recuerdo revolotea caprichosamente a mi alrededor, burlón y seductor a la vez. Con el café en una mano y el cuaderno y el bolígrafo en la otra, me disponía a ir a la terraza, a trabajar en el programa de la asignatura, cuando sonó el teléfono. Oí la voz nerviosa y agitada de una amiga. Quiso saber si me había enterado: el ayatolá Taleghani, un religioso muy popular y polémico, uno de los personajes más importantes de la revolución, había muerto. Era relativamente joven y radical, y siempre habría rumores de que lo habían matado. Habían organizado una manifestación en su honor que partiría de la Universidad de Teherán.

No recuerdo qué ocurrió entre el momento de la llamada y el momento en que me vi, casi una hora después, en la entrada de la universidad. Había un atasco, Bijan y yo bajamos del taxi en las cercanías de la universidad y echamos a andar. Por alguna razón, al cabo de un rato, como empujados por una fuerza invisible, aceleramos el paso y empezamos a correr. Se había concentrado una gran multitud de dolientes que bloqueaba las calles que conducían a la universidad. Nos enteramos de que había estallado una pelea entre algunos miembros del Muyaidín, una organización religiosa radical que aseguraba ser la heredera política y espiritual de Taleghani, y del llamado Hezbolá, «Partido de Alá», compuesto principalmente por fanáticos y justicieros dispuestos a imponer la ley de Dios en la Tierra. La pelea había sido porque se disputaban quién debía tener el honor de portar el cadáver de Taleghani. Muchos lloraban, golpeándose el pecho y la cabeza, y gritaban: «¡Hoy es día de duelo! Taleghani está hoy en el paraíso».

Este latiguillo concreto se utilizaría durante las dos décadas siguientes para honrar a otros personajes, lo que ya constituía un indicio de la simbiosis entre los padres de la revolución y la muerte. Aquélla fue la primera vez que experimenté el placer desesperado y orgiástico de aquella forma de duelo público: era el único lugar en el que la gente se mezclaba y se tocaba, y compartía emociones sin reprimirse ni culparse. Se palpaba una sexualidad salvaje y frenética en el aire. Más tarde, cuando vi una consigna de Jomeini que decía que la República Islámica sobrevive gracias a sus ceremonias fúnebres, habría podido testificar que era verdad.

Aquel día me encontré con mucha gente que aparecía y desaparecía como los personajes de las películas de dibujos animados. ¿Fue allí donde vi a Farideh? La joven pertenecía a un grupo de extrema izquierda; mi hermano, que conocía a algunos compañeros suyos, me la había presentado pensando que podía ayudarme a instalarme. La vi durante una fracción de segundo, ocupada como siempre, a punto de arremeter contra alguien o contra algo: la vi y dejé de verla.

Yo estaba en medio del torbellino, tratando de encontrar

una cara conocida. Siempre perdía a mis acompañantes en aquellas manifestaciones. Ahora había perdido a mi marido, y durante un rato lo estuve buscando. La multitud me empujaba. Por los altavoces se oían frases retumbantes. Todas las superficies hábiles habían engendrado carteles de Taleghani: las paredes, las puertas y ventanas de las librerías, incluso los árboles. La amplia calle de la universidad se encogía y ensanchaba para ajustarse a nuestros movimientos, y durante un rato me moví sin sentir nada, dominada por la multitud. Cuando me di cuenta estaba golpeando un árbol con el puño cerrado y llorando, llorando como si se hubiera muerto el amor de mi vida y estuviera sola en el mundo.

5

En septiembre de 1979, antes de comenzar el curso, pasé mucho tiempo buscando los libros del programa de la asignatura. Mientras estaba en una librería hojeando unos ejemplares de *El gran Gatsby* y *Adiós a las armas*, se me acercó el propietario:

—Si le interesan, será mejor que se los lleve cuanto antes —dijo moviendo tristemente la cabeza.

Lo miré con simpatía y dije con aire de suficiencia:

—Están demasiado solicitados. No podrán hacer nada por impedirlo, ¿verdad?

El librero tenía razón. A los pocos meses era muy difícil encontrar títulos de Fitzgerald y Hemingway. El Gobierno no pudo retirar todos los ejemplares de las librerías, pero poco a poco cerró algunas de las más importantes librerías extranjeras y bloqueó la distribución de aquellos libros en Irán.

La noche anterior a mi primera clase estaba muy nerviosa, como una niña en su primer día de escuela. Había elegido la ropa con inusual cuidado y había repasado mi magra colección de libros. Había dejado la mayoría de ellos en Estados Unidos, con mi cuñada, además de un espejo antiguo, el último regalo de mi padre. Había pensado traerlos más tarde, sin saber que tardaría once años en volver, y por entonces mi cuñada ya se había deshecho de la mayor parte de los libros.

Aquel primer día me presenté en la universidad armada con mi fiel *Gatsby*, que ya mostraba signos de desgaste; cuanto más me gustaba un libro, más deteriorado acababa. *Huckleberry Finn* todavía estaba disponible en las librerías, y compré otro ejemplar por si acaso. Después de una ligera vacilación, también me llevé *Ada*, que no estaba en el programa, y lo guardé como reserva.

La universidad se había construido durante el reinado del sha Riza, en los años treinta. Los edificios principales eran de techos muy altos y gruesas columnas de cemento. Siempre hacía algo de frío en invierno y en verano había humedad. La memoria les ha otorgado unas dimensiones ciclópeas que probablemente no tenían en la realidad, pero aquellos queridos edificios de los años treinta producían una extraña sensación. Se habían construido para multitudes: allí nunca te sentías totalmente cómodo.

Camino del Departamento de Inglés, miré por encima los puestos del gran vestíbulo, a los pies de la amplia escalera. Había grandes mesas, más de diez, llenas de literatura de diversos grupos revolucionarios. Los estudiantes formaban corros, hablaban y a veces discutían, dispuestos a defender su territorio en cualquier momento. No había enemigos visibles, pero flotaba en el aire una sensación de amenaza.

Fueron días cruciales en la historia de Irán. Se libraba una guerra en todos los ámbitos por la forma de la Constitución y el espíritu del nuevo régimen. Casi todos estaban a favor de una constitución laica, incluso eclesiásticos importantes. Se estaban formando grupos poderosos en la oposición, tanto laicos como religiosos, para protestar por la tendencia autocrática de la minoría gobernante. Los más poderosos eran el Partido Republicano Musulmán, del ayatolá Shariatmadari, y el Frente Democrático Nacional, compuesto por progresistas laicos que estaban en la vanguardia de la lucha para salvaguardar los derechos democráticos, incluyendo los derechos de las mujeres y la libertad de prensa. Eran muy populares entonces y en el duodécimo aniversario de la muerte del héroe nacionalista Mossadegh arrastraron a un millón de personas a la aldea de Ahamad Abad, donde yacía enterrado Mossadegh. Defendieron con tesón la formación de una asamblea constituyente. El cierre del periódico más popular y progresista, *Ayandegan*, había ocasionado una serie de manifestaciones multitudinarias y violentas en las que los manifestantes fueron atacados por los grupos paramilitares protegidos por el Gobierno. En aquella época era normal ver a aquellos matones en moto, con banderas y banderines negros, a veces capitaneados por un clérigo en un Mercedes Benz a prueba de balas. A pesar de aquellos presagios, el Partido Tudeh, comunista, y la Organización Fedayan, marxista, apoyaban a los reaccionarios radicales frente a los que ellos llamaban liberales, y continuaron presionando al primer ministro Bazargan, de quien sospechaban que simpatizaba con los norteamericanos.

Se trataba a la oposición con una violencia impresionante. «Los que llevan zuecos y turbante os han dado una oportunidad —advirtió Jomeini—. Después de toda revolución, se ejecuta en público a unos millares de elementos corruptos, se les incinera y se acaba la historia. Ya no pueden publicar periódicos.» Poniendo como ejemplo la Revolución de Octubre y el hecho de que el Estado todavía controlaba la prensa, añadía: «Prohibiremos todos los partidos excepto uno o los pocos que obren como se debe [...] todos cometemos errores. Creíamos que estábamos tratando con seres humanos. Es evidente que no. Estamos tratando con animales salvajes. No lo consentiremos más tiempo».

Mientras cuento estos sucesos me parece sorprendente que

pudiera estar tan concentrada en mi trabajo. Me interesaba tanto cómo iba a recibirme mi clase como los cambios políticos.

La primera clase la di en un aula alargada, con ventanas laterales. Aunque cuando entré estaba llena, en cuanto me senté al escritorio dejé de sentirme nerviosa. Los alumnos estaban insólitamente callados. Iba cargada con los libros y fotocopias que había conseguido para los estudiantes, una mezcla ecléctica de autores revolucionarios cuyas obras se habían traducido al persa y «elitistas» como Fitzgerald, Faulkner y Woolf.

La clase transcurrió sin novedad y las siguientes ya fueron más fáciles. Yo era entusiasta, ingenua e idealista, y estaba enamorada de mis libros. Los alumnos sentían curiosidad por mí y por el doctor K, el joven de cabello rizado con el que había tropezado en el despacho del doctor A, extraños fichajes de última hora en un período en que casi todos los estudiantes querían expulsar a sus profesores: todos eran contrarrevolucionarios, término que abarcaba desde trabajar con el régimen anterior hasta utilizar un lenguaje obsceno en clase.

Aquel primer día les pregunté a mis alumnos cuál era el objetivo de la literatura, por qué hemos de molestarnos en leer literatura. Fue una manera extraña de empezar, pero conseguí atraerme su atención. Expliqué que durante el semestre leeríamos y comentaríamos a varios autores que sólo tenían en común el hecho de haber sido subversivos. Unos, como Gorki o Gold, eran abiertamente subversivos por sus objetivos políticos; otros, como Fitzgerald y Mark Twain, eran en mi opinión más subversivos, aunque no se notara tanto. Les dije que volveríamos sobre esta palabra porque para mí su significado era ligeramente distinto de la definición habitual. Escribí en la pizarra una frase de T. W. Adorno que me gustaba mucho: «La más alta forma de moralidad es sentirse extraño en la propia casa». Expliqué que la finalidad de casi todas las grandes obras de imaginación era hacer que nos sintiéramos como extraños en nuestra propia casa. La mejor literatura siempre nos obligaba a cuestionarnos lo que dábamos por sentado. Ponía en duda las tradiciones y las esperanzas cuando parecían inmutables. Les dije a mis alumnos que quería que al leer aquellas obras pensaran en cómo les afectaban, les inquietaban, les hacían mirar alrededor y ver el mundo, como Alicia en el País de las Maravillas, con otros ojos.

En aquella época, los estudiantes y los profesores se diferenciaban principalmente por su filiación política. Poco a poco, relacioné nombres con caras y aprendí a interpretarlas, a saber quién estaba con quién y contra quién y a qué grupo pertenecía. Es espantoso cómo salen del vacío estas imágenes, como caras de muertos que vuelven a la vida para terminar alguna tarea incompleta.

Veo al señor Bahri en la fila del centro, jugando con el bolígrafo, la cabeza gacha, escribiendo. ¿Está apuntando mis palabras o sólo lo finge? De vez en cuando levanta la cabeza y me mira, como intentando resolver un enigma, y luego vuelve a agacharla y sigue escribiendo.

En la segunda fila, al lado de la ventana, hay un hombre cuyo rostro recuerdo muy bien. Se sienta con los brazos cruzados sobre el pecho, escuchando con aire desafiante, fijándose en cada palabra, no tanto porque quiera o necesite aprender como porque, por razones personales, ha decidido no perderse ninguna. Lo llamaré señor Nyazi.

Los alumnos más radicales se sentaban en las últimas filas, con sonrisitas sarcásticas. Recuerdo muy bien un rostro: el de Mahtab. La muchacha está muy pendiente de sí misma, y mira directamente a la pizarra, plenamente consciente de los que se sientan a su derecha y a su izquierda. Tiene la piel oscura y un rostro sencillo que parece haber retenido la redondez infantil y la tristeza resignada de los ojos. Más tarde supe que procedía de Abadan, una ciudad petrolífera del sur de Irán.

También estaban, cómo no, Zarrin y su amiga Vida. Me fijé en ellos el primer día porque parecían muy diferentes, como si no tuvieran derecho a estar en aquella clase, ni, para el caso, en el campus de la universidad. No encajaban en ninguna de las categorías en que tan claramente se dividían los estudiantes de aquella época. Los de izquierdas se dejaban crecer un poblado bigote que les tapaba el labio, para distinguirse de los musulmanes, que se dejaban una delgada franja entre el bigote y la parte carnosa del labio. Algunos musulmanes llevaban también barba, o los cuatro pelos que conseguían reunir. Las mujeres de izquierdas iban de color caqui o verde oscuro, con camisas largas y sueltas y pantalones anchos, y las musulmanas con pañuelo o chador. Entre aquellos dos ríos inmutables estaban los estudiantes apolíticos, que eran automáticamente tachados de monárquicos. Pero ni siquiera los monárquicos auténticos se parecían a Zarrin y Vida.

Zarrin tenía la piel lisa y delicada, los ojos del color de la miel y el cabello castaño claro recogido detrás de las orejas. Vida y ella se sentaban en la primera fila, a la derecha, cerca de la puerta. Y sonreían siempre. Casi parecía de mala educación que estuvieran allí, con aquel aspecto tan dulce y sereno. Incluso a mí, que había renunciado a todos los derechos revolucionarios, me sorprendió su aspecto.

Vida era más sobria, más convencionalmente académica, pero con Zarrin siempre acechaba el peligro de desviarse, de perder el control. Al contrario que muchos otros, no defendían su actitud no revolucionaria, ni parecían sentir la necesidad de justificarse. Por aquel entonces, los estudiantes boicoteaban las clases a la menor provocación. Casi cada día había nuevos debates, nuevos acontecimientos y, en medio de todo aquello, Zarrin y su amiga, más deliberada que obligatoriamente, asistían a todas las clases, con aquel aspecto limpio e inmaculado.

Recuerdo un día en que mis alumnos de izquierdas habían boicoteado la clase para protestar por el reciente asesinato de tres revolucionarios; al bajar la escalera tropecé con ellas. En la última clase había mencionado que podrían tener problemas para encontrar algunos libros que les había asignado. Querían hablarme de la librería de Teherán que contaba con más fondos ingleses y me contaron con entusiasmo que todavía tenía ejemplares de *El gran Gatsby* y *Herzog*.

Ellas ya habían leído *Gatsby*. ¿Todos los libros de Fitzgerald se parecían a aquél? Seguimos hablando de Fitzgerald mientras bajábamos la escalera, pasando por delante de las mesas que vendían mercancías políticas y por entre la gran multitud reunida frente a una pared empapelada con periódicos. Salimos al asfalto caliente y nos sentamos en un banco, al lado del arroyo que cruzaba el campus, y hablamos como niños que compartieran cerezas robadas. Me sentía muy joven y reíamos mientras hablábamos. Luego cada cual siguió su camino. Nunca volvimos a intimar tanto.

6

«Los criminales no deberían ser juzgados. Juzgar a un criminal va contra los derechos humanos. Los derechos humanos exigen que se les mate al principio, cuando se descubre que son criminales.» Esto proclamaba el ayatolá Jomeini, respondiendo a las protestas de organizaciones humanitarias internacionales ante la ola de ejecuciones que siguió a la revolución. Y añadía: «Nos critican porque estamos ejecutando a animales». El alborozado ambiente de celebración y libertad que había seguido a la caída del sha enseguida dio paso a la aprensión y al miedo; el régimen continuó ejecutando y asesinando a «contrarrevolucionarios», y las bandas espontáneas de militantes que aterrorizaban las calles impusieron una nueva justicia paramilitar.

NOMBRE: Omid Gharib.
SEXO: Varón.
FECHA DE LA DETENCIÓN: 9 de junio de 1980.

LUGAR DE LA DETENCIÓN: Teherán.

PRISIÓN: Prisión Qasr, Teherán.

CARGOS: Estar occidentalizado, vivir con una familia occidentalizada; pasar demasiado tiempo estudiando en Europa. Fumar Winston; tener tendencias izquierdistas.

SENTENCIA: Tres años de prisión. Muerto.

INFORMACIÓN SOBRE EL JUICIO: El acusado fue juzgado a puerta cerrada. Fue detenido cuando las autoridades interceptaron una carta que había enviado a un amigo francés. Fue sentenciado a tres años de prisión en 1980. El 2 de febrero de 1982, cuando Omid Gharib aún no había cumplido la pena, sus padres se enteraron de que había sido ejecutado. No se conocen las circunstancias de la ejecución.

INFORMACIÓN ADICIONAL:

FECHA DE LA EJECUCIÓN: 31 de enero de 1982.

LUGAR DE LA EJECUCIÓN: Teherán.

FUENTE: *Amnesty International Newsletter*, volumen XII, número 7, julio de 1982.

En aquellos días todos éramos transeúntes en las abarrotadas calles de la capital, con la cabeza gacha, enfrascados en nuestros propios problemas. Me sentía un poco alejada de casi todos mis alumnos. Cuando en Estados Unidos gritábamos muerte a esto y a lo otro, aquellas muertes parecían más simbólicas, más abstractas, como si la imposibilidad de llevar a cabo las consignas nos animara a insistir en ellas. Pero en el Teherán de 1979 aquellos lemas se habían vuelto realidad con una precisión macabra. Me sentía impotente: todos los sueños y consignas se estaban volviendo realidad y no había forma de escapar de ellos.

A mediados de octubre ya llevábamos casi tres semanas de clase, y me empezaba a acostumbrar al ritmo irregular del calendario docente. No había día en que la rutina no fuera interrumpida por una muerte o un atentado. Constantemente había mítines y manifestaciones por multitud de razones; casi todas las semanas se boicoteaban o cancelaban clases con el menor pretexto. La única forma de poner un poco de orden en mi vida era leer libros y organizar unas confusas clases a las que, sorprendentemente teniendo en cuenta toda aquella agitación, asistían con regularidad casi todos los alumnos.

Un cálido día de octubre en que intentaba abrirme paso entre una multitud que se había congregado delante del edificio, alrededor de una conocida profesora izquierdista del Departamento de Historia, me detuve impulsivamente a escucharla. No recuerdo muy bien qué dijo, pero una parte de mi cerebro recogió algunas palabras suyas y las guardó en un rincón seguro. Le decía a la multitud que, para salvaguardar nuestra independencia, estaba dispuesta a llevar el velo. Llevaría el velo para luchar contra los imperialistas norteamericanos, para demostrarles..., ¿para demostrarles qué?

Seguí mi camino a toda prisa y subí a la sala de conferencias del Departamento de Inglés, donde tenía una cita con un alumno, el señor Bahri. Nuestra relación era formal; estaba tan acostumbrada a llamarlo y pensar en él por su apellido que había olvidado por completo su nombre de pila. De todas formas, eso no importa ahora. Lo que tal vez sí importe, de una manera indirecta, es su tez clara y su pelo oscuro, el silencio obstinado que se sentía incluso mientras hablaba y su permanente sonrisa ladeada. Aquella sonrisa afectaba a todo lo que decía, dando la impresión de que lo que no decía, lo que tan abiertamente escondía y negaba a sus oyentes, lo ponía en una posición superior.

El señor Bahri escribió uno de los mejores trabajos de investigación que he leído en mi vida sobre *Las aventuras de Huckleberry Finn* y, desde aquel día, por mucho tiempo que pasara en la Universidad de Teherán, iba a estar a mi lado o detrás de mí en todas las reuniones y mítines. Se convirtió literalmente en mi sombra, proyectando sobre mí el peso de su silencio ladeado.

Él quería informarme que le gustaban mis clases y de que «ellos» aprobaban mis métodos de enseñanza. Como les había encargado demasiadas lecturas, los alumnos reaccionaron al principio planteándose boicotear la clase, pero luego se lo pensaron dos veces y votaron en contra del boicot. Había venido para pedirme, o para ordenarme, que añadiera más material revolucionario y que diera más clases sobre autores revolucionarios. Siguió un estimulante debate sobre el significado de las palabras «literatura», «radical», «burgués» y «revolucionario»; recuerdo que se desarrolló con gran emoción e intensidad, aunque no conseguimos ningún progreso en el sencillo tema de las definiciones. Durante esa acalorada conversación estuvimos sentados en el extremo de una gran mesa rodeada por sillas vacías.

Al final de la charla estaba tan animada que le di la mano en señal de buena voluntad y amistad. Él, en silencio, deliberadamente, escondió las suyas en la espalda, como para alejarlas incluso de la posibilidad del apretón. Yo estaba demasiado desconcertada, me resultaban demasiado extraños los nuevos modales revolucionarios para tomar en serio aquel detalle. Más tarde lo comenté con un colega, que, con sonrisa burlona, me recordó que ningún musulmán puede ni debe tocar a una *namahram*, a una mujer que no sea su esposa, su madre o su hermana. Se volvió hacia mí con cara de incredulidad y dijo:

—¿De verdad no lo sabías?

Mis experiencias en Irán, sobre todo mis experiencias como profesora, han estado tan determinadas por la no consumación de aquel apretón de manos como por aquel primer contacto y el aura de nuestra conversación inocente y animada. Permanece la imagen de la sonrisa ladeada del alumno, transparente y sin embargo opaca; pero la sala, las paredes, las sillas y la gran mesa de conferencias han quedado cubiertas por varias capas de lo que en sentido figurado suele llamarse «polvo».

7

Aquellas primeras semanas de clase transcurrieron entre un frenético desfile de reuniones y mítines. Teníamos reuniones de departamento y del claustro de profesores, y reuniones con los estudiantes; íbamos a mítines de solidaridad con las mujeres, con los trabajadores, con los militantes de las minorías kurda y turcomana. Por aquellas fechas trabé alianza y amistad con el director del departamento, con mi inteligente y radical colega Farideh, y con gente de los departamentos de Psicología, Germánicas y Lingüística. Íbamos juntos a nuestro restaurante favorito, al lado de la universidad, para comer y contarnos las últimas noticias y chistes. Ya entonces el humor desenfadado parecía un poco fuera de lugar, pero todavía no habíamos abandonado la esperanza.

Durante aquellas comidas pasábamos ratos estupendos bromeando con o sobre un colega temeroso de perder el empleo: los estudiantes musulmanes habían amenazado con expulsarlo por decir «obscenidades» en clase. La verdad es que a aquel hombre le encantaba preocuparse. Acababa de divorciarse y tenía que mantener a su mujer, además de su casa y la piscina. No dejaba de hablar de su piscina. Y sin ninguna razón, se comparaba con Gatsby, y se llamaba a sí mismo «pequeño gran Gatsby». En mi opinión, lo único que tenían en común era la piscina. Aquella vanidad condicionaba su conocimiento de las grandes obras de la imaginación. El caso es que no fue expulsado. Nos despidió a todos, y se volvió cada vez más intolerante con los alumnos más inteligentes, como averigüé años más tarde, cuando dos de ellos, Nima y Manna, pagaron un alto precio por no estar de acuerdo con sus puntos de vista. Por lo que sé, todavía da clases y año tras año repite el mismo material a los nuevos alumnos. No ha cambiado mucho, salvo que se ha vuelto a casar, y con una mujer mucho más joven.

Entre comida y comida íbamos a la Filmoteca, que aún no

se había cerrado, y veíamos películas de Mel Brooks y Antonioni, íbamos a exposiciones, y todavía creíamos que los partidarios de Jomeini no iban a triunfar, que la guerra aún no había terminado. El doctor A nos llevó a una exposición de fotografías de protestas y manifestaciones de la época del sha. Caminaba delante de nosotros, señalando imágenes del primer año: «Decidme cuántos ulemas veis manifestándose, enseñadme cuántos de esos hijos de... estaban en las calles pidiendo a gritos una República Islámica». Mientras tanto había conspiraciones y atentados, algunos perpetrados con el reciente método del suicida-bomba. Destituyeron a laicos y liberales, y la retórica del ayatolá Jomeini contra Satanás y sus agentes infiltrados cada día se volvía más virulenta.

Es sorprendente hasta qué punto todo se puede volver rutinario. Por lo visto no me daba cuenta de que la vida cotidiana se había vuelto tan inesperada y angustiante que impedía toda forma de estabilidad. Al cabo de un tiempo, hasta la revolución encontró su ritmo: la violencia, las ejecuciones, las confesiones públicas de crímenes que nunca se habían cometido, jueces que hablaban con indiferencia sobre la amputación de la mano o las piernas de un ladrón y de matar a los presos políticos porque no había espacio suficiente en la cárcel. Un día, viendo la televisión, me quedé hipnotizada ante una conversación entre madre e hijo. El hijo era miembro de una organización marxista. La madre le estaba diciendo que merecía morir porque había traicionado la revolución y su fe, y él estaba de acuerdo con ella. Ambos estaban en un estrado vacío, con sólo dos sillas, la una enfrente del otro, hablando como hubieran hablado de los preparativos de una boda próxima. Sólo que estaban admitiendo que sus delitos eran tan atroces que la única manera de expiarlos y salvar el honor de la familia era aceptar la muerte.

Por las mañanas, con *Las aventuras de Huckleberry Finn* bajo el brazo, recorría las anchas calles arboladas que conducían a la universidad. Conforme me aproximaba al campus aumentaba el número de consignas en las paredes y la violencia de sus exigencias. Nunca se protestaba contra los asesinatos, sino que cada vez se pedía más sangre. Yo, como muchas otras personas, no me metía en nada. Sólo por las noches, en mi diario, crecía la desesperación, y surgían sin trabas las pesadillas.

Cuando hojeo las páginas del diario, escrito con tinta de distintos colores en un cuaderno con tapas de plástico negro, veo la desesperación que nunca afloró a la superficie de mi vida. En ese diario anotaba las muertes, de las que apenas hablábamos aunque dominaban la información de la prensa y la televisión.

Una noche, estando en casa, fui a la cocina a buscar un vaso de agua y vi en la televisión el rostro magullado y herido del antiguo titular del temido Ministerio de Seguridad Nacional e Información, un general conocido por su crueldad. Había sido uno de los responsables de la acusación y el encarcelamiento de mi padre. Debía de ser una reposición de la escena de su confesión, ya que hacía unos meses que lo habían matado. Aún recuerdo, estando mi padre en la cárcel, las muchas ocasiones en que mi madre había maldecido a aquel general y a sus compañeros de conspiración. Y allí estaba ahora, vestido de paisano, suplicando perdón a unos jueces cuya inflexible brutalidad ni siquiera él era capaz de comprender. No había ni pizca de humanidad en su expresión. Era como si le hubieran obligado a renegar de su antiguo yo y en el proceso hubiera renunciado a su lugar entre los hombres. Me sentí extrañamente sintonizada con él, como si la rendición completa de su dignidad también me redujera a mí. ¿Cuántas veces había soñado con vengarme de aquel hombre? ¿Era así era como se cumplían los sueños?

Los periódicos del Gobierno publicaron su foto, junto con otras, después de la siguiente serie de ejecuciones. Las fotografías también se publicaron en un folleto barato de páginas amarillentas que los vendedores callejeros ofrecían junto con otros sobre salud y belleza. Compré uno de aquellos folletos envenenados: quería recordarlo todo. Sus caras, a pesar de su espantoso final, se habían visto obligadas a adoptar la pacífica indiferencia de la muerte. Pero ¿cuánto desamparo y cuánta desesperación nos inspiraban aquellos rostros horrendos y serenos a nosotros, los supervivientes?

En los últimos tiempos, Bijan y yo nos quedábamos a veces de piedra al ver a antiguos compañeros de Estados Unidos sentarse en el banquillo de los juicios televisados. Renegaban con furia de sus acciones pasadas, de sus antiguos compañeros, de sí mismos, y confesaban que eran realmente enemigos del Islam. Mirábamos estas escenas en silencio. Bijan era más tranquilo que yo y raramente mostraba alguna emoción. Se sentaba en el sofá, con la mirada pegada a la pantalla, sin apenas mover un músculo, mientras yo no paraba de moverme y me levantaba para buscar agua o cambiar de sitio. Sentía que necesitaba algo a lo que asirme y me agarraba al sofá. Cuando me volvía para mirar a Bijan, mis ojos chocaban con su expresión plácida; a veces sentía interiormente un rugido de resentimiento. ¿Cómo podía quedarse tan tranquilo? Una vez me senté en el suelo, a su lado. No creo haber sentido nunca una soledad tan profunda. Al cabo de unos minutos, me puso la mano en el hombro.

Me volví y pregunté a Bijan: «¿Se te ha ocurrido alguna vez que nos puede pasar algo así?». Dijo que no, pero que debería habérsele ocurrido. Puesto que todos habíamos ayudado a crear aquel caos, no podíamos condenar a la República Islámica. Y por una parte tenía razón. Hubo un breve periodo, entre el 16 de enero de 1979, día en que se fue el sha, y la vuelta de Jomeini a Irán, el 1 de febrero, en que tuvimos un jefe de Gobierno nacionalista, el doctor Shahpour Bakhtiar. Bakhtiar era quizá el político de ideas más democráticas y el que tenía más visión de futuro de entre todos los líderes de la oposición de aquella época, que en lugar de apoyarle habían luchado contra él y se habían unido a Jomeini. Había disuelto inmediatamente la policía secreta de Irán y liberado a los presos políticos. Al despreciarlo y reemplazar la dinastía Pahlevi por un régimen mucho más reaccionario y despótico, tanto el pueblo de Irán como la intelectualidad habían cometido un serio error de juicio, por no decir otra cosa. Recuerdo que entonces Bijan había sido una voz solitaria que apoyaba a Bakhtiar, mientras todos los demás, incluida yo, sólo pedíamos la destrucción de lo viejo, sin pensar mucho en las consecuencias.

Un día, al abrir el periódico de la mañana, vi las fotos de Ali, Faramarz y otros amigos del movimiento estudiantil. Supe al momento que los habían asesinado. Al contrario que en el caso de los generales, no eran fotografías hechas después de la ejecución. Eran fotografías antiguas, del pasaporte o del carné de estudiante. En aquellas fotos inocentes sonreían, adoptando una pose consciente ante la cámara. Rasgué las páginas y durante meses las tuve escondidas en el armario, utilizándolas como relleno de los zapatos; las sacaba casi cada día y volvía a mirar aquellas caras que había visto por última vez en otro país que ahora sólo veía en sueños.

8

El señor Bahri, que al principio era reservado y reacio a hablar en clase, empezó a hacer comentarios audaces después de nuestra reunión. Hablaba con lentitud, como si cosiera las ideas mientras las iba pronunciando, deteniéndose tras cada palabra y cada frase. A veces me parecía un niño que empieza a andar, palpa el suelo y así va descubriendo en su interior virtudes desconocidas hasta entonces. En aquella época estaba cada vez más metido en política. Se había convertido en un miembro activo del grupo de estudiantes musulmanes, apoyado por el Gobierno, y cada vez con mayor frecuencia me lo encontraba enfrascado en discusiones por los pasillos. Sus movimientos se habían vuelto más apremiantes y su mirada más voluntariosa.

Según lo iba conociendo mejor, veía que no era tan arrogante como había pensado. O quizá me acostumbré a su especial clase de arrogancia, propia de un joven de carácter tímido y reservado que había descubierto un refugio absolutista llamado Islam. Era su obsesión, su recién descubierta certidumbre lo que le inspiraba aquella arrogancia. A veces podía ser muy amable, y cuando hablaba nunca miraba a los ojos, no sólo porque un musulmán no puede mirar a una mujer a los ojos, sino porque además era muy tímido. Era aquella mezcla de arrogancia y timidez lo que despertaba mi curiosidad.

Cuando hablábamos parecíamos estar en una conferencia privada. Casi nunca estábamos de acuerdo, pero nos parecía necesario confrontar las diferencias para convencernos del derecho a nuestra posición. Cuanto más irrelevante me volvía yo, más poderoso se volvía él, y lenta e imperceptiblemente se invirtieron nuestros papeles. No era un agitador, no pronunciaba discursos incendiarios, sino que se abría camino obstinadamente, con paciencia y dedicación. Cuando me expulsaron de la universidad, ya era jefe de la Asociación de Estudiantes Islámicos.

Cuando los estudiantes radicales cancelaban clases, él era de los pocos que aparecían, y con cara de reproche. Durante aquellas clases solíamos hablar de los numerosos acontecimientos que tenían lugar en la universidad, o de los asuntos políticos del día. Con cautela, Bahri trataba de hacerme entender lo que significaba la política del Islam, y yo le llevaba la contraria, porque lo que yo rechazaba era precisamente el Islam como entidad política. Le hablé de mi abuela, que era la musulmana más devota que había conocido en mi vida, «mucho más que usted, señor Bahri», y aun así rechazaba la política. A ella le disgustaba el hecho de que su velo, que para ella era símbolo de su relación sagrada con Dios, se hubiera convertido en un instrumento de poder, que transformaba a las mujeres que lo llevaban en signos y símbolos políticos. «¿A quién es usted leal, señor Bahri, al Islam o al Estado?»

Aunque me llevaba bien con el señor Bahri, adquirí la costumbre de culparle y hacerle responsable de todo lo que iba mal. Hemingway le desconcertaba, sentía ambivalencia hacia Fitzgerald, pero le encantaba Twain y pensaba que debíamos tener un escritor nacional como él. A mí me gustaba Twain y lo admiraba, pero opinaba que todos los escritores eran escritores nacionales y que no existía nada parecido a un Escritor Nacional.

9

No recuerdo qué hacía ni dónde estaba aquel domingo en que oí que la embajada estadounidense había sido ocupada por un grupo variopinto de estudiantes. Es extraño, pero lo único que recuerdo es que era un día soleado y cálido, y la noticia no apareció hasta el día siguiente, cuando el hijo de Jomeini, Ahmad, anunció que su padre apoyaba a los estudiantes y lanzó un desafío: «Si no nos entregan a los criminales —dijo, refiriéndose al sha y a Bakhtiar, el líder democrático de los nacionalistas y el último jefe de Gobierno con el sha—, haremos lo que hay que hacer». Dos días después, el 6 de noviembre, dimitía el primer ministro Bazargan, que venía siendo blanco de los crecientes ataques de la línea religiosa dura y de la izquierda por ser liberal y prooccidental.

Los muros de la embajada no tardaron en estar cubiertos de nuevas consignas: ¡AMÉRICA NO PUEDE HACERNOS NADA! ¡ESTO NO ES UNA GUERRA ENTRE AMÉRICA E IRÁN, ES UNA GUERRA ENTRE EL ISLAM Y LA BLASFEMIA! ¡CUANTOS MÁS MURAMOS, MÁS FUERTES SEREMOS! Montaron un puesto en la acera y lo llenaron de propaganda antiamericana, denunciando sus crímenes en todo el mundo y proclamando la necesidad de exportar la revolución. El ambiente de la universidad era a la vez de júbilo y de miedo. Algunos estudiantes míos, como Bahri y Nyazi, habían desaparecido y probablemente estarían en la primera línea de aquella nueva lucha. Las conversaciones tensas y los susurros nerviosos sustituyeron a las clases habituales.

Tanto las organizaciones religiosas como las de izquierda, sobre todo el Muyaidín y el Fedayan marxista, apoyaban la captura de rehenes. Recuerdo un acalorado debate en que un estudiante, tachado de liberal, decía: «¿Qué sentido tiene hacerlos rehenes? ¿No los hemos echado ya?». Y otro estudiante mío razonaba irracionalmente diciendo que no, todavía no, la influencia norteamericana todavía estaba por todas partes y no seríamos libres hasta que la Voz de América callase.

La embajada norteamericana dejó definitivamente de llamarse embajada americana y pasó a ser el «nido de espías». Cuando los taxistas nos preguntaban adónde queríamos ir, decíamos: «Al nido de espías, por favor». De las ciudades de provincias y los pueblos llegaban diariamente autocares cargados con personas que ni siquiera sabían dónde estaba Estados Unidos, y algunas pensaban que los llevaban realmente a Estados Unidos. Les daban comida, dinero y permiso para quedarse, bromeando y merendando con su familia, delante del nido de espías. A cambio les pedían que se manifestaran, que gritaran «Muerte a América» y que de vez en cuando quemaran una bandera norteamericana.

Tres hombres sentados en semicírculo hablan acaloradamente mientras, un poco más allá, dos mujeres con chador negro, y tres o cuatro niños correteando alrededor, preparan bocadillos y se los dan a los hombres. ¿Una festividad? ¿Una merienda? ¿Woodstock a la musulmana? Si nos acercamos un poco a este pequeño grupo, podremos oír su conversación. El acento indica que proceden de la provincia de Isfahán. Uno ha oído decir que los norteamericanos se están convirtiendo al islamismo a millares y que Jimmy Carter está muerto de miedo. «Debería estarlo», dice otro mordiendo el bocadillo; «Yo he oído que la policía norteamericana está confiscando todos los retratos del imán». La verdad se mezcla con rumores absurdos, rumores sobre los malos tratos que recibe el sha a manos de sus antiguos aliados occidentales, o sobre la inminente revolución islámica en Estados Unidos. ¿Nos lo entregará Estados Unidos?

Más allá oímos ritmos más contundentes y sincopados. «Pero esto no es el centralismo democrático [...] tiranía religiosa [...] aliados a largo plazo...», y más que ninguna otra palabra, «liberales». Cuatro o cinco estudiantes con libros y folletos bajo el brazo están enzarzados en una discusión. Reconozco a uno de mis alumnos de izquierdas, que me ve, sonríe y se acerca. «Hola, profesora, veo que te has unido a nosotros.» «¿Quiénes sois vosotros?», le pregunto. «Las masas, el pueblo auténtico», dice con gran seriedad. «Pero ésta no es tu manifestación», digo. «Te equivocas, tenemos que estar presentes todos los días, para mantener el fuego encendido, para evitar que los liberales lleguen a un acuerdo», dice.

Los altavoces nos interrumpen. «¡Ni oriente ni occidente, sino república islámica!» «¡América no puede hacernos nada!» «¡Lucharemos, moriremos, no queremos negociación!»

Nunca conseguí aceptar aquel ambiente de festividad, la jovial arrogancia que dominaba a la multitud que se encontraba frente a la embajada. Dos calles más allá, se desarrollaba una realidad completamente distinta. A veces me parecía que el Gobierno actuaba en un universo propio y separado: creaba un gran circo, organizaba un gran espectáculo, mientras la gente seguía con sus asuntos.

El hecho era que Estados Unidos, el país que conocía y en el que había vivido tantos años, había sido convertido de repente en el País de Nunca Jamás por obra de la Revolución Islámica. La América de mi pasado se volvía borrosa en mi mente, desbordada por el clamor de las nuevas definiciones. Fue entonces cuando el mito de América empezó a arraigar en Irán.

Incluso aquellos que querían su muerte estaban obsesionados por ella. Norteamérica se había convertido en la tierra de Satanás y en el Paraíso Perdido. Se había despertado una inconfesable curiosidad por Norteamérica que, con el tiempo, convertiría a los secuestradores en secuestrados.

10

En mi diario de 1980 hay una anotación: «*Gatsby* de Jeff». Jeff era un reportero de Nueva York con el que paseé por las calles de Teherán durante unos meses. En aquel momento no entendía por qué me había vuelto tan adicta a aquellos paseos. Otras personas se dan a la bebida durante los periodos de depresión; yo me enganché a Jeff. Necesitaba con urgencia contar lo que había visto a aquella otra parte del mundo que había abandonado, al parecer para siempre. Me habitué a escribir cartas a mis amigos norteamericanos, contando los pormenores de cada minuto y cada detalle de la vida en Irán, aunque al final no envié casi ninguna.

Era obvio que Jeff estaba solo y, a pesar de su amor obsesivo por su trabajo, por el que había obtenido el debido reconocimiento, necesitaba hablar con alguien que entendiera su idioma y compartiera unos cuantos recuerdos. Ante mi sorpresa, descubrí que yo estaba afectada por el mismo mal. Acababa de volver al terruño, donde por fin podía hablar la lengua materna, y allí estaba, anhelando hablar con alguien que hablase inglés, a ser posible con acento de Nueva York, alguien inteligente que apreciara *Gatsby* y los Häagen-Dazs, y conociera el bajo East Side de Michael Gold.

Había empezado a tener pesadillas y a veces me despertaba gritando, sobre todo porque sentía que nunca sería capaz de abandonar el país, idea que en parte se basaba en hechos, ya que las dos primeras veces que intenté salir me hicieron dar media vuelta en el aeropuerto, y otra vez incluso me llevaron a la sede central del tribunal revolucionario. Al final salí de Irán al cabo de once años: ni siquiera después de convencerme de que me darían el permiso podía ejecutar el simple acto de ir a la sección de pasaportes a solicitarlo. Me sentía impotente y paralizada.

11

«El arte ya no es amanerado ni cobarde. Enseña a los campesinos a utilizar los tractores, proporciona letras de canciones a los soldados jóvenes, estampa telas para los vestidos de las obreras de las fábricas, escribe revistas de variedades para los teatros de las fábricas y tiene cientos de aplicaciones más. El arte es tan útil como el pan.»

Esta larga declaración procede de un artículo de Michael Gold, «Hacia un arte proletario», publicado en 1929 en la revista radical *New Masses*. El artículo llamó mucho la atención en su momento y acuñó un nuevo concepto en los anales de la literatura norteamericana: el de escritor proletario. El hecho de que pudiera influir y ser tomado en serio por autores serios era una señal de que los tiempos estaban cambiando. *El gran Gatsby* se publicó en 1925 y *Suave es la noche* en 1934. Entre la publicación de estas dos grandes novelas sucedieron muchas cosas en Estados Unidos y en Europa, que dieron protagonismo a Gold durante una temporada y desvalorizaron a Fitzgerald, convirtiéndolo casi en irrelevante para la escena social y literaria. Por medio anduvieron la Depresión, la amenaza creciente del fascismo y la influencia del marxismo soviético.

Antes de empezar la clase sobre *El gran Gatsby* habíamos comentado ya algunos cuentos de Máximo Gorki y de Michael Gold. Gorki era muy popular entonces: muchos cuentos suyos y su novela *La madre* habían sido traducidos al persa, y era muy leído por los revolucionarios, tanto por los viejos como por los jóvenes. Todo aquello hacía que *Gatsby* pareciera extrañamente irrelevante, un tema de rara elección para enseñarlo en una universidad en la que casi todos los estudiantes ardían con el fervor revolucionario. Ahora, retrospectivamente, entiendo que elegir *Gatsby* fue acertado. No me di cuenta hasta más tarde de que los valores que conformaban la novela eran el polo opuesto a los de la revolución. Paradójicamente, serían los valores inherentes a *Gatsby* los que triunfarían con el tiempo, pero en aquella época aún no nos habíamos dado cuenta de hasta qué punto habíamos traicionado nuestros sueños.

Empezamos a leer *Gatsby* en noviembre, pero no pudimos terminarlo hasta enero debido a las constantes interrupciones. Yo corría cierto riesgo por hablar de una novela así en aquellos tiempos, en los que se habían prohibido algunos libros por considerarse moralmente dañinos. Casi todos los grupos revolucionarios estaban de acuerdo con el Gobierno en el tema de las libertades individuales, que ellos llamaban condescendientemente burguesas y decadentes. Esto permitió a la nueva elite dirigente aprobar algunas leyes muy reaccionarias, que llegaron al extremo de ilegalizar ciertos gestos y expresiones de las emociones, incluido el amor. Antes de proclamar una nueva constitución o formar un Parlamento, el nuevo régimen había derogado la ley de protección del matrimonio. Prohibía el ballet y la danza, y decía que las bailarinas de ballet podían elegir entre actuar y cantar. Más tarde, a las mujeres se les prohibió cantar porque la voz de una mujer, como su pelo, era sexualmente provocativa y debía mantenerse oculta.

La elección de *Gatsby* no se basó en el clima político de entonces, sino en el hecho de que era una gran novela. Me habían pedido que diera un curso sobre literatura del siglo xx y esta novela me pareció una buena base. Y además, daría a mis alumnos una visión de aquel otro mundo que ahora se alejaba de nosotros, envuelto en un clamor de acusaciones. ¿Sentirían mis alumnos la misma comprensión que Nick hacia el amor fatal de Gatsby por la bella y desleal Daisy Fay? Leí y releí *Gatsby* con avidez y maravillada. Me moría de impaciencia por compartir el libro con mis estudiantes, y sin embargo me contenía por la extraña sensación de que no quería compartirlo con nadie.

Gatsby dejó a mis alumnos ligeramente perplejos. La historia de un idealista que se enamora perdidamente de una mujer guapa y rica que le traiciona no podía satisfacer a aquellos para quienes el sacrificio se definía con palabras como «masas», «revolución» e «Islam». Pasión y traición eran para ellos emociones políticas, y el amor tenía poco que ver con la chaladura de Jay Gatsby por la señora de Tom Buchanan. El adulterio era en Teherán un delito como cualquier otro y la ley lo trataba en consecuencia: lapidación pública.

Les dije que esta novela era un clásico norteamericano, en muchos aspectos la quintaesencia de la novela norteamericana. Tenía muchos rivales: *Las aventuras de Huckleberry Finn, Moby Dick, La letra escarlata*. Algunos citaban el tema del sueño americano para explicar tal distinción. Nosotros, los que vivimos en países antiguos, tenemos pasado, nos obsesiona el pasado. Ellos, los americanos, tienen un sueño: sienten nostalgia del futuro prometido.

Les expliqué que, aunque la novela versaba fundamentalmente sobre Gatsby y el sueño americano, su autor quería que trascendiera la época y el lugar. Les leí el pasaje favorito de Fitzgerald del prefacio de *El negro del «Narcissus»*, donde Conrad dice del artista que «apela a nuestra capacidad de disfrutar y de maravillarnos, se dirige a la sensación de misterio que rodea nuestra vida; a nuestro sentido de la piedad, de la belleza, del dolor [...], a la sutil pero invencible fe en la solidaridad que teje la soledad de innumerables corazones, a la solidaridad en los sueños, en la alegría, en el dolor, en las aspiraciones, en las ilusiones, en la esperanza, en el temor que vincula a unos hombres con otros, que mancomuna a toda la humanidad, a los muertos con los vivos y a los vivos con los no nacidos aún».

Traté de explicarles a mis alumnos que Michael Gold y F. Scott Fitzgerald habían escrito sobre el mismo tema: los sueños o, más concretamente, el sueño americano. Lo que Gold se había limitado a soñar se había realizado en este país lejanísimo que ahora tenía un nombre extraño: República Islámica de Irán. «Los antiguos ideales deben morir —escribió—; arrojémonos todos al caldero de la Revolución. Porque de nuestra muerte nacerán maravillas.» Tales frases habrían podido encontrarse en cualquier periódico de Irán. Aunque Gold deseaba que la revolución fuera marxista y la nuestra era islámica, tenían mucho en común: ambas eran ideológicas y totalitarias. La revolución islámica, al utilizar el islamismo como instrumento de opresión, acabó haciendo más daño al Islam del que habría podido hacerle cualquiera de sus supuestos enemigos.

—No busquéis el tema principal, la idea —dije a mis alumnos—, como si estuviera desligado del argumento. La idea o ideas que hay tras el argumento deben llegar a vosotros mientras vivís la experiencia de la novela y no como algo añadido. Fijémonos en una escena para ilustrar este punto. Página ciento veinticinco. Recordaréis que Gatsby va por primera vez a la casa de Daisy y Tom Buchanan. Señor Bahri, ¿podría leer el párrafo que comienza por «Quién quiere...»?

—¿Quién quiere ir a la ciudad? —preguntaba Daisy con insistencia.

Los ojos de Gatsby flotaron hacia ella.

—Aaah —exclamó Daisy—, cuánta indiferencia.

Sus ojos se encontraron y se miraron fijamente, solos en el espacio. Con cierto esfuerzo, Daisy bajó la mirada a la mesa.

—Siempre pareces indiferente —dijo.

Le había dicho que lo amaba y Tom Buchanan se dio cuenta. Se quedó estupefacto. Abrió la boca y miró a Gatsby y luego a Daisy, como si de pronto advirtiera que era una persona a quien había conocido hacía mucho tiempo.

—En un nivel, Daisy sencillamente le dice a Gatsby que se muestra indiferente y Fitzgerald nos está dando a entender que todavía lo ama, pero no quiere decirlo directamente. Quiere situarnos en la misma habitación. Veamos lo que hace para dar a esa escena la contextura de una experiencia real. Primero crea cierta tensión entre Gatsby y Daisy, y luego la complica haciendo que Tom se dé cuenta de lo que ocurre. Este momento, suspendido en el aire, es mucho más eficaz que si Nick se hubiera limitado a contar que Daisy quería decirle a Gatsby que lo amaba.

—Sí —interrumpió el señor Farzan—, porque está enamorado del dinero y no de Daisy. Ella sólo es un símbolo.

—No, ella es Daisy y él está enamorado de ella. También hay dinero, pero eso no es todo, ni siquiera es importante. Él no lo dice, simplemente te mete en la habitación y recrea la sensual experiencia de aquel caluroso día de verano de varias décadas antes y nosotros, los lectores, contenemos la respiración con Tom cuando nos damos cuenta de lo que acaba de suceder entre Gatsby y Daisy.

—Pero ¿de qué sirve el amor en el mundo en que vivimos? —dijo una voz al fondo de la clase.

—¿Qué mundo consideras que es el adecuado para el amor? —pregunté.

El señor Nyazi levantó la mano.

—Ahora no tenemos tiempo para el amor —dijo—. Estamos entregados a un amor mucho más sagrado.

Zarrin se volvió y dijo con sorna:

—¿Por qué otra cosa ibais a hacer una revolución?

El señor Nyazi se ruborizó, agachó la cabeza y, al cabo de una breve pausa, empuñó el bolígrafo y empezó a escribir con furia.

Sólo ahora, mientras escribo estos recuerdos, me parece

extraño que al mismo tiempo que estaba en aquella clase hablando del sueño americano estuviéramos oyendo las canciones que brotaban de los altavoces de debajo mismo de la ventana y cuyo estribillo era «Marg bar Amrika!», «¡Muerte a América!».

—Una novela no es una alegoría —dije cuando la clase estaba a punto de acabar—. Es la experiencia sensorial de otro mundo. Si no entras en ese mundo, contienes la respiración con los personajes y te involucras en su destino, no habrá empatía, no habrá identificación, y la identificación está en el corazón de la novela. Así es como se lee una novela: inhalando la experiencia. Así que empezad a respirar. Sólo quiero que recordéis esto. Eso es todo, fin de la clase.

12

Durante aquel año, entre el otoño de 1979 y el verano de 1980, ocurrieron muchas cosas que alteraron el curso de la revolución y de nuestras vidas. Se libraron y perdieron batallas. Una de las más significativas fue por los derechos de las mujeres: ya desde el comienzo, el Gobierno había organizado una guerra contra las mujeres, y las batallas más importantes se libraron entonces.

Un día, creo que a principios de noviembre, cuando el último rezagado había entrado ya en el aula, les anuncié que ellos habían suspendido las clases muchas veces por razones propias, y que yo, en principio, no estaba de acuerdo, pero que aquel día me sentía obligada a ir contra mis principios y suspendía la clase. Les dije que iba a un mitin de protesta, a oponerme a los intentos del Gobierno de imponer el velo a las mujeres y contra las restricciones de los derechos de las mujeres. Me había perdido alguna de las grandes manifestaciones contra la política del Gobierno revolucionario sobre las mujeres y no estaba dispuesta a perderme ninguna más.

Inconscientemente estaba desarrollando dos formas diferentes de vida. Públicamente participaba en lo que consideraba una defensa de mí misma como persona. Esta forma era muy diferente de mis actividades políticas durante mi época de estudiante, a favor de una entidad desconocida llamada «masas oprimidas». Esto era más personal. Al mismo tiempo, empezó a manifestarse en ciertas tendencias mías una rebelión más íntima, como leer sin parar, o ese afán, típico de Herzog, por escribir cartas a los amigos norteamericanos que nunca enviaba. Notaba un silencioso desafío que también pudo haber dado forma a mi deseo público de defender una entidad vaga y amorfa que identificaba como mi propio yo.

Desde el principio de la revolución se habían frustrado diversos intentos de imponer el velo a las mujeres, gracias a la resistencia de las propias iraníes. En muchos aspectos, el velo había adquirido un significado simbólico para el régimen. Reinstaurarlo podía significar la victoria completa del aspecto islámico de la revolución, que en aquellos primeros años no era todavía concluyente. La prohibición del velo de las mujeres, decretada por el sha Reza en 1936, había sido un polémico símbolo de la modernización, un indicio evidente de la mengua del poder religioso. Para los clérigos gobernantes era importante recuperar ese poder. Ahora puedo explicarme todo esto, porque lo veo desde el presente, pero entonces no estaba claro en absoluto.

El señor Bahri se puso tenso mientras escuchaba atentamente mis palabras. Zarrin sonreía como siempre y Vida le susurraba cosas con aire de conspiración. No presté demasiada atención a sus reacciones: estaba muy irritada y esta ira era para mí una nueva sensación.

Cuando di por terminada la clase, el señor Bahri se quedó rondando entre el puñado de estudiantes que se había reunido a mi alrededor, pero no hizo ningún intento de acercarse. Yo ya había guardado las notas y los libros en el bolso, exceptuando el *Gatsby*, que llevaba en una mano.

No quería entrar en discusiones con Mahtab y sus amigos, cuya organización marxista se había puesto tácitamente al lado del Gobierno, y tachaba a quienes protestaban de desviacionistas y faccionarios que en última instancia trabajaban al servicio de los imperialistas. No sé cómo, me encontré discutiendo no con el señor Bahri, sino con ellos, los ostensiblemente progresistas. Aseguraban que había cosas más importantes que hacer, que antes había que luchar contra los imperialistas y sus lacayos. Fijarse en los derechos de las mujeres era individualista y burgués, y significaba hacerles el juego. «¿Qué imperialistas? ¿Qué lacayos? ¿Te refieres a esos individuos golpeados y magullados que salen en los programas nocturnos de la televisión confesando sus crímenes? ¿Te refieres a las prostitutas a las que han matado a pedradas hace poco, o a la directora de la escuela donde estudié de joven, la señora Parsa, que al igual que las prostitutas fue acusada de "corrupción en la tierra", "delitos sexuales" y "violación de la decencia y la moralidad" por haber sido ministra de Educación? ¿Por qué presuntos delitos la metieron en un saco para que la mataran a pedradas o a tiros? ¿Son ésos los lacayos de los que estás hablando, y para eliminarlos tenemos que posponer las protestas? Ya me conozco esa clase de argumentación», exclamé; al fin y al cabo, era la mía hasta hacía poco.

Discutiendo con los alumnos de izquierdas tenía la extraña sensación de que estaba hablando con una versión más joven de mí misma, y el brillo que veía en aquella cara extraña y familiar me asustaba. Mis estudiantes eran más respetuosos, menos agresivos que yo cuando defendía una opinión; al fin y al cabo yo era la profesora, con la que más o menos simpatizaban, y era como una compañera de viaje a la que valía la pena salvar.

Mientras escribo sobre ellos desde la opaca atalaya del presente, la cara de Mahtab se desvanece poco a poco y se transforma en la de otra joven que estudiaba en Norman, Oklahoma.

13

Cuando vivía en Oklahoma, una facción del movimiento estudiantil, el grupo más radical dentro de la Confederación de Estudiantes Islámicos, convocó una conferencia en Oklahoma capital. Yo me perdí la conferencia porque había tenido que ir a otro mitin que se celebraba en Texas. Cuando volví, me di cuenta de que había un extraño nerviosismo tanto entre «los nuestros» como entre «ellos». Al parecer, se sospechaba que uno de sus miembros, un antiguo campeón de atletismo, era agente de la policía secreta iraní, el SAVAK. Uno de los líderes de aquella facción (de hecho el más apreciado, un muchacho bajo, de mirada intensa que, como muchos camaradas, había dejado la facultad para ser revolucionario a tiempo completo y que a menudo llevaba una gorra y una chaqueta como las de Lenin) y otros tres habían decidido «sonsacarle» toda la verdad. Lo habían llevado a una habitación del Holiday Inn y para hacerle confesar lo habían torturado, por ejemplo quemándole los dedos con un cigarrillo. Cuando salieron de la habitación y llegaron al aparcamiento, la víctima consiguió escapar.

Al día siguiente se abrió la puerta en mitad de la conferencia y entraron varios agentes del FBI con perros y con el «culpable», al que pidieron que identificara a sus agresores. Una amiga, que en una ocasión me había reprendido por mi indumentaria antirrevolucionaria, me contó lo que había pasado, con la voz ahogada por la emoción y jactándose del «poder de las masas». Por masas entendía a los participantes en la conferencia, que habían formado un pasillo para que pasaran los agentes, sus perros y el desventurado culpable. Mientras pasaban, les susurraban amenazas en persa. Cuando por fin llegó ante el torturador, se vino abajo y empezó a llorar y a preguntarle en persa por qué lo había tratado con tanta crueldad. El autoproclamado Lenin de la revolución iraní lo miró triunfante, desafiándolo a que «se chivara» al FBI. No fue capaz de delatar a su torturador y salió con los agentes, poniéndose de manifiesto una vez más que la verdad estaba con las masas oprimidas.

Al día siguiente apareció un breve artículo en el *Oklahoma Daily*. Más que el artículo, lo que me asustó fue la reacción de los estudiantes. En las cafeterías, en la Unión de Estudiantes, incluso en las soleadas calles de Norman, cada vez que se encontraban los iraníes politizados, se ponían a discutir acaloradamente. Muchos citaban al camarada Stalin con aprobación; repetían frases de un libro de moda, *Breve historia del partido bolchevique* o algo parecido, sobre la necesidad de destruir de una vez para siempre a los trotskistas, la Guardia Blanca, las termitas y ratas venenosas que querían destruir la revolución.

Sentados en la Unión de Estudiantes, tomando café o Coca-Cola, nuestros compañeros interrumpían los flirteos de la mesa contigua y se ponían a defender el derecho de las masas a torturar y eliminar físicamente a sus opresores. Todavía recuerdo a uno, un muchacho regordete de rostro infantil, al que le sobresalía la barriga bajo el jersey de lana azul oscuro. No quiso sentarse y, de pie ante la mesa, agitando peligrosamente el vaso de Coca-Cola que tenía en la mano, aseguraba que había dos clases de tortura, dos formas de ejecución: la que practicaba el enemigo y la que practicaban los amigos del pueblo. Matar enemigos estaba bien.

Habría podido decirle al señor Bahri, que últimamente estaba siempre encima de mí, discutiendo por alguna cuestión apremiante: «Oiga usted, tenga cuidado con lo que pide. Tenga cuidado con sus sueños; un día puede que se vuelvan realidad». Podría haberle dicho que aprendiera de Gatsby, del solitario y aislado Gatsby, que también trataba de recuperar su pasado y hacer realidad una imagen, un sueño que nunca tuvo otra finalidad que ser un sueño. Murió de un disparo y quedó abandonado en el fondo de la piscina, tan solitario en la muerte como en la vida. «Sé que es muy probable que no haya leído usted el libro hasta el final porque ha estado muy ocupado con sus actividades políticas, pero permítame que le cuente el final, pues me parece que necesita conocerlo. Gatsby recibe un balazo por un crimen cometido por Daisy, que ha atropellado a la amante de Tom con el coche amarillo de Gatsby. Tom acusa a Gatsby ante el desconsolado marido y éste lo mata cuando está bañándose en su piscina, esperando la llamada de Daisy. ¿Habrían podido prever mis antiguos camaradas que un día serían juzgados por un tribunal revolucionario, que serían torturados y asesinados por ser traidores y espías? ¿Habrían podido, señor Bahri? Yo digo completamente convencida que no. Ni en sus sueños más extravagantes.»

14

Dejé a Mahtab y a sus amigos, pero no podía acallar los recuerdos tan fácilmente: me perseguían como mendigos a los mítines de protesta. Entre los que protestaban se habían formado dos grupos rivales que se miraban con recelo. El primero y más pequeño consistía principalmente en funcionarias y amas de casa. Estaban allí por instinto, porque sus intereses estaban en juego. Se notaba que no estaban acostumbradas a las manifestaciones: se apiñaban en un corrillo, inseguras y resentidas. Luego estaban las intelectuales como yo, que sabíamos un par de cosas de manifestaciones, y las incendiarias habituales, que gritaban obscenidades y consignas. Dos sacaban fotografías de la multitud, saltando peligrosamente de un lado a otro. Nos tapamos la cara y les gritamos.

No tardaron en aumentar los elementos paramilitares presentes. Se reunieron en pequeños grupos y empezaron a acercarse. La policía lanzó disparos al aire mientras se aproximaban aquellos hombres con cuchillos, porras y piedras. En lugar de proteger a las mujeres, la policía nos dispersaba, empujando a algunas con la culata de los fusiles y ordenando a las «hermanas» que no crearan problemas y volvieran a casa. La ira flotaba en el aire, una ira impotente y endurecida por las riñas y las burlas. La concentración siguió a pesar de las provocaciones.

Unas cuantas noches después se convocó otro mitin en la Universidad Politécnica. Cuando llegué ya había una multitud en el salón de actos, riendo y hablando. Cuando la oradora, una mujer alta y majestuosa, con una falda larga de tela basta, el pelo recogido tras las orejas, se acercó a la tribuna, cortaron la luz. Hubo murmullos de protesta, pero nadie se movió. La oradora se quedó allí, muy tiesa y con aire desafiante, con los papeles del discurso en la mano y dos personas con una vela y una linterna para que pudiera leer. Sólo distinguíamos a contraluz su rostro incorpóreo y el papel blanco que tenía en las manos. Recuerdo sobre todo el ritmo de su voz y aquella luz. No escuchábamos las palabras: estábamos allí para apoyar y dar fe del acto, para conservar la imagen de sus rasgos oscilantes a la luz de la vela.

Aquella mujer y yo estábamos destinadas a encontrarnos, sobre todo en acontecimientos públicos. La última vez que la vi fue en el otoño de 1999, en Nueva York, cuando la invitaron a dar una charla en la Universidad de Columbia porque era la editora feminista más famosa de Irán. Tras la charla tomamos café y rememoramos los viejos tiempos. No la había visto desde la feria del libro de Teherán de 1993, en la que ella me había invitado a dar una charla sobre la novela moderna. Di la charla en la terraza superior de una cafetería al aire libre del edificio principal de la feria. Mientras hablaba iba creciendo mi entusiasmo por el tema y empezó a caérseme el pañuelo. El número de asistentes iba en aumento, hasta que no quedó sitio para sentarse ni para estar de pie. En cuanto terminó la charla, el Departamento de Seguridad emplazó a la mujer y le recriminó mi forma de llevar el velo y la vehemencia de mi charla. El hecho de que hubiera hablado sobre obras de ficción no les importaba. A raíz de aquello prohibieron sus ciclos de conferencias.

Sonreíamos al evocar aquellos recuerdos, sentadas en un rincón oscuro de un restaurante, seguras en medio de la ajetreada indiferencia de un suave atardecer neoyorquino. Durante un momento pensé que no había cambiado en absoluto desde aquella charla de hacía diecinueve años: aún llevaba una falda larga y gruesa y el cabello recogido detrás de las orejas. Sólo había cambiado su sonrisa: era una sonrisa de desesperación. Pocos meses más tarde, la detuvieron con otros destacados activistas, periodistas, escritores y dirigentes estudiantiles. Aquellas detenciones formaban parte de una nueva ola de represión durante la cual se cerraron más de veinticinco publicaciones y se detuvo o encarceló a muchos disidentes. Al oír la noticia en mi despacho de Washington, me invadió una sensación que hacía mucho tiempo que no experimentaba: la sensación de impotencia total, de ira muda e impregnada de una vaga pero persistente sensación de culpa.

15

Fue por aquella época, a mediados de otoño, cuando volví a hablar con el señor Bahri.

Dijo:

—Bien, profesora, es muy probable que se lo merezcan: los estudiantes están muy enfadados.

Estábamos hablando de tres profesores amenazados de expulsión, a uno de los cuales se le tenía ojeriza porque era armenio. Otro era el que decía ser un «pequeño gran Gatsby»; ambos habían sido acusados de decir obscenidades en clase. El tercero estaba acusado de ser agente de la CIA. El doctor A, que todavía era director del departamento, se había negado a aceptar su expulsión.

Así que el doctor A cayó muy pronto en desgracia. En los primeros días de la revolución había sido juzgado por los alumnos de la Universidad de Teherán por defender a un guardián de la cárcel. Leí algo al respecto dieciocho años después, en un homenaje que una de sus antiguas alumnas, una conocida traductora, le había rendido en una revista. Contaba que un día que estaba viendo en la televisión el juicio de un agente de la policía secreta, una voz conocida, la del doctor A, atrajo su atención. Había ido a testificar en favor de aquel antiguo alumno porque estaba convencido de que era una persona con sentimientos, un joven que solía ayudar a los condiscípulos con menos suerte. El doctor A le dijo al tribunal revolucionario: «Creo que es mi deber como ser humano ponerles al corriente de este aspecto de la personalidad del acusado». Tal acción, durante aquellos primeros días de la revolución en que todo era o blanco o negro, carecía de precedentes y era muy peligrosa.

El acusado, que se había matriculado en las clases nocturnas de la universidad, era un guardián de la cárcel que había sido acusado de golpear y torturar a presos políticos. Se decía que gracias al testimonio del doctor A había salido bien parado, con sólo dos años de cárcel. Ninguno de mis amigos o conocidos sabía lo que había sido de él después.

La alumna del doctor A lamenta en su crónica haber participado en el juicio del doctor A sin hacer oír su protesta. Y concluye diciendo que la acción del doctor A fue un ejemplo de los principios que enseñaba en sus clases de literatura. «Tal acción —explica— sólo puede llevarla a cabo alguien apasionado por la literatura, que haya aprendido que cada individuo tiene diferentes dimensiones en su personalidad [...]. Los que juzgan deben tener en cuenta todos los aspectos de la personalidad del individuo. Sólo por medio de la literatura podemos ponernos en la piel de otros y entender sus diferentes y contradictorias facetas, para no ser demasiado implacables. Fuera de la esfera de la literatura sólo se revela un aspecto del individuo. Pero si entendemos sus distintas dimensiones, no podremos matarlos tan fácilmente. Si hubiéramos aprendido esta lección del doctor A, nuestra sociedad tendría hoy un aspecto mucho mejor.»

Las amenazas de expulsión eran una prolongación de las purgas, que continuaron durante todo aquel año y que, en realidad, no han cesado aún. Tras una reunión con el doctor A y otros dos colegas en la que hablamos del asunto, salí al pasillo y tropecé con el señor Bahri. Estaba al fondo del largo corredor hablando con el presidente de la Asociación Islámica del Personal Universitario. Hablaban encorvados, con la actitud de hombres inmersos en cuestiones muy serias, cuestiones de vida o muerte. Llamé al señor Bahri, que se acercó respetuosamente, disimulando la irritación que hubiera podido ocasionarle la interrupción. Le pregunté qué era aquello de juzgar a los profesores y expulsarlos ilegalmente.

Su expresión pasó a reflejar una mezcla de alarma y determinación. Dijo que yo tenía que entender que las cosas habían cambiado. «Y ¿qué significa —dije— que las cosas han cambiado?» «Significa que la moralidad es importante para nuestros estudiantes, significa que el claustro de profesores es responsable de los estudiantes.» «Y ¿esto hace que sea lícito juzgar a un profesor responsable y entregado como el doctor A?»

El señor Bahri dijo que él no había participado en aquel juicio. «Pero —añadió—, el doctor A es demasiado occidental en sus actitudes; es insinuante y poco formal.»

«Así pues, ¿es ésta la nueva definición de la palabra occidental? —contesté—. ¿Es que ahora estamos viviendo oficialmente en la Unión Soviética o en China? ¿Y hay que juzgar al doctor A por su conducta insinuante?» «No, pero debería entender ciertas cosas: no se puede apoyar a un espía, a un lacayo, a nadie responsable de tantas muertes.» Luego añadió que creía que había que juzgar a gente mucho más importante que el doctor A. Había espías de la CIA, como el profesor Z, que iban y venían a su antojo.

Le dije que no había pruebas de que el caballero en cuestión fuera agente de la CIA y que, en cualquier caso, dudaba que la CIA fuera tan idiota como para contratar a un sujeto como él. Pero ni siquiera a los que llamaba funcionarios del régimen anterior, fueran o no culpables, se les podía tratar de aquella manera. No entendía yo por qué el Gobierno islámico tenía que regodearse con la muerte de aquellas personas, y exhibir su fotografía cuando ya habían sido torturadas y ejecutadas. ¿Por qué nos enseñaban aquellas fotografías? ¿Por qué nuestros estudiantes gritaban todos los días que querían más sentencias de muerte?

Al principio el señor Bahri no respondió. Se quedó rígido, con la cabeza gacha y las manos juntas. Luego empezó a hablar, lentamente y con precisión. «Bueno, tenían que pagar —dijo—. Se les juzga por sus actos pasados. La nación iraní no tolerará sus crímenes.» «Y ¿estos últimos crímenes? —le pregunté en cuanto hubo pronunciado la palabra—. ¿Éstos sí deben tolerarse en silencio? Hoy todo el mundo es enemigo de Dios: todos los días se ejecuta a antiguos ministros y educadores, a prostitutas y revolucionarios de izquierdas. ¿Qué han hecho estas personas para merecer semejante trato?»

Había tensado los músculos del rostro y en sus ojos se había aposentado una sombra de obstinación. Repitió que la gente tenía que pagar por los delitos de antaño. «Esto no es un juego —dijo—, es una revolución.» Le pregunté si también a mí se me iba a juzgar por mi pasado. Pero tenía razón en una cosa: al final pagaríamos todos. No había inocentes en el juego de la vida, eso era seguro. Todos pagaríamos, pero no por los delitos que se nos imputarían. Habría otras diferencias que zanjar. Por aquel entonces yo aún no sabía que ya había empezado a pagar, que lo que estaba pasando era parte del precio. Tardé algún tiempo en darme cuenta de ello.

16

Era tarde. Había estado en la biblioteca, donde últimamente pasaba mucho tiempo, ya que cada vez era más difícil encontrar novelas «imperialistas» en las librerías. Salía de la biblioteca con unos cuantos libros bajo el brazo cuando lo vi al lado de la puerta. Tenía las manos juntas ante sí, en actitud reverente, dado que era su profesora, pero en su tensa mueca distinguí su sensación de poder. Recuerdo al señor Nyazi vestido siempre con camisa blanca, abotonada hasta el cuello, e invariablemente por fuera del pantalón. Era bajo y fornido y tenía los ojos azules, el pelo castaño claro y casi al cero, y el cuello ancho y rosado. Éste parecía hecho de barro blando; la cabeza descansaba literalmente sobre el cuello de la camisa. Siempre se comportaba con mucha educación.

—Señora, ¿puedo hablar con usted un momento? —Aunque estábamos en mitad del semestre, todavía no me habían asignado un despacho, así que nos quedamos en el pasillo mientras le escuchaba. Se quejó a propósito de Gatsby. Dijo que me lo decía por mi propio bien. ¿Por mi propio bien? Qué expresión tan extraña. Dijo que yo tenía que saber lo mucho que él me respetaba, porque de lo contrario no estaría hablando conmigo. Tenía que formular una queja. ¿Contra qué y por qué ante mí? Era contra Gatsby. Le pregunté en broma si había enviado alguna queja oficial contra el señor Gatsby. Y le recordé que en cualquier caso tal acción no sería de utilidad, ya que el caballero estaba muerto.

Pero él hablaba en serio. «No, profesora, no contra el señor Gatsby en concreto, sino contra la novela.» La novela era inmoral, enseñaba a los jóvenes temas equivocados, envenenaba sus mentes, seguro que yo me daba cuenta. Pues no, no me daba cuenta. Le recordé que *Gatsby* era una obra de ficción y no un manual de conducta. Seguro que me daba cuenta, insistía él, de que aquellas novelas y sus personajes se convertían en modelos en la vida real. Quizá el señor Gatsby estuviera bien para los norteamericanos, pero no para la juventud revolucionaria. No sé por qué, pero la idea de que aquel hombre pudiera sentir la tentación de parecerse a Gatsby me resultó muy atractiva.

Para el señor Nyazi no había diferencia entre las novelas de Fitzgerald y los acontecimientos de su propia vida. *El gran Gatsby* representaba lo americano y América era veneno para nosotros, desde luego que sí. «Deberíamos enseñar a los estudiantes iraníes a luchar contra la inmoralidad americana», dijo. Parecía tomárselo muy en serio y se había acercado a mí con la mejor voluntad.

De repente se me ocurrió una idea malévola. Sugerí, en aquellos días de persecuciones públicas, que juzgáramos a Gatsby: el señor Nyazi sería el fiscal y tendría que escribir un informe con las pruebas. Le dije que cuando los libros de Fitzgerald se publicaron en Estados Unidos, muchos ciudadanos habían pensado como él ahora. Es posible que lo expresaran de otra manera, pero venían a decir más o menos lo mismo. Así que no tenía que sentirse solo a la hora de expresar sus opiniones.

Al día siguiente expuse el plan en clase. No podríamos celebrar un auténtico juicio, por supuesto, pero podíamos tener un fiscal, un abogado defensor y un acusado; el resto de la clase sería el jurado. El señor Nyazi sería el fiscal. Necesitábamos un juez, un acusado y un abogado defensor.

Después de muchas discusiones, porque nadie se presentaba voluntario para los puestos vacantes, conseguimos convencer a un estudiante de izquierdas de que fuera el juez. Pero entonces el señor Nyazi y sus amigos se opusieron: aquel alumno estaba predispuesto contra la acusación. Tras largas deliberaciones, nombramos juez al señor Farzan, un hombre dócil y aplicado, algo vanidoso y afortunadamente tímido. Nadie quería ser el defensor. Insistieron en que, como yo había elegido el libro, debía defenderlo yo. Repliqué que en ese caso no debería ser la parte defensora sino la parte acusada, y prometí colaborar estrechamente con mi abogado y hablar en mi propia defensa. Zarrin, que había mantenido una conferencia privada con Vida, acabó presentándose voluntaria, no sin recibir varios codazos de estímulo. Zarrin quería saber si se juzgaba el libro o al autor. Decidimos que sería el libro: Fitzgerald podía haber tenido o no las cualidades que detectábamos en el libro. Se acordó que el resto de la clase podría interrumpir la sesión en cualquier momento para hacer comentarios y preguntas a los ministerios fiscal y de la defensa.

A mí me pareció una equivocación hacer de acusada, pues ponía al fiscal en una situación incómoda. En cualquier caso, habría sido más interesante que el papel lo hubiera representado algún miembro del alumnado. Pero nadie quería hablar en nombre de Gatsby. Había algo arrogante y obstinado en el señor Nyazi, tan inflexible que al final me convencí de que no debía tener miedo de intimidarlo.

Unos días después vino a verme el señor Bahri. No nos habíamos visto durante mucho tiempo. Estaba un poco escandalizado. Me gustó el hecho de que por primera vez pareciera agitado y se olvidara de hablar con su estilo preciso y pausado. ¿Era necesario someter a juicio aquel libro? Me quedé boquiabierta. ¿Qué quería, que arrinconara el libro sin decir nada en su defensa? Además, era el mejor momento para celebrar un juicio, ¿no?

17

Durante toda la semana previa al juicio, hiciese lo que hiciese, hablar con amigos y familiares o preparar las clases, una parte de mi mente estuvo ocupada en articular los argumentos para el juicio. Después de todo, no se trataba sólo de la defensa de Gatsby, sino de toda una forma de entender y valorar la literatura, y, por qué no, también la vida real. Bijan, que parecía divertirse mucho con todo aquello, me dijo un día que parecía que estuviera leyendo *Gatsby* con la misma concentración con que un abogado examinaría un manual de derecho. Me volví hacia él y le dije: «No te lo tomas en serio, ¿verdad?». Dijo: «Claro que sí, te has puesto en una posición delicada ante tus alumnos, les has permitido... No, no sólo eso, les has obligado a cuestionar tu criterio como profesora. Así que tienes que ganar el caso. Es muy importante para una recién llegada que no tiene ni un semestre de experiencia. Pero si estás buscando solidaridad, no la obtendrás en mí. Te encanta, admítelo, te encanta este espectáculo, esta ansiedad. Cuando te quieras dar cuenta, estarás tratando de convencerme de que toda la revolución depende de este juicio».

«Pero es que es así, ¿no te das cuenta?», repliqué con voz suplicante. Se encogió de hombros y dijo: «A mí no me lo digas. Te sugiero que le plantees tus ideas al ayatolá Jomeini».

El día del juicio salí de casa temprano y estuve paseando por las arboladas avenidas antes de ir a clase. Al entrar en la facultad vi a Mahtab junto a la puerta, con otra chica. Aquel día tenía una expresión extraña, como de niña vaga que acabara de conseguir un sobresaliente. Dijo: «Profesora, ¿podría asistir Nassrin a la clase de hoy?». Miré a su joven acompañante; no podía tener más de trece o catorce años. Era muy guapa, a pesar de que había hecho todos los esfuerzos posibles por ocultarlo. Sólo su cuerpo parecía expresar algo: se apoyaba ora sobre una pierna, ora sobre la otra, mientras con la mano derecha jugueteaba con la ancha correa de su pesada mochila.

Mahtab, más animada que de costumbre, me contó que el inglés de Nassrin era mejor que el de muchos estudiantes de la facultad y que, cuando le habló del juicio de *Gatsby*, sintió tanta curiosidad que se había leído el libro entero. Le pregunté a Nassrin: «¿Qué piensas de *Gatsby*?». Vaciló y contestó con calma: «No sé». Dije: «¿Quieres decir que no lo sabes o que no puedes decírmelo?». Ella dijo: «No lo sé, pero quizá sea sólo que no se lo puedo decir».

Aquello fue el comienzo. Después del juicio, Nassrin pidió permiso para seguir asistiendo a mis clases siempre que pudiera. Mahtab me contó que Nassrin era vecina suya. Pertenecía a una organización musulmana, pero era una muchacha muy interesante y Mahtab estaba «trabajándola», una expresión que los de izquierdas utilizaban para designar a un futuro fichaje.

Le dije a Nassrin que podía venir a mi clase con una condición: al final del trimestre tendría que escribir un trabajo de quince páginas sobre *Gatsby*. Vaciló, como siempre hacía, como si no tuviera suficientes palabras a su alcance. Sus respuestas siempre eran reacias y forzadas; casi me sentía culpable por hacerla hablar. Al principio Nassrin puso reparos, y luego dijo: «No soy tan buena». «No necesitas ser buena —le contesté—, aunque estoy segura de que lo eres. Después de todo, pasas gran parte de tu tiempo libre aquí. No quiero una redacción de colegial; quiero que escribas tus impresiones. Cuéntame con tus palabras qué significa *Gatsby* para ti.» Nassrin se miraba la punta de los pies, y murmuró que lo intentaría.

A partir de entonces, cada vez que llegaba a clase buscaba con la mirada a Nassrin, que solía llegar detrás de Mahtab y sentarse a su lado. Durante toda la clase se dedicaba a tomar notas, e incluso vino alguna vez que Mahtab no apareció. De repente dejó de asistir, hasta la última clase, en que la vi sentada en un rincón, tomando apuntes.

Tras haber admitido a mi joven intrusa, me desentendí de ellas y entré en el edificio. Tenía que pasar por el departamento antes de la clase para recoger un libro que me había dejado el doctor A. Cuando entré en el aula aquella tarde, noté que se producía un tenso silencio. El aula estaba llena, sólo faltaban un par de alumnos y el señor Bahri, cuyas actividades o cuyas reprobaciones le habían impedido asistir. Zarrin reía e intercambiaba notas con Vida, y el señor Nyazi estaba en un rincón hablando con otros dos alumnos musulmanes, que se dirigieron a sus asientos en cuanto me vieron. Mahtab estaba sentada al lado de su nueva reclutada, susurrando con aire de conspiración.

Hablé brevemente de los trabajos de la semana siguiente y procedí a poner en marcha el juicio. Primero llamé al señor Farzan, el juez, y le pedí que se sentara en mi silla, detrás del escritorio. Se dirigió hasta allí con un mal disimulado aire de satisfacción. Junto al juez colocamos una silla para los testigos. Me senté al lado de Zarrin, a la izquierda, junto al ventanal, y el señor Nyazi se sentó con sus amigos en el otro lado, junto a la pared. El juez pidió orden en la sala. Y así comenzó el juicio de la República Islámica de Irán contra *El gran Gatsby*.

El señor Nyazi fue llamado a exponer la acusación contra el imputado. En lugar de ponerse en pie, puso su silla en medio del aula y empezó a leer con voz monótona su informe. El juez estaba incómodo detrás de mi escritorio y parecía hipnotizado por el señor Nyazi. De vez en cuando parpadeaba con violencia.

Hace unos meses, cuando por fin me puse a organizar mis viejos archivos, tropecé con el informe del señor Nyazi, escrito a mano con una caligrafía inmaculada. Empezaba con la expresión «En el nombre de Dios», que después fue obligatoria en los encabezamientos de todas las cartas oficiales y en todos los discursos públicos. El señor Nyazi pasaba las hojas de su informe, agarrándolas más que sujetándolas, como si tuviera miedo de que se le cayeran.

—El Islam es la única religión en el mundo que ha asignado a la literatura un papel especial y sagrado para que guíe al hombre hacia una vida de santidad —salmodió—. Esto queda claro cuando consideramos que el Corán, la palabra de Dios, es el milagro del profeta. Por la Palabra se puede curar o destruir. Se puede guiar o se puede corromper. Por eso la Palabra puede ser de Satanás o de Dios.

»El imán Jomeini ha encargado una gran misión a nuestros poetas y escritores —prosiguió triunfante, pasando una hoja y cogiendo otra—. Les ha encargado una misión sagrada, mucho más elevada que la de los escritores materialistas de Occidente. Si nuestro imán es el pastor que guía el rebaño a los pastos, los escritores son los perros guardianes que deben conducirlo siguiendo las instrucciones del pastor.

Oí una risa ahogada al fondo de la clase. Miré por encima del hombro y vi a Zarrin y a Vida susurrando. Nassrin miraba fijamente al señor Nyazi mientras mordisqueaba absorta el lápiz. El señor Farzan parecía preocupado por una mosca invisible y parpadeaba con exageración a intervalos. Cuando volví a prestar atención, el señor Nyazi estaba diciendo:

—Pregúntate qué preferirías: la encomienda de una misión sagrada y santa o la recompensa materialista de dinero y posición que ha corrompido... —aquí se detuvo, sin apartar la vista del papel, como si arrastrara las exangües palabras a la superficie—, que ha corrompido —repitió— a los escritores occidentales y ha despojado su obra de espiritualidad y finalidad. Por eso nuestro imán dice que la pluma es más poderosa que la espada.

Los susurros y risitas de la fila trasera se habían vuelto más audibles. El señor Farzan era demasiado inepto como juez para prestar atención, pero uno de los amigos del señor Nyazi exclamó:

—Señoría, ¿podría decirles a las señoras y caballeros del fondo que respeten al tribunal y al fiscal?

—Así sea —dijo el señor Farzan, sin venir al caso.

—Nuestros poetas y escritores, en esta batalla contra Satanás —prosiguió Nyazi—, desempeñan el mismo papel que nuestros fieles soldados, y recibirán la misma recompensa en el cielo. A nosotros, los estudiantes, como futuros guardianes de la cultura, nos aguarda una pesada tarea. Hoy hemos plantado la bandera victoriosa del Islam en el nido de espías que teníamos en nuestro propio suelo. Nuestra misión, como ha establecido el imán, es purgar el país de la decadente cultura occidental y...

Zarrin se levantó en aquel momento.

—¡Protesto, señoría! —dijo.

El señor Farzan la miró ligeramente sorprendido.

—¿De qué protestas?

—Se supone que íbamos a hablar de *El gran Gatsby* —dijo Zarrin—. El fiscal nos ha robado quince preciosos minutos de nuestro tiempo sin decir una sola palabra sobre el acusado. ¿Adónde conduce todo esto?

Tanto el señor Farzan como el señor Nyazi la miraron con desconcierto durante unos segundos. Luego, sin mirar a Zarrin, el señor Nyazi dijo:

—Esto es un tribunal islámico, no *Perry Mason*. Puedo presentar la acusación como yo prefiera, y estoy exponiendo el contexto. Quiero decir que, como musulmán, no puedo aceptar *Gatsby*.

El señor Farzan, intentando cumplir con su papel, dijo:

—Bien, por favor, prosigamos.

La interrupción de Zarrin había puesto nervioso al señor Nyazi, que al cabo de un breve silencio levantó la cabeza de sus papeles y dijo:

—Tienes razón, no vale la pena... —Dejó que caviláramos un rato sobre qué era lo que no valía la pena y continuó—. No tengo que leerlo y no necesito hablar del Islam. Tengo suficientes pruebas; cada página, todas y cada una de las páginas de este libro son su propia condena. —Se volvió a Zarrin. Bastó que viera su expresión indiferente para sufrir una transformación—. A lo largo de toda esta revolución hemos hablado del hecho de que Occidente es el enemigo, es Satanás, no por su poder militar, ni por su poder económico, sino por, por... —otra pausa—, por su ataque sistemático a las raíces mismas de nuestra cultura. El imán lo llama agresión cultural. Yo lo llamaría violación de la cultura —afirmó el señor Nyazi, utilizando una expresión que más tarde se convertiría en el distintivo de las críticas de la República Islámica a Occidente—. Y si queréis ver violación cultural, no tenéis que ir muy lejos, está en este libro. —Sacó su *Gatsby* de debajo de los papeles y lo blandió hacia nosotras.

Zarrin volvió a ponerse en pie.

—Señoría —dijo con desdén apenas contenido—, todo esto son alegatos sin base, falsedades...

El señor Nyazi no permitió que su señoría respondiera. Se medio levantó de la silla y gritó:

—¿Me dejarás terminar? ¡Ya llegará tu turno! Te diré por qué, te diré por qué... —entonces se volvió a mí y añadió con voz más suave—: Señora, no es mi intención ofenderla.

Yo, que ya empezaba a disfrutar del juego, dije:

—Adelante, por favor, y recuerde usted que estoy aquí en el papel del libro. Expondré mi alegato al final.

—Puede que durante el corrupto régimen de Pahlevi —prosiguió Nyazi— el adulterio fuera algo normal.

Zarrin no era de las que dejan pasar las oportunidades.

—¡Protesto! —exclamó—. No existe una base objetiva para esa afirmación.

—De acuerdo —concedió—, pero los valores eran tales que el adulterio no se castigaba. Este libro predica las relaciones ilícitas entre un hombre y una mujer. Primero tenemos a Tom y su amante, la escena en el apartamento de ella; incluso el narrador, Nick, está implicado. No le gustan sus mentiras, pero no le parece mal que forniquen y se sienten uno en los muslos del otro, y... y esas fiestas en casa de Gatsby... Recuerden, señoras y señores, este Gatsby es el protagonista del libro, ¿y quién es? Un embaucador, un adúltero, un embustero... ése es el hombre que Nick alaba y por el que siente pena, por ese hombre, ¡por ese destructor de hogares! —El señor Nyazi se puso visiblemente nervioso mientras evocaba a los fornicadores, embusteros y adúlteros que vagaban libremente por el luminoso mundo de Fitzgerald, inmunes a su cólera y a sus acusaciones—. El único personaje digno de lástima es el marido cornudo, el señor Wilson —bramó Nyazi—. Cuando mata a Gatsby, es la mano de Dios. ¡Él es la única víctima, él es el símbolo auténtico de los oprimidos, en el país de... de... de Satanás!

El problema del señor Nyazi era que, incluso cuando se ponía nervioso y dejaba de leer papeles, su mensaje era monótono. En aquel momento ya sólo gritaba desde su posición semi estancada.

—Lo único bueno que tiene este libro —dijo, blandiendo al culpable— es que pone de manifiesto la inmoralidad y decadencia de la sociedad norteamericana, pero nosotros hemos luchado para quitarnos de encima esa basura y ya es hora de que semejantes libros sean prohibidos. —Llamaba a Gatsby todo el tiempo «el tal señor Gatsby», y era incapaz de pronunciar el nombre de Daisy, a la que llamaba «esa mujer». Según Nyazi, no había una sola mujer virtuosa en toda la novela—. ¿Qué modelo estamos creando para nuestras inocentes y modestas hermanas —preguntó a su embelesado público—, si les damos a leer un libro como éste?

Conforme hablaba se iba emocionando, aunque en ningún momento se levantó de la silla.

—Gatsby no es un hombre honrado —gritó, ya con voz estridente—. Se enriquece por medios ilícitos y trata de comprar el amor de una mujer casada. Se supone que este libro trata del sueño americano, pero ¿qué clase de sueño es éste? ¿Es que el autor quería sugerir que todos deberíamos ser adúlteros y malhechores? Los norteamericanos son decadentes y están en decadencia porque éste es su sueño. ¡Van cuesta abajo! ¡Éste es el último estertor de una cultura muerta! —concluyó triunfante, demostrando que Zarrin no era la única que había visto *Perry Mason*.

—Quizá nuestro honorable fiscal no debería ser tan severo —dijo Vida cuando quedó claro que Nyazi había terminado el alegato—. Gatsby muere al final, así que podría decirse que recibe su justo castigo.

Pero el señor Nyazi no estaba convencido.

—¿Es que sólo Gatsby merece morir? —dijo con sorna—. ¡No! Toda la sociedad norteamericana merece la misma suerte. ¿Qué clase de sueño es ese de robarle la mujer al prójimo, hacer apología de la sexualidad, engañar, estafar y...? ¡Y luego está el narrador, Nick, que pretende ser moral!

El señor Nyazi siguió con la misma tónica durante un rato, hasta que se detuvo de repente, como si hubiera tropezado con sus propias palabras. Ni siquiera entonces se levantó. A nadie se le ocurrió sugerirle que volviera a su sitio del principio mientras el juicio continuaba.

18

A continuación el juez llamó a Zarrin para que expusiera la defensa. Se puso en pie frente a la clase, elegante y profesional, con la falda plisada azul marino, la chaqueta de lana con botones dorados y los puños blancos asomándole bajo las mangas. Se había recogido el pelo con una cinta y por detrás le colgaba una cola de caballo; su único adorno visible era unos pendientes de oro. Anduvo lentamente alrededor del señor Nyazi, girando sobre los talones de vez en cuando para subrayar un comentario. Llevaba pocas notas y apenas las miraba mientras se dirigía a la clase.

Hablaba sin dejar de pasearse, con la coleta marcando el ritmo de sus movimientos, acariciándose suavemente el cuello y, cada vez que daba media vuelta, quedaba frente al señor Nyazi, que seguía clavado en su silla. Empezó con un pasaje que yo había leído en un cuento de Fitzgerald.

—Nuestro estimado fiscal ha cometido la falacia de acercarse demasiado al parque de atracciones. Ya no distingue la ficción de la realidad.

Sonrió, volviéndose dulcemente hacia «nuestro fiscal», atrapado en su silla.

—No deja espacio ni para respirar entre los dos mundos. Ha demostrado su propia debilidad: la incapacidad de leer una novela como lo que es. Lo único que sabe es juzgar, glorificar de un modo crudo y simple lo bueno y lo malo. —El señor Nyazi levantó la cabeza ante estas palabras, ruborizándose, pero no dijo nada—. ¿Acaso una novela es buena —continuó Zarrin, dirigiéndose a la clase— porque la heroína es virtuosa? ¿Es mala si su personaje se aparta de la moral que el señor Nyazi insiste en imponernos, no sólo a nosotros, sino a toda la literatura?

El señor Farzan se levantó de repente.

—Señora —dijo dirigiéndose a mí—, que yo sea el juez, ¿significa que tenga que estar callado?

—Claro que no —dije, y a continuación nos endilgó un discurso largo y embrollado sobre el valle de las cenizas y la decadencia de las fiestas de Gatsby. Concluyó diciendo que el principal error de Fitzgerald era su incapacidad para sobreponerse a su avaricia: escribió historias baratas por dinero y corrió detrás de los ricos.

—Ya saben ustedes —dijo por fin, exhausto por el esfuerzo invertido— que Fitzgerald afirmó que los ricos son diferentes.

El señor Nyazi asintió con la cabeza.

—Sí —interrumpió con arrogancia, satisfecho por el impacto que había causado su intervención—. Y nuestra revolución se opone al materialismo predicado por el señor Fitzgerald. No necesitamos el materialismo occidental, ni los productos estadounidenses. —Se detuvo para tomar aliento, porque no había terminado—. Podemos, eso sí, utilizar sus conocimientos técnicos, pero debemos rechazar sus costumbres.

Zarrin lo miró, tranquila e indiferente. Esperó unos segundos y dijo:

—Al parecer me enfrento a dos fiscales. Bien, con la venia de su señoría, ¿puedo continuar? —Dirigió una mirada desdeñosa hacia la tribuna del señor Farzan—. Me gustaría recordar al fiscal y al jurado que en nuestro primer comentario de este libro nos leyeron una cita de *Jacques el fatalista*, de Diderot: «Para mí la libertad de estilo del autor es la garantía de la pureza de sus costumbres». También comentamos que una novela no es moral en el significado habitual de la palabra y que puede calificarse de moral cuando nos saca de nuestra indiferencia y nos obliga a revisar los valores en que creemos. Si eso es cierto, *Gatsby* lo consigue brillantemente. Es la primera vez en este curso que un libro crea tanta polémica.

»*Gatsby* se ha sentado en el banquillo porque nos molesta, al menos a algunos —añadió, provocando algunas risas—. No es la primera vez que una novela, una novela no política, ha sido juzgada por un Estado. —Dio media vuelta y la coleta la dio con ella—. ¿Recuerdan los famosos juicios contra *Madame Bovary, Ulises, El amante de Lady Chatterley* y *Lolita*? En todos los casos ganó la novela. Pero permitan que me centre en un punto que parece molestar a su señoría, así como al fiscal: la atracción del dinero y su papel en la novela.

»Es cierto que Gatsby admite que el dinero constituye uno de los atractivos de Daisy. En realidad es él quien llama la atención de Nick sobre el hecho de que el timbre de su voz es el tintineo del dinero. Pero esta novela no trata sobre el amor al dinero de un joven pobre y embaucador. —Se detuvo para aumentar el efecto—. Y quien afirme esto es que no se ha enterado de nada.

Se volvió, casi imperceptiblemente, hacia el fiscal, situado a su izquierda, y luego se dirigió a su pupitre para coger su ejemplar de *Gatsby*. Lo levantó y se dirigió al señor Farzan, dando la espalda a Nyazi:

—No, señoría, esta novela no trata del tema «los ricos son diferentes de su señoría y de mí», aunque lo son: también lo son los pobres, y también su señoría es diferente de mí. Trata sobre la riqueza, pero no sobre el vulgar materialismo en que el señor Nyazi y su señoría insisten en fijarse.

—¡Así se habla! —dijo una voz en la última fila. Me volví. Oí risitas y murmullos. Zarrin se detuvo sonriendo.

El juez, sorprendido, gritó:

—¡Silencio! ¿Quién ha dicho eso? —Ni siquiera él esperaba que le respondieran.

—El señor Nyazi, nuestro estimado fiscal —dijo Zarrin con retintín—, parece no necesitar testigos. Al parecer es testigo y fiscal, pero saquemos a nuestros testigos del propio libro. Llamemos al estrado a algunos personajes. Llamo a declarar al testigo más importante.

»El señor Nyazi se ha presentado ante nosotros como juez de los personajes de Fitzgerald, pero Fitzgerald tenía otro plan. Nos dio su propio juicio, así que quizá deberíamos oírlo. ¿Qué personaje merece ser nuestro juez? —dijo Zarrin, volviéndose a la clase—. Nick, desde luego, y recuerden cómo se describe a sí mismo: «Todo el mundo sospecha que posee al menos una virtud fundamental, y ésta es la mía: soy una de las pocas personas sinceras que conozco». Si hay un juez en esta novela, es Nick. En cierto modo, es el personaje con menos colorido, ya que hace de espejo.

»A los demás personajes se les juzga en última instancia desde el punto de vista de su sinceridad. Y los representantes de la riqueza resultan ser los menos sinceros. Prueba A: Jordan Baker, con quien Nick tiene una relación romántica. Hay un escándalo en relación con Jordan que Nick no puede recordar al principio; ella ha mentido sobre un partido, igual que mentirá luego sobre un coche que le habían prestado y había dejado bajo la lluvia con la capota bajada. «Era una embustera patológica —nos dice Nick—. No era capaz de soportar estar en desventaja y, dada su poca disposición, supongo que había empezado a inventar subterfugios cuando era muy joven para poder enfrentarse al mundo con su fría e insolente sonrisa y así satisfacer las exigencias de su duro y vistoso cuerpo.»

»La prueba B es Tom Buchanan. Su falta de sinceridad es más evidente: engaña a su esposa, oculta su delito y no siente culpa. El caso de Daisy es más complicado porque, como todo lo que la rodea, su deshonestidad crea cierto hechizo: seduce a los demás para que sean cómplices de sus mentiras. Y luego, por supuesto, está Meyer Wolfshiem, el turbio socio de Gatsby. Amaña la copa del mundo. «Nunca pensé que un solo hombre pudiera jugar con la fe de cincuenta millones de personas con la determinación de un desvalijador.» Así pues, la cuestión de la honradez y la mentira, la forma de ser de las personas y la forma en que se presentan ante el mundo es un tema secundario que matiza los principales acontecimientos de la novela. ¿Y quiénes son los menos honrados de esta novela? —preguntó, mirando otra vez al jurado—. Los ricos, por supuesto —dijo, volviéndose de repente hacia el señor Nyazi—, la misma gente a la que, según nuestro fiscal, apoya Fitzgerald.

»Pero eso no es todo. No hemos terminado con los ricos. —Zarrin cogió el libro y lo abrió por una página señalada—. Con el permiso del señor Carraway —dijo—, me gustaría citarlo en el tema de los ricos. —Empezó a leer—: «Tom y Daisy son personas despreocupadas que destruyen objetos y criaturas y luego vuelven con su dinero o con su inmensa despreocupación, o con lo que les mantenga unidos, y dejan que los demás arreglen el desorden que ellos han creado...».

»Como puede ver su señoría —dijo Zarrin, volviéndose hacia Farzan—, éste es el juicio que emite el personaje más fidedigno de la novela a propósito de los ricos. Los ricos de este libro, representados principalmente por Tom y Daisy y no tanto por Jordan Baker, son personas despreocupadas. Después de todo, es Daisy quien atropella a Myrtle y deja que le echen la culpa a Gatsby, sin enviar ni siquiera unas flores al funeral. —Zarrin se detuvo, dio una vuelta alrededor de la silla, ajena al parecer al juez, al fiscal y al jurado.

»La palabra «despreocupación» es la clave —dijo—. ¿Recuerdan cuando Nick le reprocha a Jordan su forma despreocupada de conducir y ella le contesta que, aunque sea una despreocupada, cuenta en cambio con que los demás se preocupen? Despreocupados es el primer adjetivo que me viene a la mente para describir a los ricos de esta novela. El sueño que encarnan es un sueño empañado que destruye a todo el que intenta acercarse. Así que ya ve, señor Nyazi, este libro condena a sus ricas clases superiores tanto como cualquiera de los libros revolucionarios que hemos leído. —Se volvió hacia mí y dijo con una sonrisa—: No estoy segura de cómo dirigirme a un libro. ¿Está de acuerdo en que su objetivo no es una defensa de las clases adineradas?

Me sorprendió la repentina pregunta de Zarrin, pero aproveché la oportunidad para señalar un punto que había sido el centro de mis pesquisas sobre la literatura en general.

—Si criticar la despreocupación es un delito —dije con algún titubeo—, entonces estoy en buena compañía. Esta despreocupación, la falta de comprensión, aparece en los personajes negativos de Austen: en lady Catherine, en la señora Norris, en el señor Collins o en los Crawford. El tema se repite en las novelas de Henry James y en los héroes monstruosos de Nabokov: Humbert, Kinbote, Van Veen y Ada. Imaginación, en estas obras, equivale a comprensión; no podemos experimentar todo lo que les ha ocurrido a los demás, pero podemos entender incluso a los individuos más monstruosos de la literatura. Una buena novela es la que muestra la complejidad de los individuos y crea un espacio para que estos personajes tengan voz; así, una novela es democrática, no porque defienda la democracia, sino porque lo es por su propia naturaleza. En el corazón de *Gatsby* está la comprensión, como en muchas otras grandes novelas; el mayor pecado es hacerse el ciego ante los problemas y sufrimientos de los demás. No verlos equivale a negar su existencia —dije todo esto de una tirada, asombrada de mi propio fervor.

—Sí —dijo Zarrin, interrumpiéndome—. Y ¿no podría afirmarse incluso que esta ceguera o despreocupación ante los demás nos recuerda a otra clase de personas despreocupadas? —Lanzó una mirada a Nyazi y dijo—: Los que ven el mundo en blanco y negro, embriagados por la rectitud de sus propias ficciones.

»Y si en la vida real, señor Farzan —añadió con más calidez—, Fitzgerald estaba obsesionado por los ricos y por la riqueza, en su literatura retrata la fuerza corruptora y decadente que ejerce la riqueza en personas básicamente honradas, como Gatsby, o personas creativas y enérgicas, como Dick Diver en *Suave es la noche*. Al no ser capaz de entenderlo, el señor Nyazi se pierde todo el meollo de la novela.

Nyazi, que llevaba ya un rato escrutando el suelo sin parar, se levantó de un salto y dijo:

—¡Protesto!

—¿De qué protesta exactamente? —dijo Zarrin con burlona educación.

—¡La despreocupación no basta! —replicó—. No hace que la novela sea más moral. Yo pregunto por el pecado del adulterio, por las mentiras y los engaños, y usted se pone a hablar de despreocupación.

Zarrin se detuvo y luego se volvió hacia mí.

—Quisiera llamar a declarar al acusado. —Se volvió hacia el señor Nyazi y, con un brillo malicioso en los ojos, dijo—: ¿Quiere interrogar al acusado? —Nyazi murmuró un «no» desafiante—. Muy bien, señora, ¿tiene la bondad de subir al estrado? —Subí, algo sorprendida, y miré a mi alrededor. No había silla. El señor Farzan, alerta por una vez, se levantó y me ofreció la suya—. Ya ha oído los comentarios del fiscal —dijo Zarrin—. ¿Tiene algo que alegar en su defensa?

Me sentía incómoda, incluso cohibida, y sin ganas de hablar. Zarrin había hecho un buen trabajo y tenía la impresión de que no hacía falta que yo pontificara. Pero el jurado estaba esperando y ya no había forma de echarse atrás.

Me senté torpemente en la silla que me ofreció Farzan. Durante los preparativos del proceso había descubierto que, por mucho que lo intentara, no podía explicar con palabras las ideas y los sentimientos que hacían que *Gatsby* me entusiasmara tanto. Volvía sin cesar sobre la explicación que da el propio Fitzgerald sobre la novela: «Ésa es toda la esencia de esta novela —había dicho—, la pérdida de esas ilusiones que dan tanto color al mundo que no importa si las cosas son verdaderas o falsas mientras participen del resplandor mágico». Quería decirles que aquel libro no trataba sobre el adulterio, sino sobre los sueños perdidos. Para mí era de vital importancia que mis alumnos aceptaran la novela en sus propios términos, que la exaltaran y la adoraran por su belleza sorprendente y angustiosa, pero aquel día tenía que decir algo más concreto y práctico.

—No leemos *Gatsby* —dije— para aprender si el adulterio es bueno o malo, sino para aprender que asuntos como el adulterio, la fidelidad y el matrimonio son muy complejos. Una gran novela nos agudiza los sentidos y la sensibilidad ante la complejidad de la vida y de los individuos, y no permite que nos dejemos llevar por el puritanismo que ve la moralidad en fórmulas fijas de Bueno y Malo.

—Pero, señora —interrumpió Nyazi—, no hay nada complejo en tener una aventura con la mujer de otro hombre. ¿Por qué el señor Gatsby no se busca su propia esposa? —añadió malhumorado.

—¿Por qué no escribes tú tu propia novela? —dijo una voz ahogada en un punto no identificado de la fila central. El señor Nyazi se sobresaltó aún más que yo. A partir de aquel momento apenas si conseguí introducir una palabra; fue como si de repente todo el mundo hubiera descubierto que necesitaba entrar en la discusión.

Por sugerencia mía, el señor Farzan suspendió la sesión durante diez minutos. Salí del aula con unos cuantos alumnos que necesitaban respirar aire fresco. En el pasillo encontré a Mahtab y a Nassrin, enfrascadas en una conversación. Me reuní con ellas y les pregunté qué pensaban del juicio.

Nassrin estaba furiosa porque Nyazi creía tener el monopolio de la moralidad. No es que aprobara a Gatsby, pero al menos estaba dispuesto a morir por su amor. Echamos a andar por el pasillo las tres juntas. Casi todos los estudiantes se habían reunido alrededor de Zarrin y Nyazi, que estaban enzarzados en una acalorada discusión. Zarrin acusaba a Nyazi de llamarla prostituta. Nyazi casi estaba azul de cólera e indignación, y la llamaba embustera e imbécil.

—¿Qué he de pensar de esas consignas vuestras que dicen que las mujeres que no llevan velo son prostitutas y agentes de Satanás? ¿A esto lo llamas moralidad? —gritaba Zarrin—. ¿Y qué pasa con las cristianas que no creen en lo del velo? ¿Son todas, todas y cada una de ellas, unas fulanas decadentes?

—Pero éste es un país islámico —gritó Nyazi con vehemencia—, y ésta es la ley, y quienquiera que...

—¿La ley? —le interrumpió Vida—. Vosotros llegasteis y cambiasteis las leyes. ¿Eso es la ley? También lo era llevar la estrella amarilla en la Alemania nazi. ¿Deberían haberse puesto la estrella todos los judíos porque ésa era la maldita ley?

—Ah —dijo Zarrin con voz burlona—, ni se te ocurra hablar con él de eso. Dirá que todos eran unos sionistas que merecieron lo que se buscaron. —El señor Nyazi parecía a punto de saltar y darle una bofetada.

—Creo que es hora de recurrir a mi autoridad —le susurré a Nassrin, que estaba como petrificada. Les pedí que se calmaran y volvieran a sus asientos. Cuando cesaron los gritos y amainaron las acusaciones y las réplicas, sugerí ceder la palabra a la clase. No íbamos a votar el resultado del juicio, pero escucharíamos al jurado. Podía darnos el veredicto en forma de opiniones.

Algunos izquierdistas defendieron la novela. Creo que lo hicieron en parte porque los activistas musulmanes estaban claramente en contra. En esencia, su defensa no fue muy diferente de la condena de Nyazi. Dijeron que necesitábamos leer libros como El gran Gatsby porque necesitábamos conocer la inmoralidad de la cultura americana. Creían que deberíamos leer más material revolucionario, pero que también teníamos que leer libros como aquél, para entender al enemigo.

Uno mencionó una frase famosa del camarada Lenin acerca de que oír el Claro de luna de Beethoven lo ablandaba. Dijo que le daban ganas de dar palmaditas a la gente cuando lo que necesitábamos era golpearla, o algo así. En cualquier caso, la principal objeción que ponían mis estudiantes radicales a la novela era que les distraía de sus obligaciones de revolucionarios.

A pesar o tal vez a causa de las acaloradas discusiones, muchos guardaron silencio, aunque casi todos se quedaron después de clase y se apelotonaron alrededor de Zarrin y de Vida, murmurando palabras de ánimo y elogio. Más tarde descubrí que casi todos apoyaban a Zarrin, pero muy pocos estaban dispuestos a arriesgarse a decir en voz alta lo que pensaban, sobre todo porque les faltaba confianza en sí mismos para expresar su opinión tan «elocuentemente» como la abogada y el fiscal. Algunos alegaron en privado que el libro les había gustado. ¿Entonces por qué no lo habían dicho? Todos los demás tenían muy clara su posición, pero ellos no sabían exactamente por qué les gustaba; les gustaba y punto.

Poco antes de que sonara el timbre, Zarrin, que no había hablado desde que se suspendió la sesión, se levantó de repente. Aunque habló en voz muy baja, parecía nerviosa. Dijo que a veces se preguntaba por qué se molestaba nadie en decir que se estaba especializando en literatura. Se preguntaba si tenía algún significado. En cuanto al libro, no tenía nada más que decir en su defensa. La novela era su propia defensa. Quizá podíamos aprender algo de ella, de Fitzgerald. Al leerla, ella no había aprendido que el adulterio fuese bueno, ni que todos tuviéramos que ser unos granujas. ¿Acaso todo el mundo hacía huelga o se iba al oeste después de leer a Steinbeck? ¿O se iba a cazar ballenas por haber leído a Melville? ¿No son las personas un poco más complejas? ¿Carecen los revolucionarios de sentimientos y emociones? ¿Nunca se enamoran, ni disfrutan de la belleza? «Este libro es sorprendente —dijo con calma—. Enseña a valorar los sueños, pero también a tener cuidado con ellos, enseña a buscar la integridad en lugares inusuales.» En fin, había disfrutado leyendo el libro, y eso también cuenta, ¿entendido?

En su «entendido» hubo una nota inequívoca de preocupación, un deseo de que incluso el señor Nyazi entendiera, entendiera definitivamente, que iba más allá del desdén y el odio que sentía por él. Se detuvo un momento y miró a sus compañeros, que se habían quedado en silencio después de aquello. Ni siquiera el señor Nyazi tenía nada que decir.

Aquel día me sentí bien después de clase. Cuando sonó el timbre, muchos ni siquiera se dieron cuenta. No hubo un veredicto formal, pero, para mí, la visible emoción de muchos alumnos era el mejor veredicto. Todos estaban discutiendo cuando los dejé, y no discutían sobre los rehenes, ni sobre las últimas manifestaciones, ni sobre Rajavi y Jomeini, sino sobre Gatsby y su sueño empañado.

19

La discusión sobre *Gatsby* pareció durante una temporada tan electrizante e importante como los conflictos ideológicos que sacudían el país. De hecho, la escena política e ideológica estuvo dominada por otras versiones del mismo debate. Se incendiaron editoriales y librerías por difundir obras inmorales. Una novelista fue a la cárcel por sus escritos, acusada de defender la prostitución. Los periodistas eran encarcelados, se cerraron revistas y periódicos y algunos de nuestros mejores poetas clásicos, como Rumi y Omar Khayam, fueron censurados o prohibidos.

Como todos los ideólogos que les habían precedido, los revolucionarios islámicos creían que los escritores eran los guardianes de la moralidad. Esta visión errónea de los escritores, paradójicamente, los colocaba en un lugar sagrado y al mismo tiempo los maniataba. El precio que tenían que pagar por esta nueva superioridad era una forma de impotencia estética.

Personalmente, el juicio contra *Gatsby* había abierto una

ventana a mis propios sentimientos y deseos. Nunca, ni siquiera durante toda mi actividad revolucionaria, había sentido tanto fervor como entonces por mi trabajo y por la literatura. Quería compartir ese espíritu de buena voluntad, así que me hice el propósito de, al día siguiente, pedirle a Zarrin que se quedara después de clase para decirle lo mucho que había apreciado su defensa. «Me temo que cayó en saco roto», dijo con desaliento. «No estés tan segura», le contesté.

A los dos días me encontré en el pasillo con el doctor A y me dijo: «El otro día oí gritos en tu clase. Imagina mi sorpresa cuando, en vez de Lenin contra el imán, oí que era Fitzgerald contra el Islam. Por cierto, deberías dar las gracias a tu joven protegido». «¿A cuál?», pregunté con una sonrisa. «Al señor Bahri. Se ha convertido en tu caballero de brillante armadura. He oído decir que ha acallado las voces de protesta y ha convencido a la asociación islámica de que habías sentado a América en el banquillo.»

La universidad estaba sufriendo muchos cambios aquellos días y los encontronazos entre los alumnos radicales y musulmanes eran cada vez más frecuentes y visibles.

—¿Cómo es que habéis permanecido ociosos y habéis permitido que un puñado de comunistas se haga con el control de la universidad? —decía Jomeini para reprender a un grupo de estudiantes musulmanes—. ¿Sois menos que ellos? Desafiadles, discutid con ellos, poneos delante de ellos y expresaos.
—A continuación, tal como era habitual en él, contó una anécdota, una especie de parábola. Jomeini le había preguntado al jefe político de la Iglesia, Modaress, qué debía hacer si un funcionario de su pueblo llamaba a sus perros Sheikh y Seyyed, un claro insulto contra los clérigos. El consejo de Modaress, según Jomeini, había sido breve y conciso: «Matarlo». Jomeini acabó citando a Modaress: «Golpea el primero y deja que se quejen los demás. No seas la víctima y no te quejes».

20

Pocos días después del juicio contra *Gatsby*, recogí aprisa las notas y los libros y salí del aula un tanto preocupada. El aura del juicio aún dominaba la clase. Algunos estudiantes me habían abordado en los pasillos para hablar sobre la novela y contarme su opinión. Dos o tres habían escrito espontáneamente sendos trabajos sobre el tema. Al salir a la suave luz de la tarde me detuve en la escalera, atraída por una acalorada discusión entre un puñado de estudiantes musulmanes y sus oponentes marxistas y laicos. Gesticulaban y gritaban. Vi a Nassrin un poco apartada de la multitud, escuchando sus argumentos.

Zarrin, Vida y una amiga de otra clase se me acercaron. Estábamos allí sin hacer nada, observando el espectáculo, haciendo comentarios banales, cuando el señor Bahri salió por la puerta con ceño decidido. Se detuvo un momento junto a mí, en los anchos escalones. Sus ojos siguieron mi mirada hasta el grupo que discutía. Se volvió hacia mí con una sonrisa y dijo: «No pasa nada, sólo están divirtiéndose», y se fue. Me quedé allí, estupefacta, con Zarrin y sus amigas.

Una vez se dispersó el grupo, Nassrin se quedó con actitud vacilante, así que le dije que se uniera a nosotras y se acercó tímidamente. Era una tarde cálida; los árboles y sus sombras parecían flirtear en un baile. No sé cómo, mis alumnas me hicieron hablar de mi época de estudiante. Les hablé de la idea de protesta que tenían los estudiantes norteamericanos: chicos de pelo largo corriendo desnudos por el campus.

Cuando terminé de contar anécdotas estuvimos riendo un rato; callábamos conforme volvíamos a fijarnos en el paisaje que nos rodeaba. Les dije que mis mejores recuerdos eran probablemente los que se referían a los profesores. En realidad, dije riendo, mis tres favoritos eran el doctor Yoch, que era conservador, el revolucionario doctor Gross y los doctores Veile y Elconin, ambos liberales.

Alguien dijo:

—Ah, profesora. —Me llamaban profesora; entonces aún me sonaba más raro que ahora—. Le habría gustado el profesor R, que enseñaba en el departamento hasta hace poco.

Dos alumnas no habían oído hablar de él; otras lo conocían y una había asistido a sus clases unas cuantas veces. Era profesor de la Facultad de Bellas Artes, un conocido y polémico crítico de cine y de teatro, y autor de cuentos. Era lo que podríamos llamar un innovador: a los veintiún años era director literario de una revista, y poco después él y un puñado de amigos suyos tenían ya multitud de enemigos y admiradores en el mundillo de la literatura. Al parecer, ya a punto de cumplir los cuarenta, había anunciado que pensaba irse. Circulaba el rumor de que estaba escribiendo una novela.

Una chica dijo que era de carácter variable e imprevisible. La amiga de Zarrin le corrigió: no era de carácter variable, sólo diferente. Otra se volvió y me dijo:

—Es uno de esos individuos que están hechos para convertirse en leyenda. Es decir, que no se les puede pasar por alto.

La leyenda era que no ponía un límite concreto a sus clases, que una clase podía empezar a las tres de la tarde y durar cinco o seis horas. Los estudiantes tenían que quedarse hasta que acabara. Pronto se extendió su reputación, sobre todo entre los cinéfilos. Muchos estudiantes de otras universidades, a pesar de estar prohibido y de ser castigado, se escapaban de sus clases para asistir a las suyas. No se les permitía entrar en el recinto de la Universidad de Teherán sin el carné de estudiante, pero por entonces llegar a su aula se había convertido en un desafío. Los más decididos y rebeldes saltaban las vallas para eludir a los vigilantes de la entrada. Sus clases siempre estaban abarrotadas; algunos estudiantes, para poder entrar, se quedaban de pie durante horas.

Daba clases de arte dramático y cine: de teatro griego, Shakespeare, Ibsen y Stoppard, Laurel y Hardy y los Hermanos Marx. Adoraba a Vincent Minnelli, John Ford y Howard Hawks.

Tomé nota mental de aquellos comentarios y los guardé para otro momento. Años después, cuando me regaló por mi cumpleaños los vídeos de *El pirata, Johnny Guitar* y *Una noche en la ópera*, recordaría aquel día en los escalones de la universidad.

Vida me preguntó si había oído hablar de su última proeza antes de ser expulsado. «Se fue antes de que lo expulsaran», la corrigió otra. «No sabía nada de su partida —dije—, ni de la proeza en cuestión.» Pero después de oírla la primera vez, estaba dispuesta a repetirla ante cualquiera que me quisiera escuchar. Cuando, mucho más tarde, conocí en persona a aquel hombre, a mi mago, le obligué a contármela una y otra vez.

Un día, los estudiantes radicales y los profesores del Departamento de Arte Dramático de la Facultad de Bellas Artes acordaron cambiar el plan de estudios. Creían que algunas asignaturas eran demasiado burguesas y ya inútiles, y estaban decididos a introducir otras de corte revolucionario. Hubo acalorados debates en la atestada asamblea; los alumnos de Arte Dramático querían que Esquilo, Shakespeare y Racine fueran reemplazados por Brecht y Gorki, con algo de Marx y Engels, ya que la teoría revolucionaria era más importante que las obras. Todos los profesores se habían instalado en la tribuna del salón de actos, salvo aquel profesor en particular, que se quedó al fondo, al lado de la puerta.

Como concesión a la democracia preguntaron si alguien estaba en contra de la nueva propuesta. Desde el fondo de la sala una voz tranquila dijo:

—Yo no estoy de acuerdo.

En el salón se hizo un silencio sepulcral. La voz alegó que, a su juicio, no había nadie, absolutamente nadie, y mucho menos un líder revolucionario o un héroe político, más importante que Racine. Él daba clases sobre Racine. Si no querían saber nada de Racine, era su problema. Si alguna vez decidían tener una universidad auténtica y reinstaurar a Racine, volvería con mucho gusto para dar clase. Las estupefactas cabezas se volvieron bruscamente hacia la voz. Era el impertinente mago. Algunos empezaron a atacarle, a él y sus opiniones «formalistas» y «decadentes». Decían que sus ideas estaban anticuadas y que debía ponerse a la altura de los tiempos. Una chica se levantó y trató de acallar los gritos de indignación. Dijo que aquel profesor siempre pensaba en lo mejor para los estudiantes y que deberían darle la oportunidad de defenderse.

Más tarde, cuando le conté la anécdota como yo la había oído, me corrigió: había empezado a hablar desde el fondo del salón, pero luego le pidieron que se acercara. Había avanzado hacia la tribuna, en medio de un silencio que ya lo había sentado en el banquillo.

Cuando volvió a hablar fue para decir que creía que una sola película de Laurel y Hardy tenía más valor que todos sus folletos revolucionarios, incluidos los de Marx y Lenin. Lo que ellos llamaban pasión no era pasión, ni siquiera era locura; era una emoción vulgar que no era digna de la buena literatura. Dijo que si cambiaban el plan de estudios, se negaría a dar clase. Fiel a su palabra, no se desdijo, aunque participó en las sentadas contra el cierre de las universidades. Quería que sus alumnos supieran que no se había ido por miedo a las represalias del gobierno.

Me contaron que vivía encerrado en su casa, casi como en una cárcel, y que se reunía con un selecto grupo de amigos y discípulos.

—Apuesto a que a usted le abriría la puerta, profesora —dijo una de mis alumnas. Yo no estaba tan segura.

21

La última clase que dedicamos a *Gatsby* fue un día de enero, con las calles cubiertas por una espesa capa de nieve. Había dos escenas que quería que comentaran los alumnos. Ahora ya no tengo mi manoseado ejemplar conmigo, el de las notas crípticas en los márgenes y al final del volumen. Cuando me fui de Irán, dejé allí mis preciosos libros. El *Gatsby* que tengo ahora es nuevo, se publicó en 1993. La cubierta no me resulta familiar y no sé cómo tratarlo.

—Me gustaría empezar —dije— por una cita de Fitzgerald, fundamental para entender no sólo *Gatsby*, sino toda la obra de Fitzgerald. Hemos estado hablando de todo lo que es *Gatsby* y hemos aludido a algunos temas, pero hay una corriente subterránea en la novela que creo que determina su esencia, y es la cuestión de la pérdida, de la desilusión. Nick critica a todos los que de uno u otro modo se relacionan con Gatsby, pero no juzga de la misma manera a Gatsby. ¿Por qué? Porque Gatsby posee lo que Fitzgerald, en su cuento «Absolución», califica de honradez imaginativa.

En ese momento el señor Nyazi levantó la mano.

—Pero Gatsby es más deshonesto que los demás —dijo—. Gana dinero con actividades ilícitas y tiene trato con delincuentes.

—En parte tienes razón —dije—. Gatsby lo falsifica todo, hasta su propio nombre. Todos los demás personajes de la novela tienen posiciones e identidades más estables. Gatsby es constantemente creado y recreado por los demás. En todas sus fiestas, los invitados se dedican a especular en susurros sobre quién es y sobre las fabulosas u horribles hazañas que ha realizado. Tom investiga su verdadera identidad y el propio Nick siente curiosidad por el misterioso Jay Gatsby. Sin embargo, lo que Gatsby inspira es una mezcla de curiosidad y temor. La realidad de la vida de Gatsby es que es un fantasma. Pero la verdad es que es un soñador romántico y trágico, que se convierte en héroe por creer en su fantasía romántica.

»Gatsby no puede tolerar la mediocridad de su vida. Tiene un "extraordinario talento para la esperanza, una predisposición romántica" y "una notable hipersensibilidad hacia las promesas de la vida". No puede cambiar el mundo, así que se reinventa a sí mismo de acuerdo con su sueño; veamos cómo lo dice Nick: "Brotó de la concepción platónica de sí mismo. Era un hijo de Dios, expresión que, si significa algo, significa exactamente eso, y debía dedicarse a los Asuntos de Su Padre, estar al servicio de una belleza adocenada, vulgar y prostituida. Así que inventó el Jay Gatsby que podría inventar un muchacho de diecisiete años y fue fiel a esta concepción hasta el final".

»Gatsby debía lealtad a su yo reinventado, un yo que veía su consumación en la voz de Daisy. A las promesas de ese yo es a lo que guardó lealtad, a la luz verde al final del muelle, no a un mediocre sueño de riqueza y prosperidad. Así nace la "gran ilusión", para que él sacrifique su vida. Como dice Fitzgerald: "Ninguna cantidad de fuego o de frío puede enfrentarse a lo que un hombre guarda en su corazón espiritual".

»La lealtad de Gatsby hacia Daisy está relacionada con la lealtad del primero a la idea imaginaria de sí mismo. "Hablaba mucho del pasado y yo entendí que quería recuperar algo, quizá la idea de sí mismo por la que había acabado amando a Daisy. Su vida había sido confusa y desordenada desde entonces, pero si hubiera podido volver al punto de partida y repetir el camino muy despacio, habría descubierto qué era".

»Sin embargo, el sueño subsiste incontaminado y desborda a Gatsby y su vida personal. Existe, en general, en la ciudad, en la misma Nueva York, y en la costa este, el puerto que había sido el sueño de cientos de miles de inmigrantes y que ahora era la meca de los habitantes del medio oeste, que acudían en busca de una nueva vida y nuevas emociones. Aunque la ciudad evoca sueños encantados y medias promesas, en realidad alberga romances chapuceros y relaciones como la de Tom y Myrtle. La ciudad, como Daisy, contiene una promesa, un espejismo que cuando se alcanza se convierte en otra cosa, degradada y corrupta. La ciudad es el eslabón entre el sueño de Gatsby y el sueño americano. El sueño no es el dinero, sino lo que él imagina que puede llegar a ser él. No es una crítica a

Norteamérica por ser materialista, sino por ser idealista, por ser un país que ha convertido el dinero en el medio de alcanzar un sueño. Aquí no hay nada vulgar, o la vulgaridad está tan mezclada con el sueño que es muy difícil distinguir qué es cada cosa. Al final, los mejores ideales y la más sórdida realidad coinciden. Por favor, pasad a la última página. Recordad que es la despedida de Nick de la casa de Gatsby. Señor Bahri, veo que hoy nos ha honrado con su presencia. ¿Podría leer el pasaje, tercera línea del párrafo que empieza por «La mayoría de las grandes orillas...»?

»Y, mientras ascendía la luna, las casas inmateriales empezaron a desaparecer hasta que poco a poco sólo vi la vieja isla que antaño llamó la atención de los marineros holandeses: un refugio lozano y verde del nuevo mundo. Sus árboles desaparecidos, los que habían dejado espacio para construir la casa de Gatsby, habían cedido antaño entre susurros al último y más grande de los sueños humanos; durante un momento mágico y pasajero, el hombre debió de contener la respiración en presencia de este continente, debió de sentirse impulsado a una contemplación estética que ni entendía ni deseaba, cara a cara por última vez en la historia con algo a la medida de su capacidad de maravillarse.» ¿Sigo leyendo?

—Por favor, continúe hasta el final del párrafo siguiente.

—«Y mientras estaba allí sentado, meditando sobre el viejo y desconocido mundo, pensé en el asombro de Gatsby cuando vio por primera vez la luz verde al final del muelle de Daisy. Había recorrido un largo camino hasta aquel césped azul y su sueño debió de parecerle tan cercano que era imposible no tocarlo. No sabía que ya lo tenía a su espalda, en alguna parte de aquella vasta oscuridad de más allá de la ciudad, donde los oscuros campos de la república se extendían bajo la noche.»

—Tal vez fuera deshonesto en su vida y tal vez mintiera sobre sí mismo, pero algo que no pudo hacer fue traicionar a su imaginación. Gatsby, como Rudolph, resulta traicionado en último término por la «sinceridad de su imaginación». Muere, porque en la realidad una persona así no puede vivir.

»Nosotros, los lectores, al igual que Nick, admiramos y a la vez censuramos a Gatsby. Estamos más seguros de lo que censuramos que de lo que admiramos, pues, como Nick, estamos atrapados en las consecuencias románticas de su sueño. En su historia resuenan las historias de los pioneros que llegaron a las playas americanas en busca de una nueva tierra y un nuevo futuro, y en busca de su sueño, teñido ya con la violencia que se genera al hacerlo real.

»Gatsby no debería haber querido materializar su sueño —expliqué—. Incluso Daisy lo sabe; está más enamorada de él que de nadie, pero ni siquiera así puede ir contra su naturaleza y no traicionarlo.

»Una noche de otoño se detienen en un lugar en que la "acera estaba blanqueada por la luna". "Por el rabillo del ojo, Gatsby vio que los tramos de la acera formaban en realidad una escalera que conducía a un lugar secreto tras los árboles; podía subir si subía solo, y una vez allí aspiraría la esencia de la vida, engulliría la incomparable leche del asombro. Su corazón se aceleró mientras la cara de Daisy se acercaba a la suya. Sabía que cuando besara a aquella mujer, y vinculara para siempre sus propias visiones inexpresables con su aliento perecedero, su mente ya no volvería a retozar, como la mente de Dios."

»Y ahora, ¿sería tan amable de ir a la página ocho y leer desde "No, Gatsby..."?

—«No, Gatsby tenía razón al final; fue lo que se cebaba en él, el polvo nauseabundo que flotaba en la estela de sus sueños, lo que interrumpió temporalmente mi interés por los sufrimientos inútiles y la euforia efímera de los hombres.»

—Para Gatsby, la riqueza es un medio de alcanzar un fin, es el medio para adquirir su sueño. Ese sueño le anula la capacidad de diferenciar la imaginación de la realidad; con el «polvo nauseabundo» trata de crear una tierra mágica. Durante un tiempo, sus fantasías diurnas «son una válvula de escape para su imaginación; son un indicio de la irrealidad de la realidad, una promesa de que la roca del mundo se asentó firmemente en el ala de un hada».

»Y ahora revisemos todos los puntos que hemos comentado. Sí, la novela trata sobre las relaciones concretas de los vivos, el amor de un hombre por una mujer, la traición de una mujer a ese amor. Pero también trata sobre la riqueza, sobre la gran atracción que ejerce y su poder destructivo, la despreocupación que llega con ella, y sí, también sobre el sueño americano, un sueño de poder y riqueza, la seductora luz de la casa de Daisy y el puerto de entrada a Norteamérica. También trata sobre la desilusión, sobre la muerte de los sueños una vez que se transforman en cruda realidad. Es el anhelo lo que hace puro el sueño, su inmaterialidad.

»Lo que en Irán teníamos en común con Fitzgerald era este sueño que se convertía en obsesión y absorbía la realidad, este terrible y hermoso sueño, imposible de realizar y en cuyo nombre se justificaba o perdonaba cualquier violencia. Esto era lo que teníamos en común, aunque no fuéramos conscientes de ello.

»Los sueños, señor Nyazi, son ideales perfectos, completos en sí mismos. ¿Cómo vamos a imponerlos en una realidad imperfecta e incompleta y que cambia constantemente? Seríamos como Humbert, que destruye el objeto de su sueño; o como Gatsby, que se destruye a sí mismo.

Cuando salí del aula aquel día no les dije lo que estaba empezando a descubrir: que nuestra suerte se parecía mucho a la de Gatsby. Él quería realizar su sueño repitiendo el pasado, y al final descubre que el pasado estaba muerto, que el presente era una farsa y que no había futuro. ¿No se parecía a nuestra revolución, que había llegado en nombre de un pasado colectivo y estaba destruyendo nuestra vida en nombre de un sueño?

Tras la clase me sentía exhausta. Traté de irme a toda prisa, fingiendo que tenía un asunto importante entre manos. De hecho, no tenía nada que hacer. Me puse el abrigo y los guantes y me marché. No tenía adónde ir. Había nevado mucho aquella tarde y de repente apareció el sol, iluminando colinas de nieve limpia y blanca. Tenía una amiga de la infancia, mayor que yo, a la que quería mucho de pequeña, antes de que me enviaran a Inglaterra. A veces paseábamos por la nieve durante un largo rato. Íbamos hasta nuestra pastelería favorita, donde tenían unos fantásticos bollos de crema con crema de verdad. Comprábamos los bollos y volvíamos a la nieve, y nos los comíamos a la luz de su brillo protector mientras paseábamos y hablábamos de tonterías.

Salí de la universidad y me puse a pasear por la calle de las librerías. Los vendedores callejeros que vendían casetes habían subido el volumen de la música y daban saltitos para entrar en calor, con el gorro de lana calado hasta las orejas y el vaho saliéndoles de la boca y elevándose con la música, subiendo y desapareciendo en el cielo azul. Recorrí la calle hasta que en vez de librerías vi otros establecimientos y un cine al que solíamos ir de niños y que ahora estaba cerrado. ¡Habían incendiado tantos cines durante aquellos jubilosos días de la revolución! Seguí recorriendo la calle hasta que llegué a una plaza llamada de Firdusi, por nuestro gran poeta épico, y me detuve. ¿No había sido allí donde nos habíamos detenido aquel día para reírnos mientras saboreábamos los bollos de crema?

Con el correr de los años, la nieve acabó ensuciándose con la creciente contaminación ambiental de Teherán; mi amiga estaba ahora en el exilio y yo había vuelto a la patria. Hasta entonces, la patria había sido amorfa y esquiva: se presentaba con instantáneas tentadoras, con la impersonal familiaridad de las viejas fotografías de familia. Pero aquellos sentimientos pertenecían al pasado. La patria cambiaba constantemente ante mis ojos.

Aquel día tenía la sensación de que estaba perdiendo algo, de que estaba llorando una muerte que todavía no había ocurrido. Sentía que todas las cosas personales estaban siendo aplastadas como florecillas silvestres para dejar paso a un jardín más esplendoroso, donde todo estaría dominado y organizado. Nunca había tenido aquella sensación de pérdida, ni siquiera cuando estudiaba en Estados Unidos. En aquellos años, mi anhelo estaba ligado a la seguridad de que la patria era mía para siempre, de que podía volver en el momento que quisiera. Hasta que llegué no me di cuenta del auténtico significado del exilio. Mientras paseaba por aquellas amadas y recordadas calles, sentía que estaba aplastando los recuerdos que había debajo.

El segundo semestre empezó con malos augurios. Desde el principio hubo pocas clases. Durante el año anterior, el Gobierno había estado reprimiendo a la oposición, cerrando periódicos y revistas progresistas, castigando a antiguos funcionarios del Gobierno y librando una guerra contra las minorías, sobre todo contra los kurdos. Ahora se había fijado en las universidades, semilleros de disidentes, en las que los revolucionarios musulmanes no tenían poder. Las universidades desempeñaban ahora el papel de los periódicos prohibidos y protestaban por la represión de las fuerzas progresistas. Casi diariamente se organizaba un mitin de protesta, una charla o una manifestación en alguna universidad, sobre todo en la de Teherán.

Una mañana, al entrar en la facultad, advertí que pasaba algo. En la pared que había al otro lado de la puerta habían clavado una enorme fotografía del señor Rafsanjani, que entonces era el portavoz del Parlamento. Al lado había una octavilla alertando a los estudiantes de que existía una «conspiración» para cerrar las universidades. Al pie de la fotografía y la octavilla se había formado un corro de estudiantes que parecía contener corros más pequeños. Cuando me acerqué, algunos estudiantes míos que estaban allí se hicieron a un lado, abrieron un hueco para que pasara y en el centro de todos vi al señor Nyazi discutiendo acaloradamente con un dirigente de una organización estudiantil izquierdista.

El señor Nyazi negaba con vehemencia la idea de que el Gobierno tuviera la intención de cerrar las universidades. Los otros estudiantes se remitían al discurso de Rafsanjani en la Universidad Mashad sobre la necesidad de purificar el sistema educativo y de promover una revolución cultural en las universidades. Estuvieron un rato dale que te pego, animados por los murmullos de la multitud que les rodeaba. No me quedé hasta el final de la discusión; estaba claro que no lo haría. Las fuerzas laicas y de izquierdas dominaban las universidades por entonces y algunos no admitíamos la posibilidad de ciertos desenlaces. Pensar que las universidades podían clausurarse parecía tan remoto como que las mujeres acataran finalmente la imposición del velo.

Sin embargo, al cabo de poco tiempo el Gobierno anunció su intención de suspender las clases y formar un comité para la aplicación de la Revolución Cultural. Al comité se le dio autoridad para reconstruir las universidades de manera que fueran aceptables para los dirigentes de la República Islámica. No tenían muy claro qué querían, pero no tenían dudas sobre lo que no querían. Se les concedió autoridad para expulsar a los indeseables, tanto profesores como alumnos, para crear un nuevo estatuto y un nuevo plan de estudios. Era la primera medida organizada para limpiar a Irán de la llamada decadente cultura occidental. Casi todos los estudiantes y profesores se opusieron a aquella dictadura y una vez más la Universidad de Teherán fue escenario de una batalla.

Asistir a clase era cada día más difícil. Íbamos frenéticamente de un mitin a otro como si pudiéremos detenerlos con sólo movernos. Los profesores se manifestaron y los alumnos también. Estallaron muchos conflictos entre las numerosas organizaciones estudiantiles.

Los estudiantes convocaban manifestaciones y sentadas. Yo acudía a las manifestaciones, aunque no tenía afinidad con ninguna organización. Si los de izquierdas hubieran llegado al poder, habrían hecho lo mismo. Pero no era aquélla la cuestión. La cuestión era salvar la universidad que, como Irán, todos habíamos contribuido a destruir.

24

Entonces comenzó otro ciclo de manifestaciones violentas. Por lo general empezábamos la manifestación delante de la Universidad de Teherán y la multitud iba aumentando a lo largo de la marcha. Nos dirigíamos hacia las zonas más pobres y en un estrecho callejón o en un cruce concreto aparecían «ellos», que nos atacaban con navajas y porras. Los manifestantes se dispersaban y volvían a organizarse un poco más allá. Recorríamos las calles serpenteantes y los callejones sin pavimentar, y «ellos» volvían a aparecer y nos atacaban en otro cruce, cuchillo en mano, y corríamos otra vez, y otra vez volvíamos a concentrarnos a unas cuantas manzanas de distancia.

Hay un día que recuerdo especialmente. Había salido de casa temprano, con Bijan; camino del trabajo, me dejó en un lugar cercano a la universidad. Unas manzanas antes de llegar, vi un grupo de gente joven con pancartas y caminando hacia el campus. Distinguí a Nassrin, a la que hacía semanas que no veía. Llevaba octavillas en la mano y caminaba en la fila delantera. En un cruce, ella y otra chica se apartaron del grupo y se metieron por la otra calle. De repente recordé que Nassrin no me había dado el trabajo sobre *Gatsby* que me había prometido; había salido de mi vida tan bruscamente como había entrado. Me pregunté si volvería a verla alguna vez.

Cuando me di cuenta, iba con un grupo de estudiantes vociferantes que habían aparecido como por arte de magia. De repente oímos el silbido de las balas, que parecían llegar de ninguna parte. Eran balas de verdad. Estábamos ante la puerta de hierro de la universidad y, sin saber cómo, me vi corriendo hacia las librerías, casi todas cerradas ya a causa de los disturbios. Me refugié bajo el toldo de una que todavía estaba abierta. Cerca de allí, un vendedor de casetes había dejado funcionando el aparato y la voz doliente de un cantante se lamentaba de la traición de su amada.

Todo aquel día fue una larga pesadilla. No era consciente del tiempo ni del lugar; iba uniéndome a grupos que antes o después se dispersaban, y yo iba de calle en calle. Por la tarde se convocó una gran manifestación. Pronto se convirtió en el enfrentamiento más sangriento entre estudiantes y autoridades. El Gobierno, además de movilizar a sus matones, sicarios y fuerzas paramilitares, había traído autobuses llenos de trabajadores de diferentes fábricas y los había armado con palos y cuchillos para que organizaran una antimanifestación contra los estudiantes. Escogieron a los obreros porque la idealización izquierdista del proletariado los hacía sus aliados naturales.

Cuando empezaron a abrir fuego, corrimos en todas direcciones. Recuerdo haber tropezado con una antigua compañera de clase, en realidad mi mejor amiga de sexto curso. En medio del tiroteo y los gritos, nos abrazamos y hablamos sobre los casi veinte años que llevábamos sin vernos. Me dijo que todo el mundo se dirigía hacia el hospital que había al lado de la universidad, donde al parecer estaban los estudiantes asesinados y heridos.

No sé cómo, la perdí entre la multitud y me encontré sola

en los jardines del gran hospital, cuyo nombre había cambiado no hacía mucho: antes se llamaba Pahlevi, nombre del último sha, y ahora imán Jomeini. Corría el rumor de que la policía y los guardias habían secuestrado los cadáveres de los estudiantes muertos para que no se extendiera la noticia de su muerte. Los estudiantes querían irrumpir en el hospital para impedir el secuestro de los cadáveres.

Me dirigí al edificio principal; en la memoria tengo la sensación de haberme dirigido siempre hacia aquel edificio sin alcanzarlo nunca: caminaba en trance, con la gente corriendo hacia mí y en la dirección opuesta. Todos parecían tener un objetivo, un punto de destino, menos yo, que iba sola. De repente vi que se acercaba un rostro conocido: era Mahtab.

Petrificada y helada, parecía más que nada un animal en peligro. Quizá fuera esta impresión lo que me hizo andar en línea recta, casi mecánicamente, sin desviarme hacia la izquierda ni hacia la derecha, manteniendo un equilibrio casi perfecto. Imaginad a Mahtab andando hacia mí. Dos mujeres me tapan la vista y luego aparece ella, con una ancha camisa beige y unos tejanos: está en mi línea de visión y nuestros ojos se encuentran. Está a punto de cruzarse conmigo, pero se detiene un segundo. Y allí estamos las dos, compartiendo un momento de aquella espantosa búsqueda. Se detiene para decirme que «ellos» han conseguido hacerse con los cuerpos y sacarlos del depósito del hospital. Nadie sabía dónde los habían llevado. Y tras decir aquello desapareció. No volví a verla durante siete años.

Mientras permanecía allí, sola en los jardines del hospital, con la gente corriendo a mi alrededor, tuve una extraña experiencia: sentí como si se me hubiera salido el corazón y hubiera aterrizado con un golpe sordo en un espacio vacío, un vasto vacío que no sabía que existiera. Estaba cansada y asustada. No se trataba del miedo a las balas, que caían demasiado cerca. Estaba asustada por la falta de algo, como si el futuro se estuviera alejando de mí.

25

Los estudiantes organizaron una acampada nocturna en el campus de la universidad para que no la cerraran. Mantuvieron la acampada hasta que, en lo que acabó siendo una batalla sangrienta, a pesar de que sólo las fuerzas del gobierno tenían armas, fueron desalojados y las milicias, los guardias revolucionarios y la policía conquistaron el campus.

Durante una de aquellas acampadas vi al señor Bahri. La noche rezumaba ansiedad y la falsa cotidianidad de todo aquello, el estar sentados en el suelo, muy juntos, contando chistes, noticias o anécdotas, y a veces discutiendo durante horas. Bahri estaba solo en un rincón oscuro, apoyado en un árbol. «¿Y qué piensa de todo esto?», le pregunté. Esbozó un asomo de sonrisa y dijo: «No, señora, ¿qué piensa usted?». «Señor Bahri —dije lentamente—, lo que yo piense cada vez tiene menos importancia. Tan poca, de hecho, que creo que me voy a ir a casa a coger un buen libro y a intentar dormir un rato.»

Sabía que lo había sorprendido con la guardia baja, pero también él me había sorprendido a mí. De repente me sentí como si aquélla no fuera mi lucha. Para la mayoría de los presentes, la emoción de la batalla lo era casi todo, y yo no estaba emocionada, no de esa manera. ¿Qué me importaba quién cerrara la universidad, si mis alumnos de izquierdas o los islámicos? Lo importante era que la universidad no se cerrara en ningún caso, que se permitiera que funcionara como universidad y no como campo de batalla de las diferentes fuerzas políticas. Pero tardé mucho tiempo en digerirlo, en realidad otros diecisiete años. Por lo pronto me fui a casa.

Poco después, el Gobierno consiguió cerrar las universidades. Depuraron al profesorado, el alumnado y el personal administrativo; algunos alumnos fueron asesinados o encarcelados, otros sencillamente desaparecieron. La Universidad de Teherán se había convertido en sede de demasiadas rencillas, de demasiado dolor y demasiado daño. Nunca volví a correr hacia una clase con la ilusión y la ingenuidad de los primeros tiempos de la revolución.

<h1 style="text-align:center">26</h1>

Un día de primavera de 1981, un día del que aún puedo sentir en la cara el sol y la brisa matutina, me volví irrelevante. Justo un año después de volver a mi país, a mi ciudad, a mi casa, descubría que el mismo decreto que había transformado la palabra Irán en República Islámica de Irán me había convertido a mí y todo lo que yo había sido en irrelevante. El hecho de que compartiera ese destino con muchos otros no era de mucha ayuda.

De hecho, ya hacía algún tiempo que me había vuelto irrelevante. Después de la llamada Revolución Cultural que llevó al cierre de las universidades, me quedé prácticamente sin trabajo. Íbamos a la universidad, pero no teníamos nada que hacer. Me dio por escribir un diario y leer a Agatha Christie. Recorría las calles con mi reportero estadounidense, hablando sobre el East Side de Michael Gold y el West Egg de Fitzgerald. En lugar de clases, teníamos mítines interminables. La Administración quería que dejáramos de trabajar y, al mismo tiempo, hacía como que nada había cambiado. Aunque las universidades estaban cerradas, el claustro de profesores estaba obligado a comparecer y a presentar planes al Comité de la Revolución Cultural.

Fueron días ociosos, cuyo único rasgo duradero fue la profunda amistad que establecí con colegas de mi departamento y de otros. Yo era la más joven y reciente adquisición del grupo y tenía muchas cosas que aprender. Me hablaron sobre la época anterior a la revolución, sobre la emoción y la esperanza; hablaron de algunos colegas que no habían vuelto.

Aquel día, el recién elegido Comité para el Fomento de la Revolución Cultural hizo una visita oficial a la Facultad de Derecho y Ciencias Políticas y a la de Filología Persa y Extranjera. La reunión se celebró en el salón de actos de la Facultad de Derecho. A pesar de las instrucciones formales e informales que se había dado a las profesoras y alumnas sobre el uso del velo, hasta aquel día pocas mujeres habían obedecido las nuevas normas. Fue la primera reunión a la que asistí en la que todas las mujeres llevaban pañuelo en la cabeza. Es decir, todas menos tres: Farideh, Laleh y yo. Éramos independientes y se nos consideraba excéntricas, así que las tres fuimos a la reunión con la cabeza descubierta.

Los tres miembros del Comité de la Revolución Cultural estaban incómodamente sentados en el estrado más alto. Su expresión era alternativamente altanera, nerviosa y desafiante. Fue la última reunión en la que los profesores criticaron abiertamente al Gobierno y su política sobre enseñanza superior. Casi todos fueron premiados con la expulsión por su impertinencia.

Farideh, Laleh y yo nos sentamos llamando la atención, como niñas traviesas. Susurrábamos, hablábamos entre nosotras y no dejábamos de levantar la mano para intervenir. Farideh interpeló al comité por utilizar el campus de la universidad para torturar e intimidar a los estudiantes. Yo dije al comité revolucionario que mi integridad como profesora y como mujer quedaba en entredicho por su insistencia en que llevara el velo con falsas excusas, a cambio de unos miles de tumanes al mes. La cuestión no era tanto el velo como la libertad de elección. Mi abuela se había negado a salir de casa durante tres meses cuando la obligaron a quitarse el velo. Yo pensaba ser igual de categórica. Qué poco imaginaba que pronto me concederían la libertad de elegir entre llevar el velo o ser encarcelada, azotada y quizá ejecutada si desobedecía.

Tras aquella reunión, una de mis colegas más pragmáticas, una mujer «moderna» que decidió adoptar el velo y quedarse diecisiete años más después de mi partida, me dijo con un punto de sarcasmo en la voz:

—Estás librando una batalla perdida. ¿Por qué vas a perder el empleo por un asunto como éste? Dentro de un par de semanas te obligarán a llevar el velo hasta para ir a la compra.

La respuesta más sencilla era, desde luego, que la universidad no era un mercado. Pero tenía razón; pronto nos obligaron a llevarlo a todas partes. Y las patrullas de la moralidad, con sus armas y sus Toyota, vigilaban las calles para garantizar la obediencia. Sin embargo, aquel día soleado, cuando mis colegas y yo expresamos públicamente nuestra protesta, aquellos incidentes no parecían estar previstos. Protestaron tantos profesores que creímos que aún podíamos ganar.

Salimos de la reunión con júbilo. El comité había sido derrotado limpiamente: sus respuestas habían sido pobres, su incoherencia había ido en aumento y había acabado por ponerse a la defensiva. Cuando salimos del salón de actos, el señor Bahri me estaba esperando con un amigo. No habló con mis compañeras, sino que se dirigió directamente a mí. No lo entendía: ¿cómo podía haber hecho aquello? ¿Acaso no éramos amigos? Sí, éramos amigos, pero no era nada personal... en absoluto.

—¿No se da cuenta de que está ayudando al enemigo, a los imperialistas? —dijo con pesar—. ¿Es mucho pedir que cumpla una serie de normas para salvar la revolución?

Pude haberle preguntado a qué revolución se refería, pero no lo hice. Farideh, Laleh y yo estábamos demasiado eufóricas e íbamos a ir a comer juntas para celebrarlo.

Unos meses después se fundaron comités que acabaron purgando a algunos de los mejores profesores y alumnos. El doctor A dimitió y se fue a Estados Unidos. Farideh fue expulsada y más tarde se marchó a Europa. El brillante y joven profesor a quien había conocido aquel primer día en el despacho del doctor A también fue expulsado en su momento. Lo encontré once años después en una conferencia en la Universidad de Texas en Austin. Del viejo grupo sólo quedamos Laleh y yo, y pronto fuimos expulsadas. El Gobierno impuso el velo y procesó a más profesores y alumnas. Fui a otra manifestación, convocada por el Muyaidín pero apoyada por todas las fuerzas de la oposición, salvo por el Partido Tudeh, comunista, y la Organización Fedayan. Por entonces, el primer presidente de la República estaba en paradero desconocido y pronto abandonaría el país. Más de medio millón de ciudadanos participaron en la que sería una de las batallas más sangrientas de la revolución. Más de mil fueron detenidos, y muchos, entre ellos adolescentes, fueron ejecutados allí mismo. Ocho días después, el 28 de junio, estalló una bomba en la sede del Partido de la República Islámica y murieron más de ochenta destacados miembros del Gobierno. El Gobierno se vengó ejecutando y deteniendo casi al azar.

Extrañamente, cuando la administración de la universidad empezó los trámites de mi expulsión, quienes me defendieron y retrasaron la expulsión durante todo el tiempo que pudieron no fueron mis colegas laicos, sino el señor Bahri y sus amigos, ex alumnos que en su mayoría habían suspendido aquel semestre por no asistir a clase.

Los sentimientos que creía haber olvidado reaparecieron cuando, casi diecinueve años después, el régimen islámico arremetió de nuevo contra los estudiantes. Esta vez abrieron fuego contra los admitidos en la universidad por el mismo régimen, contra sus propios hijos, contra los hijos de la revolución. Una vez más, mis alumnos irían a los hospitales a buscar los cadáveres de los asesinados que secuestraban los guardias de la revolución y los paramilitares, y a impedir que se llevaran a los heridos. La diferencia sería que esta vez yo recorrería el campus con la imaginación mientras leía faxes y correos electrónicos que me enviaban ex alumnos de Irán a mi despacho de Washington, tratando de descifrar lo que había tras la histeria de los mensajes.

Me gustaría saber dónde estará el señor Bahri ahora, en estos momentos, para preguntarle: «¿Adónde hemos llegado, señor Bahri? ¿Era éste su sueño revolucionario? ¿Quién pagará por todos los fantasmas de mi recuerdo? ¿Quién pagará por las fotografías de los asesinados y ejecutados que escondíamos en los zapatos y los armarios, que recortábamos de los periódicos mientras seguíamos haciendo otras cosas? Dígamelo, señor Bahri; o por utilizar esa extraña expresión de Gatsby, dígamelo, querido vividor: ¿qué vamos a hacer con todos esos cadáveres en las manos?».

TERCERA PARTE

James

I

La guerra llegó una mañana, repentina e inesperadamente. Se anunció el 23 de septiembre de 1980, la víspera del comienzo del año escolar; volvíamos con el coche a Teherán tras una estancia en el mar Caspio cuando nos enteramos por la radio del ataque iraquí. Todo empezó con mucha sencillez. El locutor lo anunció con naturalidad, como si anunciara un nacimiento o una defunción, y nosotros lo aceptamos como un hecho irrevocable que afectaría a todas las restantes iniciativas y que poco a poco penetraría en todos los aspectos de nuestra existencia. ¿Cuántos sucesos hay dentro de ese inesperado y decisivo momento en que te despiertas una mañana y descubres que fuerzas ajenas a tu control han cambiado para siempre toda tu vida?

¿Qué provocó la guerra? ¿Fue la arrogancia de los nuevos revolucionarios islámicos, que no dejaban de pinchar a los que calificaban de régimes reaccionarios y heréticos de Oriente Medio, ni de animar a los habitantes de aquellos países a que se sublevaran? ¿Fue el hecho de que el nuevo régimen iraní guardara una especial animosidad contra Saddam Hussein, que había expulsado al exiliado ayatolá Jomeini de Irak después de llegar a un acuerdo con el sha, según se dijo? ¿Fue la vieja rivalidad entre Irak e Irán y el hecho de que los iraquíes, con promesas de apoyo de un occidente hostil al nuevo Gobierno revolucionario de Irán, soñaran con una victoria rápida y dulce?

Pasado el tiempo, cuando se reúnen todos los acontecimientos históricos, y quedan analizados y clasificados en artículos y libros, desaparece el desorden y aquéllos adquieren una lógica y una claridad imposibles de apreciar en el momento. Para mí, como para millones de iraníes corrientes, la guerra llegó de ninguna parte una cálida mañana de otoño: inesperada, inoportuna y sin sentido.

Durante todo aquel otoño di largos paseos por las anchas y arboladas calles que rodeaban nuestra casa, flanqueadas por jardines perfumados y arroyuelos, pensando en mi propia ambivalencia acerca de la guerra, con una cólera que se mezclaba con el amor y el deseo de proteger mi casa y mi país. Una tarde de septiembre —ese momento del atardecer interestacional en que durante un momento el aire es una mezcla de verano y otoño— me sacó de la meditación la magnífica puesta de sol que tenía ante mí. Vi la luz reflejada entre las delgadas ramas de una enredadera que crecía en una arboleda cercana. Me quedé mirando el diáfano reflejo del sol hasta que dos paseantes que venían en dirección opuesta me distrajeron y continué mi camino.

Bajando la calle empinada, en la pared que quedaba a mi derecha, vi una consigna de Jomeini en grandes letras negras: ¡ESTA GUERRA ES UNA GRAN BENDICIÓN PARA NOSOTROS! Leí la frase con cólera. Una gran bendición ¿para quién?

2

La guerra con Irak empezó aquel septiempre y no terminó hasta finales de julio de 1988. Todo lo que nos sucedió durante aquellos ocho años de guerra y el giro que dieron después nuestras vidas fueron consecuencia de aquel conflicto. No fue la peor guerra de la historia, pero dejó un millón de muertos y heridos. Al principio, la guerra pareció unir a un país dividido: todos éramos iraníes y el enemigo había atacado nuestra patria. Pero hubo muchos a los que ni siquiera en esto se les permitió participar por completo. Desde el punto de vista del régimen, el enemigo no sólo había atacado a Irán; había atacado también a la República Islámica, y había atacado al Islam.

La polarización creada por el régimen confundió todos los aspectos de la vida. Las fuerzas de Dios luchaban no sólo contra el emisario de Satanás, Saddam Hussein de Irak, sino también contra los agentes de Satanás que había dentro del país. Desde el comienzo de la revolución, durante toda la guerra y después de ésta, el régimen islámico no olvidó en ningún momento su guerra santa contra los enemigos internos. Ahora se decía que toda forma de crítica estaba inspirada por los iraquíes y era peligrosa para la seguridad nacional. Todos los grupos e individuos sin sentido de la lealtad al particular islamismo del régimen eran excluidos de la guerra. Podían ser eliminados o enviados al frente, pero no decir en voz alta sus preferencias sociales y políticas. Sólo había dos fuerzas en el mundo, el ejército de Dios y el de Satanás.

Así pues, cada acontecimiento, cada acto social, comportaba al mismo tiempo una lealtad simbólica. El nuevo régimen había ido mucho más allá del simbolismo romántico que prevalece más o menos en todo sistema político, y vivía ya en el limbo del mito puro, con consecuencias devastadoras. La República Islámica no estaba sólo modelada según el orden establecido por el profeta Mahoma cuando gobernó en Arabia; era el régimen del profeta por antonomasia. La guerra de Irán contra Irak era la misma que la librada contra los infieles por el tercer y más belicoso imán, el imán Hussein, y los iraníes iban a conquistar Karbella, la ciudad santa de Irak en la que estaba el santuario del imán Hussein. Los batallones iraníes adoptaban el nombre del Profeta o de los Doce Santos Chiítas. Eran el ejército de Alí, de Hussein, de Mahdy, el duodécimo imán cuya llegada esperaban los musulmanes chiítas, y las operaciones militares contra Irak recibían en clave, invariablemente, el nombre de las batallas más celebradas de Mahoma. El ayatolá Jomeini no era un jefe religioso ni político, sino un imán por derecho propio.

Por entonces me había convertido en una coleccionista ávida e insaciable. Guardaba fotografías de los jóvenes mártires, algunos todavía niños, que aparecían en la prensa con el testamento que habían hecho antes de ir al frente. Recorté la plegaria del ayatolá Jomeini por el niño de trece años que se había arrojado delante de un tanque enemigo y coleccioné historias de jóvenes a los que daban llaves del cielo para que las llevaran colgando del cuello cuando partían para el frente: les decían que cuando fueran martirizados irían directamente al paraíso. Lo que había empezado como un impulso por recopilar sucesos en mi diario poco a poco se convirtió en un codicioso y febril acto de acumulación, como si con aquello pudiera torcer las fuerzas que escapaban a mi control e imponerles mi propia lógica.

Tardamos algún tiempo en entender lo que significaba realmente la guerra, aunque la radio, la televisión y los periódicos no hablaban de otra cosa. Se dedicaban a animar a la gente a que aprovechara los apagones y se utilizaba un sistema de alarmas para avisarnos. Después de sonar la sirena, una voz decía: «¡Atención!¡Atención! Es una alarma, vayan a los refugios...». ¿Refugios? ¿Qué refugios? Durante los ocho años de guerra, el Gobierno no puso en práctica ningún programa para la seguridad y protección de sus ciudadanos. Los refugios eran los sótanos, o las plantas más bajas de los bloques de pisos, que a veces sepultaban a todo el que estaba allí. Sin embargo, muy pocos se daban cuenta de lo vulnerables que éramos; hasta que la guerra llegó a Teherán y a otras ciudades.

Nuestra actitud ambivalente ante la guerra era fruto principalmente de la ambivalencia ante el régimen. Durante los primeros ataques aéreos contra Teherán, fue alcanzada una casa del barrio rico. Se rumoreó que en el sótano se habían escondido guerrilleros contrarios al Gobierno. Hashemi Rafsanjani, más tarde portavoz del Parlamento, en un esfuerzo por tranquilizar a una población atemorizada, aseguró en la oración del viernes que el «bombardeo no había causado ningún daño real, ya que las víctimas eran ricos arrogantes y subversivos», que de todas formas habrían sido ejecutados tarde o temprano. También recomendó a las mujeres que se acostaran correctamente vestidas, para no quedar «indecentemente expuestas a ojos extraños» si caía una bomba en su casa.

3

—¡Vamos a celebrarlo! —dijo mi amiga Laleh antes de sentarse en nuestro restaurante preferido, donde la había estado esperando. Habían pasado unas semanas desde el encontronazo con el Comité de la Revolución Cultural y ya sabíamos que antes o después tendríamos que acatar el velo o ser expulsadas. Como el gobierno había decretado la obligatoriedad del velo en el trabajo, no veía muchas razones para aquella alegría suya.

—Celebrar ¿qué? —quise saber.

—Hoy —se detuvo y tomó aliento—, después de nueve años, ocho y medio para ser exactos, me han expulsado formalmente de la universidad. Oficialmente soy ya irrelevante, como dirías tú, así que vamos a comer. Ya que no podemos beber en público, reventemos comiendo a costa de mi reciente condición —añadió, esforzándose valientemente por quitar importancia a un hecho que la dejaría sin dinero y, algo más importante aún, la obligaría a dejar un trabajo que le gustaba y para el que servía. Creo que esto es lo que se llama poner a mal tiempo buena cara; pues bien, esto de poner buena cara se estaba convirtiendo en una costumbre entre amigos y colegas.

Aquel día había ido a la universidad a discutir su situación con la directora del Departamento de Psicología, donde había estado dando clases desde que había vuelto de Alemania, nueve años antes, sin querer ponerse el pañuelo, naturalmente. ¡Naturalmente! El guardia de la puerta la había llamado desde el interior de su jaula. Tal como lo imagino ahora, el puesto del guardia es literalmente una jaula, una larga fila de barrotes, pero es posible que se pareciera más a un simple puesto de guardia, ¿de metal? ¿De cemento? ¿Con una ventana y una puerta lateral? Podría coger el teléfono y llamar a Laleh, que había venido a vivir a Estados Unidos dos años antes, a Los Ángeles. Podría preguntárselo: ella, al contrario que yo, tiene una memoria fotográfica.

«¿Te has cruzado alguna vez con el nuevo guardia? —me preguntó con una hoja de lechuga pinchada en el tenedor—. Ese tan torpe y con cara de enterrador. El corpulento...» Trataba de evitar la palabra «gordo». «No, no he tenido el placer de cruzarme con el susodicho guardia.» «Bueno, tiene las dimensiones de Laurel y Hardy. Más corpulento», dijo, masticando la lechuga con feroz determinación. «Pero el parecido termina ahí, un tipo fofo, pero no jovial, uno de esos hombres obesos y amargados que ni siquiera disfrutan de la comida... ya sabes cómo son.»

«¿Puedes olvidarte del guardia de cara de enterrador y seguir con lo que estabas contando?», le pedí por favor. Atacó un diminuto tomate que no se dejaba cazar por el tenedor y no dijo nada hasta que consiguió ensartarlo.

—Salió de su jaula —continuó Laleh finalmente—, y dijo: «Señora, su identificación, por favor». Así que saqué el carné, lo sacudí delante de su cara y seguí andando, pero entonces volvió a llamarme. «Señora, ¿sabe que no puede entrar así?» Le dije que había estado cruzando aquella puerta *así* durante ocho años. «No, señora, tiene que llevar la cabeza tapada, órdenes nuevas.» «Ese es mi problema —le dije—, no el suyo.» Pero no quiso ceder. «Estoy autorizado para detener a cualquier mujer que... Le interrumpí en ese punto. «¡Yo no soy cualquier mujer!», dije con toda la energía que pude reunir.

«Lo dice aquí —se quejó—, en una orden firmada por el Presidente en persona: que ninguna chica, ninguna mujer —añadió corrigiéndose—, pasará en esas condiciones. «¿Dice «en esas condiciones?», pregunté. «Sí, eso dice.» Di otro paso y me bloqueó el camino. Di un paso a la derecha, él dio un paso a la derecha. Me detuve, se detuvo. Nos quedamos mirando durante unos segundos y entonces dijo: «Si entra en esas condiciones, me harán responsable». «¿En qué condiciones? —le pregunté—. La última vez que me inspeccionaron, yo era la única responsable de mis condiciones, así que no venga ahora atribuyéndose responsabilidades sobre mí.» No sé qué clase de perversión me obligaba a discutir con aquel pobre hombre —dijo Laleh con la mano temblando por los nervios— y a decirle cosas que era incapaz de entender. Durante unos minutos estuvimos así, hasta que miré por encima de su hombro izquierdo y, cuando se volvió, cogí impulso y eché a correr.

—¿A correr?

—Sí, corrí.

En aquel momento nos sirvieron las miniescalopas de ternera con puré de patatas. Laleh se puso a buscar un tesoro oculto en su puré, trazando círculos con el tenedor.

—Creí que se daría por vencido —dijo por fin—. Lo único que tenía que hacer era coger el puto teléfono y llamar a sus superiores. Pero no, él no. Me detuve un momento a mirar atrás, para ver si había desaparecido, pero allí estaba, y te juro que se tiró del cinturón y meneó las caderas.

—¿Meneó las caderas?

—En serio. —Removió el tenedor dentro del puré de patatas—. Y echó a correr detrás de mí.

Laleh y el guardia gordo habían corrido por los frondosos paseos del campus. De vez en cuando, Laleh miraba atrás para ver si la seguía, pero juraba que cada vez que ella se detenía, él, en lugar de intentar atraparla, se detenía también, y en seco, como si pisara unos frenos invisibles, luego se subía el cinto, hacía aquellas cosas con las caderas y proseguía la persecución. «Me recordaba —dijo— a un pez gigante jadeando.» Laleh se cruzó con tres estudiantes atónitos, salvó los escalones que llevaban a la Facultad de Filología Persa y Extranjera, casi se cayó por meter el tacón en una grieta, dejó atrás la zona descubierta que hay delante del edificio, cruzó a la carrera la puerta que daba al fresco y oscuro vestíbulo, subió al primer piso y se detuvo en seco en la puerta del Departamento de Psicología. Casi cayó en los brazos del director del departamento, que estaba en el umbral hablando con otro miembro del profesorado. El director trató de ocultar su confusión exclamando: «¿Qué ocurre, profesora Nassri? ¿Ha habido una sublevación?». Poco después, el disciplinado guardia, con el sudor corriéndole por las mejillas como lágrimas de desesperación y la gorra en la mano, se detuvo ante la puerta. Dio las explicaciones pertinentes y el director del departamento, no sabiendo si reír o enfadarse, lo despidió, prometiendo hacer el informe de rigor para las autoridades correspondientes. Una hora después Laleh salía por la puerta del departamento, rehacía el camino hasta la puerta de la calle y, sin mirar siquiera al guardia, salía del centro, mujer libre por fin.

«¿Libre?» «Sí, me dieron a elegir: o yo cumplía inmediatamente las normas o me ponían de patitas en la calle. Elegí no cumplirlas, así que ahora soy libre.» «¿Y qué vas a hacer?», pregunté, como si yo misma no estuviera en la misma situación. «No lo sé —contestó encogiéndose de hombros—. Supongo que volveré a coser o a preparar pasteles.»

Esto era lo más sorprendente de Laleh. Parecía la persona menos indicada del mundo para preparar pasteles, pero era una modista consumada y una repostera extraordinaria. Cuando la conocí me llamó la atención porque era totalmente opuesta a mí: ordenada y algo seca, la clase de persona que llamaríamos «formal». Su educación alemana contribuía a crear esa impresión. Yo solía bromear diciéndole que el adjetivo inmaculada se había creado para ella. Cuando la conocí mejor, me di cuenta de que todo aquel orden era el camuflaje de un carácter apasionado con unos deseos insaciables.

Tenía el cabello espeso y rebelde: no cedía ante el peine, el cepillo, la gomina, ni siquiera a las permanentes. No obstante, lo domaba después de varias horas de concienzudos estiramientos que le daban la apariencia de una matrona exigente y amenazadora. «O me afeito la cabeza o me lo dejo así», decía con la voz algo crispada. Sólo sus grandes ojos negros, que parpadeaban con malignas intenciones, desmentían su apariencia por lo demás conservadora. Tiempo después, cuando le daba por subirse a los árboles con mi hija de tres años, me di cuenta de la enorme disciplina que tuvo que necesitar para controlar su carácter díscolo.

El caso es que tuvo que ganarse la vida cosiendo durante casi dos años. No le dieron permiso para dedicarse a la psicología infantil, su especialidad, y se había negado a dar clases con el velo. Así que se dedicó a coser, tarea que aborrecía, y durante un tiempo algunas amigas y yo lucimos preciosas faldas de algodón con hermosas florecillas, hasta que una amiga la invitó a trabajar en su escuela.

Aquel día teníamos un apetito insaciable. Laleh pidió crema de caramelo y yo dos cucharones de helado de crema, café y vainilla, con café turco y una ración de almendras. Rocié de almendras el helado empapado en café. Le comenté que en mi departamento habían expulsado a Farideh, y que el doctor A se había ido a Estados Unidos. Los colegas más prudentes que se las habían arreglado para salir indemnes decían que la expulsión de Farideh se debía más a su cabezonería, a cierta tozudez, como dijo creativamente un colega, que a las maniobras de la Administración.

4

Unos días después fui a la Universidad de Teherán para encontrarme una vez más con el señor Bahri, que me había pedido que nos reuniéramos con la esperanza de convencerme de que acatara las nuevas normas. Llegué preparada para echar una carrera en la puerta, pero ante mi sorpresa, no recibí el mismo trato que mi amiga Laleh. El taciturno guardia no era el mismo que ella había descrito: no era ni flaco ni gordo, ni siquiera me pidió la identificación; simplemente fingió no verme. Sospeché que el señor Bahri le había advertido que no interfiriera.

La sala de conferencias estaba igual que la primera vez que me había reunido con el señor Bahri para hablar del papel de la literatura y la revolución: grande, fría y vacía, con un aire polvoriento, aunque salvo la gran mesa y las doce sillas, no había superficies en las que se pudiera acumular el polvo. El señor Bahri y su amigo ya estaban sentados hacia el centro de la mesa, de cara a la puerta. Se levantaron cuando entré y sólo se sentaron cuando lo hice yo. Elegí una silla que había frente a ellos.

El señor Bahri no tardó mucho en llegar al quid de la cuestión. Mencionó la aventura de Laleh y la admirable paciencia de la Administración ante «semejante conducta». Durante toda la reunión, su mirada pareció estar clavada en una estilográfica negra que no dejaba de girar con las manos, como un objeto curioso cuyo misterio esperase sondear. Él y sus amigos sabían muy bien que antes de la revolución, siempre que la profesora Nassri iba a las zonas más pobres y tradicionales de la ciudad, se ponía pañuelo. «Sí, por respeto a la fe de aquellas gentes —dije con frialdad—, y no porque fuera obligatorio.» Durante la conversación, el amigo del señor Bahri apenas abrió la boca.

El señor Bahri no podía entender por qué armábamos tanto alboroto por un pedazo de tela. ¿No nos dábamos cuenta de que había asuntos más importantes en los que pensar? ¿Que toda la vida de la revolución estaba en juego? ¿Qué era más importante, luchar contra la influencia satánica de los imperialistas occidentales o aferrarse obstinadamente a unas preferencias personales que creaban divisiones en las filas de los revolucionarios? Puede que éstas no fueran sus palabras exactas, pero en esencia fue lo que dijo. En aquellos días, la gente hablaba así. Daba la sensación de que en los círculos revolucionarios e intelectuales se hablaba siguiendo un guión, como si se estuviera interpretando a los personajes de una versión islamizada de alguna novela soviética.

Resultaba irónico que el señor Bahri, el defensor de la fe, describiera el velo como un pedazo de tela. Tuve que recordarle que teníamos que ser más respetuosos con aquel «pedazo de tela» y no convertirlo en algo obligatorio para quien no quisiera llevarlo. ¿Qué imaginaba que pensarían nuestros alumnos de nosotras si nos veían llevando el velo, cuando habíamos jurado que nunca lo llevaríamos? ¿No dirían que habíamos vendido nuestras creencias por unos miles de tumanes al mes? «¿Qué pensaría usted, señor Bahri?»

¿Qué iba a pensar? Un ayatolá inflexible, un rey filósofo ciego e inverosímil había decidido imponer su sueño a un país y un pueblo, y reinventarnos según su confuso enfoque de las cosas. Había formulado un ideal para mí, según el cual yo era musulmana, profesora musulmana, y él quería que pareciera, obrara y, en pocas palabras, viviera de acuerdo con ese ideal. Laleh y yo, al negarnos a aceptar ese ideal, no habíamos adoptado una postura política, sino una postura existencial. «No, señor Bahri [habría podido decirle], no fue ese pedazo de tela lo que rechacé, fue la mutación que me habían impuesto lo que hizo que me mirase en el espejo y detestara a la extraña en que me había convertido.»

Creo que aquel día me di cuenta de lo inútil que era «comentar» mis puntos de vista con el señor Bahri. ¿Cómo puede discutirse nada con un representante de Dios en la Tierra? El señor Bahri, al menos por el momento, debía su energía al hecho innegable de que estaba en el bando del Bien; yo era a lo sumo una pecadora extraviada. Hacía unos meses que lo veía venir, pero creo que fue aquel día, después de dejar al señor Bahri y a su amigo, cuando me di cuenta de lo irrelevante que me había vuelto.

Al salir de la sala, no cometí el error de darle la mano. El señor Bahri me acompañó como un anfitrión educado a una invitada de honor. Llevaba las manos firmemente cogidas tras la espalda. Yo repetía: «Por favor, no se moleste», y casi me caí por la escalera debido a las prisas por salir. Cuando casi había llegado a la planta baja, miré hacia atrás. Todavía estaba allí, con el raído traje marrón, la camisa maoísta abotonada hasta el cuello, las manos en la espalda y mirándome con aire perplejo. Una despedida de amor, diría Laleh maliciosamente, cuando le conté mi historia, mientras me enfrentaba a otro plato de helado, esta vez en su sala de estar.

Aquella tarde, al dejar al señor Bahri, estuve paseando unos cuarenta y cinco minutos y me detuve ante mi librería inglesa favorita. Entré movida por un impulso repentino, temerosa de no volver a tener la oportunidad de hacerlo en un futuro cercano. Y tenía razón. Sólo unos meses después los guardias revolucionarios la cerraron. El candado de hierro y la cadena que pusieron en la puerta encarnaban el objetivo de su acción.

Empecé a seleccionar libros con prisa. Iba detrás de los de bolsillo, y me quedé con casi todos los de James y con cinco de Austen. Elegí *Regreso a Howard's End* y *Una habitación con vistas*. Luego busqué los que no había leído, cuatro novelas de Heinrich Böll y algunas que había leído años antes, *La feria de las vanidades*, *Roderick Random*, *El legado de Humboldt*, *Henderson, el rey de la lluvia*. También me quedé con una antología bilingüe de poemas de Rilke y con *Habla, memoria* de Nabokov. Incluso vacilé un rato ante un ejemplar sin censurar de *Fanny Hill*. Luego miré las novelas policíacas. Cogí algunos títulos de Dorothy Sayers y, con profunda alegría, encontré *El último caso de Trent*, dos o tres títulos nuevos de Agatha Christie, una antología de Ross Macdonald, todo Raymond Chandler y dos libros de Dashiell Hammett.

No llevaba dinero suficiente para comprarlo todo. Me llevé los pocos que pude pagar y rechacé la amable oferta del librero de llevarme los demás a crédito. Mientras guardaba los libros en dos grandes bolsas de papel, sonrió divertido y me dijo: «No se preocupe, nadie se los va a llevar. Ya nadie sabe quiénes son. Además, ¿quién va a querer leerlos ahora, en estos tiempos?».

Eso, ¿quién? La gente como yo parecía tan irrelevante como Fitzgerald para Michael Gold, o Nabokov para la Unión Soviética de Stalin, o James para la Sociedad Fabiana, o Austen para los revolucionarios de su época. En el taxi saqué los pocos libros que había comprado y revisé las cubiertas, acariciando la satinada superficie, agradable al tacto. Sabía que la reunión con el señor Bahri significaba que en cualquier momento iban a expulsarme. Decidí dejar de ir a la universidad hasta que lo hicieran. Ahora que iba a tener mucho tiempo libre, podría leer sin remordimientos.

5

El Gobierno no tardó mucho en aprobar nuevas normas para restringir el atuendo de las mujeres en público y obligarnos a llevar el chador, o un manto largo, y el pañuelo. La experiencia había demostrado que la única forma de que estas normas fueran acatadas era imponerlas por la fuerza. Debido a la abrumadora protesta de las mujeres contra las leyes, el Gobierno impuso primero la nueva norma en los lugares de trabajo y después en las tiendas, donde se prohibió hacer transacciones con mujeres sin velo. La desobediencia se castigaba de varias formas, desde sanciones económicas hasta setenta y seis latigazos y penas de cárcel. Más tarde, el Gobierno creó las famosas escuadras de la moralidad: grupos armados de cuatro personas de ambos sexos, que patrullaban las calles en un Toyota blanco para garantizar el cumplimiento de las leyes.

Cuando ahora trato de ordenar los sucesos inconexos e incoherentes de aquel periodo advierto que mi creciente sensación de estar cayendo en un abismo o vacío estuvo acompañada por dos sucesos trascendentales que ocurrieron a la vez: la guerra y la pérdida de mi trabajo docente. No me había dado cuenta de hasta qué punto la rutina de la vida crea una ilusión de estabilidad. Dado que ya no podía llamarme profesora ni escritora, dado que ya no podía vestirme como me vestiría habitualmente, ni pasear por la calle al ritmo de mi propio cuerpo, ni gritar si quería, ni dar palmaditas en la espalda a un colega masculino en un arrebato, dado que ahora todo era ilegal, me sentía ligera y como de ficción, como si anduviera por el aire, como si hubieran escrito mi ser y lo hubieran tachado de un plumazo.

Esta nueva sensación de irrealidad me llevó a inventar nuevos juegos, juegos que hoy llamaría de supervivencia. Mi constante obsesión por el velo me había hecho comprar un manto negro muy ancho que me cubría hasta los tobillos y tenía mangas de quimono, anchas y largas. Había adoptado la costumbre de meter las manos en las mangas y hacer como si fuera manca. Poco a poco, cuando me ponía el manto, hacía como si todo mi cuerpo desapareciera: los brazos, el pecho, el estómago y las piernas se disolvían y desaparecían, y sólo quedaba un trozo de tela con la forma de mi cuerpo que se movía de un lado para otro, guiado por una fuerza invisible.

Sitúo el principio de este juego en el día que fui al Ministerio de Enseñanza Superior con una amiga que quería que le convalidaran el título. Nos registraron de arriba abajo; entre las distintas agresiones sexuales que he sufrido en mi vida, aquélla fue de las peores. La guardia me dijo que levantara las manos, «más, más», dijo, y empezó a registrarme meticulosamente, sin olvidar ni una sola parte de mi cuerpo. Se quejó al ver que no llevaba nada debajo del manto. Le respondí que lo que llevara debajo no era asunto suyo. La mujer cogió un pañuelo de papel y me dijo que me frotara las mejillas para quitarme la porquería que llevaba. Le dije que no llevaba ninguna porquería. Entonces cogió el pañuelo y me frotó las mejillas con él y, como no consiguió el resultado apetecido, porque tal y como le había dicho no llevaba maquillaje, frotó con más fuerza, hasta que creí que iba a arrancarme la piel.

Me ardía la cara y me sentía sucia, como si todo mi cuerpo fuera una camiseta sudada y pringosa que tenía que quitarme. Fue entonces cuando se me ocurrió la idea del juego: decidí volverme invisible. Las burdas manos de la mujer eran rayos X que dejaban la superficie intacta y hacían el interior invisible. Cuando terminó de examinarme, me había vuelto tan ligera como el viento, un ser sin carne ni huesos. El truco mágico era que, para permanecer invisible, no tenía que entrar en contacto con otras superficies duras, sobre todo con seres humanos: mi invisibilidad era directamente proporcional a lo inadvertida que pudiera pasar ante el resto de la gente. Claro que, de vez en cuando, tenía que recuperar alguna parte de mí, como cuando quería desafiar a alguna autoridad obstruccionista; entonces enseñaba unos mechones de pelo y hacía reaparecer mis ojos, para mirarla de forma desagradable.

A veces, casi inconscientemente, escondía las manos en las mangas y me palpaba las piernas, o el estómago. «¿Existen? ¿Existo yo? ¿Este estómago, esta pierna, estas manos?» Por desgracia, los guardias revolucionarios y los guardianes de nuestra moralidad no veían el mundo con los mismos ojos que yo. Veían manos, caras y pintalabios rosa; veían mechones de cabellos y calcetines prohibidos donde yo veía un ser etéreo que recorría la calle en silencio.

Fue entonces cuando empecé a decir, para mi interior y en

voz alta, que la gente como yo se había vuelto irrelevante. Este trastorno patológico no me había afectado sólo a mí; muchos otros sentían que habían perdido su lugar en el mundo. Escribí, un poco melodramáticamente, a un amigo norteamericano: «¿Me preguntas qué significa ser irrelevante? La sensación es parecida a visitar tu antigua casa como un fantasma errante con una asignatura pendiente. Imagina lo que encuentras: la estructura es familiar, pero la puerta es de metal en lugar de ser de madera, las paredes se han pintado de rosa chillón, el cómodo sillón que tanto amabas ya no está. Tu despacho es ahora el salón familiar y tus queridas estanterías de libros han sido reemplazadas por un televisor nuevo. Es tu casa y no lo es. Y ya no eres relevante para esta casa, ni para sus paredes, sus puertas y sus suelos; nadie te ve».

¿Qué hacen las personas que se han vuelto irrelevantes? A veces escapan, quiero decir físicamente, y si eso no es posible, intentarán adaptarse, convertirse en parte del juego asimilando las características de sus conquistadores. O escaparán hacia dentro y, como Claire en *El americano*, convertirán su rinconcito en un santuario: la parte esencial de su vida transcurre bajo tierra. La tentación más fuerte que sentía entonces era esconderme bajo tierra.

Mi creciente irrelevancia, el vacío que sentía dentro de mí, hacía que me resintiera de la paz y felicidad de mi marido, de su aparente indiferencia ante lo que, como mujer y académica, estaba soportando yo. Al mismo tiempo, dependía de él y de la sensación de seguridad que nos daba a todos. Mientras todo se derrumbaba a nuestro alrededor, él seguía ocupándose con calma de sus asuntos y trataba de llevar una vida normal y tranquila. Dado que era persona muy reservada, concentró sus energías en salvaguardar su vida privada en casa, con la familia y los amigos, y en el trabajo. Era socio de un gabinete de arquitectos e ingenieros. Quería mucho a sus socios, que, como él, ponían su alma en el trabajo. Como éste no estaba directamente relacionado con la cultura ni con la política, y el gabinete era privado, gozaban de una relativa paz. Ser un buen arquitecto o un abnegado ingeniero civil no era una amenaza para el régimen, y Bijan estaba emocionado con los grandes proyectos que les habían encargado: un parque en Isfahán, una fábrica en Borujerd, una universidad en Ghazvin. Se sentía creativo y querido y, en el mejor sentido de la palabra, creía que estaba prestando un servicio a su país. Pensaba que teníamos que servir a nuestro país, independientemente de quien lo gobernara. Mi problema era que yo ya no sabía lo que significaban palabras como «casa», «servicio» y «país».

Volví a la infancia, a la época en que elegía libros al azar, me acomodaba en el primer rincón que encontraba y leía uno tras otro. Leía *Asesinato en el Orient Express*, *Sentido y sensibilidad*, *El maestro y Margarita*, *Herzog*, *La dádiva*, *El conde de Montecristo*, *La gente de Smiley*... cualquier libro que cayera en mis manos, de la biblioteca de mi padre, de las librerías de ocasión, de las librerías que todavía no habían sido saqueadas, de casas de amigos; y los leía todos; como una alcohólica ahogando sus inexpresables sufrimientos.

Si volví a concentrarme en los libros fue porque eran el único reducto que conocía, un reducto que necesitaba para sobrevivir, para proteger algún aspecto de mi vida que ahora estaba en constante retirada. El otro refugio, lo que contribuía a restaurar en mi vida la sensación de cordura y relevancia, era de una naturaleza más íntima y personal. El 23 de abril de 1982 nació mi sobrina Sanam, en un parto prematuro. Desde el momento en que la vi, pequeña y acurrucada en una máquina que la mantenía viva, sentí un vínculo, una sensación de calor, y supe que la niña era un buen presagio para mí y para mi vida. El 26 de enero de 1984 nació mi hija Negar y el 15 de septiembre de 1985 mi hijo Dara. He de ser exacta en el día, el mes y el año de nacimiento, detalles que centellean y engañan cada vez que pienso en sus benditos nacimientos, y no tengo ningún remordimiento en ponerme sentimental al hablar de su llegada a este mundo. Esta bendición, como otras, trajo efectos encontrados. Por una parte, me volví más ansiosa. Hasta entonces me había preocupado por la seguridad de mis padres, mi marido, mi hermano y mis amistades, pero la preocupación por mis hijos sobrepasaba todas las demás. Cuando nació mi hija, sentí que me habían hecho un regalo, un regalo que de forma misteriosa preservó mi cordura. Y lo mismo pasó con el nacimiento de mi hijo. Fue una fuente constante de sufrimiento y dolor para mí que los recuerdos hogareños de su infancia, al contrario que los míos, estuvieran tan deshonrados.

Mi hija Negar se ruboriza cada vez que le digo que su obstinación, su apasionada defensa de lo que considera justo, procede de las muchas novelas del siglo xix que leyó su madre cuando estaba embarazada. Negar tiene una forma característica de doblar la cabeza a la derecha y hacia atrás, y de fruncir los labios para desafiar a cualquier autoridad contra la que esté protestando en ese momento. Le llamo la atención y quiere saber por qué digo esas tonterías. Bueno, ¿no dicen que lo que come una madre durante el embarazo, así como su estado de ánimo y sus emociones, influyen en la criatura? «Cuando estaba embarazada de ti, leí mucho a Jane Austen, y me atraqué de las hermanas Brontë, George Eliot y Henry James. Recuerda cuáles son tus novelas favoritas de siempre: *Orgullo y prejuicio* y *Cumbres borrascosas*. Pero tú —añadí con regocijo—, tú eres pura Daisy Miller.» «No sé quién es esa Daisy o Maizie o lo que hayas dicho —me dice frunciendo los labios—, y estoy segura de que James no me va a gustar.» Sin embargo, es como Daisy, una mezcla de vulnerabilidad y valentía que explica esos gestos de desafío y su manera de echar la cabeza atrás, en la que me fijé por primera vez cuando apenas tenía cuatro años, en la sala de espera de un dentista, nada menos.

Y cuando Dara pregunta en broma: «¿Y yo qué? ¿Qué hacías cuando estabas embarazada de mí?». Le digo, sólo para ir contra mi propia lógica: «Al final fuiste todo lo que imaginé que no serías». Y en el momento en que digo esto, empiezo a creerlo. Incluso estando en el útero, se encargó de demostrar que todos mis angustiantes temores eran infundados. Mientras estaba embarazada de él, Teherán era objeto de continuos bombardeos y yo me había vuelto una histérica. Se hablaba de mujeres embarazadas que habían dado a luz a niños anormales, que los nervios de las madres habían afectado al feto de manera irremediable, y yo imaginaba que el mío sería víctima de todas mis angustias, eso suponiendo que todos estuviéramos vivos para ver el nacimiento de la criatura. ¿Cómo podía saber que en lugar de protegerle yo, iba a venir al mundo para protegerme a mí?

6

Durante mucho tiempo me regodeé en los rescoldos de mi irrelevancia. Mientras lo hacía, analizaba inconscientemente las alternativas. ¿Debía rendirme a la inexistencia que me había impuesto una fuerza a la que yo no respetaba? ¿Debía fingir que obedecía y engañar al régimen en secreto? ¿Debía dejar el país, como muchos de mis amigos habían hecho o se habían visto obligados a hacer? ¿Debía huir de mi trabajo en silencio, como habían hecho algunos de mis más honorables colegas? ¿Existía alguna otra posibilidad?

Durante aquel periodo me integré en un pequeño grupo que se reunía para leer y estudiar literatura clásica persa. Una vez a la semana, los domingos por la noche, nos reuníamos en casa de alguien y estudiábamos un texto tras otro durante horas. Nos reuníamos los domingos por la noche, a veces durante los apagones, a la luz de las velas, en diferentes casas, y así año tras año. A pesar de que en algunos casos llegaron a alejarnos las diferencias políticas y personales, aquellos textos mágicos nos volvían a reunir. Como un grupo de conspiradores, nos reuníamos alrededor de la mesa del comedor, y leíamos poesía y prosa de Rumi, de Hafez, de Saadi, de Khayam, de Nezami, de Firdusi, de Attar y de Beyhaghi.

Nos turnábamos para leer pasajes en voz alta, y las palabras se elevaban en el aire y descendían sobre nosotros como un vapor sutil que impregnara los cinco sentidos. Sus palabras tenían tal condición burlona y juguetona, tal alegría en su capacidad para deleitar y sorprender, que no dejaba de preguntarme: «¿Cuándo hemos perdido esta condición, esta habilidad para burlarnos y crear luz de vida con la poesía? ¿Cuándo exactamente se produjo esta pérdida? Lo que tenemos ahora, esta retórica de sacarina, hipérboles pútridas y engañosas, apesta a perfume barato».

Me acordé de una historia que había oído muchas veces sobre la conquista árabe de Persia, conquista que llevó el islamismo a Irán. Según esta versión, cuando los árabes atacaron Irán, ganaron porque los mismos persas, quizá cansados de su tiranía, habían traicionado a su rey y abierto las puertas al enemigo. Pero después de la invasión, cuando les quemaron los libros, destruyeron los santuarios y les negaron el idioma, los persas se habían vengado recontando con mitos y con el lenguaje la historia de los incendios y saqueos. El gran poeta épico Firdusi había reescrito la mitología confiscada de los reyes y los héroes persas con un lenguaje puro y sagrado. Mi padre, que durante toda mi infancia me leyó a Firdusi y a Rumi, decía a veces que nuestra verdadera patria, nuestra verdadera historia, estaba en nuestra poesía. Aquella historia me vino a la cabeza porque, de alguna manera, habíamos vuelto a hacer lo mismo. Esta vez habíamos abierto las puertas, no a invasores extranjeros, sino a invasores domésticos, a los que habían venido en nombre de nuestro propio pasado y que ahora lo habían distorsionado milímetro a milímetro y nos habían dejado sin Firdusi y sin Hafez.

Poco a poco empecé a hacer proyectos con el grupo. Utilicé material de mi tesis sobre Michael Gold y los escritores proletarios de los años treinta en Norteamérica para escribir mi primer artículo en persa. Convencí a una amiga del grupo de que tradujera un libro breve de Richard Wright, *Hambre*, y escribí la introducción. Trataba sobre las experiencias comunistas de Wright, sus tribulaciones, sus padecimientos y su ruptura final con el partido. Más tarde la animé a traducir el curso de Nabokov sobre literatura rusa. Un miembro del grupo, conocido escritor iraní, me animó a escribir una serie de artículos sobre literatura persa moderna para una revista literaria que dirigía y más tarde a participar en debates literarios semanales con jóvenes escritores iraníes.

Fue el principio de mi profesión literaria, que dura ya unos veinte años. Creé un escudo protector a mi alrededor y empecé a no pensar, sino a escribir, principalmente crítica literaria. Guardé los diarios personales en el armario y los olvidé. Escribí sin siquiera consultarlos.

Mis artículos adquirieron reconocimiento, aunque raramente me sentía satisfecha de ellos. Me parecía que quedaban demasiado pulcros y un poco pedantes. Sentía pasión por los temas sobre los que escribía, pero había que seguir convenciones y normas, y perdía el impulso y el entusiasmo que les daba en mis clases. En clase sentía que tenía una animada conversación con los estudiantes; en los artículos me convertía en una profesora un poco aburrida. Mis artículos gustaron a los demás por las mismas razones por las que no me gustaban a mí; sus eruditas afirmaciones se ganaron el respeto y la admiración de la gente.

7

Debería existir una razón clara y lógica para que un día, cuando menos lo esperaba, cogiera el teléfono y llamara a mi mago.

Es cierto que había empezado a cavilar demasiado sobre mi insatisfactoria vida intelectual, cierto que había perdido mis clases y me sentía inquieta y desesperada, pero todavía no sé por qué decidí llamarlo precisamente aquel día y no el día anterior o el siguiente.

Estaba envuelto en multitud de leyendas: que sólo veía a unos pocos escogidos, que si por la noche había luz en alguna de sus habitaciones significaba que recibía visitas, y si no era mejor no molestarle... Estas historias no me impresionaban; de hecho, habían sido la única razón que me hizo dudar de si llamarlo o no llamarlo. Había creado una ficción tan compleja sobre su relación con el mundo que cuanto más lejos aseguraba estar, más implicado parecía en realidad. La leyenda era su capullo; en aquel país la gente creaba capullos e inventaba mentiras para protegerse. Como el velo.

Bueno, quedamos en que lo llamé movida por un impulso, por ninguna razón en especial. Era una tarde que estaba sola en casa, leyendo en lugar de trabajar. De vez en cuando, miraba el reloj y decía: «Me pondré a trabajar dentro de media hora, dentro de una hora; lo dejaré en cuanto llegue al final del capítulo. Luego iré a la nevera y me haré un bocadillo, que comeré mientras sigo leyendo». Creo que fue después de terminar el bocadillo cuando me levanté y marqué su número.

Dos timbrazos y al tercero oí una voz:

—¿Hola? ¿Señor R?

—¿Sí?

—Soy Azar.

Una pausa. «Azar Nafisi.» «Ah, sí, sí.» «¿Puedo verle?» «Por supuesto que sí, ¿cuándo quiere venir?» «¿Cuándo le parece mejor?» «¿Qué tal pasado mañana, a las cinco?» Más tarde me explicó que, dado el tamaño del apartamento, podía descolgar al tercer timbrazo, estuviese donde estuviese; si no, es que estaba fuera o no tenía ganas de contestar.

Independientemente de la intimidad a la que llegamos, siempre me veo tal como estuvimos en aquel primer encuentro. Me senté delante de él en un sillón, y él en el duro sofá marrón. Ambos teníamos las manos sobre las rodillas, él porque era su costumbre, yo porque estaba nerviosa y había adoptado inconscientemente la postura de una colegiala ante un profesor muy respetado. Entre los dos había una mesa y encima de ésta la bandeja, con las dos tazas de té verde oscuro y una caja de bombones, cuadrados rojos y perfectos con unas letras en negro: Frigor, un raro lujo, sobre todo porque no se encontraban en las tiendas, donde el chocolate extranjero se vendía a precios exorbitantes. Los bombones eran el único lujo que podía ofrecer a sus visitas. Tuvo que haber días en que casi debió de pasar hambre, pero guardaba una provisión de bombones en la nevera medio vacía, que apenas tocaba y que reservaba para los amigos y las visitas. Se me olvidaba: era un día nublado y nevaba, ¿y tiene alguna importancia que diga que yo llevaba un jersey amarillo, pantalones grises y botas negras y él un jersey marrón y unos vaqueros?

A diferencia de mí, parecía muy seguro de sí mismo. Se comportaba como si yo hubiera ido a pedirle ayuda y tuviéramos que elaborar un plan de rescate. Y en cierto sentido era así. Hablaba como si me conociera, como si supiera no sólo los hechos conocidos, sino también los misterios desconocidos, con lo cual creaba una intimidad formal, una extrañeza común. Con aquel primer encuentro fue como si, al igual que Tom Sawyer y Huckleberry Finn, habiéramos urdido una conspiración, no política, sino inventada por los niños para protegerse del mundo adulto.

Terminaba mis frases por mí, expresaba mis deseos y exigencias, y cuando me fui, ya teníamos un plan. Era lo bueno de él: la gente que iba a verlo terminaba yéndose con un plan u otro, sobre cómo comportarse con un amante, cómo poner en práctica una idea o cómo organizar una conferencia. No recuerdo con claridad la naturaleza exacta del plan con el que volví a mi casa, pero él sí, estoy segura, porque raras veces olvida. No había terminado el té ni me había comido los bombones, pero volví a casa aturdida y saciada. Habíamos hablado sobre mi vida presente, mi situación intelectual, y luego sobre James y Rumi, todo de una sentada. Sin darnos cuenta nos habíamos enfrascado en una discusión larga y sin sentido que le había obligado a dirigirse a su inmaculada biblioteca; y yo había salido de la casa con unos cuantos libros bajo el brazo.

Aquel primer día determinó nuestra relación, al menos en mi mente, hasta el día que me fui de Irán. No dejé que nuestra relación fuera a más porque me pareció lo mejor y lo más conveniente, y me absolvió de ciertas responsabilidades. Aunque había creado a su alrededor una fantasía de dominio, de persona que lo tiene todo controlado, puede que no siempre lo controlara todo tanto como yo pensaba; y yo no era una ingenua.

Solía verlo dos veces por semana, una para comer y otra al final de la tarde, cuando acababa mis clases. Más tarde añadimos paseos vespertinos, alrededor de mi casa o de la suya, durante los cuales intercambiábamos noticias, discutíamos proyectos y cotilleábamos. A veces íbamos a nuestra cafetería o restaurante favorito con un íntimo amigo suyo. Además de aquel amigo, teníamos dos más en común, propietarios de una librería que se había convertido en lugar de reunión de escritores, intelectuales y gente joven. A veces compartíamos almuerzos y excursiones a las montañas. Nunca visitó mi casa, pero a menudo enviaba regalos a mi familia en prueba de amistad, cajas de bombones que los míos habían acabado por identificar con él y que incluso esperaban ciertos días de la semana, y también vídeos, libros y en ocasiones helado.

Me llamaba «señora profesora», una fórmula menos extraña y más utilizada en Irán que aquí. Más tarde me contó: «Cuando mis amigos preguntaron, después de nuestro primer encuentro, cómo es la señora profesora, les dije: "Está bien, es muy americana, como una versión americana de Alicia en el País de las Maravillas"». ¿Era un halago? No precisamente, sino más bien un hecho. ¿He dicho que su actriz favorita era

Jean Arthur, y que le gustaban Renoir y Minnelli? Y además quería ser novelista.

8

Los momentos decisivos siempre parecen tan repentinos y absolutos como si salieran de la nada. Evidentemente, no es así. Detrás hay todo un lento proceso. Cuando miro atrás, no puedo identificar el proceso exacto por el que, de repente, casi contra mi voluntad, aparecí en clase con el velo que había jurado que no llevaría nunca.

Los indicios se fusionaron y formaron pequeños acontecimientos, como los telefonazos que empecé a recibir de varias universidades, incluida la de Teherán, solicitando mis servicios docentes. Como me negaba siempre, solían decir: «Bueno, entonces, ¿qué tal un par de clases, para que vea cómo están las cosas ahora?». Muchos trataban de convencerme de que las cosas habían cambiado, pedían gente como yo, la atmósfera estaba más «relajada». Di un par de cursos en la Universidad Libre Islámica y en la ex Universidad Nacional, pero en ningún momento quise volver a ser un miembro estable del profesorado.

A mediados de los años ochenta apareció una nueva corriente islámica. Sus miembros tenían la sensación de que no todo iba bien en el rumbo que estaba tomando la revolución y decidieron que había llegado el momento de intervenir. El estancamiento de la guerra se estaba cobrando su tributo. Los que habían sido ardientes revolucionarios al principio de la revolución —los que tenían entonces entre dieciocho y veintidós años— y los que se incorporaban más jóvenes empezaban a comprender el cinismo y la corrupción de los líderes que se habían hecho con el poder. El Gobierno también había descubierto que necesitaba a la plantilla a la que tan alegremente había expulsado de las universidades, para aplacar las crecientes exigencias del cuerpo estudiantil.

Algunos integrantes del Gobierno y antiguos revolucionarios se habían dado cuenta por fin de que, por mucho que quisiera, el régimen islámico no podía convertir a los intelectuales en irrelevantes. Al forzarnos a la clandestinidad, nos había hecho más deseados, más peligrosos y, por raro que parezca, más poderosos. Nos había vuelto escasos y, por este motivo, muy solicitados. Así que decidieron rescatarnos, quizá en parte para que estuviéramos bajo su control, y empezaron a contactar con gente que, como yo, había sido tachada de decadente y occidentalizada.

La señora Rezvan, una ambiciosa profesora del Departamento de Inglés de la Universidad Allameh Tabatabai, era una de las mediadoras entre los revolucionarios islámicos más progresistas y los intelectuales laicos expulsados. Su marido había sido islamista radical al principio de la revolución y ella tenía contacto con revolucionarios progresistas y laicos, con los integrados y los marginados; estaba dispuesta a sacar provecho de unos y otros.

La señora Rezvan parecía haber salido de ninguna parte, dispuesta a cambiar el curso de mi vida con la sola fuerza de su voluntad. Recuerdo bien nuestra primera reunión, en parte porque fue durante uno de aquellos periodos de la historia de la guerra que se denominaron «guerra de las ciudades». De tarde en tarde, ambos bandos llevaban a cabo feroces ataques durante un largo periodo sobre ciertas ciudades clave, como Teherán, Isfahán y Tabriz, o Bagdad y Mosul. A menudo, la lucha perdía fuerza después del primer ataque, hasta el siguiente bombardeo, que a veces podía durar un año.

Era media mañana de un día de invierno de 1987. Mi hija (tres años), mi hijo (año y medio) y yo estábamos solos en casa. Teherán había sufrido a primera hora dos ataques con misiles y yo trataba de entretener a los niños poniéndoles en el radiocasete su canción favorita, sobre un gallo y una zorra, mientras animaba a mi hija a que cantara sola. Parece una película sentimental: madre valiente, hijos valientes. Yo no me sentía valiente en absoluto; la aparente tranquilidad se debía a una ansiedad tan paralizadora que se convertía en calma. Tras los ataques fuimos a la cocina y les preparé la comida. Luego fuimos al vestíbulo, donde nos sentíamos más a salvo porque había menos ventanas. Les construí castillos de naipes que derribaban rozándolos con las manos.

El teléfono sonó inmediatamente después del almuerzo. Era una amiga que había sido una de mis alumnas favoritas el año anterior. Quería saber si podía ir a su casa el viernes por la noche. La señora Rezvan, colega suya, quería conocerme. Simpatizaba conmigo, había leído todos mis artículos. «En fin —terminó mi amiga—, la señora Rezvan es todo un fenómeno: si no existiera, tendríamos que inventarla. Entonces, ¿podrías venir, por favor?»

Unas noches después, en medio de un apagón, me dirigí a la casa de mi amiga. Cuando llegué, ya había oscurecido. Al entrar en el amplio vestíbulo distinguí desde mi oscuridad, oscilando a la luz de una lámpara de petróleo, a una mujer baja y rechoncha, vestida de azul. Su aspecto físico surge claro y distinto en mi mente. Veo su rostro vulgar, la nariz afilada, el cuello corto y el pelo oscuro y muy corto. Pero nada de esto refleja a la mujer que, a pesar de la intimidad que alcanzamos, después de habernos visitado en nuestras respectivas casas, de que nuestros hijos se hubieran hecho amigos y nuestros maridos se conocieran, siguió siendo la señora Rezvan. Lo que no puedo describir es su energía, que parecía atrapada dentro de su cuerpo. Parecía estar en constante movimiento, recorriendo su pequeño despacho o mi sala de estar o los pasillos de la universidad.

Siempre estaba preparada, no sólo para hacer ciertas cosas por sí misma, sino para conseguir que otras personas que había elegido como blanco realizaran tareas específicas que ella les había trazado. Muy pocas veces he conocido a nadie cuya voluntad fuera tan físicamente imponente. No era la vulgaridad de sus rasgos, sino la determinación, la voluntad y el tono medio irónico de su voz lo que se nos quedaba grabado.

A veces aparecía por casa sin avisar, en un estado de nervios tal que pensaba que le había ocurrido algún percance, aunque sólo venía para informarme de que era mi deber participar en un mitin u otro. Siempre planteaba estas peticiones como asuntos de vida o muerte. Le estoy agradecida por algunas de estas «obligaciones», como ponerme en contacto con un puñado de periodistas religiosos progresistas, a los que se había puesto de moda llamar «reformistas», y escribir en sus periódicos. Estaban fascinados por la literatura y la filosofía occidental y, ante mi sorpresa, descubrí que había muchos puntos en los que estábamos de acuerdo.

«Es un gran privilegio conocerla —me dijo aquella primera noche—. Quiero estudiar con usted.» Dijo esto con aire serio, sin rastro de frivolidad o ironía. Aquello me desequilibró tan violentamente que sentí una fuerte antipatía por ella; me sentía cohibida y no pude contestar.

Aquella noche fue ella quien más habló. Había leído mis artículos y sabía de mí por algunos amigos y estudiantes. No, no trataba de adularme, quería aprender. En cualquier caso, tenía que enseñar en su universidad, la única universidad liberal de Irán, todavía con algunos cerebros de primera. «El director del departamento le gustará; no es un hombre de letras, pero es un estudioso serio. La situación de la literatura en este país no podría ser peor, y la literatura inglesa es la que peor está. Nosotros, los interesados, tenemos que hacer algo al respecto; deberíamos dejar a un lado nuestras diferencias y trabajar juntos.»

Tras el primer encuentro, me presionó a través de varios intermediarios para que aceptara su oferta de enseñar en la Universidad Allameh con regularidad. Me llamaba constantemente, invocando a Dios, a los estudiantes, a mi deber con la patria y la literatura: el objeto de mi vida era enseñar en aquella universidad. Hizo promesas; prometió hablar con el presidente de la universidad y con todo el que yo quisiera.

Le dije que no quería llevar el velo en clase. «¿Es que no lo llevo yo —dijo— cada vez que salgo? ¿No lo llevo para ir a la compra y para andar por la calle?» Al parecer, tenía que recordar constantemente a la gente que la universidad no era el mercado. «¿Qué es más importante, el velo o los miles de jóvenes con ganas de aprender? ¿Y qué me dice de la libertad para enseñar lo que yo quiera? ¿Qué ocurre con eso?», pregunté con aire de conspiración. «¿No han prohibido las conversaciones sobre las relaciones entre hombres y mujeres, sobre el alcohol, la política, la religión...? ¿Qué nos queda para hablar?» «Con usted —dijo— harían una excepción. Además, hay más libertad ahora. Todos saben apreciar lo bueno y quieren llegar ahí también. ¿Por qué no enseñarles a James o a Fielding o a cualquier otro?» ¿Por qué no?

9

El encuentro con la señora Rezvan me había trastornado. Era como una celestina que hiciera promesas en nombre de un amante infiel e inolvidable, que prometiera fidelidad completa a cambio de mi cariño. Bijan opinaba que debía volver; creía que era lo que yo realmente deseaba y que sólo me faltaba admitirlo. Muchos amigos me confundían volviendo a plantearme el dilema: ¿qué es mejor, ayudar a los jóvenes que de otra manera no tendrán la oportunidad de aprender o negarse categóricamente a obedecer al régimen? Ambos bandos eran terminantes en su postura: unos creían que sería una traidora si abandonaba a los jóvenes en brazos de ideologías corruptas, otros insistían en que estaría traicionándolo todo si trabajaba para un régimen responsable de haber destrozado la vida de muchos colegas y alumnos; ambos tenían razón.

Una mañana llamé al mago, atemorizada y confusa. Acordamos reunirnos al final de la tarde en nuestro local favorito. Era un lugar diminuto que había sido bar antes de la revolución y ahora se había reencarnado en *self-service*. Pertenecía a un armenio, al que siempre veré en la puerta de cristal, al lado de las letras pequeñas del nombre del restaurante, y de las letras grandes del rótulo obligatorio: MINORÍA RELIGIOSA. Todos los restaurantes regentados por no musulmanes tenían que poner este rótulo en la puerta como advertencia para los buenos musulmanes, que consideraban basura a los no musulmanes y no comían en los mismos platos.

El interior era estrecho y trazaba una ancha curva, con siete u ocho taburetes a un lado de la barra; al otro lado, delante del espejo de la pared, había otra fila de taburetes. Cuando entré, ya estaba sentado al extremo de la barra. Se levantó, hizo una cómica reverencia y se inclinó diciendo: «Aquí estoy, vuestro sirviente a vuestro servicio, señora», y me acercó un taburete.

Pedimos e inmediatamente le dije: «Es una emergencia». «Eso me ha parecido.» «Me han pedido que vuelva a dar clases.» «¿Y eso es una novedad?», preguntó. «No, pero esta vez estoy dudando, no sé qué hacer.» No sé cómo, acabé olvidando la reunión de urgencia y pasé a comentar el libro en que estaba inmersa en aquel momento, *El hombre de la Continental* de Dashiell Hammett, y el maravilloso ensayo de Steve Marcus sobre Hammett, en el que citaba una frase de Nietzsche que se me quedó grabada por lo bien que describía la situación que atravesábamos. «Quien con monstruos lucha —había dicho Nietzsche—, ándese con ojo, no vaya a ser también un monstruo. Cuando miramos el fondo del abismo, éste también mira en nuestro interior.» Yo tenía un talento sorprendente para boicotear mi agenda de trabajo y nos enfrascamos tanto en la conversación que olvidé completamente el objetivo de la visita.

De repente dijo: «Vas a llegar tarde». Debería haberme dado cuenta de lo tarde que era por el cambio de color en la ventana y la palidez de la menguante luz. Llamé a Bijan por teléfono y le dije avergonzada que iba a llegar tarde. Cuando volví, mi mago estaba pagando la cuenta. «Pero todavía no hemos terminado —protesté débilmente—. Aún tenemos que hablar del motivo principal de nuestro encuentro.» «Creía que ya habíamos hablado de él, el redescubrimiento de tu amor por Hammett y compañía. Tienes suerte de que haya renunciado a la vida y no haya tratado de seducirte. Lo único que habría tenido que hacer es dejarte seguir hablando de Hammett, y la vergonzosa falta de respeto por la novela policíaca en Irán, y otros asuntos que al parecer te entusiasman.» «No —dije con turbación—, hablo de volver a enseñar.» «Ah, eso —dijo, quitándole importancia—: Es obvio que tienes que enseñar.»

Pero no soy persona fácil de convencer. Estaba enamorada de la idea de los imperativos morales, adoptar una postura y todo eso. Así que seguí con mi argumentación sobre la moralidad de volver a un puesto al que había jurado no volver mientras me obligaran a llevar el velo. Levantó una ceja con sonrisa indulgente: «Señora —dijo por fin—, ¿le importaría darse cuenta de dónde vive, por favor? En cuanto a los escrúpulos por someterse al régimen, ninguno de nosotros puede beber un simple vaso de agua sin la bendición de los guardianes morales de la República Islámica. Te gusta el trabajo, pues adelante, permítetelo y acepta los hechos. Los intelectuales, más que los ciudadanos corrientes, o actuamos escrupulosamente en sus manos y lo llamamos diálogo constructivo, o nos retiramos por completo de la vida para oponernos al régimen. Mucha gente se ha hecho un nombre por oponerse al régimen, pero no podría seguir adelante sin él. Tú no quieres tomar las armas contra el régimen, ¿verdad?». «No —concedí—, pero tampoco quiero tratos con él. En fin, ¿cómo puedes darme semejante consejo?», le pregunté. «Mírate.» «¿Qué me pasa?» «¿No te negaste a enseñar, a escribir, a hacer cualquier cosa con este régimen? ¿No estás diciendo con tus acciones que todos deberíamos batirnos en retirada?» «No, no estoy diciendo eso, sigues cometiendo el error de tomarme por un modelo. No soy un modelo, en muchos aspectos incluso podrían llamarme cobarde. No pertenezco al club del régimen, pero estoy pagando un precio muy elevado. No pierdo y no gano. En realidad no existo. Yo me he escondido no sólo de la República Islámica, sino de la vida misma, pero tú no puedes hacer eso, no deseas hacerlo.»

Traté de cambiar los papeles y le recordé que se había convertido en una especie de modelo de conducta para sus amigos e incluso para sus enemigos. No estaba de acuerdo. «No, la razón por la que soy tan popular es que doy a los demás lo que necesitan encontrar en sí mismos. Tú me necesitas, no porque yo te diga lo que quiero que hagas, sino porque expreso y justifico lo que quieres hacer, por eso simpatizas conmigo, un hombre sin cualidades, a eso se reduce todo.» «¿Y qué hay de lo que tú quieres?», pregunté. «He renunciado a eso, pero hago lo posible para que tú hagas lo que quieres hacer. Pero pagarás un precio —me dijo—; recuerda esa cita sobre el abismo: es imposible salir indemne del abismo. Sé cuánto deseas tener tu ración y además cómetela, lo sé todo sobre esa ingenuidad, sobre esa Alicia en el País de las Maravillas que tú quieres conservar.»

«Te gusta enseñar; todos nosotros, incluido yo, somos sustitutos de tu docencia. Te gusta, así que ¿por qué no vas a enseñar? Enséñales cosas sobre tus Hammett y tus Austen; vamos, disfruta.» Bueno, no estamos hablando de placer», contesté indignada. «Por supuesto —dijo en son de burla—, ¡la señora que siempre alardea de su amor por Nabokov y Hammett me está diciendo que no debemos hacer lo que queremos! Eso es lo que yo llamo inmoralidad. Así que ahora tú también te has unido a las masas —dijo, ya más en serio—: lo que has absorbido de esta cultura es que todo lo que da placer es malo y es inmoral, y que eres más moral si te quedas sentada en casa haciendo girar los pulgares. Si quieres que te diga que es tu deber enseñar, has acudido a quien no debes. No voy a hacerlo. Digo que enseñes porque te gusta enseñar, porque darás menos la lata en casa, serás mejor persona y porque es probable que tus alumnos también disfruten, y quizá incluso aprendan algo.»

Cuando íbamos hacia casa en el taxi, se volvió hacia mí y rompió el silencio que había caído sobre nosotros. «En serio, vuelve a dar clases. No es definitivo, siempre puedes echarte atrás si quieres. Haz los acuerdos que debas, pero no te comprometas en lo fundamental. Y no te preocupes por lo que tus colegas y amigos digamos de ti a tus espaldas. Hablaremos igual, hagas lo que hagas. Si vuelves, diremos que has cedido; si no vuelves, diremos que te da miedo aceptar el reto.» Así que hice lo que me aconsejó y me criticaron por la espalda, exactamente como él había previsto.

10

Menos de una semana después de la reunión de urgencia, la señora Rezvan me llamó a casa. Quería que conociera al director del departamento, un buen hombre. «Verá usted que las cosas son diferentes ahora —insistió—. Se han vuelto más liberales y aprecian el valor de los buenos académicos.» Olvidó mencionar que «ellos» querían lo imposible: buenos académicos que predicaran sus ideales y cedieran ante sus exigencias. Sin embargo, tenía razón sobre el director del departamento. Era un filólogo de primer orden, licenciado en una de las mejores universidades norteamericanas. Era religioso, pero no ideológico ni adulador. Y a diferencia de muchos otros, estaba sinceramente interesado en la calidad académica.

Tras aquella primera reunión con el director del departamento, se produjo otra mucho menos agradable con el pío y menos flexible decano. Tras los habituales preliminares, adoptó una expresión seria, como queriendo decir: basta de materias tan triviales como filosofía y literatura y vayamos al grano. Comenzó mostrando cierta preocupación por mis «antecedentes», sobre todo por el rechazo del velo. Le dije que ahora que era una ley del país, y que ya no podía aparecer en público sin él, me lo pondría. Pero no quise transigir con las clases: enseñaría lo que quisiera enseñar y como estimara conveniente. Se sorprendió, pero decidió acceder, al menos en principio, a mi exigencia de libertad.

Durante toda la reunión, como correspondía a un auténtico musulmán, evitó mirarme a los ojos. La mayor parte del tiempo mantuvo la cabeza gacha, como un adolescente tímido. Miraba fijamente el dibujo de la alfombra, o la pared. A veces jugueteaba con la pluma, mirándola fijamente, algo que me recordó mi último encuentro con el señor Bahri. Ya casi era una experta en el comportamiento de los hombres piadosos. Había muchas formas de dar a entender lo que pensaban del interlocutor desviando la mirada. Para algunos equivalía a un acto agresivo. Cierta vez, un alto funcionario para cuya organización había preparado yo un informe a petición de un colega masculino, estuvo mirando hacia otro lado durante los treinta minutos que dediqué a la lectura del informe, y más tarde dirigió sus opiniones y preguntas a mi colega masculino, que literalmente sudaba de vergüenza. Al poco rato opté por dirigirme únicamente a mi colega, como negándome a reconocer la presencia del alto personaje, y tontamente me negué a cobrar el dinero que la organización iba a pagarme por las molestias.

Pero el decano parecía desviar la mirada por modestia y piedad auténticas; no es que me gustaran especialmente sus modales, pero no sentí hostilidad hacia él. Si no hubiéramos vivido en la República Islámica, habría tratado de bromear sobre nuestra extraña situación, pues era obvio que era más embarazoso y penoso para él que para mí, y estaba claro que sentía curiosidad y ganas de hablar conmigo de temas que conocía poco, como la literatura inglesa, y que estaba deseoso de enseñarme sus conocimientos sobre Platón y Aristóteles.

Cuando la señora Rezvan supo sobre qué había versado nuestra charla, me dijo riendo que no era la única temerosa de «transigir». Las autoridades de la universidad también estaban preocupadas por mí. Al pedirme que me incorporase al profesorado, habían corrido ciertos riesgos.

Cuando quise darme cuenta, estaba preparando la primera clase. El primer semestre me cargaron con tres cursos introductorios para estudiantes de primer y segundo ciclos, que iban desde la novela hasta el teatro y la crítica literaria, y con dos cursos de posgrado, uno sobre la literatura del siglo XVIII y el otro sobre la crítica literaria en general. En los cursos de primer y segundo ciclos había entre treinta y cuarenta alumnos, y en los seminarios de posgrado pasaban de treinta. Cuando me quejé del exceso de trabajo, me recordaron que algunos profesores enseñaban más de veinte horas a la semana. Para los administradores, la calidad del trabajo no era muy importante. Calificaban mis expectativas de irreales e idealistas. Yo calificaba su indiferencia de criminal.

Al final resultó que ninguna parte cumplió lo prometido. Yo siempre llevé el velo como mejor me pareció, lo que se convirtió en la principal excusa para reprenderme. Y nunca cejaron en el empeño de obligarme a enseñar y comportarme de manera más aceptable. Pero durante mucho tiempo vivimos en una especie de tregua. La señora Rezvan se convirtió en un amortiguador entre la Administración y yo; trataba de suavizar el ambiente como un consejero en un matrimonio mal avenido. Como todos los consejeros, no olvidaba su propio provecho: persuadir a gente como yo de que participara más activamente le daba cierta influencia entre las autoridades de la universidad y, durante todo el tiempo que estuvo en el centro, para bien o para mal, el matrimonio se mantuvo a flote.

La señora Rezvan solía decirme con su tono irónico que iba a organizar un frente unido para salvar la literatura de las garras de los profesores ignorantes que no sabían nada de literatura. «¿Sabía que la mujer que enseñaba novela del siglo XX antes que usted sólo hablaba de *La perla* de Steinbeck y de alguna que otra novela persa? ¿Y que un profesor de la Universidad Alzahrah creía que *Grandes esperanzas* era de Joseph Conrad?»

II

«¡Atención! ¡Atención! La sirena que han oído es la señal de peligro. ¡Máxima alerta! ¡Salgan de inmediato y diríjanse a los refugios!» Me pregunto en qué momento de mi vida, y después de cuántos años, desapareció de mi mente el eco de la sirena de alarma, que me chirriaba por todo el cuerpo como si fuera un violín desafinado. No puedo separar los ocho años de guerra de aquel chillido que irrumpía en nuestra vida varias veces al día, en los momentos más inesperados. Se habían establecido tres niveles de peligro, pero nunca conseguí diferenciar la sirena roja (peligro) de la amarilla (posibilidad de peligro) ni de la blanca (fin del peligro). De todos modos, aún acechaba la amenaza en el sonido de la sirena blanca. A menudo la sirena roja sonaba demasiado tarde, cuando ya había caído la bomba, y además, ni siquiera en la universidad teníamos refugios de verdad a los que dirigirnos.

Los ataques aéreos sobre Teherán fueron memorables por varias razones, y la menor no fue que propiciaron amistades e intimidades imprevistas. Conocidos que acudían a cenar y no tenían más remedio que quedarse a pasar la noche, a veces cerca de una docena de personas, y por la mañana era como si se conocieran de toda la vida. ¡Y aquellas noches sin dormir! En mi casa, yo era la que menos dormía. Quería dormir cerca de mis hijos, para que, si les pasaba algo a ellos, nos pasara a todos. Mi marido dormía o trataba de dormir durante los ataques, pero yo me iba con dos almohadas, unas velas y un libro a un pequeño cuarto que separaba el dormitorio de los niños del nuestro, y acampaba al lado de la puerta. Creía que si me mantenía despierta, podía ahuyentar la bomba y evitar que cayera sobre nuestra casa.

Una noche me desperté de repente a las tres o las cuatro de la madrugada y descubrí que la casa estaba completamente a oscuras. Enseguida supe que había habido otro apagón, ya que la lucecita del vestíbulo no estaba encendida. Miré por la ventana y vi que las farolas también estaban apagadas. Encendí la linterna, que dibujó un círculo de luz en las sombras que me rodeaban. Al poco rato estaba lista para acampar con las almohadas, las velas y el libro. De repente oí una explosión. El corazón me dio un salto y me llevé involuntariamente la mano al estómago, como hacía durante los ataques cuando estaba embarazada. Mis ojos fingieron que no había pasado nada y siguieron fijos en una página de *Daisy Miller*.

Fue durante aquella época cuando, leyendo a ciertos escritores, volví a coger papel y lápiz. Nunca había abandonado completamente la costumbre estudiantil de subrayar pasajes y tomar notas. Muchas notas sobre *Orgullo y prejuicio, Washington Square, Cumbres borrascosas, Madame Bovary* y *Tom Jones* se escribieron en aquellas noches de insomnio, durante las que, por extraño que parezca, mi concentración era alta, estimulada quizá por el esfuerzo de olvidar la omnipresente amenaza de las bombas y los misiles.

Acababa de empezar *Daisy Miller* y estaba leyendo la descripción del joven americano europeizado, Winterbourne, que conoce en Suiza a la encantadora y enigmática Daisy Miller. Winterbourne queda fascinado por la hermosa joven americana, para unos frívola y vulgar, para otros inocente y espontánea, pero no es capaz de decidir si es una «aventurera» o una chica «bien». El argumento se basa en las oscilaciones de Winterbourne entre Daisy, que pone en entredicho las reglas establecidas, y su aristocrática tía y la comunidad de americanos pretenciosos que optan por ningunearla. La escena que estaba leyendo tiene lugar después de que Daisy pida a Winterbourne que le presente a su tía. Winterbourne trata de decirle, con toda la delicadeza de que es capaz, que su tía no piensa recibirla:

> La señorita Daisy Miller se detuvo y se quedó mirándolo. Su belleza era visible incluso en la oscuridad; abría y cerraba su enorme abanico.
> —¡No quiere conocerme! —dijo de súbito—. ¿Por qué no lo dice claramente?

Oí otra explosión. Tenía sed pero era incapaz de levantarme a buscar una bebida. Otras dos explosiones. Seguí leyendo, desviando de vez en cuando la mirada hacia el pasillo oscuro. Me da miedo la oscuridad, pero la guerra y sus explosiones habían convertido ese miedo en algo insignificante. Y en una escena que siempre recordaré, no sólo por aquella noche, Daisy le dice a Winterbourne: «No necesita tener miedo. ¡Yo no lo tengo!». Y se echa a reír. Winterbourne cree notar un temblor en su voz que lo conmueve, lo sorprende y lo tortura. «Mi querida señorita —protestó—, mi tía no conoce a nadie. Es por su salud.» La joven siguió andando unos pasos, todavía riendo. «No necesita tener miedo», repitió.

Hay mucha valentía en esta frase, e ironía en el hecho de que el motivo del temor de Winterbourne no sea su tía, sino los encantos de Daisy Miller. Durante un momento creo que conseguí olvidarme de la explosión y trazar un círculo alrededor de la frase «No necesita tener miedo».

Seguí leyendo y sucedieron tres cosas casi a la vez. Mi hija me llamó desde su cuarto, el teléfono sonó y llamaron a la puerta. Cogí una vela y me dirigí al teléfono, diciendo a Negar que iría enseguida. Sin esperar respuesta, se abrió la puerta de la calle y entró mi madre con una vela preguntando si estaba bien. «¡No te preocupes!» Casi todas las noches, después de las explosiones, subía mi madre con la vela; se había convertido en un ritual. Fue al dormitorio de mi hija y yo descolgué el teléfono. Era una amiga que también quería saber si estábamos bien. Le había parecido que las explosiones sonaban por mi barrio. Esto también se había convertido en un ritual: llamar a familiares y amigos para asegurarnos de que estaban bien, sabiendo que el alivio propio suponía la muerte de otras personas.

Durante aquellas noches de sirenas rojas y blancas, diseñé inconscientemente mi futura carrera. A lo largo de las interminables noches de lectura, me concentré sólo en la ficción y, cuando empecé a enseñar de nuevo, descubrí que ya había preparado los dos cursos sobre la novela. A lo que más me dediqué durante los quince años siguientes fue a enseñar literatura y a meditar y escribir sobre ella. Aquellas lecturas me hicieron sentir curiosidad por los orígenes de la novela y lo que acabé pensando que era su estructura básicamente democrática. Y sentí curiosidad por saber por qué la novela realista no había cuajado totalmente en mi país. Si un sonido pudiera guardarse entre las páginas igual que una hoja o una mariposa, diría que entre las de mi *Orgullo y prejuicio,* la novela más polifónica de todas, y las de mi *Daisy Miller* está escondido, como una hoja de otoño, el sonido de la sirena roja.

12

Estaban las sirenas y la voz mecánica que solicitaba atención, los sacos terreros en las calles, y las bombas, que solían caer por la mañana o después de medianoche; había periodos largos y cortos de calma entre los bombardeos y su reanudación, y estaban Austen y James, y las diferentes aulas del tercer piso de la Facultad de Filología Persa y Extranjera. Las aulas estaban a ambos lados de un largo y estrecho pasillo. Las de un lado daban al paisaje montañoso del fondo y las del otro al más bien triste y entrañable jardín, siempre algo descuidado, con un estanque ornamental y una estatua descascarillada en el centro. Alrededor del estanque había círculos y macizos de arbustos y flores, rodeados por árboles. Las flores habían crecido sin orden ni concierto, rosas hermosas, dalias grandes y narcisos. Siempre me daba la impresión de que el jardín no pertenecía a la universidad, sino a las páginas de una novela de Hawthorne.

Por la mañana me dedicaba a preparar mi aspecto público como si fuera un ritual. Me cuidaba de no llevar nada de maquillaje. Los contornos y líneas de mi cuerpo desaparecían bajo la camiseta y los pantalones negros y anchos, de una talla mediana que me sobraba, encima de los cuales me ponía el largo manto negro y el pañuelo negro con el que además me envolvía el cuello. Por último, guardaba las notas y los libros en el bolso. Siempre metía en el bolso demasiados cuadernos y libros, muchos innecesarios, pero me los llevaba de todas formas, como una red de seguridad.

La distancia entre mi casa y la universidad se ha vuelto borrosa en mi memoria. De repente, como por arte de magia, sin pasar por la puerta verde ni por delante del guardia, sin cruzar la puerta de cristal que da acceso al edificio, con los carteles que acusan a la cultura occidental, estoy dentro de la facultad, al pie de la escalera.

Subo tratando de no fijarme en los carteles y avisos pegados a las paredes sin orden ni concierto. La mayoría son fotografías en blanco y negro de la guerra contra Irak y consignas acusando a Satanás, a saber, Estados Unidos, y a los emisarios de Satanás. Con las fotos había citas del ayatolá Jomeini: ¡TANTO SI MATAMOS COMO SI NOS MATAN, LA VICTORIA ES NUESTRA!, ¡HAY QUE ISLAMIZAR LAS UNIVERSIDADES!, ¡ESTA GUERRA ES UNA BENDICIÓN DIVINA PARA NOSOTROS!

Nunca conseguí vencer el odio que me producían aquellas fotos borrosas y mal hechas, que yacían solitarias y olvidadas en las paredes de color crema. Sin saber cómo, aquellos carteles interferían en mi trabajo; me hacían olvidar que estaba en la universidad para enseñar literatura. En ellos había críticas contra el color de nuestro uniforme, contra nuestro comportamiento, pero nunca una noticia sobre una conferencia, una película o un libro.

13

A las dos semanas de comenzar el segundo semestre en Allameh, abrí la puerta de mi despacho y vi en el suelo un sobre que habían colado por debajo de la puerta. Todavía tengo el sobre y el papel amarillento que contenía, doblado en dos para que cupiera. Mi nombre y la dirección de la universidad están escritos a máquina, pero en el papel sólo hay una línea con un mensaje tan pueril como obsceno: NAFISI LA ADÚLTERA DEBERÍA SER EXPULSADA. Fue el regalo de bienvenida que me hicieron por haber vuelto formalmente a la enseñanza.

Aquel día hablé con el director del departamento. El decano había recibido otra nota con el mismo mensaje. Me preguntaba por qué me decían aquellas cosas. Yo sabía, y ellos también, que la palabra «adúltera», como muchas otras recicladas por el régimen, había perdido su significado. Era un simple insulto, cuya intención era que la destinataria se sintiera sucia y descalificada. También sabía que aquello podía pasar en cualquier parte: el mundo está lleno de cabreados patológicos que deslizan papeles con mensajes obscenos por debajo de las puertas.

Lo que me dolió, y todavía me duele, es que esta mentalidad rigiera nuestra vida en última instancia. Era el mismo lenguaje de la prensa, la radio y la televisión oficiales, y el clero lo utilizaba en los púlpitos para desacreditar y hundir a sus enemigos. Y casi todos conseguían su objetivo. Lo que hacía que me sintiera vil y en cierta manera cómplice era saber que mucha gente había sido despojada de sus medios de vida por acusaciones similares, porque se habían reído en público o habían estrechado la mano de un miembro del sexo opuesto. ¿Debería dar las gracias a mi buena estrella por haber escapado con una simple línea garabateada en papel barato?

Entonces entendí a qué se referían al decir que aquella universidad y mi departamento en particular eran más «liberales». No se referían a que se tomaban medidas para impedir incidentes parecidos. Significaba que no tomarían medidas contra mí a cuenta de tales incidentes. La Administración no entendía mi cólera, la atribuía a un arrebato «femenino», como acabaría llamando a mis protestas en años venideros. Me dieron a entender que estaban dispuestos a soportar mis manías, la forma informal de dirigirme a mis alumnos, mis chistes, el pañuelo que siempre me resbalaba, *Tom Jones* y *Daisy Miller*. A esto lo llamaban tolerancia. Y lo más extraño es que, de una manera morbosa, era tolerancia, y yo tenía que estar agradecida.

14

Siempre que me veo, me veo subiendo por la escalera, nunca bajando. Pero aquel día bajé, como todos los días. Bajé casi en cuanto llegué al despacho, dejé los libros y papeles que me sobraban y salí con las notas de la primera clase. Bajé sin prisas hasta el tercer piso, doblé a la izquierda, recorrí el largo pasillo casi hasta el final y entré en el aula. El curso era «Introducción a la novela II». El autor que comentábamos era Henry James y la novela *Daisy Miller*.

Mientras vuelvo a abrir el libro en el recuerdo y saco las notas, miro la cuarentena larga de rostros desconocidos que me miran a su vez, como preparados para recibir mis órdenes. He acabado por consolarme con ciertas caras. En la tercera fila, en el sector de las mujeres, están Mahshid y Nassrin.

El primer día del semestre anterior me había sorprendido ver a Nassrin en clase. Estaba mirando por encima la cara de los alumnos cuando reparé en la de Nassrin, que me estaba mirando y sonriendo, como si dijera: «Soy yo, no te confundes». Habían pasado casi siete años desde que había visto a la pequeña Nassrin con un puñado de octavillas bajo el brazo, perdiéndose por una callejuela cercana a la Universidad de Teherán. Más de una vez me había preguntado qué habría sido de ella... ¿se habría casado? Y allí estaba, sentada al lado de Mahshid, con una expresión más audaz en un rostro suavizada por el ligero rubor. La última vez que la había visto llevaba un pañuelo azul marino y un manto largo y suelto, pero ahora llevaba un recio chador negro que la cubría de pies a cabeza. Aún parecía más pequeña con el chador, totalmente oculta bajo la hinchazón del oscuro e informe ropaje. Otra transformación era la postura: antes se sentaba muy tiesa en el borde del asiento, como preparada para echar a correr al primer aviso; ahora estaba retrepada, casi como en letargo, parecía ausente y escribía con lentitud.

Al terminar la clase Nassrin se había demorado un poco. Advertí que aún conservaba algunos de sus antiguos gestos, como el incesante movimiento de las manos y el constante apoyarse en una pierna o en la otra. Mientras recogía los libros y notas, le pregunté: «¿Dónde has estado hasta ahora? ¿Recuerdas que aún me debes un trabajo sobre *Gatsby*?». Sonrió y dijo: «No te preocupes, tengo una buena excusa. En este país no faltan las buenas excusas».

Fue muy breve al referirme los siete años perdidos de su vida. Del modo más sucinto posible, pues no me atreví a preguntarle por los detalles, me contó que poco después de aquel día en que la había visto, ella y otros camaradas habían sido detenidos mientras repartían octavillas en la calle. «Recordarás que aquellos días el régimen se volvió loco atacando al Muyai-dín; yo tuve mucha suerte. Ejecutaron a muchos amigos míos, pero a mí sólo me condenaron a diez años.» ¿Diez años era tener mucha suerte? Pues sí. «¿Recuerdas la historia de la niña de doce años a la que dispararon cuando corría por la cárcel preguntando por su madre?; bien, yo estaba allí, y también quería llamar a mi madre a gritos. Mataron a tantas jóvenes que podría haber sido una de ellas. Pero esta vez los méritos religiosos de mi padre sirvieron de algo; tenía amigos en el comité; de hecho, uno de los Haj Agha había sido alumno suyo. Me salvaron gracias a mi padre. Me dieron trato preferente. Al poco tiempo, los diez años se redujeron a tres y salí. Durante un tiempo no me dejaron proseguir los estudios y estuve, y aún estoy, en libertad condicional. Hasta el año pasado no me dejaron matricularme. Y aquí estoy.» «Bienvenida —dije—, pero recuerda: aún me debes un trabajo.» Trataba torpemente de tomarme su historia con la ligereza con que ella había querido que lo hiciera.

Aún veo a Mahshid dibujando su plácida sonrisa de porcelana. Nassrin tiene un aire como aletargado; siempre tengo la sensación de que no ha dormido bien por la noche, pero se convirtió en una de mis mejores y más perspicaces alumnas.

A la derecha, al lado de la pared, están las dos miembros de la Asociación de Estudiantes Islámicos. He olvidado sus nombres y tendrán que conformarse con un alias: son la señorita Hatef y la señorita Ruhi. Su atención es completamente negativa. De vez en cuando intercambian susurros que brotan del chador negro, que no deja ver más que una nariz afilada en un caso y una nariz pequeña y respingona en el otro; a veces incluso sonríen.

Hay algo curioso en la forma en que llevan el chador. Lo he notado en muchas mujeres, sobre todo en las más jóvenes. Porque en sus gestos y movimientos no hay nada del retraimiento de mi abuela, cuyos ademanes suplicaban y ordenaban a los demás que no se fijaran en ella, que pasaran de largo y la dejaran en paz. El chador de mi abuela había tenido un significado especial para mí durante mi infancia. Era un refugio, un mundo separado del resto del mundo. Recuerdo cómo se envolvía con él, y cómo andaba por el jardín cuando los granados estaban en flor. Ahora el chador estaría marcado para siempre por el significado político que había adquirido. Se había vuelto frío y amenazador en mujeres como las señoritas Hatef y Ruhi, que lo llevaban con soberbia.

Volveré sobre la hermosa muchacha de rostro dulce que se sentaba en la cuarta fila. Es Mitra, que siempre obtiene las mejores notas. Es tranquila y apenas pronuncia una palabra en clase, y cuando lo hace se expresa con tanta calma que a veces pierdo el hilo de lo que dice. Descubro a Mitra en sus exámenes y más tarde en el diario que por indicación mía llevaban las asistentes al seminario. Al otro lado de la sala, en el lado de los hombres, está Hamid, que pronto se casará con Mitra y se dedicará a la informática. Va afeitado, es atractivo e inteligente y sonríe con despreocupación al hablar con los compañeros que lo flanquean. Inmediatamente detrás de Hamid está el señor Forsati. Lo veo siempre con un abrigo marrón claro y pantalones oscuros. También sonríe, pero descubro que su sonrisa es parte de su físico. Lleva barba, pero recortada, no entera. Pertenece a una nueva facción de estudiantes islámicos, muy diferente de la del señor Bahri, con su fe ciega en los principios revolucionarios. El señor Forsati es musulmán, pero no siente especial devoción por los ideales religiosos que dieron forma a la primera generación de estudiantes islámicos. Su principal y más destacado interés es seguir adelante. No parece haber trabado una amistad especial con ningún otro alumno, aunque probablemente sea la persona más poderosa, ya que es el presidente de la Yihad Islámica, una de las dos asociaciones legales de estudiantes de Irán. La otra, la Asociación de Estudiantes Musulmanes, es más revolucionaria y más practicante del Islam. Pronto descubro que si quiero poner un vídeo en clase u organizar una serie de charlas, tengo que convencer al señor Forsati para que me apoye, lo que suele hacer con mucho gusto.

Mientras hablo se me va la mirada involuntariamente a la última fila, al asiento más próximo a la pared. Desde el principio del semestre me he sentido irritada y divertida por las ocurrencias que salen de ese rincón de la sala. En mitad de clase, el alto y desgarbado usuario del asiento, llamémosle señor Ghomi, se levanta a medias y, sin esperar a estar totalmente levantado ni a que yo le dé permiso para hablar, empieza a recitar sus objeciones. Porque de esto sí estoy segura: siempre eran objeciones.

Al lado del señor Ghomi se sienta un estudiante de más edad, el señor Nahvi. Era más educado que su amigo. Hablaba con calma, sobre todo porque siempre estaba muy seguro de sí mismo. No albergaba dudas que pudieran escapársele ocasionalmente en forma de arrebato. Hablaba con claridad y monotonía, como si pudiera ver las palabras formándose ante sus ojos. A menudo me sigue hasta el despacho y me sermonea sobre la decadencia occidental y sobre que la falta de «absoluto» ha sido la causa de la decadencia de la civilización occidental. Hablaba de estos asuntos como si fueran hechos comprobados, hechos que no podían rebatirse. Cuando yo hablaba, callaba respetuosamente y, en cuanto yo terminaba de hablar, él continuaba con el mismo tono monótono y en el punto exacto en que se había interrumpido.

Era la segunda vez que el señor Ghomi asistía a clase. Durante el primer semestre apenas le había visto el pelo, so pretexto de que estaba en las milicias y ocupado con la campaña militar. Esto último siempre quedó algo vago, pues no se había alistado ni había ido al frente. La guerra se había convertido en la excusa de algunos activistas islámicos para conseguir de los profesores privilegios no merecidos. El señor Ghomi suspendió los segundos parciales y faltó a casi todos los exámenes, pero estaba resentido contra mí por haberlo suspendido. Nunca supe muy bien si la mentira sobre la guerra se había convertido en parte de su vida hasta el punto de haber comenzado a creérsela, pero parecía sinceramente ofendido y, sin que hubiera una razón concreta, yo me sentía culpable cada vez que tropezaba con él. Ahora asistía regularmente a clase... más o menos. Siempre que me enfrento a estudiantes como él, echo de menos al señor Bahri, que tenía el suficiente respeto por la universidad para no abusar nunca de su posición.

El señor Ghomi asistió a clase con regularidad durante el segundo semestre y cada vez que asistía provocaba alguna clase de conmoción. Decidió fijarse en James y lo convirtió en tema de litigio entre nosotros. Levantaba la mano siempre que podía, para plantear o, mejor dicho, imponer sus estridentes objeciones. James fue su víctima predilecta. A mí nunca me cuestionó directamente; lo hizo de forma indirecta, atacando a James, como si tuviera algo personal contra él.

15

Cuando seleccioné *Daisy Miller* y *Washington Square* para comentarlas en clase, no creí que las señoritas Daisy Miller y Catherine Sloper fueran a convertirse en temas tan polémicos y obsesivos. Había elegido esas dos novelas porque me parecía que eran más fáciles de abordar que las últimas y más largas obras de James. Antes de leer a James habíamos comentado *Cumbres borrascosas*.

En aquel curso introductorio yo hacía hincapié en que la novela, como nueva forma narrativa, transformaba radicalmente algunas ideas básicas sobre las relaciones esenciales entre los individuos, y por lo tanto las actitudes tradicionales ante la relación de los individuos con la sociedad, sus deberes y obligaciones. En ningún plano queda tan patente esta transformación como en las relaciones entre hombres y mujeres. Desde los tiempos en que Clarissa Harlow y Sophia Western, dos jóvenes modestas y al parecer obedientes, se negaron a casarse con un hombre al que no querían, han venido cambiando el curso de la narrativa y cuestionando las instituciones más básicas de la época correspondiente, empezando por el matrimonio.

Daisy y Catherine tienen poco en común, pero ambas se enfrentan a los convencionalismos de su época y se niegan a recibir órdenes. Proceden de una larga estirpe de heroínas, entre las cuales se incluyen Elizabeth Bennett, Catherine Henshaw y Jane Eyre. Estas mujeres crean las principales complicaciones de las tramas novelescas al negarse a obedecer. Son más complejas que las últimas y más revolucionarias heroínas del siglo xx, porque no pretenden ser radicales.

A muchos de mis estudiantes Catherine y Daisy les parecían demasiado iguales, ya que ellos eran más prácticos y no entendían a qué venía tanto alboroto. ¿Por qué se enfrentaba Catherine a su padre y a su pretendiente? ¿Y por qué Daisy se burlaba así de Winterbourne? ¿Qué era lo que estas difíciles mujeres pretendían de sus desconcertados hombres? Desde el momento mismo en que aparece con la sombrilla y su vestido de muselina blanca, Daisy crea cierto nerviosismo e inquietud en el corazón y la mente de Winterbourne. Se presenta ante él como un rompecabezas, un misterio deslumbrante, demasiado difícil y al mismo tiempo demasiado fácil de resolver.

En cierto momento, cuando voy a hacer un comentario más detallado sobre Daisy Miller, el señor Ghomi levanta la mano. Su tono es de protesta e inmediatamente me pone a la defensiva y me irrita. «¿Qué hace a estas mujeres tan revolucionarias? —pregunta—. Daisy Miller es evidentemente una mala mujer, reaccionaria y decadente. Vivimos en una sociedad revolucionaria y nuestras mujeres revolucionarias son las que se oponen a la decadencia de la cultura occidental siendo modestas. No les echan miraditas a los hombres.» Y sigue hablando casi sin aliento, con una especie de veneno que está fuera de lugar tratándose de una obra de ficción. Barbota que Daisy es malvada y merece la muerte. Pregunta por qué la señorita F no cree que la muerte sea su justa recompensa.

El señor Ghomi pronuncia este breve discurso y se sienta con aire triunfal, mirando a su alrededor para ver si alguien le desmiente. Nadie lo hace. Salvo yo, claro; todos esperan que yo lo haga. El señor Ghomi siempre se las arregla para torcer el curso de la clase. Al principio me enfadaba con él, pero con el tiempo llegué a darme cuenta de que a veces expresaba sentimientos que los demás no se atrevían a manifestar.

Cuando pregunté a la clase qué pensaban al respecto, nadie dijo nada. El señor Ghomi, animado por el silencio, vuelve a levantar la mano. «Somos más morales porque hemos sufrido la maldad real, estamos librando una guerra contra el mal —dice—, una guerra en el interior y en el exterior.» Mahshid decide hablar en ese momento. «Recuerda —dice con calma—, que James sufrió dos guerras terribles. Cuando era joven hubo una guerra civil en Norteamérica y, antes de morir, fue testigo de la Primera Guerra Mundial». La respuesta del señor Ghomi fue un encogimiento de hombros imperceptible: tal vez pensara que aquellas guerras no habían sido justas.

Me veo sentada en silencio. El silencio parece deliberado. Acabada la clase, sigo sentada en la silla, absorbida por el vacío de la menguante luz de los grandes ventanales sin cortinas que cubren un lado de la sala. Tres alumnas vienen hacia el escritorio. «Queremos que sepa que la mayoría de la clase no está de acuerdo con esos chicos —dice una—. La gente tiene miedo de hablar porque es un tema delicado. Nos da miedo decir la verdad y que den parte de nosotras. Si decimos lo que él quiere oír, nos da miedo usted. Todos apreciamos sus clases.»

«Sí», me dije mientras regresaba a casa aquella tarde y otras muchas veces después, cuando me venía a la mente aquella conversación. «Apreciáis la clase, pero ¿apreciáis *Daisy Miller*? Bueno, ¿qué decís?»

16

Si el señor Ghomi tenía opiniones firmes sobre las Daisy Miller del mundo, la clase titubeaba ante el héroe de la novela, Winterbourne. Exceptuando *Casa de muñecas*, no había ninguna otra obra ante la que reaccionaran tan apasionadamente. La pasión les venía del desconcierto, de las dudas. Daisy los trastornaba, les hacía dudar de lo que estaba bien y lo que estaba mal.

Un día, al final de la clase, una muchacha tímida, que se sentaba en la primera fila pero se las arreglaba para dar la impresión de que estaba escondida en las sombras de la última, vaciló tímidamente delante de mi mesa. Quería saber si Daisy era una chica mala.

«¿Usted qué opina?», me preguntó con sencillez. ¿Que qué pensaba yo? ¿Y por qué me molestó tanto su pregunta? Ahora sé que la decepcionaron mis evasivas y mis dudas, mi empeño en evitar una respuesta directa, mi insistencia en el hecho de que la ambigüedad era primordial en la estructura de la novela jamesiana; y a partir de entonces perdí parte de mi autoridad sobre ella.

Abrimos el libro por la escena crucial del Coliseo de Roma. Daisy, desafiando toda precaución y decoro, ha ido a pasear a la luz de la luna con el señor Giovanelli, un italiano sin escrúpulos que la sigue a todas partes para disgusto de sus rectos compatriotas. Winterbourne los descubre y su respuesta dice mucho más sobre su propio personaje que sobre el de ella. «Winterbourne se detuvo horrorizado; y, debe añadirse, aliviado. Fue como si una súbita luz hubiera caído sobre la ambigüedad de la conducta de Daisy y hubiera facilitado la solución del rompecabezas. Era una joven a la que un caballero ya no tendría que respetar.»

La noche de Daisy en el Coliseo es fatal para ella en más de un sentido. Esa noche contrae la malaria de la que morirá. Pero su muerte está casi prefigurada en la reacción de Winterbourne, que acaba de declarar su indiferencia y, cuando ella vuelve al coche para irse, le recomienda que se tome las píldoras contra la fiebre. «No me importa —dijo Daisy con vocecita extraña— si tengo la malaria o no». Todos estuvimos de acuerdo en que, simbólicamente, la actitud del joven hacia Daisy determina la suerte de la joven. Él es el único cuya opinión favorable desea ella. Constantemente le pregunta qué piensa de sus acciones. Sin siquiera decírselo, ella desea patética y desafiantemente que él demuestre su devoción por ella, no pregonándola, sino aprobando su forma de ser sin condiciones. Resulta irónico que al final sea Daisy quien se preocupe realmente y demuestre su devoción muriéndose.

Winterbourne no era el único que sentía alivio al descubrir la solución del rompecabezas de Daisy. Muchos alumnos compartieron su alivio. La señorita Ruhi preguntó por qué la novela no termina con la muerte de Daisy. ¿No es el mejor momento para el final? La muerte de Daisy parece un buen final para todos los personajes implicados. El señor Ghomi saboreó el hecho de que hubiera pagado sus pecados con la vida, y casi todos los demás pudieron simpatizar con ella sin sentirse culpables.

Pero éste no es el final. La novela termina como comienza, no con Daisy, sino con Winterbourne. Al principio de la historia, su tía le avisa de que está en peligro de cometer una grave equivocación con Daisy. Se refiere a la posibilidad de ser embaucado por ella. Ahora, tras la muerte de Daisy, Winterbourne le recuerda a su tía con ironía: «Tenías razón en el comentario que me hiciste el verano pasado. Estaba escrito que cometería una equivocación. He vivido demasiado tiempo en el extranjero». Había subestimado a Daisy.

Al principio de la novela, el narrador nos habla de un rumor según el cual Winterbourne mantiene una relación con una extranjera. La novela termina, cerrando el círculo, con la misma afirmación. «A pesar de todo, volvió a vivir en Ginebra, de donde siguen llegando las más contradictorias versiones sobre los motivos de su estancia: un informe de que está estudiando intensamente, una insinuación de que está muy interesado por una inteligente señorita extranjera.»

El lector, que hasta ese momento se ha identificado con el protagonista, se queda fuera y solo. Se nos deja creer que Daisy, como la flor de su nombre («margarita»), es una hermosa y breve interrupción. Pero esta conclusión tampoco es completamente cierta. El tono del narrador al final nos permite dudar de que Winterbourne pueda volver a ver la vida como antes. Nada volverá a ser lo mismo, ni para Winterbourne ni para el confiado lector, como tuve ocasión de descubrir mucho más tarde, cuando mis antiguos alumnos volvieron a «equivocarse» a propósito de Daisy en sus escritos y conversaciones.

17

James, según me recordó mi amiga Mina, explica en *La musa trágica* que su objetivo al escribir es plantear «el arte como una complicación humana y una traba social». Esto es lo que hace tan complicado a James. Mina era una estudiosa de James y yo le había hablado de las dificultades de mis alumnos con *Daisy Miller*. Mina añadió con un poco de avidez: «Espero que no estés pensando en abandonarlo porque sea demasiado difícil». Le aseguré que no tenía semejante intención, aunque el problema no era que fuera demasiado difícil para ellos, sino que les hacía sentirse incómodos.

Le conté que el problema no se producía tanto con los estudiantes como Ghomi, tan radicalmente opuestos a la ambigüedad, como con los otros, víctimas de la inequívoca actitud de Ghomi ante ellos. «Verás, tengo la sensación de que las personas como Ghomi atacan siempre porque tienen miedo de lo que no entienden. Dicen que no necesitamos a James, pero lo que quieren decir es que tienen miedo de ese tal James porque nos desconcierta, nos confunde, nos hace sentirnos inquietos.»

Mina me contó que cuando quería explicar el concepto de ambigüedad en la novela, utilizaba siempre el truco de la silla. Al comenzar la siguiente clase cogí una silla y la puse delante de mí. «¿Qué veis?», pregunté a la clase. «Una silla.» Luego puse la silla boca abajo. «¿Y ahora qué veis?» «Una silla.» Enderecé la silla y pedí a algunos alumnos situados en diferentes puntos del aula que se pusieran en pie, y pregunté a los que estaban sentados y a los que estaban de pie que describieran la silla. «Veis que es una silla, pero cuando os ponéis a describirla, lo hacéis desde el lugar en que estáis situados, y desde vuestra propia perspectiva; por tanto, no podéis decir que sólo hay una forma de ver una silla, ¿verdad que no? Es obvio que no. Si no podéis decir esto de un objeto tan simple como una silla, ¿cómo vais a poder juzgar a un individuo concreto?»

Para animar a la mayoría silenciosa a exponer abiertamente sus ideas, les pedí a todos que escribieran en un cuaderno, como en un diario, sus impresiones sobre las obras que estábamos leyendo. Tenían libertad para escribir en aquellos diarios sobre otros temas relacionados con la clase o con sus experiencias, pero era obligatorio escribir sobre las obras. La señorita Ruhi siempre explicaba el argumento, lo que al menos demostraba que había leído los libros que había seleccionado y que en algunos casos no sólo los había leído, sino que había leído también acerca de ellos. Pero raramente expresaba opiniones propias. Por ejemplo, mencionaba que había protestado por la inmoralidad de *Cumbres borrascosas* hasta que leyó algo sobre su vertiente mística, pero en el caso de James no parecía haber por medio ningún tipo de misticismo, era demasiado terrenal, aunque a veces fuera demasiado idealista.

Sus cuadernos de apuntes siempre estaban limpísimos. Al principio de cada título asignado escribía con una preciosa caligrafía: «En el nombre de Alá, el Compasivo, el Misericordioso». Escribió que Daisy no era sólo inmoral, sino que era irracional. Aunque era bueno saber que incluso en una sociedad decadente como la norteamericana quedaban algunas normas, pautas de comportamiento según las cuales se juzgaba a la gente. Además citaba a otro profesor que lamentaba el hecho de que ciertos escritores hacían tan atractivos a sus personajes inmorales e irracionales que los lectores simpatizaban instintivamente con ellos. Lamentaba que las bienpensantes señoras Costello y Walker aparecieran bajo una luz tan negativa. Según ella, esto demostraba que el poder del escritor era tan diabólico como divino. Según ella, un escritor como James era semejante a Satanás: tenía infinitos poderes pero los utilizaba para hacer el mal, para crear simpatía por una pecadora como Daisy y antipatía por personas más virtuosas como la señora Walker. La habían sumergido en el mismo barro que al señor Nyazi y muchos otros.

El señor Ghomi era fiel a su papel. Casi nunca daba indicios de haber leído las novelas. Se limitaba a soltar peroratas sobre la inmoralidad y el mal. Adquirió la costumbre de «educarme» copiando citas del imán Jomeini y otras flores sobre el deber de la literatura, sobre la decadencia de Occidente, sobre Salman Rushdie. También le dio por pegar recortes de prensa sobre asesinatos y corrupción en Estados Unidos. Una semana estaba tan desesperado que se puso a copiar las consignas que cubrían las paredes de las calles. Una consigna en particular me gustó: UNA MUJER CON VELO ESTÁ PROTEGIDA COMO UNA PERLA POR EL CAPARAZÓN DE LA OSTRA. Cuando apareció esta consigna, solía ir acompañada por un dibujo de una ostra a medio abrir, en cuyo interior se veía una brillante perla.

El señor Nahvi, su silencioso amigo de más edad, escribía pulcros tratados filosóficos sobre los peligros de la duda y la incertidumbre. Preguntaba si la incertidumbre sobre la que James armaba tanto alboroto no sería la razón de la decadencia de Occidente. Como muchos otros, el señor Nahvi daba ciertas cosas por sentadas, entre ellas la decadencia de Occidente. Hablaba y escribía como si dicha decadencia fuera un hecho que incluso los infieles occidentales aceptaban como tal. De vez en cuando pasaba sus apuntes junto con una octavilla o un libro sobre Literatura y Compromiso, La Idea Islámica de la Literatura y temas por el estilo.

Años después, cuando Mahshid y Mitra estuvieran en mi seminario secreto de los jueves y volviéramos a comentar *Daisy Miller*, ambas lamentarían su silencio de entonces. Mitra confesaría que envidiaba el valor de Daisy. Fue extraño y conmovedor oírla hablar sobre Daisy como si se hubiera equivocado respecto a una persona real, un amigo o un pariente.

Un día, al salir de clase, vi a la señora Rezvan camino de su despacho. Se acercó y me dijo:

—No dejo de recibir informes interesantes sobre sus clases. —Tenía espías por todos los rincones—. Espero que me crea ahora cuando hablo de la necesidad de meter algo en la cabeza de estos muchachos. La revolución se las ha vaciado de toda modalidad de pensamiento, y tampoco nuestros intelectuales, la flor y nata, están mejor.

Le dije que todavía no estaba convencida de que la mejor manera de hacerlo fuera a través de las universidades. En mi opinión podríamos encauzarlo mejor mediante un frente unido con los intelectuales ajenos a la universidad. Me miró de soslayo y dijo: «Sí, también podría hacer eso, pero ¿qué le hace pensar que tendría más éxito? Después de todo, nuestra elite intelectual no se ha comportado mejor que el clero. ¿No ha oído hablar de la conversación entre el señor Davaii, nuestro más destacado novelista, y el traductor de *Daisy Miller*? Un día los presentaron. El novelista dice: "Su nombre me resulta familiar, ¿no es usted el traductor de Henry Miller?". "No, de *Daisy Miller*." "Claro, de James Joyce, ¿no?" "No. De Henry James." "Ah, sí, claro, Henry James. ¿Y qué hace Henry James últimamente?" "Está muerto, está muerto desde 1916"».

18

Le conté a mi mago que la mejor manera de describir a mi amiga Mina era una frase que Lambert Strether, el protagonista de
Los embajadores de James, utiliza para describirse a sí mismo
ante su «alma gemela», María Gostrey. Le dice: «Soy un fracasado perfectamente preparado». «¿Un fracasado perfectamente preparado?», preguntó. «Sí, ¿y sabes qué le responde
ella?»

—Gracias a Dios que es usted un fracasado, ¡por eso lo trato
con deferencia! Todo lo demás es actualmente demasiado ho-
rroroso. Mire a su alrededor, fíjese en los triunfadores. ¿De
veras le gustaría ser así? Más aún —prosiguió María—, fíjese
en mí.

Durante un breve instante se miraron a los ojos.

—Entiendo —replicó Strether—. Usted también está fuera.

—La superioridad que ve usted en mí —convino ella—
anuncia mi futilidad. ¡Si conociera —dijo suspirando— los sueños de mi juventud! Pero son nuestras realidades las que nos
han reunido. Somos compañeros de armas derrotados.

Un día le dije que escribiría un ensayo titulado *Fracasados perfectamente preparados*. Trataría sobre su importancia en la literatura, sobre todo en la moderna. «Pienso en este tema en
concreto como en algo semitrágico, unas veces cómico y otras
patético, otras ambas cosas a la vez. Me acuerdo de don Qui-
jote, aunque este personaje es esencialmente moderno, nació
y fue creado en una época en que el fracaso como tal se exal-
taba indirectamente. Veamos, Pnin es uno, y Herzog, y quizá
Gatsby, pero quizá no, después de todo no elige el fracaso.
Casi todos los personajes de James y de Bellow pertenecen a
esta categoría. Son individuos que eligen voluntariamente el
fracaso para conservar su sentido de la integridad. Son más elitistas que pretenciosos, gracias a su elevado criterio. Creo que

James pensaba que él era un fracasado en muchos aspectos, con sus novelas sobre malentendidos y su empeño en mantenerse fiel a la literatura en que creía, y también lo es mi amiga Mina, y tu amigo Reza, y por supuesto tú también, de todas todas, aunque no eres ficticio, ¿o sí lo eres?» Y él dijo: «Bueno, en este momento parezco un producto de tu imaginación».

Creo que ya había detectado en Mina a una fracasada perfectamente preparada cuando la vi por primera vez después de la revolución, durante una de las últimas reuniones del departamento en la Universidad de Teherán. Llegué tarde y cuando entré en la sala de conferencias vi sentada al fondo a la derecha a una mujer vestida de negro. Sus ojos y el pelo espeso y corto también eran de un negro azabache, y parecía indiferente a los argumentos hostiles que volaban a su alrededor. Parecía no tanto tranquila como retraída. Era una persona irrevocable e incurablemente sincera y por lo tanto intransigente y vulnerable al mismo tiempo. Esto es lo que recuerdo de ella: elegancia deslucida, un aire de «tiempos mejores» adherido a la indumentaria. Desde aquella primera mirada hasta nuestro último encuentro, varios años después, siempre me sentía oprimida por dos clases de emociones cuando me la encontraba: respeto profundo y dolor. Había tal sensación de fatalidad en ella, en lo que creía que era su suerte, que me resultaba insoportable.

Farideh y el doctor A habían hablado mucho sobre Mina, su sabiduría, su dedicación a la literatura y a su trabajo. Farideh tenía una generosidad que, a pesar de su servil compromiso con lo que ella llamaba revolución, le permitía sintonizar con ciertas personas aunque fueran ideológicamente opuestas. Tenía instinto para escoger a los rebeldes, los auténticos que, como el doctor A, o Mina, o Laleh, no estaban de acuerdo con sus principios políticos. Así era como instintivamente simpatizaba con Mina y trataba de consolarla, aunque no estuviera de acuerdo con ella en casi nada.

A Mina le habían cancelado un permiso sabático de dos años en la Universidad de Boston, a la que había ido a escribir un libro. Le dieron un ultimátum y ella cometió el error, en mi opinión, de volver a Irán. El libro era sobre Henry James. Había estudiado con Leon Edel y la primera vez que la vi le costaba mucho, muchísimo, pronunciar una simple frase. Desde luego, nunca volvió a enseñar: nada más regresar la expulsaron. Se negó a llevar el velo y a transigir; su única concesión había sido regresar. Y quizá no había sido una concesión, sino una necesidad.

El padre de Mina había sido un poeta laureado; su familia era culta y de buena posición. Nuestras familias habían ido juntas de excursión los fines de semana cuando éramos pequeñas. Ella era mayor que yo y nunca hablaba conmigo durante aquellas reuniones familiares, pero la recuerdo vagamente. Está en una vieja fotografía de mi infancia, detrás de su padre, en su jardín, con uno de sus tíos, mi padre y un joven que no soy capaz de identificar. Se le ve una expresión solemne y un asomo de sonrisa condicionada.

Farideh y yo intentamos decirle a Mina lo mucho que la apreciábamos y lo indignante que nos parecía que la universidad no lo hiciera. Nos escuchó impertérrita, aunque pareció apreciar nuestro afecto. Su hermano predilecto, presidente de una gran compañía, había sido detenido al principio de la revolución. A diferencia de muchos otros, se negó a apoyar el nuevo régimen. Aunque no era políticamente activo, era partidario de la monarquía y, al igual que su hermana, decía lo que pensaba, incluso en la cárcel. Había sido insolente y aquello bastó. Fue ejecutado. Mina siempre va vestida de negro en la actualidad. En aquellos días parecía dedicar todo su tiempo a la viuda y los hijos de su hermano.

Mina vivía sola con su madre en una mansión ridículamente grande. El día que Farideh y yo fuimos a verla, cada una con un gran ramo de flores, era un día soleado que se nubló en cuanto entramos en el mausoleo del vestíbulo. Abrió la puerta la madre. Conocía a mis padres y estuvo un rato hablándome de ellos, hasta que, brusca pero educadamente, se fue en el preciso momento en que su hija bajaba por la curva escalinata. Estábamos al pie de la misma con los ramos de flores y los vestidos de colores apastelados, con un aspecto demasiado alegre y frívolo para la sombría gravedad de aquella casa, que parecía ensombrecerlo todo.

La alegría de Mina y su forma de darnos las gracias fueron solemnes. A pesar de todo estaba muy contenta de vernos y nos condujo al amplio semicírculo de la sala de estar, que parecía tener una afección propia, como una viuda que apareciera por primera vez en público sin el marido. Estaba amueblada con sobriedad, con espacios vacíos que debían de haber estado ocupados por sillas, mesas y un piano.

La madre de Mina, una mujer digna y casi setentona, nos sirvió té en una bandeja de plata, con primorosas tazas enfundadas en recipientes de plata con filigranas de adorno. La madre era una cocinera maravillosa, así que ir a su casa siempre era ir de banquete. Pero era un banquete fúnebre, porque ninguna cantidad de buena comida podía llevar alegría a aquella mansión desierta. La generosa hospitalidad de nuestra anfitriona, sus esfuerzos para que nos sintiéramos agasajadas, no hacían sino resaltar la bien escondida pérdida.

El realismo en la literatura era la obsesión de Mina, y James su pasión. Lo que sabía, lo sabía a conciencia. Nos complementábamos, porque mi saber era impulsivo y desordenado, y el suyo meticuloso y definitivo. Podíamos pasarnos las horas hablando. Antes de que Farideh tuviera que ocultarse para unirse después a un grupo revolucionario y huir al Kurdistán, y más tarde a Suecia, las tres solíamos hablar de literatura y política durante horas, a veces hasta la madrugada.

Farideh y Mina eran diametralmente opuestas en política. Una era marxista convencida y la otra una resuelta monárquica. Eso sí, compartían un odio incondicional por el actual régimen. Cuando pienso en cómo se desperdició su talento, crece mi resentimiento contra aquel sistema que eliminaba físicamente a los más brillantes y entregados o les obligaba a malgastar lo mejor de sí mismos, transformándolos en ardientes revolucionarios, como Farideh, o en ermitaños, como Mina y mi mago. Ellos se retiraban y se alimentaban de sus sueños frustrados. ¿Y para qué servía Mina sin su James?

19

Las incursiones aéreas sobre Teherán continuaron después de un largo periodo de calma, a finales del invierno y principios de la primavera de 1988. No puedo pensar en aquellos meses ni en los 168 ataques con misiles contra Teherán sin pensar en la primavera ni en su característica dulzura. Era sábado cuando Irak alcanzó la refinería de petróleo de Teherán. La noticia disparó los viejos temores y ansiedades que habían estado latentes casi durante un año, desde los últimos bombardeos sobre la ciudad. El gobierno iraní respondió con un ataque contra Bagdad y el lunes Irak comenzó la primera ronda de ataques con misiles contra Teherán. La violencia que siguió ha transformado aquel suceso en un símbolo de todo lo que había experimentado durante los nueve años anteriores, como un poema perfecto.

Poco después de los primeros ataques decidimos poner cinta adhesiva en las ventanas. Llevamos a los niños a nuestro dormitorio, cubriendo las ventanas además con mantas y chales, y después los trasladamos a la diminuta antecámara sin ventanas que quedaba delante de los dormitorios, escenario de mis noches insomnes con James y Nabokov. Pensamos unas cuantas veces en irnos de Teherán. También limpiamos una pequeña sala, que más tarde sería mi despacho, cerca del garaje, y fortificamos las ventanas; luego volvimos a la cama. Yo, que había estado muy asustada durante la primera ronda de ataques, ahora parecía la más tranquila, como para compensar mi conducta anterior.

La primera noche de los ataques con misiles estábamos viendo con unos amigos un documental de la televisión alemana sobre la vida del fallecido director de cine Andréi Tarkovsky, ruso y exiliado. Para apaciguar a los intelectuales, el Festival de Cine Fajr (ex Festival de Teherán) proyectó en sesión especial varias películas de Tarkovsky. Aunque estaban censuradas y las pasaban en versión original rusa sin subtítulos, había cola en el cine horas antes de que abrieran la taquilla. En el mercado negro se vendían las entradas a precios muy superiores al habitual y estallaron peleas por entrar, sobre todo entre los que se habían desplazado desde provincias para la ocasión.

El señor Forsati vino a verme después de una clase para comunicarme que había conseguido dos entradas para ver *Sacrificio* de Tarkovsky, película que yo había mostrado cierto interés en ver. Como el señor Forsati era presidente de una de las dos asociaciones de estudiantes musulmanes, tenía acceso a las codiciadas entradas. Dijo que la obsesión por Tarkovsky era tan impresionante que incluso el ministro del Petróleo y su familia habían ido a una sesión. La gente estaba sedienta de películas. Me dijo riéndose que cuanto menos las entendían, con más respeto las trataban. Le dije que si ése era el caso, tendrían que adorar a James. Respondió sagazmente que no era lo mismo, que respetaban a Joyce como respetaban a Tarkovsky. En el caso de James creen que lo entienden o que deberían entenderlo, así que se enfadan. Tienen más problemas con James que con escritores mucho más difíciles, como Joyce. Pregunté al señor Forsati si iba a ir a ver la de Tarkovsky. Dijo: «Si voy será sólo como ser romano en Roma. Por lo demás, prefiero a Tom Hanks».

La tarde que fui a ver *Sacrificio* era un hermoso día de invierno; no completamente invernal, sino mezclado ya con la primavera. Aunque el rasgo más sorprendente de aquel día no fue el delicioso clima, ni siquiera la película, sino la multitud que había delante del cine. Parecía una concentración de protesta. Había intelectuales, oficinistas, amas de casa, algunas con los niños a remolque, un joven ulema que estaba a un lado, de pie e incómodo; en fin, un gentío imposible de encontrar reunido en ninguna otra parte de Teherán.

Ya en el interior, el repentino estallido de colores de la pantalla impuso entre el público un silencio cargado de susurros. Hacía cinco años que no entraba en un cine; lo único que se podía ver por entonces eran viejas películas revolucionarias de Europa del Este, o películas de propaganda iraní. Sinceramente, no puedo decir qué me pareció la película: la experiencia de estar en un cine, arrellanada en el cuero blando y fresco, delante de una pantalla gigantesca, fue abrumadora. Al saber que no entendería las palabras y que si pensaba en la censura me enfadaría demasiado para mirar, me rendí a la magia de los colores y las imágenes.

Al recordar aquellos momentos, me da la impresión de que aquel entusiasmo por Tarkovsky en un público que ni siquiera sabía deletrear su nombre y que en circunstancias normales se habría encogido de hombros y le habría dado la espalda, surgía de nuestra profunda carestía sensorial. Estábamos sedientos de cualquier forma de belleza, incluso con una película incomprensible, demasiado intelectual y abstracta, sin subtítulos y censurada hasta volverla inidentificable. Nos maravillaba estar en un lugar público, por primera vez después de tantos años, sin miedo ni ira; estar en un lugar con una multitud de extraños que no era una manifestación, ni un mitin de protesta, ni una cola del pan, ni una ejecución pública.

La película era sobre la guerra y la promesa del protagonista de no volver a hablar si su familia se libraba de los estragos del conflicto. Se concentraba en la amenaza oculta tras la aparente calma de la vida cotidiana y la exuberante belleza de la naturaleza: la forma en que la guerra se reflejaba en el traqueteo de los muebles durante los bombardeos, y el horrible sacrificio que se requiere para enfrentarse a esta amenaza. Durante un breve espacio de tiempo experimentamos colectivamente la horrible belleza que sólo puede captarse en la angustia extrema y expresarse a través del arte.

20

En el espacio de veinticuatro horas cayeron catorce misiles sobre Teherán. Como habíamos vuelto a dejar a los niños en sus cuartos, aquella noche instalé un pequeño colchón y me quedé despierta leyendo hasta las tres de la madrugada. Leí una complicada novela policíaca de Dorothy Sayers, totalmente a salvo con lord Peter Wimsey, su fiel criado y su erudita novia. Mi hija y yo nos despertamos al amanecer con el ruido de una explosión cercana.

No fue sólo el tremendo ruido, si es que se le puede llamar ruido, de la explosión. Más que oír el ruido sentimos la explosión, como si cayera un peso enorme sobre la casa. El edificio tembló y los cristales de las ventanas tintinearon. Después de aquella última explosión me levanté y subí a la terraza. El cielo era azul y rosa, las montañas estaban cubiertas de nieve; a lo lejos, el humo se elevaba desde los incendios causados por los misiles.

A partir de aquel día reanudamos la rutina impuesta en nuestra vida cotidiana durante los bombardeos y los ataques con misiles. Después de cada explosión había numerosos telefonazos entre amigos y parientes para saber si seguían vivos. Inevitablemente experimentábamos un alivio salvaje, del que siempre me he sentido ligeramente avergonzada, al oír los saludos familiares. La reacción general en aquellos días era una mezcla de pánico, ira e impotencia. Tras ocho años de guerra, el gobierno iraní no había hecho otra cosa que aumentar sus esfuerzos propagandísticos para proteger la ciudad. Lo único que podía hacer ya era jactarse del entusiasmo del pueblo iraní por el martirio.

Después del primer ataque, la superpoblada y contaminada ciudad de Teherán se había convertido en una ciudad fantasma. Mucha gente huyó a sitios más seguros. He leído hace poco que cerca de la cuarta parte de la población, incluidos muchos representantes del Gobierno, había abandonado la ciudad. Empezó a circular un chiste acerca de que aquella era la mejor solución del Gobierno para atajar tanto la contaminación como la superpoblación de Teherán. Para mí, la ciudad había adquirido una emotividad desconocida, como si con los ataques y deserciones se hubiera despojado de su velo vulgar y hubiera dejado al descubierto una cara decente y humana. Teherán parecía lo que debió de parecerles a casi todos los ciudadanos que se habían quedado: triste, desamparada e impotente, aunque no sin cierta dignidad. La cinta adhesiva de las ventanas, para impedir la implosión de los cristales, contaba la historia de su sufrimiento, un sufrimiento más conmovedor a causa de su recién recuperada belleza, el verde lozano de los árboles, lavados por las lluvias primaverales, las flores y las montañas con las cimas nevadas, que parecían tan cercanas como si las hubieran pegado en el cielo.

Cuando llevábamos dos años de guerra, después de que Irán liberase la ciudad de Khorramshahr, que había sido tomada por los iraquíes, y en el contexto de otras victorias evidentes, Saddam Hussein, animado por sus preocupados vecinos árabes, había hecho una oferta seria de reconciliación. Pero el ayatolá Jomeini y otros miembros del Gobierno se negaron a firmar una tregua. Estaban dispuestos a conquistar la ciudad sagrada de Karbala, en Irak, sede del martirio del imán Hussein. Probaron mil métodos para conseguir su objetivo, entre ellos lo que se conoció como «olas humanas», en que miles de soldados iraníes, principalmente jóvenes entre los diez y los dieciséis años, y hombres adultos y ancianos, despejaban los campos de minas corriendo sobre ellos. Los más jóvenes eran captados por la propaganda del Gobierno, que les ofrecía una vida heroica y venturosa en el frente y los animaba a unirse a las milicias, aunque contrariasen los deseos de sus padres.

Y volví a mis vigilias nocturnas con Dashiell Hammett y otros. El resultado fue que cuatro años más tarde añadí una nueva sección a mi asignatura, la historia policíaca, empezando por Edgar Allan Poe.

21

Con la reanudación de los bombardeos pasamos a dar las clases en el primer piso. Cada vez que lanzaban un ataque, la gente corría impulsivamente a la puerta y escalera abajo; era más seguro dar las clases en las plantas inferiores. La nueva situación de emergencia había vaciado las aulas y muchas estaban ahora medio vacías. Muchos estudiantes volvieron a sus lugares de origen o se fueron a ciudades y provincias que no sufrían ataques; algunos sencillamente se quedaron en casa.

Los bombardeos aumentaron la importancia de personajes como el señor Ghomi. Desde entonces iban y venían con una sensación distinta de apremio. Las asociaciones islámicas aprovechaban la menor oportunidad para interrumpir las clases, tocar marchas militares para anunciar las victorias o para llorar a algún miembro de la comunidad universitaria convertido en mártir por la guerra. En mitad de un pasaje de *Washington Square* o de *Grandes esperanzas* acababa irrumpiendo una marcha militar y, por muchos esfuerzos por continuar que hiciéramos luego, la marcha se llevaba consigo todo intento de hacer comentarios.

Esta ensordecedora algarabía contrastaba con el silencio de la mayoría de estudiantes y profesores. Lo que me sorprendía era que muchos estudiantes no aprovecharan aquellos actos como excusa para saltarse las clases o los trabajos asignados. La aparente docilidad de los estudiantes reflejaba el ánimo resignado que imperaba en la ciudad. La guerra entraba, sin victorias, en el octavo año y se notaban signos de agotamiento incluso entre los más entusiastas. En las calles y en los lugares públicos la gente expresaba ya opiniones contrarias a la guerra o maldecía a sus responsables, mientras que en televisión y en la radio seguía ensalzándose el ideal del régimen como si nada. La imagen recurrente de aquellos días era la de un anciano barbudo con turbante que llamaba incesantemente a la guerra santa a un público de adolescentes con la roja cinta de «mártir» en la frente. Eran los menguantes restos de un vasto ejército de jóvenes que se habían movilizado por la emoción de llevar armas de verdad, y por la promesa de las llaves de un paraíso en el que podrían disfrutar de todos los placeres de los que se abstenían en vida. El suyo era un mundo en el que la derrota era imposible, y por lo tanto transigir carecía de sentido.

Los ulemas nos bombardeaban con historias de batallas desiguales en las que los santos chiítas habían sido martirizados por los infieles, y a veces rompían en sollozos histéricos, azuzando frenéticamente a sus oyentes a someterse al alegre martirio en el nombre de Dios y del imán. El mundo de los espectadores, por el contrario, era de silencioso desafío, desafío que sólo tenía sentido en el contexto del sacrificio que exigía ruidosamente la jerarquía gobernante; pero por lo demás estaban impregnados, inevitable e históricamente, de resignación.

La vida en la muerte, el deseo de muerte del régimen y los amables misiles de Irak sólo se soportaban si se sabía que el misil entregaría el mensaje final en un momento predeterminado con exactitud, y que era absurdo querer escapar. Durante aquellos días me di cuenta de lo que significaba la resignación silenciosa. Reflejaba el misticismo maligno de que todos nosotros, al menos en parte, teníamos alguna responsabilidad en los errores históricos de nuestro país. Entendí entonces que esta resignación era quizá, dadas las circunstancias, la única forma de resistencia digna a la tiranía. No se podía expresar abiertamente lo que se quería, pero con el silencio se podía mostrar indiferencia ante las exigencias del régimen.

22

Todavía puedo oír las marchas de duelo y de victoria que interrumpieron tantas clases para anunciar la muerte de un estudiante o de un profesor en el ejercicio de su profesión, o alguna victoria del ejército del Islam sobre el enemigo infiel. Nadie se molestó en señalar que los enemigos infieles de aquella guerra también eran musulmanes. El día que recuerdo, la marcha conmemoraba la muerte de uno de los líderes de la Asociación de Estudiantes Musulmanes. Después de clase me uní a algunas alumnas que estaban en el patio. Estaban burlándose del estudiante muerto y riéndose. Decían bromeando que su muerte era una boda con los cielos, pues ¿no habían dicho sus camaradas y él que su único amor era Dios? Era una alusión a las últimas voluntades y testamentos de los mártires de la guerra, a los que habían dado mucha publicidad. Casi todos aseguraban que la muerte en el martirio era su mayor deseo, porque prometía su unión definitiva con su verdadero «Amado».

—Ah, sí, claro, Dios —decían las chicas riendo—. Dios con el aspecto de todas las mujeres que devoraba con los ojos antes de acusarlas de indecencia. ¡Así se lo pasaba en grande! ¡Son todos unos pervertidos sexuales, todos!

Nassrin empezó a contar una anécdota sobre una maestra de religión de la escuela de su prima, que tenía doce años. Esta maestra enseñaba a sus alumnas a cubrirse y les prometía que en el paraíso recibirían la justa recompensa. Allí, en el paraíso, encontrarían arroyos de vino y serían cortejadas por jóvenes fuertes y musculosos. Sus labios gordezuelos babeaban cuando hablaba de los jóvenes musculosos, como un cordero que viera ya cocinado a su gusto.

Creo que mi expresión horrorizada hizo que sus risas se pararan en seco. No había conocido al joven mártir y, si lo hubiera conocido, no creo probable que hubiéramos trabado una gran amistad, pero aun así, aquel júbilo me parecía escandaloso.

Creyeron oportuno darme una explicación. «No lo conoces —me dijo Mojgan—; a su lado el señor Ghomi es un ángel. Era un enfermo, un enfermo sexual. ¿Sabes que hizo que expulsaran a una amiga porque dijo que le excitaba sexualmente un blanco fragmento de piel que apenas se le veía bajo el pañuelo? Eran como perros en celo.» Nassrin la interrumpió con una diatriba sobre una mujer de la guardia revolucionaria. «Sus cacheos eran como agresiones sexuales —dijo—. Un día magreó y acarició a Niloofar hasta que se puso histérica. Nos expulsan por reírnos ruidosamente, pero ¿sabes qué le hicieron a esa mujer cuando la descubrieron? Recibió una reprimenda, fue suspendida durante un semestre y luego volvió a su trabajo.»

Más tarde le dije a Nassrin que mientras las veía reírse del estudiante muerto no dejaba de pensar en un poema de Bertolt Brecht. No lo recuerdo bien. «Sí, vivimos en épocas oscuras, donde hablar de árboles es casi un delito.» Ojalá pudiera recordarlo mejor, pero hay un verso hacia el final que dice algo así: «¡Ay!, los que queremos bondad no podemos ser bondadosos».

Nassrin guardó silencio un momento. «No sabes lo que hemos sufrido —dijo al fin—. La semana pesada tiraron una bomba cerca de casa, cayó en un edificio de viviendas. Los vecinos dijeron que en un piso se celebraba un cumpleaños y que murieron más de veinte niños.

»Nada más caer las bombas y antes de que llegaran las ambulancias, aparecieron de ninguna parte seis o siete motos y empezaron a dar vueltas por la zona. Todos los motoristas vestían de negro y llevaban una cinta roja en la frente. Empezaron a gritar consignas: "¡Muerte a América! ¡Muerte a Saddam! ¡Viva Jomeini!". La gente estaba muy callada y se limitó a mirarlos con odio. Algunos trataron de ayudar a los heridos, pero aquellos matones no dejaban acercarse a nadie. No dejaban de gritar: "¡Guerra! ¡Guerra! ¡Hasta la Victoria!". ¿Cómo crees que nos sentíamos mientras estábamos allí mirándolos?

»Era un ritual: tras los bombardeos, aquellos emisarios de la muerte reprimían todo asomo de dolor o de protesta. Cuando dos primos míos fueron asesinados por el régimen islamista, unos parientes que ahora estaban de parte del Gobierno llamaron a mi tío para felicitarle por la muerte de su hijo y de su nuera.»

Seguimos intercambiando anécdotas mientras paseábamos. Nassrin me habló de su temporada en la cárcel. Todo había sido un accidente. Recuerdo lo joven que era; todavía iba al instituto. «Temíamos exagerar cuando les atribuíamos canalladas —dijo—, pero ahora sabemos que casi todo lo que oímos sobre la cárcel era cierto. Lo peor era cuando gritaban nombres a media noche. Sabíamos que las llamaban para ser ejecutadas. Decían adiós y, poco después, oíamos el sonido de las balas. Sabíamos el número de fusilados en una noche concreta por los tiros de gracia que se oían invariablemente después de las descargas. Había una chica allí cuyo único pecado era su asombrosa belleza. La habían encerrado porque algunos la habían acusado falsamente de inmoralidad. La retuvieron durante un mes y la violaron repetidas veces. Se la pasaban de un guardia a otro. La historia recorrió rápidamente la cárcel, porque la chica ni siquiera estaba allí por motivos políticos, con las presas políticas. Casaban a las vírgenes con los guardias, que más tarde las ejecutaban. La filosofía que había detrás de todo esto era que si eran ejecutadas siendo vírgenes, iban al cielo. Hablas de traiciones. Por lo general, obligaban a las que se habían "convertido" al Islam a disparar el último tiro en la cabeza de sus camaradas, para demostrar su lealtad al régimen. Si yo no hubiera sido una privilegiada —dijo con rencor—, si no hubiera estado *bendecida* con un padre que tenía su misma fe, Dios sabe dónde estaría ahora; en el infierno con el resto de vírgenes violadas, o quizá sería de las que pusieron la pistola en la cabeza de alguien para demostrar su lealtad al Islam.»

23

El 4 de agosto de 1914, Henry James escribió en su diario: «Todo se oscurece en estos tiempos, malogrado por la espantosa situación pública. Hoy (lunes) es la fiesta de los bancos, pero con un horrible suspense y las peores posibilidades flotando en el aire». En sus dos últimos años de vida, Henry James se transformó radicalmente por su intensa participación en la Primera Guerra Mundial. Por primera vez se volvió social y políticamente activo, un hombre que durante toda su vida había hecho lo posible por mantener a distancia las pasiones de la existencia. Sus críticos, como H. G. Wells, le acusaban por su actitud de mandarín ante la vida, que le evitaba tener que participar en los asuntos sociales y políticos diarios. Acerca de su experiencia en la Primera Guerra Mundial, escribió que «casi acabó conmigo. Aborrecía haber vivido de algo y dentro de algo tan espantoso y horrible».

Cuando aún era muy joven, James había sido testigo de la Guerra de Secesión americana. No pudo participar físicamente en una guerra en la que sus dos hermanos pequeños combatieron con valentía y honor, por culpa de un misterioso dolor de espalda contraído durante una operación de rescate en un granero en llamas. Psicológicamente mantuvo la guerra a raya escribiendo y leyendo. Puede que su deseo de apoyar y ayudar a los británicos en la Primera Guerra Mundial fuese en parte para compensar su inactividad anterior. También es cierto que la guerra que había despertado su horror por otra parte le fascinaba. Le escribió a un amigo: «Pero tengo una idea de la catástrofe y entiendo que la vida es feroz y siniestra».

James escribió de joven a su padre diciéndole que estaba convencido de la «pasajera organización del actual cuerpo social. El único estado intelectual respetable es expresar continuamente la insatisfacción que produce». Y eso es lo que hizo en sus mejores novelas. En casi todas sus novelas, la lucha por el poder es primordial para el desarrollo y desenlace del argumento. Esta lucha por el poder está enraizada en la resistencia del protagonista ante las normas socialmente aceptadas y en su deseo de integridad y reconocimiento. En *Daisy Miller*, la tensión entre lo viejo y lo nuevo conduce a la muerte de Daisy. En *Los embajadores* es el impresionante poder de la señora Newsome, y la autoridad que ejerce sobre su enviado y sobre su propia familia, lo que crea la tensión del argumento. Es interesante señalar que en esta lucha el antagonista siempre representa inquietudes mundanas, mientras que el deseo del protagonista es mantener su sentido de la integridad personal frente a las agresiones exteriores.

Durante la Guerra de Secesión americana, cuando James estaba descubriendo su vocación, escribió en parte para compensar su incapacidad para participar en la guerra. Después, al final de su vida, se quejaba de la impotencia de las palabras frente a semejante inhumanidad. En una entrevista del 21 de marzo de 1915, publicada en el *New York Times*, dijo: «La guerra ha consumido las palabras: se han debilitado, se han gastado como los neumáticos de un coche; al igual que ha ocurrido con millones de cosas, durante los últimos seis meses se ha abusado de ellas, se las han maltratado, se ha borrado su alegre aspecto más que en el resto de la historia de la humanidad, y ahora nos enfrentamos a una depreciación de todos los términos o, por decirlo de otra forma, a una merma de su capacidad expresiva y a un aumento de su vaciedad que hace que nos preguntemos qué fantasmas quedarán en circulación».

A pesar de su desesperación, volvió a las palabras, esta vez no para escribir ficción sino para escribir folletos belicistas, proclamas para que Estados Unidos interviniese en la guerra y no permaneciera indiferente ante el sufrimiento y las atrocidades que se cometían en Europa. También escribió cartas conmovedoras. En unas expresaba su horror ante los acontecimientos; en otras consolaba a las amistades que habían perdido en la guerra a un hijo o un marido.

Realizó un sinfín de actividades, visitó a soldados belgas heridos y, más tarde, a soldados británicos en los hospitales, recaudó dinero para los refugiados y los heridos belgas, y escribió propaganda de guerra desde el otoño de 1914 hasta diciembre de 1915. Además aceptó el cargo de presidente honorario del Cuerpo Voluntario de Ambulancias Motorizadas de Estados Unidos, y se integró en la Fundación Chelsea para refugiados belgas. Se trataba de actividades demasiado absorbentes para un escritor tímido y ermitaño cuyos objetivos y pasiones más ardientes reservaba para la ficción. Como dijo su biógrafo Leon Edel, «... el mundo parecía encontrarse muy a gusto con él y él tenía que impedir a menudo que derramase demasiadas lágrimas en su hombro». Mientras visitaba los hospitales, le gustaba compararse con Whitman cuando visitaba a los heridos durante la Guerra de Secesión. Decía que se sentía menos «acabado y decrépito cuando ciertos días les ayudo a empujar colina arriba el carro de la conversación». ¿Qué horror, qué fascinación interna llevó a este hombre, que durante toda su vida había rehuido la actividad pública, a participar tan activamente en la guerra?

Una razón fue la carnicería, la muerte de tantos jóvenes, y el trastorno y la destrucción generalizados. Mientras lloraba la mutilación de la existencia, sentía una admiración sin límites por el sencillo valor que encontró en los muchos jóvenes que fueron a la guerra y en los que se quedaron. En septiembre se instaló en Londres. «Puedo oír y ver, y tener información de primera mano —escribió—; me muero de envidia.» Presionó al embajador de Estados Unidos en Gran Bretaña y a otros altos funcionarios norteamericanos, y les reprochó su neutralidad. Y escribió folletos en defensa de Gran Bretaña y sus aliados.

James recalca en muchas cartas un importante recurso que contrarresta la insensatez de la guerra. Era consciente, cuando muchos no lo eran, del precio emocional que se cobra la crueldad y de la resistencia a la compasión que engendran tales acontecimientos. De hecho, esta insensibilidad es una forma de supervivencia. Como en sus novelas, insistía en el más importante de los atributos humanos: sentir, y se censuraba «la incapacidad de mis facultades para hacer otra cosa que sentir con intensidad creciente y desmesurada».

Años después, en una tarjeta de fichero, de color rosa, que llevé a través del océano desde Teherán hasta Washington DC, encontré dos citas sobre las experiencias de James en tiempos de guerra. Las había escrito para Nassrin, pero nunca se las enseñé. La primera era de una carta a Clare Sheridan, una amiga de James cuyo marido (estaban recién casados) había ido al frente y había muerto. «No me atrevo a decirle que no se aflija ni se rebele —escribió—, porque si en algo tengo experiencia es en la imaginación y porque soy incapaz de decirle que no sienta. Sienta, sienta, le digo, sienta por todo lo que valore, aunque parezca que pierde media vida, porque es la única forma de vivir, sobre todo de vivir bajo esta terrible presión, y la única manera de honrar y glorificar a esos entes maravillosos que son nuestra dignidad y nuestra inspiración.» En sus cartas insta una y otra vez a sus amistades a que sientan. El sentimiento despertará la solidaridad y les recordará que la vida merece ser vivida.

Una de las características de la reacción de James ante la guerra fue el hecho de que sus sentimientos y emociones no se despertaron por razones patrióticas. Su país, Estados Unidos, no estaba en guerra. Inglaterra, el país en el que había vivido durante cuarenta años, sí lo estaba, aunque en todos aquellos años no había solicitado la nacionalidad británica. Pero lo hizo entonces. En junio de 1915, pocos meses antes de su muerte, Henry James la solicitó y se la concedieron. Había escrito a su sobrino Harry que deseaba hacer compatible su condición civil con su condición moral y su situación material. «Si no hubiera sido por la Guerra, habría seguido siendo como era, y la habría tomado como la cosa más simple, más cómoda e incluso más simpática del mundo; pero las circunstancias son actualmente muy distintas.»

La razón más inmediata de este repentino cambio fue que, debido a la situación de la guerra, había sido calificado de «extranjero simpatizante» y necesitaba permiso policial cada vez que viajaba desde Londres hasta su casa de Sussex. Pero la razón más importante y simbólica era su desencanto por la no participación de Estados Unidos en la guerra. Escribió a su amiga Lilly Perry diciéndole que «la presencia inmediata del Enemigo cambia las cosas de arriba abajo cuando la propia nacionalidad es inútil para quien sigue los cambios muy de cerca».

La verdad es que James, como otros grandes escritores y pintores, había elegido por su propia cuenta a quién era leal y cuál era su nacionalidad. Su verdadero país, su patria, era la imaginación. «Negra y espantosa se me figura la tragedia que se prepara —escribió a su antigua amiga Rhoda Broughton—, y me hiere de muerte haber vivido para verlo. Usted y yo, ornatos de nuestra generación, no deberíamos haber presenciado este naufragio de la fe en la pujante civilización ni que lo peor se hacía posible.» Había escrito a Edith Wharton sobre «el hundimiento de la civilización. La única luz en las tinieblas, para mí, es la acción y la absoluta unanimidad de este país». Su idea de patria estaba ligada a la idea de civilización. En Sussex, durante la guerra, le había costado leer y ni siquiera podía trabajar. Se describía viviendo bajo «el hechizo fúnebre de nuestra asesinada civilización».

Cuando en septiembre de 1914 los alemanes atacaron y destruyeron la catedral de Reims, escribió: «Pero no hay palabras que llenen el abismo que deja, ni que lo conmuevan, ni que alivien el corazón de nadie, ni que enciendan una chispa en la oscuridad; el dolor de un corazón y la angustia de una ejecución no se mitigan a causa de una sombra, aunque digamos que es el crimen más espantoso que se haya perpetrado contra el espíritu del hombre».

Toda su vida había sido una lucha por el poder, no por el poder político, que desdeñaba, sino por el poder de la cultura. Para él, cultura y civilización lo eran todo. Había dicho que la mayor libertad del hombre era su «independencia para pensar», que permitía al artista sacar provecho de la «agresividad de los infinitos modos de ser». Aunque se sentía impotente ante tanta carnicería y destrucción. Su afinidad con Inglaterra y Europa en general procedía de esa idea de civilización, de una tradición de cultura y humanismo. Pero ahora conocía también la depravación de Europa, su cansancio de su propio pasado, su naturaleza depredadora y cínica. No es de extrañar que utilizara todas sus cualidades, sobre todo la fuerza de las palabras, para ayudar a quienes creía que tenían razón. No era insensible a su potencial curativo, y escribió a su amiga Lucy Clifford para decirle: «Debemos construir a toda costa nuestras propias contrarrealidades».

24

Unos días después de la charla con Nassrin vi a dos muchachas a la puerta de mi despacho, poco antes de clase. Una era Nassrin, con su habitual sonrisa desmayada. La otra llevaba un chador negro que la tapaba de la cabeza a los pies. Después de mirarla un rato reconocí a mi antigua alumna Mahtab.

Durante unos segundos nos quedamos las tres como paralizadas en el sitio. Nassrin parecía indiferente a todo; la indiferencia se había convertido en su defensa contra los recuerdos desagradables y la realidad descontrolada. Tardé unos momentos en asimilar a la nueva Mahtab; tuve que reajustar mi enfoque y transformar a la Mahtab izquierdista, con pantalón caqui de marca, a la que había visto por última vez en el hospital buscando a sus camaradas muertos, en la Mahtab que sonreía atribulada, suplicando reconocimiento en la puerta de mi despacho. Hice un ademán inconcreto para abrazarla, pero me contuve y le pregunté cómo le había ido durante todos aquellos años. Sólo entonces me acordé de invitarlas a entrar en el despacho. Faltaba poco para el comienzo de la clase.

Mahtab se había mantenido en contacto con Nassrin y, cuando se enteró de que yo estaba dando clases otra vez en Allameh, había sacado fuerzas de flaqueza y había ido a visitarme. ¿Podía asistir a mi clase? Y cuando terminara, quizá, si tenía tiempo, si no suponía un problema, me contaría algo de su vida. Desde luego, dije, por supuesto que podía asistir a clase.

Durante las dos horas que hablé sobre *Washington Square* de James, la mirada se me iba a menudo hacia Mahtab, envuelta en el chador negro, sentada muy rígida, escuchando con una actitud alerta y un nerviosismo que no le había visto nunca. Después de clase me siguió hasta el despacho, con Nassrin pisándole los talones. Les indiqué que se sentaran y las invité a un té, pero declinaron la invitación. Sin hacer caso de su negativa, fui a encargar los tes y cuando volví cerré la puerta para asegurar la intimidad. Mahtab estaba sentada en una silla mientras que Nassrin estaba de pie a su lado, mirando a la pared de enfrente. Le dije a Nassrin que se sentara, que me estaba poniendo nerviosa, y entonces me volví hacia Mahtab y, con la mayor indiferencia, le pregunté qué había estado haciendo todos aquellos años.

Al principio me miró con mansedumbre, como si no hubiera entendido la pregunta. Se puso a juguetear con los dedos, medio escondidos bajo los pliegues del chador, y dijo: «Bueno, he estado donde estuvo Nassrin. Me detuvieron poco después del día que la vi a usted en las manifestaciones. Sólo me condenaron a cinco años, lo que fue una suerte. Sabían que yo no era un miembro destacado de la organización. Y luego me dejaron salir antes, al cabo de dos años y medio, por buena conducta». Me quedé sin saber qué significaba buena conducta para los que la habían metido en la cárcel. Llamaron a la puerta y entró el señor Latif con el té. Guardamos silencio hasta que salió de la habitación.

—Pensaba en usted y en nuestras clases —dijo cuando se hubo ido. Después de los interrogatorios iniciales, la habían destinado a una celda con otras quince detenidas. Allí había conocido a otra alumna mía, Razieh. Sosteniendo con una mano la taza de té que le había ofrecido, y sin dejar que el chador se deslizara, dijo:

—Razieh me habló de sus clases sobre Hemingway y sobre James en Alzahra, y yo le conté el juicio de *Gatsby*. Nos reímos mucho. Ya sabe que la ejecutaron. Yo tuve suerte —dijo. Menos de un año después la habían soltado. Se había casado y tenía un hijo; ahora estaba esperando otro. Estaba embarazada de tres meses, pero no se le notaba por el chador, dijo señalándose tímidamente el estómago.

No pude preguntarle nada sobre mi alumna asesinada. No quería saber cómo habían vivido en la celda, ni qué otros recuerdos habían compartido. Pensaba que si me lo contaba cometería alguna locura y no quería que ocurrieran esas cosas en la clase vespertina. Le pregunté la edad de su hijo, pero no le pregunté por su marido. Podría haberle formulado mi pregunta favorita: «¿Estabais enamorados los dos?». Había oído hablar de demasiadas chicas que se habían casado poco después de salir de la cárcel para eludir las sospechas de sus carceleros, que parecían creer que el matrimonio era un antídoto contra la actividad política; o para demostrar a sus padres que ya eran buenas chicas; o simplemente porque no tenían otra cosa que hacer.

—¿Sabe? Siempre pensé que *Gatsby* era muy hermoso —me dijo Mahtab mientras se levantaba para irse—. Y la escena que nos leyó sobre el día en que Daisy vuelve a encontrarse con Gatsby después de cinco años, con la cara empapada por la lluvia. Y la otra escena, cuando ella le dice que se muestra muy indiferente, y lo que quiere decir es que le quiere. Lo pasamos bien con el juicio de *Gatsby*, ¿sabe?

Sí, lo sabía. El hecho de que recordara la novela y de que lo hubiera pasado bien con ella habría sido gratificante en otras circunstancias, pero lo único que se me ocurrió pensar entonces fue que la alegría de leer *Gatsby* quedaría manchada para siempre por estar unida en mi recuerdo al encarcelamiento de Mahtab y a la ejecución de Razieh.

Cuando se fueron tuve que abrir la ventana para que entrara el aire. Desde el despacho veía el patio, donde la nieve casi acariciaba los árboles. Mahtab había dejado al irse una sensación muy intensa, una atmósfera tangible de dolor y resignación. ¿De verdad había sido ella la que había tenido suerte: la liberada que acabó casándose, la que tenía que presentarse todos los meses ante los guardianes de la cárcel, la que vivía en una ciudad en ruinas con un niño de dos años? Ella había tenido suerte y Razieh estaba muerta. Nassrin también había dicho que había tenido suerte; mis alumnas habían concebido una idea muy extraña de la suerte.

La otra cita de James que figura en la ficha rosa recoge su reacción ante la muerte de Rupert Brooks, el hermoso poeta inglés que murió de septicemia durante la guerra. «Confieso que no tengo filosofía, ni piedad, ni paciencia, ningún arte de la reflexión, ninguna teoría de la compensación para enfrentarme a cosas tan espantosas, tan crueles y tan malvadas que son indeciblemente horribles e irremediables para mí, y que observo con cólera y con los ojos inflamados.»

Al lado de las últimas palabras, yo había añadido a lápiz en un momento posterior: Razieh.

25

¡Qué lugares tan extraños conocían mis alumnos, de qué oscuros rincones me traían noticias! Yo no podía desplazarme a esos sitios, ni siquiera puedo ahora, por mucho que haya oído hablar de ellos. Y sin embargo, Razieh y Mahtab debieron de sentir cierta alegría en aquellas celdas, cuando aún no sabían si iban a vivir o morir y hablaban sobre James y Fitzgerald. Quizá la palabra alegría no sea la más indicada. Menciono esto porque no era aquél el lugar al que había imaginado que llevarían mis novelas favoritas, mis dorados heraldos de aquel otro mundo. Pensaba en Razieh en aquella cárcel, y en Razieh enfrentándose al pelotón de fusilamiento una noche, quizá la misma noche en que yo estaba leyendo *El largo adiós* o *Las bostonianas*.

Recuerdo ahora, como entonces, que una de las características más sorprendentes de Razieh era su amor por James. Recuerdo la clase que di en la Universidad Alzahra y todos sus inconvenientes. El rasgo distintivo de aquella supuesta universidad consistía en que era la única exclusivamente femenina de todo Teherán. Tenía un pequeño campus con un bello y frondoso jardín, y el primer año tras mi regreso di allí dos cursos, compaginándolos con los que daba en la Universidad de Teherán. Mientras corregía los primeros parciales me quedé de piedra al comprobar que casi todas las alumnas, más que responder a las preguntas, se limitaban a repetir lo que había dicho yo. La proporción era alarmante en cuatro casos. Habían transcrito palabra por palabra lo que yo había dicho sobre *Adiós a las armas*, incluidos los «ya saben ustedes que...» y las digresiones sobre la vida personal de Hemingway. Aquello era como una imitación paródica de mis propias clases.

Supuse que habían copiado: era inconcebible que hubieran podido reconstruir mis clases con tanta precisión sin utilizar chuletas. Pero mis colegas me comunicaron que era una práctica normal: las alumnas memorizaban todo lo que sus profesores decían y luego lo reescribían sin cambiar una coma.

En la siguiente clase que di después del examen me sentía furiosa. Fue una de las pocas ocasiones en toda mi actividad docente en que me puse furiosa y lo dejé ver en clase. Era joven e inexperta y pensaba que ciertas cosas se daban por sentadas. Recuerdo que les dije que habría sido mejor que hubieran copiado, ya que eso al menos requería cierto ingenio, pero repetirme palabra por palabra, sin incluir nada suyo en las respuestas... Y así proseguí, con este tono, con una creciente indignación moral. Era esa ira con la que solemos embriagarnos, la que nos llevamos a casa y desahogamos ante la familia y los amigos.

Todas guardaban silencio, incluso las que no habían cometido los pecados que les atribuía. Di por terminada la clase antes de tiempo, aunque las culpables y otras se quedaron para defender su postura. Eran mansas hasta para excusarse: querían que las perdonara, no conocían otro método, aquello era lo que esperaba la mayoría de los profesores. Dos se echaron a llorar. ¿Qué podían hacer? Nunca habían aprendido de otra forma; desde el primer día que habían puesto los pies en la escuela elemental les habían dicho que memorizaran. Les habían dicho que sus opiniones no contaban en absoluto.

Razieh se quedó hasta que se hubieron ido todas. Entonces me dijo que quería hablar conmigo.

—No es culpa suya —dijo—, quiero decir que hasta cierto punto sí lo es, pero siempre pensé que usted era de las que se toman interés. —El tono de reproche de su voz me desconcertó.

—¿Me habría enfadado tanto si no tuviera interés?

—Sí, ésa es la forma fácil —dijo con calma—. Pero debería pensar de dónde venimos. A casi ninguna de estas chicas la han elogiado nunca por nada. Nunca les han dicho que sirvan para nada, ni que deberían pensar por su cuenta. Ahora llega usted y se enfrenta a ellas, y las acusa de traicionar unos principios que nunca les han enseñado a valorar. Esto debería haberlo sabido.

Allí estaba aquella chiquilla, mi alumna, dándome lecciones. No tenía más de veinte años, pero de alguna manera se las arreglaba para tener autoridad sin ser impertinente. A ellas les encantaba aquella asignatura, dijo, incluso habían aprendido a amar a Catherine Sloper, aunque no fuera guapa y careciera de todas las virtudes que se buscan en una heroína. Dije que en aquellos tiempos revolucionarios no era de extrañar que las estudiantes no se preocuparan por las penalidades y tribulaciones de una muchacha norteamericana, rica e insípida de finales del siglo XIX, pero ella protestó con vehemencia. En aquellos tiempos revolucionarios, dijo, se preocupaban mucho más. «No sé por qué las personas que están mejor creen siempre que las menos afortunadas no quieren tener lo mejor, que no quieren escuchar buena música, comer buena comida o leer a Henry James.»

Era una muchacha delgada, delgada y morena. Su seriedad tenía que ser una carga para su frágil estructura. Era delgada pero no endeble. Yo no entendía que alguien con aspecto tan frágil pudiera dar tal sensación de solidez. Razieh. No recuerdo su apellido, pero su nombre lo puedo mencionar sin tener que preocuparme por la seguridad, porque está muerta. Resulta irónico que sólo pueda mencionar nombres reales de personas muertas. Sus compañeras de clase la respetaban y, en aquellos tiempos profundamente ideológicos, la escuchaban las chicas de ambos extremismos ideológicos. Era un miembro activo del Muyaidín, pero eso no le impedía recelar de su jerga. No tenía padre y su madre se ganaba la vida limpiando. Tanto Razieh como su madre eran profundamente religiosas y fueron estas creencias las que la acercaron al Muyaidín: despreciaba a los islamistas que habían usurpado el poder.

Razieh tenía una sorprendente capacidad para apreciar la belleza. Dijo: «¿Sabe?, toda mi vida he vivido en la pobreza, he tenido que robar libros y colarme en los cines; pero yo quería aquellos libros. No creo que ningún niño rico haya apreciado

Rebeca o *Lo que el viento se llevó* como yo cuando me los llevaba de las casas en las que trabajaba mi madre. Pero James es diferente de cualquier otro autor que haya leído. Creo que estoy enamorada», añadió riéndose.

Razieh era una extraña mezcla de pasiones contrapuestas. Era implacable y resuelta, severa y dura, pero amaba la literatura con auténtica pasión. Decía que no quería escribir, sino enseñar. Tenía dificultades para expresarse por escrito. Decía: «Envidiamos a las personas como usted y queremos ser usted; no podemos y por eso la destruimos». Cuando dejé la universidad sólo volví a verla una vez. Creo que Razieh pensaba que al dejar yo aquella pequeña facultad para enseñar en la Universidad de Teherán las había abandonado. Le pedí que asistiera a mis clases para que siguiéramos en contacto. Pero no lo hizo.

Unos meses después de la sangrienta manifestación del verano de 1981 me encontraba paseando por una amplia calle soleada, próxima a la Universidad de Teherán, cuando vi avanzar hacia mí una figura envuelta en un chador negro, una figura pequeña. La única razón por la que le presté atención fue que se detuvo un momento, sorprendida. Era Razieh. No me saludó y en su expresión vi una negativa, un deseo de no ser reconocida. Nos miramos al cruzarnos. Nunca olvidaré aquella mirada, ni su cuerpo pequeño y delgado, su cara menuda y sus ojos grandes, como de búho o de diablillo de cuento.

26

En memoria de mi alumna Razieh, disertaré y hablaré sobre su libro favorito. Lo consideraré un homenaje.

¿Qué tenía *Washington Square* que tanto intrigaba a Razieh? Ciertamente había habido una identificación. Tuvo que ver algo de sí misma en la desventurada protagonista; pero no era tan simple, no era una simple cuestión de identificación.

Washington Square parece muy sencillo, aunque los personajes engañan, hacen lo contrario de lo que se espera de ellos, empezando por Catherine Sloper, la protagonista. Catherine está a merced de un padre inteligente y triunfador que no le hace caso y la desprecia: nunca ha perdonado a su tímida y devota hija la pérdida de su amada esposa, que murió al dar a luz. Además, tampoco es capaz de superar el desengaño que supone para él que Catherine no sea inteligente ni hermosa. Catherine, además, está a merced de su amor por Morris Townsend, el joven «hermoso» (lo dice ella) y despilfarrador que la corteja por su dinero. La frívola, sentimental y entrometida tía viuda, que trata de satisfacer las ansias románticas de Catherine haciendo de correveidile, completa el triunvirato del mal.

Catherine es una heroína excepcional, incluso para James. Es lo opuesto a nuestra idea de cómo debería ser una heroína. Es corpulenta, saludable, fea, aburrida, sin imaginación y sincera; está atrapada entre tres personajes vistosos, inteligentes y egocéntricos que la maltratan y la subestiman mientras ella sigue siendo leal y bondadosa. James despoja a Catherine, una por una, de todas las cualidades que hacen atractiva a una heroína; lo que le quita a ella lo reparte entre los otros tres personajes. A Morris Townsend le da «hermosura» e inteligencia; a la señora Penniman un amor maquiavélico por la intriga y al doctor Sloper ironía y buen juicio. Pero al mismo tiempo los priva de la única cualidad que distingue a la protagonista: la humanidad.

Como muchas heroínas, Catherine está equivocada; es única para hacerse ilusiones. Cree que Morris la quiere y se niega a creer en los alegatos de su padre en sentido contrario. James no quiere que sus protagonistas sean infalibles. De hecho, todos cometen errores, casi siempre perjudiciales para sí mismos. Sus errores, como el error trágico en la tragedia griega, son esenciales para su desarrollo y su madurez.

El doctor Sloper, el más malo de los tres, también es el más correcto. Es correcto en su vida profesional y privada, y sus pronósticos acerca de su hija son acertados, casi siempre al menos. Correctamente, y con su habitual ironía, predice que la señora Penniman tratará de persuadir a su hija de que un «joven con bigote está enamorado de ella. Será mentira; ningún joven con bigote o sin él se enamorará nunca de Catherine». Desde el principio, el doctor Sloper duda de las intenciones honorables de Morris Townsend hacia su hija, y hace lo que puede para impedir su matrimonio. Pero es totalmente incapaz de penetrar en el corazón de su hija. Ella le sorprende constantemente porque en realidad no la conoce. Subestima a Catherine, pero le ocurre algo peor: su fracaso es un fracaso del corazón. A Catherine le rompen dos veces el corazón, una su presunto amante y otra su padre. El padre es culpable del mismo delito del que acusa a Morris, a saber, el desamor por su hija. Pensando en el doctor Sloper, nos acordamos de una agudeza de Flaubert: «Hay que tener corazón para sentir el corazón de los demás». Y recordé inmediatamente al pobre señor Ghomi, que se perdía todas estas sutilezas, o quizá al afortunado señor Ghomi, para quien no existían tales escrúpulos: en su libro, la hija debe obedecer al padre y se acabó la historia.

El doctor Sloper no se entera en ningún momento de las necesidades de su hija. Se queja de su falta de destreza, aunque nunca fija en sus ocultos deseos de música y teatro. Ve su estupidez, pero se le escapa su intenso anhelo de ser amada. No es casualidad que en su primer encuentro con Morris Townsend, en la boda de su prima, Catherine, que «de repente ha desarrollado un vívido gusto por los vestidos», lleve un vestido de raso rojo. El narrador nos informa de que «su mayor satisfacción era en realidad el deseo de manifestarse de una naturaleza aún sin expresar; deseaba ser elocuente con sus prendas y disfrazar su falta de seguridad al hablar con una indumentaria de elegante franqueza». El vestuario es un desastre: el color no la favorece y la hace parecer diez años mayor. Además se convierte en blanco de los agudos comentarios de su padre. Esa misma noche, Catherine conoce a Morris y se enamora. Su padre pierde dos veces la oportunidad de entenderla y ayudarla.

Así, el doctor Sloper comete el delito más imperdonable que pueda cometerse en literatura: la ceguera. «La piedad es la contraseña», dice el poeta John Shade en *Pálido fuego* de Nabokov. Este respeto por los espacios ajenos, la empatía, está en el fondo de la novela. Es la cualidad que vincula a Austen con Flaubert y a James con Nabokov y Bellow. Creo que es así como ha nacido el malvado de la novela moderna: una criatura sin piedad, sin sentido de la empatía. La versión personalizada del bien y el mal usurpa e individualiza los conceptos, más arquetípicos, que dan forma a la epopeya y a la historia de aventuras, como el valor y el heroísmo. Un héroe es el que salvaguarda su integridad individual casi a cualquier precio.

Creo que muchos de mis alumnos habrían estado de acuerdo con esta definición del mal, muy cercana a sus propias experiencias. La falta de empatía era, en mi opinión, el pecado principal del régimen y aquel del que surgían todos los demás. Mi generación había probado la libertad individual y la había perdido; por dolorosa que fuera la pérdida, teníamos los recuerdos para protegernos del desierto del presente. Pero ¿qué tenían ellos que salvaguardar? Como en Catherine, su deseo, sus anhelos, su necesidad de expresarse se manifestaban por vías insospechadas.

Así, mientras su padre la rechaza, su tía la manipula y su pretendiente, al final, la abandona, Catherine aprende con dolor a resistir ante todos, no a la manera de ellos, sino a la suya propia, callada y humildemente. En todos los aspectos tiene su propio estilo de relacionarse con los acontecimientos y las personas. Desafía a su padre incluso en su lecho de muerte, al negarse a prometerle que no se casará nunca con Morris, aunque en ese preciso momento ya no tiene intención de hacerlo. Se niega a «abrir su corazón» a su tía y saciar su curiosidad sentimental, y en las últimas páginas del libro, en una escena serena y magnífica, rechaza la mano que su veleidoso amante le tiende después de veinte años. Sorprende a todos con cada uno de sus actos. Su comportamiento no se deriva de un deseo de venganza, sino de su sentido del decoro y de la dignidad, por utilizar dos términos anticuados, muy utilizados por los protagonistas jamesianos.

Sólo Catherine tiene la capacidad de cambiar y madurar, aunque aquí, como en muchas novelas de James, paga un alto precio por este cambio. Y en cierto modo se venga de su padre y de su pretendiente: se niega a ceder ante ellos. Al final se sale con la suya.

Si es que lo podemos expresar así. Se podría creer que James reivindicaba una «literatura catastrófica»: muchos de sus protagonistas son infelices al final, y aun así les da un aura de victoria. Esto se debe a que estos personajes dependen hasta tal punto de su propio sentido de la integridad que la victoria para ellos no tiene nada que ver con la felicidad. Tiene más que ver con un pacto con uno mismo, con un movimiento hacia dentro que los completa. Su recompensa no es la felicidad, palabra importante en las novelas de Austen y apenas utilizada en el universo de James. Los personajes de James se ganan la autoestima. Y, conforme avanzamos hacia la última página, nos convence de que eso debe de ser lo más difícil del mundo, sobre todo cuando, después de que su exasperante pretendiente se va, «Catherine, mientras tanto, en el salón, cogiendo el bastidor con el bordado, había vuelto a sentarse como quien dice para siempre».

27

Volví a pulsar el timbre de la casa del mago, pero tampoco esta vez hubo respuesta. Me aparté y miré hacia la ventana de su sala: las cortinas estaban echadas, todo era de color crema y si-

lencioso. Tenía una cita con él esa tarde, y Bijan había quedado en recogerme para llevarme a cenar a casa de un amigo. Estaba pensando en buscar un teléfono para llamarle cuando
apareció un vecino con una bolsa de fruta, abrió la puerta y me
invitó a entrar con una sonrisa de bienvenida. Le di las gracias
y subí la escalera a toda prisa. La puerta del piso estaba abierta, pero no hubo respuesta a mis repetidas llamadas, así que
entré.

El apartamento estaba impecable, cada cosa en su sitio, la
mecedora, el kilim, los periódicos del día limpiamente dobla-
dos sobre la mesa, la cama hecha. Fui de una habitación a otra
buscando algún indicio de desorden, alguna clave para aquella
interrupción de la rutina. La puerta estaba abierta; habría salido a buscar algo, café, o leche, y habría dejado la puerta abierta por si yo llegaba. ¿Qué otra cosa podía explicar su ausencia?
¿Qué otra cosa podía ser? ¿Se lo habrían llevado detenido? ¿Se
lo habrían llevado? Una vez que esta idea penetró en mi mente, se negó a irse. Sonaba una y otra vez, como si fuera un mantra: se lo han llevado, se lo han... No era tan extraño, lo habían
hecho antes con otros. Una vez encontraron abierto el piso de
un escritor; sus amigos vieron la mesa de la cocina con los restos del desayuno, la yema de un huevo desparramada en el plato, un trozo de tostada, mantequilla, algo de mermelada de fresa y un vaso medio vacío de té. Todas las habitaciones parecían
escenarios de una acción inconclusa. En el dormitorio, la cama
sin hacer; en el despacho, montones de libros tirados por el
suelo y sobre el sillón; en la mesa, un libro abierto y un par de
vasos. Dos semanas después averiguaron que se lo había llevado la policía secreta, para interrogarlo. Aquellos interrogatorios formaban parte de nuestra vida cotidiana.

Pero ¿por qué? ¿Por qué iban a llevárselo? No estaba afiliado a ningún partido político, ni escribía artículos incendiarios. Claro que tenía muchos amigos... ¿Cómo saber que no estaba secretamente en un grupo político y que no era un jefe
guerrillero en la clandestinidad? La idea parecía absurda, pero

cualquier explicación era mejor que nada... Tenía que encontrar una razón para la repentina ausencia de un hombre atado a la rutina, consciente de sus obligaciones, que siempre llegaba a las citas con cinco minutos de antelación, un hombre, descubrí de repente, que había creado una imagen de sí mismo con sus costumbres rutinarias, como migas de pan que forman un rastro.

Me acerqué al teléfono, que estaba al lado del sofá de la salita. ¿Y si llamaba a Reza, su mejor amigo? Pero entonces también lo preocuparía a él... Mejor esperar un rato, quizá volviera. ¿Y si regresaban ellos y me encontraban allí? «Cállate, ¡Cállate! Espera, volveré enseguida. —Miré el reloj—. Sólo se retrasa cuarenta y cinco minutos. ¿Sólo? Esperaré media hora más y luego decidiré.»

Fui a la biblioteca y miré las filas de libros, ordenados por títulos. Cogí una novela, la devolví a su sitio. Cogí un libro de crítica, y entonces vi los *Cuatro cuartetos* de Eliot. Sí, no es mala idea. Lo abrí como solíamos abrir a Hafiz, cerrando los ojos, formulando una pregunta y poniendo el dedo al azar. Se abrió por la parte central de «Burnt Norton», por una página que empezaba con los versos: «En el punto inmóvil del mundo que gira / ni carne ni descarnación; / ni desde ni hacia; / allí, en el punto inmóvil, está la danza».

Cerré el libro y volví al sofá, totalmente agotada.

Sonó el teléfono. «Si es un amigo, colgará al tercer timbrazo. ¿Y si no lo es? ¿Y si es él? Dejó la puerta abierta, llamó a mi casa y no encontró a nadie, así que ahora me llama aquí. ¿Y por qué no ha dejado una nota? Yo, en su lugar, es probable que me hubiera olvidado de dejar una nota, porque tengo una cabeza desordenada, pero él no, él se habría acordado. ¿Y si no había tenido tiempo de escribirla, o no podía escribirla? Si se lo habían llevado, no iba a decir: un momento, esperen a que escriba una nota para una amiga a la que podrán detener ustedes más tarde: "Querida Azar, no puedo esperarte, quédate donde estás, vendrán a buscarte pronto".»

De repente me entró el pánico. Tengo que llamar a Reza, pensé, mejor llamarlo que morir de ansiedad. Dos cabezas piensan mejor que una y todo eso. Llamo a Reza y le explico la situación. Su voz es suave, pero ¿acaso no percibo un ligero pánico acolchando sus suaves palabras? Dice: «Dame media hora y estoy ahí».

Nada más colgar, lamento haberle llamado. Si va a pasar algo malo, por qué implicar a nadie más, y si no le ha ocurrido nada... Volví a los *Cuatro cuartetos*, y esta vez lo abrí por el principio, por los versos que solía leer en voz alta cuando estudiaba a Eliot en la facultad:

> El presente y el pasado
> quizá estén presentes en el futuro
> y el futuro contenido en el pasado,
> si todo tiempo es eternamente presente
> todo tiempo es absoluto.

¿Cómo podía haber pasado por alto lo de la cualidad absoluta del presente todas las otras veces que lo había leído? Me puse a leer en voz alta, mientras daba vueltas por la habitación:

> Lo que pudo haber sido es una abstracción
> que queda como una posibilidad perpetua
> sólo en un mundo de especulación.
> Lo que pudo haber sido y lo que ha sido
> señalan un extremo, que siempre es el presente.

Entonces llegué a mi parte favorita y me sentí al borde de las lágrimas:

> Resuenan pasos en el recuerdo
> por el sendero que no recorrimos
> hacia la puerta que nunca abrimos
> en el jardín de rosas. Mis palabras resuenan
> así en vuestra mente.

                              Pero para qué
turbar el polvo de un tazón de hojas de rosa
no lo sé.

Repetí los dos últimos versos, mientras las lágrimas me corrían por las mejillas. Su amigo llegó por fin. Le hice entrar, recibí inmediatamente su consuelo y le expresé mi ansiedad y mi temor. Me cogió la mano y me dio una palmada en el hombro. «No te preocupes —dijo—, está como una cabra; quizá haya tenido que ir a una sesión de montaje de última hora. Se sabe que desaparece durante varios días cuando le hacen esos encargos.» ¿Y si había concertado una cita el día anterior? ¿No podía haber dejado una nota? Al cabo del rato estábamos sentados en el sofá, con las manos cogidas, sintiéndonos abandonados e intimidados por nuestras dudas y temores.

No vimos cómo se abría la puerta, oímos una llave en la cerradura. El amigo había olvidado que había dejado la puerta sin cerrar. Entró y sus primeras palabras fueron: «Lo siento mucho, estaba con el Chico». Estaba muy pálido y, si las cejas arqueadas pudieran hundirse, las suyas hubiesen estado hundidas. El cansancio que sentía no era inferior a la aflicción que le causaba el nerviosismo que nos había hecho pasar. «Bueno, lo menos que podías haber hecho es dejar que te detuvieran o presentarte con tus interrogadores —dije débilmente—. ¿Dices que has estado con el Chico?»

El Chico era el sobrenombre que le había puesto a un joven de dieciocho años que estaba en el último curso de bachillerato cuando lo conoció en una de sus clases, el año de la revolución. Mi mago sentía un afecto especial por el Chico, que quería ir a la Facultad de Medicina, pero se sentía fascinado por sus comentarios sobre Esquilo y Chaplin. Pasó el examen de ingreso con sobresaliente, pero le denegaron la plaza porque admitió que era bahaii. Durante el reinado del sha, los bahaii estaban protegidos y prosperaron, un pecado que nunca se perdonó al sha. Tras la revolución, sus propiedades fueron confiscadas y sus líderes asesinados. Los bahaii no tenían derechos civiles en la nueva Constitución islámica y les estaba prohibido ir a colegios, universidades y lugares de trabajo.

El Chico habría podido publicar una declaración, como habían hecho muchos otros, negando pertenecer a aquella secta decadente e imperialista y repudiando a sus padres, que afortunadamente estaban fuera de peligro en Europa, y asegurar que había sido convertido por algún ayatolá. Es lo único que habría necesitado para que se le abrieran todas las puertas. Pero en lugar de hacerlo, había admitido ser bahaii aunque nunca había sido bahaii practicante ni tenía inclinaciones religiosas; así frustró él solo una brillante carrera de medicina, porque no cabía la menor duda de que habría sido un médico brillante.

Ahora vivía con su anciana abuela y hacía trabajos esporádicos, ya que no podía permanecer mucho tiempo en ninguno. En aquel momento trabajaba en una farmacia, lo más cerca que estaría nunca de la medicina. Yo no lo conocía, pero había oído hablar de él, de su impresionante atractivo, de su amor por una joven musulmana que pronto lo abandonaría para casarse con un viejo rico, y que más tarde trataría de hacer las paces con él como mujer casada.

El Chico había llamado poco antes de la hora de comer. Su abuela, que llevaba una temporada enferma, había muerto y el Chico le llamaba desde el hospital, muy afectado. No dejaba de repetir que no sabía qué hacer. Así que mi mago había salido corriendo, pensando que volvería pronto, mucho antes de mi llegada.

Se encontró al Chico delante del hospital, al lado de una mujer blanda y sin huesos, su tía. El Chico casi lloraba, pero llorar delante de un mentor mitificado era imposible, así que había resistido con los ojos secos, peor que las lágrimas. No había cementerios para los bahaii, pues el régimen había destruido el cementerio bahaii el primer año de la revolución, arrasando las tumbas con las excavadoras. Corría el rumor de que el cementerio se había convertido en parque, o en terreno de juegos. Más tarde descubrí que lo habían transformado en un centro cultural, llamado Bakhtaran. ¿Qué se hace cuando se muere una abuela y no hay donde enterrarla?

Me puse en pie y empecé a pasear por la habitación. «Siéntate —dijo, señalando el sofá, a su lado—. Siéntate y estate quieta, sé una buena chica.» Le dije que antes de continuar me dejara hacer una llamada. Llamé a Bijan y le dije que fuera a la cena sin mí, que me reuniría con él más tarde. Cuando volví, Reza estaba diciendo: «Es sorprendente esa obsesión por apoderarse no sólo de los vivos, sino también de los muertos. Al principio de la revolución, el fiscal revolucionario demolió la tumba del sha Reza, destruyó el monumento y levantó unos lavabos públicos en su lugar; y los inauguró orinando en ellos». Interrumpí la conversación y les pregunté si querían café. Cogí tres tazas distintas y las puse en la mesa con un cazo de agua hirviendo y café instantáneo. El mago se levantó, fue a la nevera y volvió con una caja de bombones; siempre el caballero perfecto.

Bien, el Chico había pedido el coche a un amigo y estaba allí con su sollozante tía. Imposible dejar al Chico con la tía para encargarse del cadáver, así que decidió ir con ellos a pesar de las fuertes protestas del Chico. Se había acordado de mí y llamó a mi casa, pero no respondió nadie. No, no se le había ocurrido llamar a Reza ni a ningún otro. Se había metido en el coche con el Chico.

Fueron hasta la parte trasera del hospital, donde les entregaron el cadáver, envuelto en un sudario blanco. Lo cogieron entre los dos y lo metieron en el maletero del coche. Luego, para enterrarlo, fueron a un jardín de las afueras de Teherán del que el mago había oído hablar. Les preocupaba la posibilidad de que los pararan por el camino: ¿qué podrían decirles a los milicianos? ¿Cómo impedir que abrieran el maletero? El Chico estaba preocupado por el coche. Después de todo, era de su amigo y no quería complicar a inocentes en aquella historia.

«¡Inocentes! —exclamó mi mago—. ¿Te imaginas, sentirse culpable por tratar de enterrar a tu propia abuela, por darle entierro a toda costa, aunque no sea un sepelio decente?»

Quería tocarle, pero la experiencia le había puesto fuera de nuestro alcance: todavía estaba en aquel coche, camino del jardín. Hay momentos en que no se pueden intercambiar expresiones de simpatía. ¿Qué se le dice a alguien que está hablando sobre violaciones y asesinatos de vírgenes? ¿Te acompaño en el sentimiento? Mi mago y Nassrin eran de esas personas que no quieren que se las compadezca; esperaban que comprendiéramos y adaptáramos nuestra solidaridad a la forma de su dolor. Claro que en su caso era peor: sentía culpa y rabia.

Recorrieron la misma autopista que tantas veces habían tomado para ir al mar Caspio. El terreno, los árboles y las montañas pasaban junto a ellos y la tía no decía nada; iba sentada detrás y de vez en cuando oían sus resuellos y resoplidos. Los hombres no podían hablar de nada real, así que charlaron superficialmente de los Oscar del año anterior.

El jardín era como cualquier otro; por encima de las vallas de adobe se veían los altos árboles del interior. Tocaron el claxon y un anciano abrió la puerta para dejarles entrar. Les enseñaron unas cuantas parcelas con lápidas y dos tumbas recién cavadas. Las familias de los muertos tenían que llevar a cabo el ritual de lavar el cuerpo y ponerle el sudario. El Chico y su tía fueron a un pequeño edificio y mi mago se quedó sentado en el exterior, con un ramo de narcisos que había comprado por el camino. Luego todo fue rápido, como un sueño. Meter el cadáver en el agujero, echarle la tierra encima, quedarse un momento ante la tumba y depositar las flores. El Chico pagó al anciano, regresaron al coche y volvieron directamente al apartamento, «y aquí estoy por fin, a tu servicio». Mientras me miraba floreció una repentina amabilidad en sus ojos. «Y te pido perdón —dijo—, por no haber pensado en cómo te ibas a sentir.»

Nos quedamos sentados un rato más. No recuerdo si hablamos. Luego me puse en pie y dije: «Llama un taxi, por favor», y lo hizo. Cuando sonó el timbre, me puse el manto y el pañuelo, recogí el bolso y me despedí. No habíamos hablado sobre el objeto de mi visita, no parecía tener mucho sentido. Desde luego, llegaría el día siguiente, volvería a llamarlo para concertar otra cita, y hablaríamos. Por el momento, besé a ambos en la mejilla, le di las gracias a Reza y bajé a toda prisa la escalera, hacia el taxi que esperaba.

28

Dos noches antes del anuncio del primer alto el fuego en la guerra de las ciudades, unos cuantos amigos vinieron a casa a ver *Mogambo* de John Ford. El señor Forsati había adquirido por entonces la costumbre de llevarme vídeos. Un día, cuando menos lo esperaba, me siguió a mi despacho con un pequeño paquete en la mano. Resultó ser una copia de *Big*. A partir de entonces siguió llevándome películas, casi todas norteamericanas y de segunda o tercera categoría. Se decía que los islamistas las obtenían de los marineros destinados en el Golfo, que podían ver películas prohibidas y las pasaban de contrabando. Al cabo de un tiempo, empecé a hacerle peticiones. Le pedía clásicos como *Jules y Jim*, *Tiempos modernos* o películas de Howard Hawks, John Ford, Buñuel y Fellini. Estos nombres eran desconocidos para él y al principio le resultó difícil encontrarlos, quizá porque a los marineros no les interesaban demasiado. Un día me llevó *Mogambo*. Dijo que era un regalo. Nunca pensó que se enamoraría de una película antigua, pero allí estaba, se había enamorado y tenía la certeza de que me gustaría.

Aquella noche hubo un apagón que duró varias horas, dejando a oscuras toda la ciudad. Nos sentamos a la luz de las velas, hablando y bebiendo Vishnovka, un vodka casero de cerezas, mientras algunas explosiones lejanas interrumpían la conversación, por lo demás tranquila. A la noche siguiente se anunció que Irak aceptaría un alto el fuego si le dejaban disparar el último misil. Era como un juego de niños: lo más importante era quién decía la última palabra.

El alto el fuego duró sólo dos días. Mucha gente, creyendo que se mantendría, había vuelto a Teherán. Abrieron las tiendas y las calles se llenaron de gente que hacía compras para Año Nuevo. Pocas horas antes de reanudarse el conflicto, aposté con un amigo por la duración de la tregua. Apostar se había convertido en una costumbre. Apostábamos cuándo, dónde y cómo caerían en la ciudad muchos misiles. Aquello ayudaba a reducir la tensión, por muy espeluznantes que fueran algunas victorias nuestras.

Los ataques se reanudaron el lunes a las diez y media de la noche. A primera hora del martes habían caído en Teherán seis misiles. Muchos que acababan de llegar se fueron rápidamente. El repentino silencio que cayó sobre la ciudad sólo se rompía ocasionalmente con el estruendo de las marchas militares que salían de las mezquitas, las dependencias ministeriales, los edificios del comité revolucionario y ciertas casas particulares. Las marchas se interrumpían para dar paso a «importantes noticias» sobre ataques con misiles contra Bagdad y nuevas victorias sobre «el enemigo sionista—imperialista». Teníamos que regocijarnos por aquellas victorias de «la luz sobre las tinieblas» y consolarnos con la idea de que los ciudadanos iraquíes estaban sufriendo la misma suerte.

29

Las universidades cerraron antes del Año Nuevo Iraní, el 21 de marzo de 1988, y permanecieron cerradas hasta el alto el fuego. El pueblo estaba cansado y ya no se preocupaba de los edictos del Gobierno. Las bodas y fiestas continuaron, ajenas a las milicias y a los guardias revolucionarios. Los motoristas de negro, coperos de la muerte, como los llamaban algunos, desaparecieron del escenario de los bombardeos, mientras la gente desahogaba su desesperación y su ira gritando, maldiciendo tanto a Saddam como al régimen. Gran parte de la vida cotidiana se paralizó por entonces, y continuamente buscábamos vías de escape más activas. Subir a las montañas que rodean Teherán o dar largos paseos se convirtió en algo cotidiano, que dio lugar a muchas amistades nuevas, aunque rara vez perduraban.

El dictador iraquí era ya un personaje doméstico, casi tanto como Jomeini, dado que poseía prácticamente el mismo control sobre nuestra vida. El tremendo poder que tenía sobre nuestro destino lo había convertido en un intruso. No se podía tomar ninguna decisión clave sin tenerlo en cuenta a él y sus futuros movimientos. Su nombre se mencionaba con frecuencia y con indiferencia. Personaje destacado de algunos juegos infantiles, todos sus movimientos, pasados, presentes y futuros, eran tema de muchas conversaciones.

Debido a los continuos y concentrados bombardeos iraquíes sobre las ciudades importantes, sobre todo Teherán, el régimen se vio obligado a aflojar las riendas. Los guardias y comités revolucionarios empezaron a desaparecer de las calles; apenas se veía ya a las brigadas de la moralidad. En una época en que Teherán estaba de duelo, fue capaz de presentar una cara más alegre. Las mujeres, en cantidad creciente, rechazaban el obligatorio color oscuro y se ponían sus pañuelos más vistosos; muchas se maquillaban y enseñaban las medias de nailon bajo el manto. Se celebraban fiestas con música y alcohol sin preocuparse demasiado por las brigadas y sin tener que sobornar a los comités locales.

El lugar donde el régimen trató de mantenerse fuerte fue, paradójicamente, el reino de la imaginación. La televisión estaba saturada de documentales sobre las dos guerras mundiales. Mientras las semivacías calles de Teherán se volvían más alegres y vistosas, en televisión veíamos a los londinenses buscando comida en los cubos de basura, o apiñados en refugios subterráneos. Nos contaban que los habitantes de Leningrado y Stalingrado, cercados por el enemigo, se habían visto obligados a comerse a sus conciudadanos muertos. Aquello no era sólo para justificar una guerra cada vez más impopular y desesperada, cuyo final se negaba a contemplar el régimen hasta que se hubiera «liberado» todo Irak. También tenía por objeto intimidar y controlar a una población descontenta, anunciando la perspectiva de desgracias mayores y recordándonos que no todo iba tan bien en el frente occidental.

Habíamos llegado a creer en los rumores. Aquella primavera se propaló un rumor nuevo. Decía que Irak poseía ahora más misiles, mucho más poderosos, que podían caer en cualquier parte de la ciudad sin que se detectara su presencia. Así que nos dijimos que nos contentábamos con las bombas normales y rezábamos para que no hubiera misiles. Finalmente, en abril, nos atacaron los temidos misiles. Poco después, el bombardeo químico de los iraquíes contra una ciudad kurda del mismo Irak anunció una perspectiva aún más terrorífica. Los rumores más recientes señalaban que Irak planeaba lanzar bombas químicas contra Teherán y otras grandes ciudades. El régimen utilizaba las noticias para crear un pánico masivo. Los periódicos aparecían con suplementos sobre cómo enfrentarse a un ataque químico; introdujeron una nueva señal de alarma: la señal verde. Unos cuantos ensayos con señales verdes, aparte de provocar el pánico general, nos convencieron de que nadie podría escapar al efecto paralizante de la nueva amenaza. Se anunció un día especial «de lucha contra la bomba química», durante el cual los guardias revolucionarios desfilaron por las calles con máscaras antigás y vehículos, congestionando el tráfico en la mayor parte de la urbe.

Poco después cayó un misil en una panadería de un concurrido barrio de Teherán. Los que se acercaron a mirar vieron nubes de harina elevándose en el aire. Alguien gritó: «¡Bomba química!». Hubo varios heridos en el tumulto que se produjo, ya que la gente y los coches chocaban entre sí. Y como era de esperar, los guardias revolucionarios llegaron un poco después, con sus máscaras antigás, listos para el rescate.

En casi todos los barrios se veían ya las huellas inconfundibles de los ataques con misiles, que continuaban sin cesar. Filas de casas y tiendas normales daban paso a otras con las ventanas rotas; luego unas cuantas casas que habían recibido mayores daños; más allá, un par de casas en ruinas de las que sólo quedaba el esqueleto desnudo rodeado de escombros. Al ir a visitar a un amigo, a una tienda, o al supermercado, pasábamos con el coche en medio de todo aquello como quien se mueve en una curva simétrica. Partíamos de la parte ascendente de la curva de devastación hasta que llegábamos a las ruinas del punto más alto, volvíamos poco a poco a lugares ya conocidos y, finalmente, al destino deseado.

30

Hacía mucho tiempo que no había visto a Mina y las fiestas del Año Nuevo Iraní fueron una buena excusa para reanudar la relación. Recuerdo bien el día que fui a su casa, porque coincidió con dos acontecimientos importantes: se casaba un antiguo colega y cayeron siete misiles sobre Teherán. La primera explosión sonó cuando salía de una floristería. Un dependiente de la tienda, un viandante y yo nos quedamos mirando la nube que se levantó en el horizonte, al oeste de la ciudad. Parecía blanca e inocente, como un niño que acabara de cometer un asesinato.

Mina se alegró mucho de verme. En cierto modo yo era entonces su único contacto con el mundo académico. Su familia había vendido su mansión y se habían mudado a una nueva casa que era una versión espectral y más pequeña del antiguo hogar. Mina seguía vistiendo de negro. Parecía sombría e infeliz. Me dijo que seguía teniendo ataques de depresión y que estaba bajo medicación.

Le pregunté con cierta insistencia por su libro inacabado sobre James. Se me había ocurrido la simple e ingenua idea de que si empezaba a trabajar en el libro, las cosas se arreglarían solas. Dijo que no pensaba continuar aquella obra. Necesitaba tiempo para respirar, añadió más tarde, para ser capaz de concentrarse de nuevo en el trabajo. Mientras, había traducido la *Modern psychological novel* de Leon Edel y en aquel momento estaba traduciendo *Rise of the novel* de Ian Watt. Dijo que, desde luego, no eran libros que estuvieran muy de moda entonces. «Todos se han vuelto posmodernos. Ya ni siquiera son capaces de leer los textos originales, hasta tal punto dependen de un seudofilósofo que les explique lo que dicen.» Le dije que no se preocupara, que tampoco enseñaba ya nadie a James, que tampoco estaba de moda, lo que significaba que estábamos haciendo algo interesante.

Mina era una traductora meticulosa y literal, lo que le creaba dificultades con el editor, que quería que hiciera el texto «accesible» para el público. Ella despreciaba las traducciones existentes de Virginia Woolf. Se negó a utilizar la traducción iraní de *La señora Dalloway* para las citas que aparecían en el libro de Edel, y esto le había causado más problemas.

Me preguntó por las clases. Le conté que mis alumnos y yo estábamos sufriendo con James, sobre todo con su prosa. Sonrió. «Entonces tus alumnos están en buena compañía —dijo—; algunos de los críticos y escritores más conocidos se han quejado al respecto.» «Sí, pero nuestro problema es diferente, ya sabes. Escogí otros novelistas mucho más difíciles, como Nabokov y Joyce, pero de alguna manera lo están pasando peor con James. El realismo de superficie les hace pensar que debería ser más fácil de entender, y así el chasco es mayor. Fíjate —dije— en el uso que da a la palabra "fuliginoso". La utiliza en *Las bostonianas*, "ojos fuliginosos", y en *Los embajadores*, para describir la cara de Waymarsh. ¿Qué significa esa palabra? ¿Sabes que no la he encontrado en mis diccionarios?»

Mina no podía dejarme continuar: su sentido de la lealtad no se lo permitía. Ella, como Catherine, tenía un corazón «monolítico», y a pesar de su brillante intelecto, a veces se tomaba las cosas literalmente. Dijo con evidente emoción: «¿De qué modo podría crear la ilusión de vida si no es dando volumen a sus palabras? ¿No estarás pensando en eliminarlo de tus clases?».

Mina me había hecho esta pregunta hacía mucho tiempo, y de vez en cuando volvía a ser víctima de la misma ansiedad. Le dije que no, por supuesto: ¿cómo iba a retirar de mis clases a un novelista que para describir a una mujer brillante no dice deslumbrante ni incandescente, sino «la inapagada señorita B»? Ojalá le pudiera robar su intrincado vocabulario. «Pero debes darle un respiro a mis criaturas; recuerda que muchas se alimentaron de *La perla* de Steinbeck.»

Le conté lo mucho que nos habíamos divertido el día que elegimos el mejor y el peor pasaje. Mahsid escogió el de los «árboles asediados por los pájaros» y Nassrin leyó un pasaje de *Los embajadores* que describía una comida a orillas del agua: «... la sencillez con que Madame de Vionnet, enfrente de él, al otro lado del mantel intensamente blanco, las *omelettes aux tomates*, la botella del Chablis pajizo, le daba las gracias por todo con una sonrisa casi infantil, mientras sus ojos grises entraban y salían de la charla, se prendaban del cálido aire primaveral en el que ya despuntaba el verano y volvían a posarse en su cara y en los temas humanos de ambos».

Aquellas charlas, en apariencia ajenas a los sucesos que se

producían a nuestro alrededor, fueron una gran fuente de satisfacción para ambas. Sólo ahora, cuando trato de recomponer los retazos de aquellos días, descubro lo poco o nada que hablamos de nuestras vidas personales, de amor y matrimonio, y de cómo nos sentíamos por tener hijos o por no tenerlos. Parecía como si, aparte de la literatura, la política nos hubiera devorado, eliminando todo lo personal y privado.

31

Uno de los últimos misiles que cayeron antes del alto el fuego dio en una casa cercana, en un callejón donde vivían unos amigos con su hija menor. Tenían una editorial y una librería no muy lejos de su casa, en donde se reunían muchos escritores e intelectuales iraníes y donde los debates se prolongaban hasta tarde. La noche anterior, varios amigos, entre los cuales estaba Laleh, se habían quedado con nosotros viendo películas casi hasta el amanecer. Con la cálida confusión de la vigilia preparamos un desayuno a base de pan, nata, mermelada casera y café. Estábamos en la cocina cuando pensamos que la casa se venía abajo. Había caído muy cerca. Pronto averiguamos dónde.

Después de la explosión mucha gente corrió hacia el lugar, mientras docenas de personas, sobre todo mujeres y niños, sangrando, gritando, llorando y maldiciendo, corrían en dirección opuesta. Cuando llegaron los guardias revolucionarios y las ambulancias, los gritos subieron de volumen. Los guardias empezaron a inspeccionar la zona con cierta indecisión. En el patio de la casa en la que había aterrizado el misil yacían dos niños sin sentido. Los guardas sacaron a rastras a dos mujeres muertas de debajo de las ruinas; una era muy joven y llevaba una bata de colores. La otra era madura y gorda; la falda le ceñía los muslos.

La noche siguiente fuimos a consolar a nuestros amigos. Llovía suavemente; el aire esparcía el perfume de la tierra fresca y las flores primaverales. Se había reunido una pequeña multitud alrededor de las casas devastadas. Nuestra anfitriona nos condujo a su casa y, generosa como era, nos sirvió un té aromático y unos pastelillos deliciosos. Se las había arreglado para llenar la cocina con grandes jarrones de lilas.

Las ventanas habían reventado. Las esquirlas de vidrio habían agujereado los cuadros valiosos que tenían y ellos se habían pasado la noche recogiendo cristales por toda la casa. Nos llevó a la azotea con una sonrisa. Detrás de nosotros se elevaban mis amadas montañas y delante estaban las tres casas destruidas. Un hombre y una mujer buscaban objetos en lo que había sido el primer piso del edificio menos dañado. La casa del centro estaba prácticamente reducida a escombros.

32

La guerra terminó como había empezado, de repente y sin avisar. Al menos eso nos pareció. Los efectos de la guerra nos acompañarían durante mucho tiempo, quizá para siempre. Al principio estábamos desconcertados y nos preguntábamos cómo íbamos a volver a lo que considerábamos la vida normal, anterior a la guerra. El régimen islamista había aceptado la paz a regañadientes, por su incapacidad de evitar los ataques iraquíes. Las constantes derrotas en el campo de batalla habían dejado a muchos milicianos y guardias revolucionarios en un estado de desesperación y desilusión. Tampoco era muy elevado el estado de ánimo entre los adeptos al régimen. El ayatolá Jomeini declaró que la paz había sido para él como «beber la copa del veneno». Aquel estado de ánimo se reflejaba en las universidades, sobre todo entre los milicianos, los veteranos de guerra y sus socios. Para ellos aquella paz significaba derrota.

La guerra con el enemigo externo había concluido, pero la guerra con el enemigo interno no. Poco después de firmar el tratado de paz, el ayatolá Jomeini había establecido una comisión de tres hombres en cada una de las prisiones iranís para decidir sobre la lealtad política al régimen de los presos políticos. Varios miles, entre ellos algunos que llevaban años en la cárcel esperando un juicio y otros que habían aceptado sus condiciones e iban a ser puestos en libertad, fueron ejecutados sumariamente y en secreto. Las víctimas de aquella ejecución en masa fueron asesinadas dos veces; la segunda, por el silencio y el anonimato que envolvieron sus ejecuciones, lo cual les privaba de una muerte significativa y reconocida, y, por consiguiente, parafraseando a Hannah Arendt, ratificaba el hecho de que en realidad nunca habían existido.

Cuando por fin continuaron las clases, las reanudamos prácticamente en el punto donde las habíamos dejado. Habían trasladado unas cuantas mesas y había ausencias misteriosas y curiosos fichajes nuevos, pero por lo demás no se notaba que la universidad hubiera estado cerrada durante dos meses. Continuamos los estudios como si no hubiera habido interrupción. No había ambiente de júbilo, sólo una sensación general de alivio y cansancio.

Fue el principio de la desilusión y el desencanto. La guerra estaba perdida, la economía arruinada y había poco trabajo. Los que habían ido al frente y no tenían ninguna especialidad laboral, no tuvieron más remedio que pasar a depender de la compensación económica que les habían prometido como veteranos de guerra. Pero ni siquiera aquellas indemnizaciones se administraban con equidad. Casi todas las fundaciones islámicas creadas en nombre de los mártires de guerra habían acabado por ser fuentes de enriquecimiento para sus corruptos directivos. Más tarde, los hijos de la revolución desenmascararían aquellas corruptelas y se rebelarían contra ellas. Los miembros de las asociaciones islámicas habían encontrado el sabor occidental del poder y de las cosas; utilizaban su poder principalmente para conseguir privilegios negados a los demás.

Tras la guerra, una Asociación de Estudiantes Islámicos, la del señor Forsati, se liberalizó un poco y entró en abierto conflicto con los miembros de la Asociación de Estudiantes Musulmanes, más conservadora. Cuando se reanudaron las clases, empecé a ver más a menudo al señor Forsati. Su pasión era el cine y quería fundar una empresa relacionada con el vídeo y el cine. Gracias a su ayuda, me las arreglé para organizar una serie de actos culturales para toda la universidad. No era muy creativo; su creatividad se traducía en una inofensiva forma de autopromoción y medro.

Al principio me dio la sensación de que el señor Ghomi desaparecía de mi vida poco a poco, como en un fundido de película antigua. Pero no desapareció: continuó asistiendo a clase y atacando con la misma virulencia a James y a otros novelistas que yo enseñaba. Incluso se diría que su resentimiento y su rabia habían aumentado, degenerando en rabietas casi infantiles. La diferencia estaba en el resto. Ya no le prestábamos mucha atención; cuando hablaba, otros le replicaban. Él y sus amigos tenían que recordarnos diariamente que, aunque Saddam se hubiera ido, la amenaza de Occidente, el Imperialismo, los Sionistas y sus agentes infiltrados no habían desaparecido. Casi todos estábamos demasiado cansados incluso para responderle.

En el asiento siguiente de la última fila del lado de la ventana, donde se sentaban el señor Ghomi y el señor Nahvi, descubrí a un tranquilo joven, un maestro de escuela. Llamémoslo señor Dori y prosigamos. Mis ojos se detienen en el señor Forsati y en Hamid y luego se dirigen al otro lado de la sala, a las chicas, y ven a Mahshid, a Nassrin y a Sanaz. En el asiento del pasillo de la fila central veo a Manna. Me detengo un momento en la sonriente cara de Manna, y luego paso al otro lado del pasillo, en busca de Nima.

Mientras voy de Manna a Nima y de Nima a Manna, recuerdo la primera vez que los vi en clase. Sus ojos brillaban de igual modo, y me recordaban a mis dos hijos cuando tramaban algo para ponerme contenta. Por entonces acudían desconocidos en calidad de oyentes, en general estudiantes. Tenían pocas oportunidades de hablar de literatura inglesa y estaban dispuestos a perder su tiempo para asistir a una asignatura que no iba a repercutir en su expediente académico. La única condición que les ponía era que respetaran los derechos de los alumnos normales y se abstuvieran de discutir durante las horas de clase. Cuando una mañana encontré a Manna y Nima en la puerta de mi despacho, ambos sonriendo y deseosos de asistir como oyentes a mi seminario sobre novela, accedí sin pensarlo un minuto.

Poco a poco, los verdaderos protagonistas de la clase acabaron siendo no los alumnos oficiales, aunque no tenía quejas serias sobre ellos, sino los otros, los que venían de fuera por su interés por los libros que leíamos.

Nima quería que yo le dirigiera la tesis porque nadie de la Universidad de Teherán conocía a Henry James. Me había prometido no volver a poner los pies en la Universidad de Teherán, un lugar lleno de recuerdos amargos y dolorosos. Nima me presionó de diversas formas y al final me convenció. Después de clase solíamos dar un paseo los tres juntos. Manna era la más callada y Nima me contaba anécdotas sobre las absurdidades de nuestra vida cotidiana en la República Islámica.

Normalmente iba junto a mí y Manna se ponía al otro lado, aunque siempre algo rezagada. Nima era alto, de aspecto juvenil, no gordo sino corpulento, como si todavía no hubiera perdido la redondez infantil. Sus ojos eran a la vez bondadosos y pícaros, y tenía una voz sorprendentemente suave, no femenina, sino suave y baja, como si no pudiera elevarla por encima de cierto nivel.

Intercambiar anécdotas se había convertido en una costumbre, en un aspecto permanente de nuestra relación. Le dije que al escuchar sus anécdotas, y al conocer yo algunas personalmente, tenía la sensación de que estábamos viviendo una serie de cuentos maravillosos en los que las hadas buenas se habían declarado en huelga, dejándonos estancados en mitad de un bosque, no lejos de la casa de caramelo de la bruja malvada. A veces nos contábamos las anécdotas para convencernos de que habían ocurrido de verdad. Porque sólo así se convertían en realidad.

En sus clases sobre *Madame Bovary*, Nabokov aseguraba que todas las grandes novelas son cuentos de hadas. «Entonces —preguntó Nima—, ¿quiere decir que tanto nuestra vida como nuestra vida imaginaria son cuentos de hadas?» Sonreí. A mí me parecía que a veces nuestra vida era más ficticia que la misma ficción.

33

Menos de un año después de firmarse la paz, el sábado 3 de junio de 1989, moría el ayatolá Ruholah Jomeini. Su muerte no fue anunciada oficialmente hasta las siete de la mañana siguiente, aunque por entonces la inmensa mayoría de los iraníes ya la conocía o la sospechaba, y se habían reunido varios millares alrededor de su casa de las afueras de Teherán, esperando la confirmación. Antes del anuncio, el Gobierno había tomado la precaución de cerrar los aeropuertos y las fronteras y de cortar las comunicaciones telefónicas internacionales.

Recuerdo la mañana en que nos enteramos de la muerte de Jomeini. Toda la familia estaba reunida en la sala de estar, en ese estado de conmoción y desconcierto que suele acarrear la muerte. Y aquélla no era una muerte corriente. El locutor radiofónico se había echado a llorar y lo mismo harían todos los personajes públicos a partir de entonces, tanto si se hallaban en ceremonias fúnebres como si los entrevistaban; llorar parecía obligatorio, como si no hubiera otra forma de expresar la magnitud de nuestro dolor.

Nos dio a todos cierta sensación de unidad y cercanía estar sentados en la sala, con el inevitable aroma del té y el café, especulando sobre aquella muerte, deseada por muchos, temida por muchos, esperada por muchos y, ahora que había sucedido, extrañamente anticatártica tanto para sus amigos como para sus enemigos. Ya desde el primer ataque al corazón que había sufrido Jomeini, a principios de los años ochenta, se habían propalado rumores sobre su muerte inminente, semejantes a las malas hierbas que acaban arrancándose de raíz. Ahora resultaba que el acontecimiento en sí no era tan maravilloso como las expectativas que había creado su mera posibilidad. Los abrumadores funerales que barrieron el país no compensaron aquella decepción.

El acontecimiento había congregado en la sala de estar a un grupo heterogéneo. Estaba mi padre, que había estado separado de mi madre durante unos años y ahora, a causa de un accidente, vivía temporalmente en casa de mi hermano; y la ex suegra de mi hermano, que también se había alojado temporalmente en su casa. Mi madre y ella no se llevaban bien y ya hacía días que no se hablaban. Pero aquel día se llegó a una tregua temporal a causa de la naturaleza extraordinaria de la ocasión.

Tenía a mi hijo en el regazo, en una postura típica de los niños muy pequeños. Me transmitía su absoluta placidez mientras le acariciaba inconscientemente el pelo rizado y la suave piel. Mientras los adultos hablábamos y especulábamos, mi hija, de cinco años, miraba por la ventana. De repente se dio la vuelta y gritó: «¡Mami, mami, no está muerto! ¡Las mujeres todavía llevan pañuelo!». Siempre asocio la muerte de Jomeini con aquel sencillo dictamen de Negar, porque tenía razón: el día en que las mujeres no llevaran pañuelo en público, sería el día de su muerte y el final de su revolución. Hasta entonces tendríamos que seguir aguantándolo.

El Gobierno decretó cinco días de luto nacional y cuarenta de luto oficial. Se cancelaron las clases y se cerraron las universidades. Pero quedarme sentada en la sala cavilando me ponía nerviosa, así que decidí ir a la universidad, pasase lo que pasase. Todo parecía estar borroso, como un espejismo creado por el intenso calor. La sensación me acompañó durante todo aquel día y durante todos los días de luto, que en gran parte pasábamos ante el televisor, viendo las exequias y las interminables ceremonias.

Cuando llegué al campus sólo había unas pocas personas dentro del recinto. El silencio era tan profundo que ahogaba los cantos y marchas fúnebres que salían de los altavoces. Subí al despacho, recogí unos libros y cuando volvía por el pasillo tropecé con el señor Forsati y un amigo suyo del Departamento de Persa. Tenían un aspecto solemne y los ojos húmedos. Los miré con simpatía y turbación, como si no tuviera palabras para expresarme. Llevaban pequeños carteles con la cara de Jomeini, para pegarlos en las paredes. Cogí dos y me fui.

Poco después aparecería el volumen de poemas sufíes de Jomeini, que había dedicado a su nuera. Había una necesidad de humanizarlo en la muerte, un acto al que él se había opuesto en vida. Y de hecho tenía un rostro humano, un rostro que apenas habíamos visto y que se manifestaba en su respeto por su joven y bella nuera, en cuyos cuadernos había escrito sus últimos poemas. En la introducción a este libro, la mujer contaba que el difunto había dedicado parte de su tiempo a hablar con ella y a enseñarle filosofía y misticismo, y que ella le había dado el cuaderno en el que había escrito los poemas. Se decía que tenía el cabello largo y rubio, y yo me la imaginaba paseando con el anciano por los jardines, entre las flores y los arbustos, hablando de filosofía. ¿Llevaría pañuelo delante de él? ¿Se apoyaría él en ella mientras paseaban entre los macizos de flores? Compré un ejemplar y me lo llevé a Estados Unidos junto con los pequeños carteles, reliquias de una época cuya realidad a veces parecía tan frágil que necesitaba aquellas pruebas para demostrarme su fugitiva existencia.

No soy buena para las fechas y las cifras (he tenido que comprobar dos veces la fecha de la muerte de Jomeini), pero sí recuerdo sensaciones e imágenes. Semejantes a sueños inquietantes, las imágenes de aquellos días se mezclan con sonidos en mi recuerdo, al igual que lo hacían en la realidad: las frases estridentes y exageradas del locutor, siempre al borde del llanto, las marchas fúnebres, las plegarias, los mensajes de los altos cargos y los canturreos de los dolientes, ahogando todos los demás sonidos: «¡Hoy es día de duelo! Jomeini, el demoledor de ídolos, está con Dios».

El lunes al amanecer, el cuerpo del ayatolá Jomeini fue transportado desde su residencia en Jamarán, Teherán, a un vasto páramo de las colinas del norte, una zona conocida como Mossalla, considerada lugar de oración. El cuerpo se puso en un túmulo provisional hecho con contenedores. Jomeini, amortajado de blanco, yacía en un ataúd de cristal con aire acondicionado, con los pies orientados hacia La Meca. Su turbante blanco, que indicaba su categoría religiosa como descendiente directo del profeta Mahoma, descansaba sobre su pecho.

Voy recordando fragmentariamente los sucesos de aquel día frenético. Recuerdo muy bien el ataúd de cristal y que las flores que rodeaban la caja eran unos gladiolos chillones. También recuerdo los enjambres de dolientes. Las noticias decían que estaban llegando a Teherán cientos de miles, un ejército vestido de negro y con banderas negras; los hombres se rasgaban la camisa, se golpeaban el pecho, y las mujeres, con el chador negro, gritaban y gemían, retorciéndose de dolor y como en trance.

Ahora recuerdo las mangueras. Debido al calor y a la gran cantidad de gente, los bomberos habían llevado mangueras con las que apuntaban a la multitud y la rociaban de vez en cuando, para refrescarla, aunque aquello más bien transformó la escena en algo extrañamente sexual. Cuando la revivo en la memoria oigo el silbido del agua y veo los chorros perfilados con el cielo detrás. De vez en cuando se desmayaba alguien y, a pesar de la barahúnda, con un sorprendente sentido del orden y como si lo hubieran ensayado, los dolientes levantaban a la persona exánime y se la pasaban por encima de la cabeza hasta que llegaba a un lugar seguro.

Cuando me enteré de que aquel día había habido muchos muertos y docenas de miles de heridos, me pregunté estúpidamente qué categoría les darían a aquellos muertos. Damos a la gente más categoría y espacio en la muerte que en la vida. Los opositores al régimen y los bahaii no tenían categoría civil; se les denegaba la lápida de piedra y eran arrojados a fosas comunes. Luego estaban los mártires de la guerra y la revolución, que tenían su propio espacio en el cementerio, con flores artificiales y fotografías que identificaban cada tumba. ¿Podían estas personas obtener la condición de mártires? ¿Se les podía garantizar un lugar en el cielo?

El Gobierno había preparado grandes cantidades de comida y bebida para los asistentes al entierro. Además de los que se golpeaban el pecho con frenesí, los que se desmayaban y los que canturreaban, había filas y filas de dolientes en las cunetas, tomando bocadillos y bebidas sin alcohol, como si fueran domingueros. Estaban presentes muchos que habían detestado a Jomeini en vida. Por aquellas fechas era tan grande el descontento que al principio las autoridades habían pensado enterrarlo de noche, para ocultar la asistencia previsiblemente escasa. Pero habían llegado millones de todo el país. Recuerdo haber hablado con un hombre maduro que trabajaba en la universidad y vivía en la parte más pobre y tradicional de la urbe. Hablaba de autobuses cargados de vecinos, desilusionados de Jomeini y la revolución, que sin embargo habían asistido a las exequias, al igual que él. Le pregunté por qué había ido. ¿Le habían obligado a ir? No, pero parecía que había que hacerlo. Todo el mundo iba a ir; ¿qué iban a pensar si él no iba? Se detuvo y añadió: «Al fin y al cabo, un acontecimiento como éste sólo tiene lugar una vez en la vida, ¿verdad?».

Cuando se puso en marcha la procesión que iba a transportar el cadáver de Jomeini por las calles hacia el cementerio de las afueras de Teherán, la presión de la multitud era tan considerable que las autoridades cambiaron de idea y decidieron transportarlo en helicóptero. La multitud se apelotonó alrededor del aparato, que al despegar levantó una polvareda rosada, como una falda con volantes, de la que, poco a poco, sólo quedaron partículas de polvo danzando como pequeños derviches en un sueño estrambótico.

En el cementerio de Behesht-e Zahra, cuando intentaban sacar el cadáver del helicóptero, la multitud irrumpió de nuevo y esta vez logró llegar hasta su presa, desgarró el sudario blanco y dejó al descubierto una pierna del difunto. Finalmente consiguieron recuperar el cuerpo y transportarlo a Teherán para ponerle otro sudario. Y cuando, horas más tarde, lo devolvieron al cementerio en un ataúd de metal, los guardias revolucionarios y algunos miembros del círculo interior obligaron a la gente a retroceder. Un amigo recordaba haber visto a Hojatol-Islam Nategh Nuri, que fue derrotado por el presidente Jatami, al lado del ataúd, empuñando un látigo y golpeando a todos los que trataban de acercarse al muerto. Y finalmente enterraron a Ruholah Jomeini, cuyo nombre de pila significaba «alma de Dios».

El Gobierno, para convertir a Jomeini en figura sagrada, trató de levantar un templo cerca del cementerio de Behesht-e Zahra, y lo construyó a toda prisa, sin gusto ni belleza: un país famoso por tener algunas de las más hermosas mezquitas del mundo, acababa levantando para su último imán un santuario de lo más espantoso. El monumento se construyó cerca del lugar donde enterraban a los mártires de la revolución: una fuentecilla de la que manaba agua roja, que simbolizaba la sangre eterna de los mártires.

La muerte de Jomeini repercutió de un modo particular en

la conciencia de los ciudadanos. Unos, por ejemplo yo, nos sentíamos como extranjeros en nuestra propia patria. Otros, como el taxista al que conocí unos días después del funeral, estaban desilusionados por toda aquella estafa religiosa, como la llamó él. «Ahora sé cómo inventaron a los imanes y profetas hace mil cuatrocientos años —dijo—: exactamente igual que a este tipo. Así que nada de todo aquello era verdad.»

Al comienzo de la revolución había corrido el rumor de que podía verse en la luna la imagen de Jomeini. Muchos ciudadanos, incluidos individuos totalmente modernos y educados, llegaron a creérselo. Lo habían visto en la luna. Él, que había inventado mitos deliberadamente, se había convertido en mito. Lo que lloraban después de una muerte tan oportuna (porque después de la derrota militar y el desencanto lo único que podía hacer era morirse) era la muerte de un sueño. Como todos los grandes forjadores de mitos, había intentado convertir su sueño en realidad y al final, como Humbert, se las había arreglado para destruir tanto la realidad como el sueño. A los crímenes, asesinatos y torturas, tendríamos que añadir esta última indignidad: el asesinato de nuestros sueños. Claro que lo había hecho con nuestro consentimiento, con toda nuestra conformidad y complicidad.

34

Sin saber bien por qué, me metí en una oscura y mohosa casa de antigüedades del centro de Teherán. Había ido a una calle del centro, en la que había varias librerías de segunda mano, a buscar un libro para Nima, que últimamente me había conseguido los vídeos de una vieja serie de televisión, muy popular antes de la revolución. Cuando entré en la tienda, el anticuario, sentado tras el mostrador, estaba demasiado ocupado leyendo el periódico matutino para molestarse en mirarme siquiera.

Vagando por la mal iluminada tienda, perdida entre los objetos desparramados sin orden ni concierto por mesas antiguas y estanterías de madera, me fijé en unas tijeras de aspecto extraño. Estaban bellamente adornadas, un mango era mucho mayor que el otro y juntos tenían forma de gallo. Las hojas cortaban menos de lo normal. Le pregunté al anticuario qué era aquel instrumento. Se encogió de hombros: «No estoy seguro, quizá sirva para recortar el bigote o la barba. Probablemente proceda de Europa, tal vez de Rusia».

No sé por qué me fascinaron tanto aquellas tijeras, pero me pareció extraordinario que quizá cien años antes aquellas tijeras, o recortabigotes, o lo que fuesen, hubieran atravesado media Europa para acabar en una vieja mesa del rincón más inaccesible de aquella polvorienta tienda. Y a aquel objeto, aunque prescindible, se le había dedicado una gran atención artesanal. Decidí comprarlas para mi mago. Tenía la teoría de que algunos regalos debían comprarse por sí mismos, precisamente porque eran inútiles. Estaba segura de que lo apreciaría, de que le gustaría recibir algo que no necesitaba, un artículo de lujo que no era lujoso. En lugar de comprar el regalo de Nima, salí con las tijeras de cabeza de gallo.

Cuando se las di a mi mago con la explicación correspondiente, estaba preparando café y tan absorto en su tarea que no respondió. Llevó a la mesa la bandeja con las dos tazas y la caja de bombones y se acercó a la biblioteca. Poco después regresó con un libro encuadernado en piel, de un verde solemne y con letras doradas. Era *Los embajadores*. «Ya que me has comprado a mí el regalo que deberías haber comprado para Nima, te doy un regalo para él: dile que vuelva a leer la escena del jardín de Gloriani. Ese Nima tuyo parece un tipo que necesita que alguien como yo le recuerde cosas. ¿Por qué no le dices que relea esa escena?»

Mi mago había señalado dos pasajes en el libro, uno en el

Prefacio, donde James habla de una famosa y muy comentada escena que vendría a ser la «esencia» de su novela; el otro era la escena en cuestión. Transcurre durante una fiesta que da el famoso escultor Gloriani. Lambert Strether, el protagonista de la novela, le dice a un joven pintor, el pequeño Bilham, al que ha nombrado oficiosamente su heredero espiritual: «Vive todo lo que puedas; es un error no hacerlo. No importa mucho lo que hagas en particular mientras tengas tu vida. Si no la has tenido, ¿entonces qué has tenido? Soy demasiado viejo... demasiado viejo en cualquier caso para lo que veo. Lo que se pierde perdido está; no te confundas con eso. Sin embargo, tenemos la ilusión de la libertad; que no te falte pues, como a mí actualmente, el recuerdo de esa ilusión. En su momento fui demasiado necio o demasiado inteligente para tenerla y ahora soy un caso de reacción contra la equivocación. Porque fue una equivocación. ¡Vive, vive!».

35

Trabajamos en la oscuridad, hacemos lo que podemos, damos lo que tenemos, nuestra duda es nuestra pasión y nuestra pasión es nuestra tarea. El resto es la locura del arte.

HENRY JAMES

Era temprano, la primera clase del día; el aula estaba llena de luz. Estaba haciendo una recapitulación sobre James. La víspera habíamos hablado de ciertas características suyas, que aparecían en diferentes personajes y contextos, y aquel día quería hablar de la palabra «valentía», una palabra sobre la que habíamos discutido mucho aquellos días en nuestra propia cultura.

«Existen diferentes clases de valentía en James. ¿Se os ocurre algún ejemplo? ¿Sí, Nassrin?» «El ejemplo más claro es Daisy —dijo Nassrin. Se adelantó con esfuerzo, hizo como que se apartaba de la frente un imaginario mechón de pelo y continuó—. Cuando Daisy le dice a Winterbourne, desde el comienzo mismo, que no tenga miedo, se refiere a que no tema los convencionalismos ni las tradiciones. Ésa es una forma de valentía.»

«Sí —dije para animarla—, Daisy es un buen ejemplo, y hay otros personajes a los que nunca les atribuimos esa valentía, porque nunca pensamos que son valientes, sino que son sumisos. —La cara de Mahshid se iluminó, y antes de que llegara a levantar la mano me volví hacia ella sonriendo y dije—: ¿Sí? —La luz desapareció de su rostro y vaciló—. Cuéntanos, Mahshid», insistí. «Bueno, cuando dijo sumiso pensé enseguida en Catherine, que es tímida y retraída, no como Daisy, aunque hace frente a los personajes que son todos mucho más extrovertidos que ella y se enfrenta a ellos aunque le cueste mucho. Tiene una clase de valentía diferente de la de Daisy, pero aun así es valentía. Yo...»

En aquel momento oímos un alboroto en el pasillo. No le presté atención. Con el correr de los años me había acostumbrado a considerar tales interferencias fuera de la clase como parte de la clase misma. Un día entraron dos bedeles con dos sillas y las dejaron en un rincón. Se fueron sin decir palabra y poco después regresaron con otras dos sillas. En otra ocasión, un bedel de cuello torcido entró con una escoba y se puso a barrer el suelo mientras yo seguía hablando de *Tom Jones* y fingiendo que no lo veía.

«Y luego están *Los embajadores* —proseguí—, donde encontramos varias clases de valor, pero los personajes más valientes de esta novela son los que tienen imaginación, los que, gracias a su capacidad imaginativa, pueden identificarse con los demás. Cuando falta esa clase de valentía, nos quedamos sin conocer los sentimientos y necesidades de los demás.

»Maria, el alma gemela que Strether encuentra en París, tiene "valentía", mientras que la señora Newsome sólo tiene "alegría". Madame de Vionnet, la hermosa parisina a quien la señora Newsome está dispuesta a expulsar de la vida de su hijo, demuestra valor cuando arriesga los méritos conocidos de su vida por la incógnita de su amor por Chad. Pero la señora Newsome prefiere jugar sobre seguro. Después de haber imaginado cómo es cada uno, su función y su papel, se niega a cambiar sus planteamientos. Es una tirana en el sentido del mal novelista que modela sus personajes según su propia ideología o sus deseos y nunca les proporciona espacio para que sean ellos mismos. Se necesita valor para morir por una causa, pero también para vivir por ella.»

Por los inquietos movimientos de mis alumnos y sus miradas hacia la puerta, habría jurado que eran incapaces de concentrarse totalmente en aquel interesante punto, pero estaba dispuesta a impedir las interrupciones mientras pudiera, así que continué. «El personaje más dictatorial de la novela es la invisible señora Newsome. Si queremos aprender algo sobre la esencia de una mente dictatorial, haríamos bien en observarla. Nima, ¿podría leer el pasaje en que Strether la describe? "Ése es precisamente su problema..."»

«Ése es precisamente su problema, que no admite las sorpresas. Es un hecho que, creo, la describe y la representa [...] toda ella es, como yo digo, pensamiento elegante y frío. Ella sola, por su cuenta, lo había preparado todo por adelantado, para mí lo mismo que para ella. Dondequiera que ha intervenido, ya ve, no queda ningún espacio; ningún margen para hacer cambios, por así decirlo. Llena hasta el límite, abarca todo lo que le cabe en la mano [...]. No la he conmovido. Es inconmovible. Ahora me doy cuenta de que nunca lo he conseguido; y todo lo coordina con esa perfección que la caracteriza, que da a entender que se cometería una equivocación si se modificaran sus planes.»

El alboroto del pasillo había ido en aumento. Se oían carreras y gritos. Ruhi y Hatef estaban visiblemente agitadas y susurraban audiblemente, lanzando significativas miradas a la puerta. Las envié fuera para que averiguasen qué había pasado, y traté de proseguir.

«Volvamos a la cita...» En ese momento me interrumpieron Ruhi y su jadeante amiga, que estaban en la puerta como si no quisieran quedarse. Dijeron que un alumno se había prendido fuego en un aula vacía y había echado a correr por el pasillo, gritando consignas revolucionarias.

Todos salimos a escape. De ambos lados del largo pasillo salían estudiantes que corrían hacia la escalera. Me situé cerca de la escalera, al lado de otro profesor. Tres personas con una camilla trataban de abrirse paso a través de la multitud. Por la forma en que llevaban la camilla, no parecía que pesara mucho. En la camilla, debajo de una sábana blanca, distinguí una cara de un rosa intenso con manchas gris oscuro. Las carbonizadas manos del individuo sobresalían de la sábana y parecían abrazar el aire, dando la impresión de que trataban de evitar el contacto con el tejido. Sus ojos negros e hinchados parecían estar unidos a la cara por cables invisibles. Estaban completamente inmóviles, como fijos en una escena de horror indescriptible, y sin embargo, paradójicamente, al mismo tiempo parecían moverse, pero de un lado a otro. De todas las imágenes horribles de aquella mañana, aquellos ojos oscilantes siguen obsesionándome en la actualidad.

Los altavoces nos instaban a que volviéramos a clase. Nadie se movió. Mirábamos la cara rosada, las manos carbonizadas y los ojos tiznados mientras lo bajaban por la escalera trazando una especie de espiral. Los murmullos cesaban y se elevaban de nuevo conforme la camilla se acercaba y pasaba. Era una de esas escenas que, mientras se están desarrollando ante nosotros, han adquirido ya la cualidad no de sueño, sino de recuerdo de un sueño.

Mientras bajaban la camilla por la escalera y se perdía de

vista, los murmullos se volvieron más comprensibles y claros. La criatura casi mágica de la camilla se volvió más tangible, adquirió cuerpo, nombre e identidad. Esa identidad era básicamente impersonal. Había sido uno de los estudiantes más activos de la asociación de estudiantes islámicos. Decir que era activo significaba que era uno de los más fanáticos. Pertenecía al grupo responsable de los carteles y consignas de las paredes, el grupo que había elaborado las listas de las puertas de la universidad con el nombre de todos los que habían transgredido el código de la indumentaria.

Pensé en él tendido en la camilla, bajando por la escalera, pasando por delante de las ya intrascendentes fotos de la guerra, por delante del ayatolá Jomeini, que incluso después de muerto miraba airadamente a los camilleros, con su habitual severidad y su ceño impenetrable, y por delante de sus preciosas consignas sobre la guerra: ¡TANTO SI MATAMOS COMO SI NOS MATAN, LA VICTORIA ES NUESTRA! ¡LUCHAREMOS! ¡MORIREMOS! ¡PERO NO TRANSIGIREMOS!

Había muchos jóvenes como él en todas las universidades del país; todos los que habían sido demasiado jóvenes al principio de la revolución, muchos de provincias o de familias tradicionales. Cada año se admitían más estudiantes en las universidades basándose en su filiación ideológica y en la lealtad a la revolución. Pertenecían a las familias de los guardias revolucionarios, o de los mártires de la revolución, y se les llamaba «cuota del Gobierno». Eran los hijos de la revolución, los que tenían que mantener su herencia y reemplazar a la postre a la fuerza de trabajo occidentalizada. La revolución debió de significar muchas cosas para ellos, sobre todo poder y oportunidades. Pero también ellos eran usurpadores que habían sido admitidos en la universidad y habían recibido poder, no por su brillantez y perseverancia, sino por su filiación ideológica. Esto no lo podíamos olvidar, ni nosotros ni ellos.

Bajé por la escalera, lentamente esta vez, rodeada por un grupo de estudiantes que hablaban muy agitados. El hecho de que fuese quien era se había convertido ya en un pretexto para los recuerdos y las anécdotas. Mis alumnas hablaban acaloradamente sobre las humillaciones que habían sufrido a manos de los miembros de su organización. Repetían la anécdota del otro líder de la Asociación de Estudiantes Islámicos, uno que había muerto durante la guerra, que aseguraba que le había excitado sexualmente un fragmento de piel blanca asomando bajo un pañuelo. Ni siquiera la muerte podía borrar el recuerdo de aquella piel blanca ni el castigo que habían impuesto a la muchacha por su culpa.

Estas humillaciones no podían expresarse públicamente, así que nos refugiábamos en incidentes ocasionales para embutir nuestros resentimientos y odios en pequeñas anécdotas que perdían su impacto tan pronto como las contábamos. De la historia del estudiante herido se sabía muy poco, y a nadie parecía importarle. Sólo más tarde me di cuenta de que, a pesar de la precisión con que recordaba todas las anécdotas relacionadas con él y sus camaradas, ni siquiera podía recordar su nombre. Se había convertido en revolucionario, en mártir y en veterano de guerra, pero no en individuo. ¿Se había enamorado alguna vez? ¿Alguna vez deseó abrazar a una de las chicas cuyo cuello parecía tan deslumbrante bajo el pañuelo negro?

Como muchos otros en aquella universidad, también yo había subido y recorrido los pasillos con resentimiento. El resentimiento había borrado todo rastro de ambigüedad de nuestros encuentros con individuos como él; nos habían dividido en «nosotros» y «ellos». Ni a mí ni a mis alumnos y colegas se nos ocurrió, mientras comentábamos incidentes y anécdotas aquel día como conspiradores que gozan con la contrariedad de un adversario mucho más poderoso que él, que aquel individuo, que parecía revestido de tanto poder, era en realidad quien más fuertemente había sentido la necesidad de autodestruirse. ¿Acaso al quemarse no había usurpado nuestro derecho a la venganza?

Quien en vida no había sido nada para mí, en la muerte se había convertido en una obsesión. Lo único que descubrimos sobre su vida personal fue que procedía de una familia pobre y que su único pariente cercano era una madre muy anciana a la que mantenía. Había ido a la guerra como voluntario. Al poco tiempo había sido alcanzado por una bomba y enviado a casa. Parece que nunca se recuperó por completo. Después de firmarse la «paz» con Irak, volvió a la universidad. Pero la paz le había dejado una sensación de desencanto. La emoción de la guerra había desaparecido y gran parte de los jóvenes revolucionarios habían perdido su poder.

«¡ESTA GUERRA HA SIDO UNA BENDICIÓN PARA NOSOTROS! Para nosotros fue una guerra en la que nunca llegamos a sentirnos parte interesada.» Aunque para las personas como él, por algún motivo extraño, la guerra sí debió de ser una bendición. Les dio un sentimiento comunitario, les dio objetivos, les dio poder. Lo perdió todo en cuanto volvió del frente. Su privilegio y su poder ya no significaban nada para él, y sus colegas los estudiantes islámicos ya se habían ido. ¿Qué le pasaría por la cabeza al ver que sus antiguos camaradas tenían más ganas de ver la ceremonia de los Oscar, con antenas parabólicas prohibidas, que las noticias sobre la guerra? Podía entenderse con nosotros, pero ¿qué podía hacer con un señor Forsati que se había vuelto tan desconocido y desconcertante para él como los personajes de una novela de Henry James?

Seguí pensando en él, imaginándomelo en el momento de llegar a la universidad con dos latas de gasolina: seguramente no lo han registrado, ya que como veterano de guerra tiene privilegios; lo veo entrar en un aula vacía y echarse la gasolina por la cabeza; luego rasca una cerilla y, lentamente, se prende fuego... ¿Se prendió fuego sólo por una parte o por varias a la vez? Entonces echó a correr por el pasillo y entró en su clase gritando: «¡Nos traicionaron! ¡Nos mintieron! ¡Mirad lo que nos han hecho!». Fue su último golpe retórico.

No era necesario estar de acuerdo con él, ni aprobarlo, ni comprender su posición. Había llegado de una guerra que era suya a una universidad que no lo había sido nunca. Nadie quería oír la historia de su vida. Sólo el momento de su muerte consiguió despertar interés. Resultaba irónico que un hombre cuya vida había estado predeterminada por la certeza de una doctrina adquiriese ahora tanta complejidad en la muerte.

Murió aquella noche. ¿Lo llorarían sus camaradas en privado? No se oyó ni una sola palabra sobre él; no hubo conmemoración, ni flores, ni discursos en un país donde las exequias y los duelos se dotaban con más magnificencia que ninguna otra forma de arte nacional. Yo, que me enorgullecía de hablar contra el velo y otras formas de persecución, también guardé silencio. Salvo los murmullos, lo único que se salió de lo normal aquel día fue el sonsonete de los altavoces, que por alguna razón siguieron anunciando en los pasillos que las clases se reanudarían con normalidad aquella misma tarde. Habíamos tenido clase aquella tarde. No había transcurrido con normalidad.

CUARTA PARTE

Austen

I

—Es una verdad universalmente admitida que un musulmán, independientemente de su fortuna, necesita una esposa virgen de nueve años. —Esto decía Yassi con aquel tono suyo tan particular, inexpresivo y ligeramente irónico, que en raras ocasiones, y aquélla era una, rayaba en la burla.

—Y es una verdad universalmente admitida —replicó Manna— que un musulmán necesita, no una, sino muchas mujeres. —Me miró con aire de complicidad, con los negros ojos rebosantes de buen humor, sabiendo que habría una reacción. A diferencia de Mahshid, Manna sabía comunicarse en secreto con la poca gente que le gustaba. Su principal medio de contacto eran los ojos, que centraba en ti o apartaba de ti. Habíamos desarrollado un código secreto entre nosotras y sólo cuando se sentía ofendida, y se sentía ofendida muy fácilmente, bajaba y desviaba la mirada, y desaparecía el tono burlón de su voz.

Era una de esas mañanas grises y frías de diciembre en que el cielo cubierto y el aire helado parecen prometer nieve. Había pedido a Bijan que encendiera el fuego antes de irse a trabajar, y en aquel momento ardía transmitiendo una calidez tranquilizadora, o acogedora, palabra muy común en el vocabulario de Yassi, y que sería el término exacto para describir lo que sentíamos. Se reunían todos los componentes necesarios: ventanas empañadas, tazas de café humeante, fuego chisporroteante, pastelillos de crema, jerséis gruesos de lana y el olor mezclado del humo, el café y las naranjas. Yassi estaba retre-

333

pada en el sofá, en su sitio de costumbre, entre Manna y Azin, haciendo que me preguntara de nuevo cómo era posible que un cuerpo tan pequeño pudiera ocupar tanto espacio. La risa coqueta de Azin se elevó en el aire e incluso Mahshid esbozó un asomo de sonrisa. Nassrin había acercado su silla a la chimenea y sus manos inquietas tiraban cortezas de naranja al fuego.

El hecho de que pudiéramos cambiar con facilidad de un humor ligero a discusiones serias sobre novelas era un tributo al grado de intimidad que habíamos llegado a alcanzar. Lo que obteníamos con todos los autores, sobre todo con Austen, era entretenimiento. A veces incluso nos volvíamos irracionales, volvíamos a la infancia, y bromeábamos y jugábamos. ¿Cómo podía leerse la primera frase de *Orgullo y prejuicio* y no darse cuenta de que eso era lo que Austen pedía a sus lectores?

Aquella mañana estábamos esperando a Sanaz. Mitra, cuyos hoyuelos habían aparecido momentáneamente, había comunicado a la clase que Sanaz quería que la esperásemos, que tenía una sorpresa. Todas las especulaciones que se nos ocurrieron fueron acogidas con una sonrisa cautelosa.

—Sólo pueden haber pasado dos cosas —especulaba Azin—. Ha tenido otra pelea con su hermano y ha decidido irse de casa para vivir con su maravillosa tía. —Levantó la mano sacudiendo las pulseras de oro y plata—. O se ha casado con su amorcito.

—Lo de su amorcito parece la más probable de las dos —dijo Yassi, estirándose un poco—, a juzgar por la cara de Mitra.

Mitra ensanchó los hoyuelos y se negó a responder a nuestras provocaciones. Mientras la miraba pensé en su reciente boda con Hamid; el furtivo cortejo había tenido que producirse delante mismo de mis despistadas narices. Me habían invitado a la boda, pero Mitra no había hablado hasta el momento de sus relaciones con Hamid.

—¿Estabais enamorados? —pregunté a Mitra mirándola con intensidad.

Y Manna se creyó obligada a decir:

—Ya estamos con la preguntita de siempre.

Era motivo de broma entre mis amigos y colegas el que yo nunca dejara de hacer esta pregunta a las parejas recién casadas: «¿Estabais enamorados?», preguntaba con todas mis ganas, despertando una sonrisa de comprensión.

Mitra se ruborizó y dijo:

—Sí, por supuesto.

—¿Quién piensa en el amor en estos tiempos? —dijo Azin con fingido puritanismo. Llevaba el pelo recogido en una cola de caballo y cada vez que movía la cabeza tintineaban en sus lóbulos racimos de diminutas cuentas de turquesa—. La República Islámica nos ha devuelto a los tiempos de Jane Austen. ¡Dios bendiga el matrimonio concertado! Hoy en día, las chicas se casan porque sus familias las obligan, o para conseguir un permiso de residencia, o para asegurarse la estabilidad económica, o por cuestiones sexuales; se casan por toda clase de razones, pero raramente por amor.

Miré a Mahshid que, aunque callada, parecía decir: «Ya estamos otra vez».

—Y estamos hablando de chicas con educación —continuó Azin, recogiendo su taza—, chicas como nosotras, que han ido a la universidad y que en teoría deberían tener aspiraciones algo más elevadas.

—No todas —dijo Mahshid con calma y sin mirar a Azin—. Muchas mujeres son independientes. Mira cuántas empresarias tenemos; y también hay mujeres que han elegido vivir solas—. «Sí —pensé—, y tú eres una de ellas, una chica estudiosa y trabajadora que a los treinta y dos años todavía vive con los padres.»

—Pero muchas no tienen elección —dijo Manna—, y creo que de alguna manera estamos mucho más atrasados que la época de Jane Austen. —Era una de las pocas veces que Manna se ponía del lado de Azin y contra Mahshid—. Mi madre pudo elegir a su marido. Yo tengo menos libertad y mi hermana pequeña menos todavía —concluyó tristemente.

—¿Y qué tal probar un matrimonio temporal? —dijo Nassrin, poniendo las cortezas de naranja en el plato como si fueran piezas de un rompecabezas—. Pareces haber olvidado la inteligente alternativa de nuestro presidente. —Se refería a una norma islámica propia de Irán, según la cual los hombres podían tener cuatro esposas oficiales y tantas esposas temporales como quisieran. La lógica que hay detrás es que ellos necesitan satisfacer sus necesidades cuando sus esposas son incapaces de complacerles. Un hombre puede firmar un contrato por un periodo que oscila entre los diez minutos y los noventa y nueve años. El presidente Rafsanjani, honrado por aquel entonces con el título de reformista, había propuesto que los jóvenes contrajeran matrimonios temporales. Esta propuesta irritó tanto a los reaccionarios que pensaron que era un astuto movimiento del presidente para conseguir el apoyo de los jóvenes y de los progresistas, también escépticos respecto a los motivos del presidente y que además encontraban la norma ofensiva, en particular para las mujeres. Algunos llegaron a decir que el matrimonio temporal era una forma santificada de prostitución.

—No estoy a favor del matrimonio temporal —dijo Mahshid—. Pero los hombres son más débiles y tienen más necesidades sexuales. Además —añadió con cautela—, la mujer puede decidir, nadie la obliga.

—¿Que la mujer puede decidir? —dijo Nassrin con asco—. Tienes una idea muy particular de lo que significa decidir.

Mahshid bajó los ojos y no respondió.

—Algunos hombres, incluso los más cultos —prosiguió Nassrin con firmeza—, la consideran progresista. Tuve que discutir con un amigo que la única manera de convencerme de ello era que la ley diera los mismos derechos a las mujeres que a los hombres. ¿Quieres saber lo abiertos de mente que son estos hombres? No estoy hablando de los religiosos, no, sino de los laicos —dijo tirando una cáscara de naranja al fuego—. Pregúntales por el matrimonio. ¡Estamos hablando de hipocresía!

—Ni mi madre ni mis tías se casaron por amor —dijo Yassi con calma—, pero todos mis tíos se casaron por amor. Resulta extraño si lo piensas. ¿Qué nos deja eso a nosotras? Quiero decir, ¿qué clase de legado?

—Supongo —añadió Yassi, reanimada después de un momento de reflexión— que si Austen estuviera en nuestro lugar habría dicho que es una verdad universalmente admitida que un musulmán, independientemente de su fortuna, necesita una esposa virgen de nueve años. —Y así fue como empezamos el juego sobre la famosa primera frase de Austen, una tentación que casi todos los lectores de Austen han debido de sentir al menos una vez.

La alegre cháchara fue interrumpida por el timbre. Mahshid, que estaba más cerca de la puerta, dijo que ya abría ella. Oímos cerrarse la puerta de la calle, pasos en la escalera, una pausa. Mahshid abrió la puerta y oímos risas y saludos. Entró Sanaz, sonriente y radiante. Llevaba en las manos una caja grande de pastas.

—¿A qué vienen las pastas?, pregunté. Hoy no te tocaba.

—Sí, pero traigo buenas noticias —dijo misteriosamente.

—¿Te vas a casar? —preguntó Yassi con indolencia, desde las profundidades del sofá.

—Dejad que me siente primero —dijo Sanaz, quitándose el manto y el pañuelo de lana. Echó la cabeza a un lado, con ese orgullo de las mujeres que tienen un hermoso cabello, y dijo—: Va a nevar.

«¿Se disculpa por llegar tarde —me pregunté—, incluso en una ocasión en que tiene tan buena excusa y nadie va a recriminarle nada?»

—Siento muchísimo llegar tarde otra vez —dijo con una sonrisa encantadora que no contenía ningún indicio de arrepentimiento.

—Has usurpado mi derecho —dijo Azin—. Llegar tarde es mi especialidad.

Sanaz quería posponer la noticia hasta la hora del descanso. Teníamos por norma que las cuestiones personales, que estaban adquiriendo un protagonismo creciente en las sesiones de los jueves, no debían interferir en el seminario. Pero en aquel caso, hasta yo estaba demasiado intrigada para esperar.

—Ha sido todo muy rápido —explicó Sanaz, cediendo a nuestras preguntas.

De repente, sin previo aviso, la había llamado para pedirle que se casara con él, añadiendo algo acerca de que se les estaba acabando el tiempo. Le dijo que ya había hablado con sus padres, que éstos, a su vez, habían hablado con los padres de ella (sin consultar con ella primero, advertí de pasada). Estaban encantados y, como él no podía ir a Irán para que no lo llamaran a filas, quizá ella y su familia podían trasladarse a Turquía. Los iraníes no necesitan visado para entrar en Turquía y el viaje podía organizarse rápidamente. Sanaz se había quedado pasmada. Aunque era algo que siempre había esperado, no podía creer que estuviera ocurriendo realmente. «El fuego está medio apagado —dijo, interrumpiéndose—. Soy muy hábil con el fuego, déjame que lo reavive.» Echó unos troncos a las brasas y las atizó con energía. Brotó una hermosa llama y desapareció casi al instante.

A principios del siglo xx, la edad de merecer, los nueve años según las leyes de la Sharia, pasó a ser los trece años y, más tarde, los dieciocho. Mi madre había elegido con quién quería casarse y había estado entre las seis primeras mujeres elegidas para el Parlamento en 1963. Cuando yo era pequeña había poca diferencia entre mis derechos y los derechos de las mujeres de las democracias occidentales. Pero entonces no estaba de moda pensar que nuestra cultura era incompatible con la democracia moderna, ni que había una versión occidental y otra islámica de la democracia y de los derechos humanos. Todos queríamos oportunidades y libertad. Por eso apoyamos el cambio revolucionario, exigiendo más derechos, no menos.

Me casé, al principio de la revolución, con un hombre al que amaba. En aquella época, Mahshid, Manna y Azin eran adolescentes, Sanaz y Mitra unos años más jóvenes y Yassi tenía dos años. Cinco años después, cuando nació mi hija, las leyes habían retrocedido a una época anterior a la de mi abuela: la primera ley que se derogó, meses antes de aprobarse la nueva Constitución, fue la de protección de la familia, que garantizaba los derechos de la mujer en casa y en el trabajo. La edad conyugal descendió a los nueve años (ocho años lunares y medio, nos dijeron), el adulterio y la prostitución se castigaron con la muerte por lapidación, y la mujer pasó a valer ante la ley la mitad que un hombre. La legislación de la Sharia reemplazó el sistema jurídico vigente y se convirtió en la norma. En mi adolescencia había visto llegar a ministras a dos mujeres. Durante la adolescencia de mis chicas, después de la revolución, aquellas dos mujeres fueron sentenciadas a muerte por luchar contra Dios y por fomentar la prostitución. Una, la ministra de Asuntos de la Mujer, estaba en el extranjero en el momento de la revolución y se había quedado allí, donde se convirtió en portavoz de los derechos humanos y de las mujeres. A la otra, ministra de Educación y antigua directora de mi instituto, la metieron en un saco y la mataron a pedradas y bastonazos. Mis chicas, andando el tiempo, las recordarían con reverencia y esperanza; si ya habíamos tenido mujeres como ellas en el pasado, no había razón para no tenerlas también en el futuro.

Nuestra sociedad estaba mucho más avanzada que sus últimos gobernantes, y las mujeres, a pesar de sus creencias religiosas e ideológicas, habían salido a la calle a protestar contra las nuevas leyes. Habían probado el poder y no iban a dejarlo escapar sin luchar. Fue entonces cuando arraigó el mito del feminismo islámico, una noción contradictoria, teniendo en cuenta que reconocía el concepto de derechos de las mujeres y dogmas del Islam. Permitía a los gobernantes tener el pastel y comérselo: podían asegurar que eran progresistas e islámicos, mientras acusaban a las mujeres modernas de occidentalizadas, decadentes y desleales. Nos necesitaban, necesitaban a los hombres y mujeres modernos, para enseñarles el camino, pero además tenían que mantenernos en nuestro sitio.

Lo que diferenciaba esa revolución de las demás revoluciones totalitarias del siglo xx era que llegaba en nombre del pasado, que constituía su fuerza y su debilidad. Nosotras, cuatro generaciones de mujeres, mi abuela, mi madre, yo y mi hija, vivíamos en el presente, pero también en el pasado; experimentábamos dos épocas a la vez. «Es interesante comprobar —me decía— hasta qué punto la guerra y la revolución nos han hecho más conscientes de las pruebas personales que debemos pasar, sobre todo el matrimonio, en el centro del cual estaba la cuestión de la libertad individual, tal como Jane Austen había descubierto dos siglos antes. Ella lo había descubierto —me decía—, pero ¿qué hay de nosotras, sentadas en esta habitación, en otro país y al final de otro siglo?»

La risa de Sanaz me sacó de mis meditaciones. ¿Detecté acaso cierta inquietud detrás de sus deslumbrantes sonrisas?

—Estoy muy asustada —dijo, apartándose un imaginario mechón de pelo de la frente—. Hasta ahora, casarme con él era una especie de sueño, algo a lo que asirme mientras me peleaba con mi hermano. Nunca he sabido, y sigo sin saber, cómo resultará en la vida real.

Sanaz estaba preocupada por el viaje a Turquía y por lo que sería volver a verlo de nuevo.

—¿Y si no le gusto? —dijo. No se preguntó por lo que pasaría si él no le gustaba a ella o si no se llevaban bien. ¿Se volvería su hermano más cruel y su madre más amargada? ¿Haría su madre, con su aspecto de mártir, que Sanaz se sintiera culpable, como si hubiera fracasado en su objetivo? Éstas eran preguntas serias para Sanaz. Era difícil saber si iba a Turquía para complacer a los demás o porque estaba enamorada. Ése era mi problema con Sanaz, que nunca sabía lo que quería en realidad.

—Después de seis años, Dios sabe qué aspecto tendrá —dijo Nassrin, dando vueltas a la taza de café con expresión ausente. La miré algo preocupada, como siempre que nuestras conversaciones versaban sobre el matrimonio y los hombres. Era inevitable preguntarse cómo se las arreglaba con sus recuerdos enterrados. ¿Se compararía con amigas que estaban libres de tales experiencias? ¿Y estaban realmente libres de tales experiencias?

Sanaz miró a Nassrin con aire de reproche. ¿Era necesario que dijera aquello ahora? En cualquier caso, viajar a Turquía sería bueno para ella, aunque no funcionara. Al menos se olvidaría de aquel novio.

—¿Le quieres? —le pregunté, sin prestar atención a las sonrisas sarcásticas de las chicas—. Siempre se corre un riesgo al casarse, pero la pregunta es: ¿le quieres ahora?

—Le quería cuando era muy joven —dijo Sanaz lentamente, demasiado emocionada para tomar parte en la broma—. Ahora no lo sé. Siempre he amado la idea que tengo de él, pero ha estado fuera mucho tiempo. Ha tenido oportunidad de conocer a muchas mujeres... ¿Qué oportunidad he tenido yo de conocer a otros hombres? Mi tía dice que no tengo que decir sí o no. Dice que si queremos descubrir lo que realmente sentimos el uno por el otro deberíamos vernos en Turquía los dos solos y pasar un tiempo juntos, sin la presencia obstaculizadora de las familias.

—Una tía sabia y poco común —dije, incapaz de resistir la tentación de entrometerme como un árbitro—. Tiene toda la razón, y tú lo sabes.

Mahshid levantó los ojos, me miró durante una fracción de segundo y volvió a bajarlos.

Azin captó la mirada de Mahshid y dijo:

—Estoy de acuerdo con la doctora Nafisi. Sería más inteligente que intentarais vivir juntos una temporada antes de tomar una decisión.

Mahshid decidió no morder el anzuelo de Azin y guardó un silencio recatado. No sé si fue mi imaginación o realmente me lanzó una mirada de reproche al bajar los ojos, posándolos una vez más en una mancha invisible de la alfombra.

—Lo primero que deberías hacer para comprobar si sois compatibles —dijo Nassrin— es bailar con él. —Al principio nos desconcertó la sugerencia, que parecía fuera de lugar incluso viniendo de Nassrin. Tardé un segundo en entender su significado. ¡Por supuesto! ¡Se refería a la Sociedad Querida Jane que habíamos inventado en mi último año en Allameh! La idea de aquella sociedad, extinta antes de comenzar, había empezado con un baile memorable.

2

Ahora lo veo como a través del ventanal de una casa situada en el centro de un jardín vacío. He pegado la cara a la ventana y ahí llegan, cinco mujeres, todas con manto negro y pañuelo en la cabeza. Mientras van pasando ante la ventana, consigo diferenciar sus caras; una vigila a las otras cuatro. No se mueven con garbo, sino que tropiezan entre sí y con las sillas. Están alborotadas, aunque de una manera curiosamente pacífica.

En el seminario de posgrado de aquella primavera había comparado la estructura de *Orgullo y prejuicio* con un baile del siglo XVIII. Después de clase, algunas chicas se habían quedado para comentarlo; estaban confundidas por lo que había querido decir. Creí que lo mejor era explicarlo reproduciendo con ellas los movimientos de un baile del siglo XVIII. «Cerrad los ojos e imaginad el baile —sugerí—. Imaginad que os movéis de aquí para allá, y si os sirve, pensad que el hombre que tenéis delante es el incomparable señor Darcy, o quizá no, quizá sea mejor que os imaginéis con el hombre en quien pensáis.» Oigo reír a una. Repentinamente inspirada, cojo las resistentes manos de Nassrin y empiezo a bailar con ella, uno dos, uno dos, luego pido a las otras que se pongan en hilera y al poco rato todas estamos bailando, los largos mantos negros girando, chocando entre sí y con las sillas.

Están frente a sus parejas, hacen una ligera reverencia, un paso al frente, se cogen las manos y dan una vuelta. Digo: «No, cuando os cojáis la mano, mirad a la pareja a los ojos; vale, veamos hasta dónde podéis mantener una conversación. Decíos cualquier cosa». Casi ni podían tener la cabeza erguida. Mojgan dice: «El problema es que todas queremos ser Elizabeth y Darcy». «No me importaría ser Jane —dice Nassrin—, siempre quise ser la más hermosa. Necesitamos un señor Collins, vamos, Mahshid, ¿no te gustaría pisarme?» Mahshid se queja. «No he bailado nunca», dice con torpeza. «Por este baile no tienes que preocuparte —dije—; la verdad es que como profesora tuya te ordeno que bailes. Es como un trabajo de clase —añadí, y aquélla fue una de las pocas veces que disfruté realmente de mi autoridad como profesora—. Adelante, atrás, pausa, una vuelta, otra vuelta, tenéis que coordinar los pasos con los del resto del grupo, ahí está el truco, estáis pendientes sobre todo de vosotras mismas y de vuestras parejas, pero también os tenéis que fijar en los demás, no podéis perder el paso. Bueno, sí, ésa es la parte difícil, pero a la señorita Eliza Bennet le sale de un modo natural.»

«Todo baile es interpretación y representación —les dije—, pero ¿os dais cuenta de que los diferentes bailes se prestan a diferentes interpretaciones?» «Oh, sí —dice Nassrin—, pero no tiene ni punto de comparación con la danza persa. Si las británicas pudieran mover el cuerpo como nosotras... ¡Comparadas con nosotras son unas puritanas!»

Pregunté quién sabía bailar al estilo persa. Todas miraron a Sanaz. Es tímida y se niega a bailar. Empezamos a burlarnos de ella y a azuzarla, formando un círculo a su alrededor. Cuando se empieza a mover, al principio con rigidez, empezamos a batir palmas y a murmurar una canción. Nassrin nos advierte que no hagamos tanto ruido. Sanaz empieza tímidamente, dando pasitos graciosos, moviendo la cintura con salero. Conforme aumentan nuestras risas y bromas, crece su atrevimiento, mueve la cabeza de lado a lado y todas las partes de su cuerpo cobran vida, rivalizando por la atención de las otras partes. No sacude el cuerpo, sino que éste tiembla solo mientras ella da pasitos garbosos y baila con los dedos y las manos. En su rostro ha aparecido una expresión especial. Es atrevida e incitante, ideada para atraer, para magnetizar, pero al mismo tiempo se repliega y retrae con una fuerza que le desaparece en el momento en que deja de bailar.

Hay diferentes formas de seducción, y la que he visto en las bailarinas persas es tan única, combina de tal modo la sutileza y el descaro que no puedo comparar su arte con ningún equivalente occidental. He visto mujeres de clases muy diferentes adoptar esa misma expresión, esa mirada velada, indolente e insinuante. Encontré la expresión de Sanaz años después en el rostro de mi exquisita amiga Leyly, educada a la francesa, cuando se puso a bailar al son de una música llena de pasajes *naz*, *eshveh* y *kereshmeh*, palabras que podríamos traducir como «coquetos», «provocadores» e «insinuantes», aunque estos términos se quedan a medias y no se refieren a lo mismo.

La seducción a que me refiero es elusiva, es enérgica y tangible. Gira, gira, envuelve y desenvuelve. Las manos se anudan y desanudan mientras la cintura parece enroscarse y desenroscarse. Es algo calculado, predice el efecto antes de dar otro paso, y luego otro. Es insinuante en un sentido que ni Daisy Miller ni sus semejantes habrían soñado jamás. Es abiertamente seductor, pero no se entrega. Todo aquello estaba en la danza de Sanaz. Su largo manto negro y el pañuelo que envolvía su cara huesuda, sus grandes ojos y su cuerpo menudo y frágil, se añadían extrañamente al atractivo del movimiento. Con cada ademán parecía liberarse de sus capas de tejido negro. El manto se vuelve diáfano y la textura de la tela se suma al misterio de su baile.

Un alumno abrió la puerta en aquel instante y tanto él como nosotras nos quedamos boquiabiertas. La hora del almuerzo había pasado y no nos habíamos dado cuenta. Al ver al estudiante en el umbral, con un pie en el aula y el otro fuera, nos echamos a reír.

Aquella reunión selló un pacto secreto entre nosotras. Hablamos de fundar una asociación clandestina y llamarla Sociedad Querida Jane. Nos reuniríamos para bailar, comer pasteles de crema y explicarnos las noticias. Aunque nunca llegamos a fundar tal sociedad, todas se llamaron Querida Jane desde entonces y la idea sembró la semilla de nuestra actual complicidad. Lo habría olvidado por completo si no me hubiera puesto a pensar últimamente en Nassrin.

Ahora recuerdo que fue aquel día en que Mahshid, Nassrin y yo nos dirigíamos a mi despacho a paso vivo y, sin pensarlo, les dije que participaran en el seminario secreto. Al ver sus caras atónitas, les bosquejé por encima lo que era el seminario, improvisando quizá lo que había soñado durante tantos años y cuyo plan no se había materializado hasta entonces. «¿Qué se nos exige?», preguntó Mahshid. «Dedicación absoluta a las obras, al seminario», dije con impetuosa determinación. Más que obligarlas a ellas, acababa de obligarme yo.

3

Soy demasiado académica: he escrito demasiados ensayos y artículos para traducir mis experiencias e ideas en relatos sin hablar ex cátedra. A pesar de todo, ése es mi objetivo: narrar, reinventarme con todos los demás. Cuando escribo, el camino está despejado, el hombre de hojalata recupera su corazón y el león su valentía, pero mi historia no es así. Voy por un camino diferente cuyo final no soy capaz de prever. Sé tan poco de este camino como Alicia cuando echó a correr tras el conejo blanco, el que llevaba chaleco y reloj y murmuraba: «Llego tarde, llego tarde».

No pude encontrar mejor manera de explicar a la clase la

estructura general de *Orgullo y prejuicio* que compararla con el baile del siglo XVIII, el que imaginamos que Darcy y Elizabeth bailaban en las numerosas fiestas a que asistían. Aunque los bailes y las danzas son ingredientes de la trama en algunas novelas de Austen (por ejemplo, en *Mansfield Park* y en *Emma*), en ninguna otra adquieren un papel tan destacado. No es el número concreto de bailes lo que me interesa. Como dije, toda la estructura de la novela es como un baile, que es un acto público y privado al mismo tiempo. La atmósfera de *Orgullo y prejuicio*, a pesar de los intereses de la autora, tiene el aire festivo de un baile.

«Así pues, su estructura es la estructura del baile y la digresión. Avanza con movimientos paralelos, en contrapunto, en lo relativo no sólo a las peripecias y los personajes, sino también a los ambientes. Primero vemos a Elizabeth en su entorno, luego la vemos fuera de su medio y en el de Darcy, luego vemos a Darcy en su propio ambiente; cada uno de estos cambios de perspectiva hace que se aproximen. La proposición de Darcy a Elizabeth tiene su contrapartida en la proposición de Collins. También existe paralelismo entre los personajes de Darcy y Wickham. Como si fuera una cámara con teleobjetivo, la mirada de Darcy pone a Elizabeth en primer plano; en la segunda parte de la novela sucede al revés, dado que es Elizabeth quien se acerca a Darcy.

»Los actores principales se nos presentan en el primer baile, y el conflicto que se origina aquí es la tensión que nos transporta por la novela. Elizabeth se convierte en enemiga de Darcy en ese primer baile, cuando sin querer le oye decir a Bingley que no es lo bastante guapa para sacarla a bailar. Más tarde, cuando se la encuentra en el siguiente baile, Darcy empieza a tener ya otra opinión, pero ella rechaza su invitación a bailar. Vuelven a encontrarse en Netherfields y esa vez bailan, bailan un baile que, a pesar de su apariencia civilizada, está cargado de tensión; la atracción que él siente por ella se incrementa a la misma velocidad que la repulsión que ella siente por él. Las no-

346

tas discordantes de su diálogo desmienten los suaves movimientos de sus cuerpos en la pista de baile.

»Los protagonistas de Austen son individuos privados que se mueven en lugares públicos. Su deseo de intimidad y reflexión ha de adaptarse continuamente a su situación en una comunidad muy pequeña que los tiene en constante observación. El equilibrio entre lo público y lo privado es esencial en ese mundo.

»El oscilante ritmo del baile se refleja en las acciones y movimientos de los dos protagonistas, alrededor de los cuales se urde la trama. Y ésta adquiere forma mediante acontecimientos paralelos que los acercan y los separan, y también en virtud de su mundo exterior e interior. Durante toda la novela, Elizabeth y Darcy no hacen más que acercarse y alejarse. Cada vez que se acercan, se prepara el terreno para el siguiente movimiento. Con cada retroceso hay un replanteamiento del último avance. Se produce un toma y daca en el baile, una constante adaptación a las necesidades y pasos de la pareja. Fijaos por ejemplo en lo impresentable que es el señor Collins en la pista de baile, o el torpe Thorpe de *La abadía de Northanger*. Su incapacidad para bailar bien es un signo de su incapacidad para adaptarse a las necesidades de la pareja.

»La importancia del diálogo en *Orgullo y prejuicio* conviene a la estructura de baile que tiene la novela. Da la impresión de que en casi todas las escenas hay un incesante diálogo entre Elizabeth y Darcy. Este diálogo puede ser real o imaginario, pero es una constante preocupación que pasa de las conversaciones con los demás a las conversaciones con el yo. Este diálogo fundamental, entre Elizabeth y Darcy, y de Elizabeth consigo misma, está rodeado de una polifonía de voces y conversaciones.

»Una de las cosas más maravillosas de *Orgullo y prejuicio* es la variedad de voces que contiene. Hay muchas formas de diálogo: entre varias personas, entre dos personas, diálogo mental y diálogo epistolar. Todas las tensiones se crean y resuelven mediante diálogos. La habilidad de Austen para crear esta variedad, esta polifonía, esta riqueza de timbres en armonía y en oposición dentro de la estructura aglutinante del relato constituye uno de los mejores ejemplos del aspecto democrático de la novela. En las novelas de Austen existen espacios para la contradicción que no necesitan eliminarse entre sí para seguir existiendo. También hay espacio, y no sólo espacio, sino necesidad, para la reflexión y la autocrítica. Esta reflexión es causa de cambio. No necesitamos ningún mensaje, ninguna apelación directa a la pluralidad, para demostrar lo que queremos decir. Lo único que se necesita es leer y reparar en la algarabía de voces para entender su imperativo democrático. Era aquí donde residía la peligrosidad de Austen.

»No es casualidad que los personajes más negativos de las novelas de Austen sean los incapaces de dialogar sinceramente con los demás. Vociferan. Sermonean. Reprenden. Esta incapacidad para dialogar supone incapacidad para la tolerancia, la reflexión y la empatía. Más tarde, con Nabokov, esta incapacidad adquiere formas monstruosas, en personajes como el Humbert Humbert de *Lolita* o el Kinbote de *Pálido fuego*.

»*Orgullo y prejuicio* no es poética, pero tiene cacofonías y armonías propias; las voces se acercan y se alejan, dan vueltas por la habitación. En este momento, mientras paso las páginas, las oigo dar saltos. Percibo la voz lastimosa y seca de Mary, la tos de Kitty y las castas insinuaciones de la señorita Bingley, y ahora oigo decir algo al distinguido sir Lucas. No oigo a la señorita Darcy, tímida y reservada como es, pero sí pasos que suben y bajan por la escalera, y el ligero tono burlón de Elizabeth y el tierno y reservado de Darcy, y mientras cierro el libro, oigo el timbre irónico de la voz narradora, y ni siquiera con el libro cerrado se detienen las voces, sino que hay ecos y resonancias que parecen saltar de las páginas y abandonar maliciosamente la novela tintineándonos en los oídos.»

4

—Nuestra Sanaz tiene muchas cualidades —decía Azin inspeccionándose meticulosamente las uñas—. No necesita a ningún niñato cuya mayor proeza ha sido eludir el reclutamiento y mudarse a Inglaterra. —Hablaba con una violencia innecesaria, y por el momento no se dirigía a nadie en particular. Entonces empecé a prestar atención a las uñas de Azin. Le había dado por pintárselas de rojo tomate y parecía preocupadísima por su forma y color. Desde el comienzo del seminario, siempre que tenía oportunidad, se inspeccionaba las uñas como si el esmalte rojo la conectara con una dimensión diferente, con un lugar sólo conocido por ella. Cuando alargaba la mano para coger un pastel o una naranja, sus ojos seguían atentamente el movimiento de sus dedos coronados de rojo.

Estuvimos hablando de Sanaz durante el descanso. Tenía que volver de Turquía la semana siguiente. Mitra, que era la única que estaba en comunicación con ella, nos puso al día: él era muy dulce, ella lo amaba, se habían comprometido. Habían ido a la playa, traería fotos, muchas fotos. La tía no cree que él sea buen partido, piensa que es un buen muchacho, mejor como amante, necesita a alguien que le ayude a sujetarse los pantalones (se acentúan los hoyuelos). Pero aquello no parecía molestar a nuestra Sanaz.

—No hay nada malo en ser joven —dijo Yassi gorjeando—, así comenzaron mi tío y su mujer... y además, no tenían dinero. En realidad, ahora que lo pienso, tres tíos míos se casaron así. Todos menos el más joven, que no se ha casado: se afilió a una organización política —dijo, como si esto explicara su celibato.

Últimamente teníamos más noticias de sus tíos porque el mayor estaba en Irán pasando unas vacaciones de tres semanas. Era el favorito de Yassi. La oía recitar sus poesías, repasaba las pinturas de su hermana Mina, contaba anécdotas sobre la tímida madre de las muchachas. Era paciente, atento, estimulante y, al mismo tiempo, crítico, señalando tal defectillo o cual punto flaco. Yassi se ponía eufórica cada vez que llegaba de visita, o en las pocas ocasiones en que escribía o llamaba desde Estados Unidos y quería hablar con ella. Era el único a quien se le permitía introducir ideas en la cabeza de Yassi sin ningún reproche. Y metió ideas en su cabeza: primero la había animado a continuar con sus prácticas musicales. Luego le había sugerido que se matriculara en la Universidad de Teherán. Ahora le aconsejaba que continuara los estudios en Estados Unidos. Todo lo que le contaba a Yassi sobre la vida en Norteamérica, sucesos que a él le parecían normales y corrientes, adquirían una aureola mágica ante los ojos ávidos de la joven. Solía comentar aquellas anécdotas conmigo y yo siempre tenía algo que añadir de mi cosecha. Me sentía como si su tío y yo estuviéramos conspirando para descarriar a Yassi. Y me preocupaba: ¿y si estuviéramos animándola a llevar una vida que no fuera buena para ella? También me daba cuenta de que los ánimos que le dábamos hacían que Yassi, joven afectuosa y leal, muy apegada a su familia, se sintiera confusa y deprimida durante días. Se burlaba de sí misma y decía que siempre se sentía... «¿Indecisa?», preguntaba yo. «Nooo.» «¿Cuál es la palabra?» De repente su cara se iluminaba: «¡Insoportable!». «No, Yassi, no es eso. Insoportable no, definitivamente.» «Bueno, vale, indecisa a la vez que incapaz, así me siento, aunque quizá también me sienta insoportable.»

Por entonces parecía que todas mis chicas querían irse de Irán, excepto Mahshid, que estaba más concentrada que nunca en su trabajo. Quería un ascenso y un contrato fijo, pero se los negaron alegando sus antecedentes políticos. Mitra ya había pedido un visado para Canadá, aunque Hamid y ella tenían sus dudas. La madre de él estaba en contra, y además estaba la perspectiva de un futuro desconocido en Canadá, mientras que la vida que llevaban en Irán, a pesar de todos sus defectos, era segura. Hamid tenía un buen trabajo, no pasaban privaciones.

—Aquí, como no deja de recordarnos su madre, somos alguien —dijo la muchacha—, pero allí...

—Estoy pensando en irme —dijo Azin de repente—. Si Sanaz tuviera una pizca de sentido común, se iría sin más, o se casaría con él, iría allí y luego se divorciaría. ¿Qué pasa? —preguntó a la defensiva, enfrentándose a la mirada desconcertada de las demás, mientras sacaba el tabaco del bolso—. ¿Qué he dicho esta vez?

No encendió el cigarrillo (nunca lo hacía durante las clases), pero lo sostuvo entre aquellos dedos largos, blancos y rematados en rojo. De repente se dio cuenta de nuestro silencio y, como una niña a la que han pillado robando chocolate, miró el cigarrillo apagado y lo aplastó en el cenicero con una sonrisa encantadora.

«¿Cómo te las arreglas para llevar esas uñas?», le pregunté. «Llevo guantes —dijo—. Incluso en verano me pongo guantes oscuros.» Las uñas pintadas, como el maquillaje, eran un delito que se castigaba con flagelación, multa y hasta un año de cárcel. «Claro que "ellos" conocían el truco —dijo—, y si quieren jorobarte de verdad, te dirán que te quites los guantes.» Azin siguió parloteando sobre guantes y uñas, y de súbito guardó silencio. «Me produce una gran satisfacción —dijo con una vocecita en la que no había el menor rastro de satisfacción—. Es tan rojo que hace que me olvide de ciertas cosas.»

—¿De qué cosas? —preguntó Nassrin amablemente, para variar.

—Bueno, ciertas cosas, ya sabes —dijo, y se echó a llorar. Nos quedamos estupefactas. Manna, que al parecer no quería dejarse impresionar por las lágrimas de Azin, le pasó la caja de pañuelos de papel. Mahshid se encerró en su caparazón y Nassrin se inclinó hacia delante, con las manos unidas en un nudo violento. Yassi, que era la que estaba más cerca de Azin, se inclinó hacia ella y le dio un suave apretón en el hombro derecho.

5

Ahora ya no puedo saber cuáles eran las heridas de verdad que Azin escondía ni cuáles las falsas que enseñaba. Busco una respuesta en la foto que nos hicimos la última noche que pasé en Teherán y me fijo en el brillo de sus pendientes redondos de oro. Las fotografías pueden ser engañosas, a menos que, como mi mago, se tenga un don especial para averiguar algo por la curva de una nariz. Yo no tengo esos dones.

Mirando la fotografía es imposible imaginar los problemas de Azin. Tiene un aspecto despreocupado, con un cabello rubio muy a tono con la claridad de la piel y los ojos color miel oscura. Le encantaba hacerse la estrafalaria y el hecho de que se hubiera casado tres veces confirmaba su derecho a este título. Se había casado con su primer marido antes de cumplir los dieciocho años y se había divorciado antes de que transcurriese el primer año. Nunca explicó qué había pasado con el segundo marido. Quizá se casó tantas veces porque en Irán era más fácil tener un marido que un novio.

A su marido, por lo que nos contaba, parecía contrariarle todo lo que le interesaba a ella. Estaba celoso de sus libros, de su ordenador y de sus clases matutinas de los jueves. Con sonrisa inmutable, contaba lo humillado que se sentía por culpa de su «espíritu independiente», como decía ella misma; primero le daba una paliza y luego trataba de calmarla jurándole amor eterno. Más que por los golpes, yo me sentía casi físicamente herida por los insultos: él le gritaba que nadie querría casarse con ella, que estaba «usada», como un coche de segunda mano, y que ningún hombre querría tener una mujer de segunda mano. Le decía que él podría casarse con una chica de dieciocho años, una chica sin estrenar, de primera mano, por muy viejo que fuera. Le decía todo esto, pero no podía dejarla. No recuerdo tanto sus palabras como que, mientras contaba la historia, su sonrisa se oscurecía con el brillo de las lágrimas. Después de contarnos aquello, dijo:

—Ahora ya sabéis por qué llego tarde tan a menudo.

Manna diría luego, con poca comprensión: «¡Fíate de Azin para sacar algo en claro, aunque se trate de sus propios problemas!».

Pronto nos vimos envueltas en los problemas conyugales de Azin. Después de comer, se los conté a Bijan y luego a mi mejor amiga, una gran abogada que tenía debilidad por las causas perdidas y a la que convencí de que aceptara el caso. A partir de entonces, Azin, sus indecisiones, su marido, sus quejas, su sinceridad o la falta de ésta, se convirtieron en temas constantes de conversación.

No estaba previsto que estas incursiones en la vida personal formaran parte del seminario, pero se infiltraron en nuestras conversaciones, estimulando incursiones posteriores. Empezábamos con abstracciones y acabábamos introduciéndonos en el reino de las experiencias personales. Hablábamos sobre diferentes casos en los que el juez correspondiente no había visto motivo suficiente de divorcio en los malos tratos psicológicos y físicos. Hablábamos de casos en los que el juez no sólo había rechazado la petición de divorcio de la mujer, sino que había intentado responsabilizarla a ella de los golpes del marido y le había ordenado que reflexionara sobre las fechorías que había cometido para suscitar el malestar del cónyuge. Bromeábamos sobre el juez que acostumbraba a golpear regularmente a su mujer. En nuestro caso, la justicia era realmente ciega; al maltratar a las mujeres no conocía religión, ni raza, ni credo.

6

Se dice que lo personal es político. Por supuesto, esto no es cierto; en el meollo de la lucha por los derechos políticos está el deseo de protegernos, de impedir que la política se entrometa en nuestra vida individual. Lo personal y lo político son interdependientes, pero no son la misma cosa. El reino de la imaginación es un puente entre las dos instancias y remodela constantemente a la una en función de la otra. El rey filósofo de Platón lo sabía, y también lo sabía el censor ciego, así que no es de extrañar que la primera misión de la República Islámica fuera borrar la frontera entre lo personal y lo político, y por lo tanto, destruir los dos planos.

Cuando me preguntan por la vida en la República Islámica de Irán, no soy capaz de separar los aspectos más personales y privados de nuestra existencia de la mirada del censor ciego. Pienso en mis chicas, que procedían de diferentes clases sociales. Sus dilemas, independientemente de su clase y sus creencias, eran comunes y procedían del expolio, a manos del régimen, de sus momentos más íntimos y de sus aspiraciones privadas. Este conflicto se encuentra en el centro de la paradoja creada por el Gobierno islámico. Ahora que los ulemas gobernaban el país, la religión se utilizaba como instrumento de poder, como ideología. Este enfoque ideológico de la fe diferenciaba a los que estaban en el poder de los millones de ciudadanos de a pie, creyentes como Mahshid, Manna y Yassi, que descubrieron que la República Islámica era su peor enemigo; las personas como yo odiaban la opresión, pero los otros tenían que contender con la traición. Sin embargo, también a ellos les afectaban más directamente las contradicciones e inhibiciones de la vida privada que los grandes asuntos de la guerra y la revolución. Aunque viví en la República Islámica durante dieciocho años, no conseguí captar por completo esta

verdad durante los primeros años de agitación, durante las ejecuciones públicas y las manifestaciones sangrientas, ni durante
los ocho años de guerra, con la alternancia de las sirenas blancas y rojas, mezcladas con el rugido de los cohetes y las bombas; sólo después de la guerra y de la muerte de Jomeini vi con
claridad que éstos eran los dos factores que habían mantenido
al país unido a la fuerza, impidiendo que las voces discordantes y las contradicciones salieran a la luz.

«Un momento —diréis—, ¿discordancia, contradicciones?
¿No era una época de esperanza, de reforma y de paz? ¿No nos
dijeron que la estrella de Ghomi descendía y la de Forsati ascendía?» Me señalaréis el final del capítulo anterior, donde las
posibles opciones de los revolucionarios radicales eran pegarse
fuego o adaptarse a los tiempos. En cuanto a Mahshid, Nassrin y Manna, diréis que sobrevivieron, que se les dio una segunda oportunidad. «¿No te estarás poniendo melodramática,
doctora Nafisi, para mejorar el efecto literario?»

No, no me estoy poniendo melodramática. La vida en la
República Islámica era siempre demasiado explosiva, demasiado dramática y caótica para adaptarse al orden subjetivo que
exige un efecto literario. El tiempo de paz suele sacar a la superficie el daño causado, poniendo en primer plano cráteres
abiertos donde antes había casas. Es entonces cuando las voces
acalladas, los espíritus malignos que estaban encerrados en la
botella, salen volando en diferentes direcciones.

Manna solía decir que hay dos Repúblicas Islámicas: la de
las palabras y la de la realidad. En la República Islámica de las
palabras, la década de los noventa empezó con promesas de paz
y reforma. Una mañana nos levantamos y oímos que el Consejo de los Guardianes, tras mucho deliberar, había elegido al antiguo presidente Hojat-ol-Eslam Ali Jamenei como sucesor del
ayatolá Jomeini. Antes de la elección, la posición política de Jamenei era dudosa, ya que estaba vinculado a algunos de los grupos más conservadores y reaccionarios de la minoría gobernante, pero también era conocido como mecenas de las artes.

Había fumado opio con poetas y había recibido un duro reproche de Jomeini por suavizar el tono de la condena teológica de Salman Rushdie.

Pero esta misma persona, el nuevo Jefe Supremo, que ostentaba ahora el más alto título político y religioso del país, que exigía el mayor respeto, era un farsante. Él lo sabía, nosotros lo sabíamos y, lo que es peor, lo sabían sus propios colegas y los amigos del clero que lo habían elegido. Los medios de comunicación y la propaganda del Gobierno habían omitido el hecho de que este hombre había sido elevado de la noche a la mañana al rango de ayatolá; esta posición ha de merecerse antes de recibirse, de modo que aquel nombramiento era una clara violación de los usos y costumbres del clero. Jamenei optó por unirse al bando de los más reaccionarios. En esta decisión no influyeron sólo sus creencias religiosas: lo hizo también por necesidad, por buscar apoyo y protección política, y para compensar la falta de respeto que sentían por él sus propios colegas. De la noche a la mañana, pasó de ser un tibio liberal a ser un partidario de la línea dura. En un raro momento de franqueza, la señora Rezvan había dicho: «Conozco a éstos mejor que usted, cambian de razones más a menudo que de ropa. ¿A quién tienen que rendir cuentas? El Islam se ha convertido en un negocio —continuó—. Como el petróleo para la Texaco. Éstos que hablan del Islam, todos quieren sacar partido. Y estamos atrapados con ellos. No creerá que van a admitir nunca que viviríamos mejor sin petróleo, ¿verdad? ¿Pueden decir que el Islam no es necesario para un buen Gobierno? No, pero los reformistas son más astutos; te darán el petróleo un poco más barato y prometerán hacerlo menos contaminante».

La nueva esperanza era nuestro presidente, el poderoso ex portavoz del Parlamento, Hojat-ol-Eslam Rafsanjani, el primero que mereció el nombre de reformista, aunque este hombre, que se llamaba a sí mismo general de la reconstrucción y recibió el apodo de ayatolá Gorbachov, era famoso por sus escándalos financieros y políticos y por su implicación en la intimidación de disidentes en territorio nacional y extranjero. Había hablado de liberalizar las leyes; como nos recordó Manna, estas reformas significaban, una vez más, que podías ser un poco islámica, que podías saltarte ligeramente las normas y enseñar un mechón de pelo por debajo del pañuelo. Era como decir que podías ser un poco fascista, un fascista o un comunista moderado, añadí. «O estar un poco embarazada», concluyó Nima riéndose.

El resultado de esta moderación fue que Sanaz y Mitra no temían llevar el velo de una manera más atrevida, enseñando algo de pelo, pero la policía de la moralidad seguía teniendo derecho a detenerlas. Cuando le recordaban a la policía las palabras del presidente, los guardias revolucionarios las detenían inmediatamente y las llevaban al calabozo, profiriendo insultos contra el presidente, su madre y todos los hijos de... que daban aquellas órdenes en la tierra del Islam. Pero el liberalismo del presidente, como más tarde el de su sucesor, el presidente Jatami, no pasó de aquí. Los que se tomaron en serio sus reformas y la liberalización pagaron un alto precio, a veces con la vida, mientras sus captores quedaban libres y sin castigo. Cuando el escritor disidente Saiidi Sirjani, que imaginaba que contaba con el apoyo presidencial, fue encerrado en la cárcel, torturado y finalmente asesinado, nadie acudió en su ayuda, otro ejemplo de la lucha constante entre la República Islámica de las palabras y la de los hechos, una lucha que todavía continúa. «Sus intereses están por encima de todo —acostumbraba a recordarme la señora Rezvan—. Por muy liberales que digan ser, nunca abandonan la fachada islámica, es su marca de fábrica.» ¿Quién iba a necesitar al señor Rafsanjani en un Irán democrático?

Aquél fue un periodo de esperanza, cierto, pero albergábamos la ilusión de que los tiempos de esperanza carecen por completo de tensiones y conflictos, cuando, según mi experiencia, son los más peligrosos. Lo que para unos significa esperanza, para otros significa pérdida; cuando los desesperados vislumbran un rayo de esperanza, los que están en el poder, los que lo han usurpado, se asustan y se vuelven más celosos de sus amenazados intereses, y más represivos. En muchos aspectos, estas épocas de esperanza y de mayor tolerancia eran tan inquietantes como antes. La vida había adquirido la contextura de una mala novela que hubiera escrito un autor incapaz de poner orden y lógica en unos personajes que corren como locos en distintas direcciones. Era la mejor época, era la peor época. Era época de paz, tiempo de reconstrucción, tiempo de que la vida reanudara el camino, y sin embargo sólo teníamos un fragor de voces que lo invadía todo y que acabó superponiéndose a los sombríos fragores de la guerra.

La guerra con Irak había terminado, pero el Gobierno continuaba su guerra contra los enemigos internos, contra los que, según él, eran representantes de la decadencia cultural y de la influencia occidental. Más que debilitar y eliminar a estos enemigos, la campaña de opresión los hizo más fuertes. Partidos y enemigos políticos estaban en la cárcel y prohibidos, pero en el campo de la cultura, la literatura, la música, las bellas artes y la filosofía, la tendencia dominante estaba con las fuerzas laicas; la elite islámica no había sido capaz de conseguir ascendencia en ninguno de estos campos. La batalla por la cultura se volvió más importante cuando se pasaron al otro lado más musulmanes radicales: jóvenes e intelectuales, periodistas y académicos. Desilusionados de la revolución islámica y enfrentados al vacío ideológico que había seguido al hundimiento de la Unión Soviética, no les quedó más remedio que volverse hacia las democracias occidentales a las que se habían opuesto con tanta vehemencia. Y el régimen no podía cerrar la boca ni eliminar a aquellos a quienes había tratado de destruir o silenciar acusándolos de estar occidentalizados; formaban parte de la cultura iraní tanto como ellos, los sedicentes guardianes. Pero lo que más asustaba a la elite islámica era que estos mismos elementos se habían convertido en modelo de los antiguos revolucionarios, cada vez más desencantados, y en modelo de la juventud, de los llamados hijos de la revolución.

Muchos funcionarios del Ministerio de Cultura y Orientación Islámica empezaron a tomar partido por los escritores y
artistas, autorizando la publicación de libros que se habían
considerado antiislámicos. Mi libro sobre Nabokov fue publicado con el apoyo de algunos de los miembros ilustrados de
aquel ministerio. A directores veteranos con películas prohibidas después de la revolución se les permitió proyectarlas gracias al director de la Fundación Cinematográfica Farabi, un
hombre progresista que más tarde recibió objeciones y acusaciones por parte de los reaccionarios del régimen. El propio ministerio se convirtió en campo de batalla de dos facciones, a saber, la de los partidarios de lo que podríamos llamar línea dura
y la de los reformistas. Muchos ex revolucionarios leían e interpretaban obras de pensadores y filósofos occidentales, cuestionando su propia ortodoxia. Era una señal de esperanza,
aunque paradójica, que su transformación dependiera ahora
de las mismas ideas y sistemas que se habían propuesto destruir.

Incapaces de descifrar ni de entender las complicaciones o
las anomalías, enfurecidas por las traiciones que se producían
en sus propias filas, las autoridades se vieron obligadas a imponer sus fórmulas simplistas en la ficción de la misma manera que lo habían hecho en la vida. Así como censuraban los colores y matices de la realidad para adaptarla a su mundo en
blanco y negro, censuraban toda forma de intimismo en la ficción; paradójicamente, las obras literarias que no tenían un
mensaje político fueron consideradas peligrosas tanto por ellos
como por sus oponentes ideológicos. Así pues, en una autora
como Austen, por ejemplo, tanto si lo sabían como si no, tenían a un adversario natural.

7

—Deberías dejar de culpar a la República Islámica de todos nuestros problemas —dijo mi mago. Fruncí el entrecejo y hundí las botas en la nieve. Nos habíamos despertado con una mañana nevada y soleada, lo mejor de un invierno en Teherán. En la suave manta que cubría los árboles y se amontonaba en las aceras parecían brillar millones de soles diminutos.

Era el clásico día que estimula y hace que te sientas como en la infancia, a pesar de las protestas contra la contaminación y de las quejas, menos tangibles aunque más importantes, que llevamos en el corazón y en la mente. Y aunque trataba de expresar mi descontento, el recuerdo del jarabe de fresa que hacía mi madre, que mezclaba con nieve reciente, se rebelaba contra mi murria. Pero no iba a ceder tan fácilmente; me sentía agobiada por culpa del marido de Azin y del novio de Sanaz. Durante los últimos quince minutos había tratado de explicar a mi mago las penas y tribulaciones de mis chicas, salpicando mis palabras con acusaciones justificadas e injustificadas contra la raíz de todas nuestras desgracias: la República Islámica de Irán.

La primera semana después del viaje, Sanaz había vuelto a clase con un júbilo contenido que le sentaba muy bien. Desparramó las fotografías sobre la mesa de cristal: la familia en el vestíbulo del hotel; Sanaz y un joven de cabello castaño oscuro y dulces ojos castaños, vestido con tejanos y una camisa azul, apoyado en una barandilla; la fiesta de compromiso; Sanaz con un vestido rojo y su magnífico cabello acariciando sus hombros desnudos, levantando la vista hacia el afable joven de traje oscuro y camisa azul claro que la miraba a los ojos con ternura y afecto; y allí estaba él, deslizando un anillo de compromiso en su dedo, mientras ella miraba la joya con añoranza («Es una vergüenza que sus padres compraran el anillo sin consultarnos», dijo más tarde). «Y aquí tenemos a la tía renegada, a la madre deprimida y al hermano repelente.» Antes de que se dieran cuenta, el uno había vuelto a Londres y la otra a Teherán. («Ali y yo apenas pudimos hablar —dijo Sanaz algo contrariada—, siempre estábamos rodeados de familia.»)

Dos semanas más tarde vi que permanecía callada durante toda la clase. En el descanso, una desconsolada Sanaz que se excusó por robar tiempo a la clase con sus historias personales, con los ojos llenos de lágrimas y apartándose de la frente un inexistente mechón de pelo, anunció que todo había acabado, que el matrimonio se había anulado. La habían dejado plantada. Otra vez por teléfono: él no veía la manera de hacerla feliz, era todavía un estudiante, ¿cómo iba a mantenerla?, ¿cuánto tiempo tendría que pasar para que pudieran vivir juntos? No era justo, repetía él, no era justo para ella, inventando toda clase de excusas. «Entiendo lo que quiere decir —dijo Sanaz—, yo también comparto sus preocupaciones, pero me gustaría que no se sintiera obligado a ser tan asquerosamente justo.» Siempre la amaría, le había dicho él. «¿Qué otra cosa podía decir?», dijo Sanaz, mirándonos a todas. «Maldito cobarde», pensé yo.

Todo el mundo había sido extraordinariamente amable con ella. Su familia se había enfadado mucho con él, con aquel joven corrompido por los años que había pasado entre los fríos y flemáticos ingleses, había dicho la madre. «Ellos, los occidentales, no tienen sentimientos, como nosotros.» «Ya cambiará de idea —dijo el padre con convicción—; dale tiempo.» A ninguno se le había ocurrido que quizá había sido el entrometimiento y la presión de la familia lo que le había obligado a dar un paso del que no estaba seguro.

A Sanaz le resultó insoportable tanta compasión. Hasta su hermano se había solidarizado con ella. Se rumoreó que había otra mujer... «Siempre se rumorea —terció Azin—, así son los hombres.» «No», dijo Sanaz en respuesta a las preguntas de Mahshid: no era persa, aunque aquello no tenía importancia. Unos decían que era sueca y otros que inglesa. ¡Naturalmente! Una extranjera: siempre es un buen partido... ¿Quién había dicho esto? A Sanaz le fastidiaba aún más la actitud compungida y silenciosa con que se dirigían a ella los familiares y las amistades. Si al menos al hermano le hubiera dado un berrinche, dijo forzando una sonrisa entre las lágrimas, si le hubiera confiscado el coche a Sanaz o le hubiera hecho cualquier otra trastada... Aquel día se le había presentado la primera ocasión de alejarse de ellos, y ya se sentía mejor.

—Los hombres son siempre más interesantes y más deseables cuando están fuera de nuestro alcance —dijo Manna con un sorprendente resquemor en la voz. Tras una pausa, añadió enigmáticamente—: Y no lo digo para hacerme la simpática con Sanaz.

«¡Hombres!», dijo Nassrin enfadada. «¡Hombres!», repitió Azin. Yassi, que parecía haberse encogido, se enderezó con las manos cruzadas en el regazo. Sólo la tía estaba contenta, nos informó Sanaz. Lo primero que dijo fue: «Gracias a Dios, él te ha salvado de tu propia insensatez. ¿Qué esperabas? Sólo una tonta pensaría que es normal que un joven de su edad, o de cualquier edad, pueda vivir solo durante cinco años sin tener ninguna aventura». «Yo lo pensé», dijo Sanaz. «Bueno, porque eres tonta.»

La reacción de Sanaz había sido tranquila y serena. Casi se sentía aliviada. En el fondo de su mente siempre había pensado que no funcionaría, al menos de aquel modo. Pero quedaba la herida: ¿por qué la había rechazado? ¿Acaso era demasiado provinciana para él en comparación con otras mujeres, digamos una inglesa educada, y no remilgada ni temerosa de quedarse a pasar la noche? Un corazón roto es un corazón roto, razoné, e incluso a las mujeres inglesas y americanas las dejan plantadas sus amantes. Habíamos leído buenas historias. ¿Os acordáis de «The jilting of Granny Weatherall»? Y por supuesto, «Una rosa para Emily». Más tarde, Sanaz bromearía diciendo que estaba pensando en hacerse más memorable imitando a la señorita Havisham, su heroína del momento. «Sólo que ella ni siquiera se había comprado el vestido de novia», añadió con nostalgia.

¿Cómo habíamos pasado de los problemas de Sanaz a la vida en la República Islámica? Sin saber cómo, habíamos acabado por hablar del régimen: de la cantidad de clérigos y altos funcionarios del régimen con permiso de residencia estadounidense, del complejo de inferioridad de la elite gobernante, que quemaba la bandera norteamericana con una mano y con la otra era obsequiosa con los occidentales, sobre todo con los periodistas norteamericanos. Y allí estaba Faezeh Rafsanjani, la hija del presidente, con sus tejanos azules y sus Reebok, y el cabello teñido asomándole por debajo del chador.

Se lo había explicado todo con detalle a mi mago, trazándole un cuadro vívido y conmovedor del corazón roto de Sanaz y del sufrimiento de Azin. Concluí, dramáticamente, que el régimen se había metido hasta tal punto en nuestros corazones y mentes, colándose furtivamente en nuestras casas, espiando en nuestros dormitorios, que había llegado a moldearnos contra nuestra propia voluntad. ¿Cómo podíamos, bajo tal escrutinio, separar las tribulaciones personales de las políticas? Estaba bien saber a quién echar la culpa, era una de las pocas compensaciones de ser víctima... «y sufrir es otra mala costumbre», como había dicho Bellow en *Herzog*.

Enarcó la ceja derecha y adoptó una expresión irónica y enigmática.

—Pero dime —preguntó con sarcasmo—, ¿qué tiene que ver exactamente el abandono de una chica guapa con la República Islámica? ¿Quieres decir que los hombres de otras partes del mundo no maltratan a sus esposas ni las abandonan?

Me sentía demasiado irritada e indefensa para responder razonablemente, aunque entendía la lógica de su argumentación; así que guardé silencio.

—Como el régimen no te deja en paz, te confabulas con él y le das un control completo sobre tu vida —prosiguió, pues era de los que nunca daban su brazo a torcer—. Claro que tienes razón —añadió poco después—, este régimen ha conseguido colonizar todos los momentos de nuestra vida hasta tal punto que ya no podemos pensar en ella al margen de la existencia del régimen. Se ha vuelto tan omnipotente que quizá no sea tan descabellado hacerle responsable de los éxitos y fracasos de nuestras aventuras amorosas. Deja que te recuerde a Bellow, tu último amor. —Se detuvo en la palabra amor unos segundos—. Recuerda su frase, la que solías citar, una de las muchas que nos has brindado en las dos últimas semanas: «Primero te mataron y luego te obligaron a meditar sobre sus crímenes». ¿Estás escuchando? —dijo, acercando los ojos a mi cara—. ¿Por dónde andas?

—No, estoy aquí —dije—. Sólo estaba pensando.

—Está bien —dijo, recordando su educación inglesa.

—Te estaba escuchando —dije—. Acabas de aclararme algo, algo en lo que he pensado mucho últimamente. —Esperó a que continuara—. Pensaba en la vida, la libertad y la búsqueda de la felicidad, en el hecho de que mis chicas no son felices. Me refiero a que se sienten condenadas a ser infelices.

—¿Y cómo piensas hacerles entender que tienen ese derecho? —preguntó—. No será animándolas a comportarse como víctimas; tienen que aprender a luchar por su felicidad.

Seguí hundiendo las botas en la nieve, esforzándome al mismo tiempo por no quedarme atrás.

—Pero mientras no nos metamos esto en la cabeza y sigamos luchando por la libertad política sin entender que depende de las libertades individuales, del hecho de que tu Sanaz no debería haber ido a Turquía a pelar la pava, no nos merecemos ese derecho.

Tras oír el sermón y, no encontrando en él nada objetable, seguí el hilo de mis pensamientos. Paseamos en silencio un rato.

—Pero ¿no ves que si trato de hacerles entender eso podría causar a las chicas más perjuicios que beneficios? —dije, quizá con demasiado dramatismo—. Ya sabes, al estar conmigo y conocer mis experiencias, se están forjando una imagen acrítica y legendaria de ese otro mundo, de occidente... Bueno, no sé, creo que...

—Eso es como decir que les has ayudado a crear una fantasía paralela —dijo— que es enemiga de la fantasía que la República Islámica ha inculcado en su vida.

—¡Sí, sí! —dije con emoción.

—Bueno, ante todo la culpa no es totalmente tuya. Nadie puede vivir ni sobrevivir en este mundo de fantasía; necesitamos crear un paraíso para refugiarnos en él. Además —dijo—, hay algo que sí puedes hacer al respecto.

—¿Lo hay? —dije con avidez, todavía desalentada y muriéndome porque por una vez en la vida me dijeran qué tenía que hacer.

—Sí, lo hay. En realidad ya lo estás haciendo con el seminario, a menos que lo eches a perder. Haz lo que todos los poetas hacen con sus reyes filósofos. No necesitas crear una fantasía paralela sobre occidente. Dales lo mejor de ese otro mundo: dales ficción pura, ¡devuélveles la imaginación! —terminó en son de triunfo, y me miró como si esperase vítores y aplausos por su sabio consejo—. ¿Sabes? No te vendría mal predicar con el ejemplo, para variar. Toma como modelo una solterona de Jane Austen —dijo con algo que me pareció condescendencia paternalista—. Siempre nos has dicho que hacía caso omiso de la política, no porque no supiera del tema, sino porque no quería que su trabajo, su imaginación, fuesen engullidos por la sociedad que la rodeaba. En un mundo agitado por las guerras napoleónicas, ella creó un mundo propio, un mundo que tú, dos siglos después, en la República Islámica de Irán, dices que es el ideal literario de la democracia. Recuerda aquello que decías respecto a que la primera lección para luchar contra la tiranía era ir a lo tuyo y cumplir con la propia conciencia. No dejas de hablar de espacios democráticos, de la necesidad de espacios personales y creativos. ¡Pues vamos a crearlos, mujer! Deja de gruñir y de malgastar tu energía en lo que dice o hace la República Islámica, y empieza a concentrarte en tu Austen.

Sabía que tenía razón, aunque estaba demasiado contrariada y enfadada conmigo misma para admitirlo. La literatura no era la panacea, pero nos ofrecía una forma crítica de valorar y aprovechar el mundo. No sólo el nuestro, sino también ese otro que se había convertido en objeto de nuestros deseos. Tenía razón, no escuchaba, de lo contrario habría tenido que admitir que mis chicas, como millones de ciudadanos que se negaban a renunciar a su derecho a buscar la felicidad, habían hecho mella en el rígido mundo de fantasía de la República Islámica.

Cuando volvió a hablar, su voz pareció llegar de muy lejos y a través de una niebla.

—Cuando hablabas de organizar ese seminario secreto, pensé que era una buena idea —dijo—. En parte porque apartaba tu atención de la política. Pero veo que ha hecho todo lo contrario, aún te ha implicado más.

La primera vez que le hablé de dimitir de la universidad y organizar un seminario secreto, había dicho: «¿De qué vas a vivir? Has roto tus contactos públicos, la enseñanza es tu último refugio». Le dije que quería dar clase de literatura en casa, con unas cuantas alumnas escogidas a las que les gustara realmente. «¿Me ayudarás?» «Te ayudaré —dijo—, por supuesto, pero ¿sabes lo que esto significa?» «¿Qué?» «Pronto nos abandonarás. Cada vez te retiras más dentro de ti. Poco a poco has abandonado todas las actividades.» «Sí, pero ¿y las clases?» «Esas clases las darás en tu casa. Hablabas de escribir tu próximo libro en persa, pero ahora de lo único que hablamos es de lo que vas a decir en tu próxima conferencia en Estados Unidos o en Europa. Estás escribiendo para otros lectores.» Le dije: «Te tengo a ti». Dijo: «No soy un buen ejemplo. Me utilizas como parte de tu mundo onírico».

Cuando nos despedimos ya me había cambiado el humor. Estaba pensando en otra novela que añadir a la lista... *El diciembre del decano* de Saul Bellow, que trata de las duras pruebas que se pasan en Oriente y Occidente. Me sentía culpable por haberme quejado a mi mago. Había deseado intensamente que lo cambiara todo en aquel preciso momento, que frotara la lámpara mágica para hacer desaparecer a los guardias de la revolución, y al marido de Azin y al jefe de Mahshid. Quería que pusiera freno a todo, y él me decía que no me involucrara tanto. Me avergonzaba por haberme negado a entenderle y por comportarme como una niña caprichosa que le da un manotazo a sus padres.

El sol empezaba a ponerse cuando me dirigí a mi casa; parecía llevarse uno por uno los brillantes puntos desperdigados por la nieve. Cuando llegué di gracias al ver el fuego ardiendo en la chimenea. Bijan tenía un aspecto tranquilo, sentado en una silla que había acercado al fuego, con un vaso de vodka de contrabando encima de la mesa, leyendo *El largo adiós*. Por la ventana se veían las ramas cubiertas de nieve y las montañas, cuyo perfil, filtrado por la niebla, apenas se distinguía.

8

—Se esforzaron por hacerse los modernos —dijo Yassi con un retintín de sarcasmo, arrellanada en su sitio habitual en el sofá. Nos estaba contando su última aventura con un galán (así lo llamaba ella). Todos la presionaban para que se casara; sus mejores amigas y primas cercanas estaban ya casadas o comprometidas—. Tanto su familia como la mía estaban de acuerdo en que teníamos que conocernos antes de tomar una decisión. Así que fuimos al parque. Se suponía que teníamos que conocernos íntimimamente paseando y hablando durante una hora —dijo con el mismo tono sarcástico, pero con una cara que sugería que se estaba divirtiendo—. Él y yo íbamos delante, seguidos por mis padres, mi hermana mayor y dos hermanas suyas. Casi las puedo oír aún, mientras fingían hablar de todo tipo de cosas y nosotros fingíamos que estábamos solos. Le pregunté por su trabajo: ingeniero mecánico. ¿Estaba leyendo algo interesante? No tiene tiempo de leer. Tengo la sensación de que me quiere mirar, pero no puede. Cuando fue a casa de mi tío para pedir oficialmente mi mano, estuvo con la cabeza gacha todo el tiempo y así es imposible echar un buen vistazo. De modo que estuvimos paseando hombro con hombro con la mirada clavada en el suelo. A mí sólo se me ocurrían pensamientos absurdos, por ejemplo: «¿Cómo sabe un hombre que la mujer con la que quiere casarse no es calva?».

—Eso es fácil —dijo Nassrin—, en los viejos tiempos, las mujeres de la familia del marido inspeccionaban a la novia en ciernes. Hasta la dentadura.

—Gracias a Dios, tengo todos los dientes. En fin, así íbamos pasando el rato, cuando, de repente, tuve una idea brillante: empecé a andar más deprisa, cogiéndolos por sorpresa a todos y, cuando ya se habían adaptado a mi ritmo, me detuve de repente, y casi les obligué a chocar con nosotros. Mi galán estaba sorprendido, pero procuró disimularlo andando a la misma velocidad que yo. Hice algunos intentos vanos de captar su mirada. Y he aquí lo que se me ocurrió: si el galán lo entiende y se ríe, le daré una oportunidad. Si no, se acabó, no voy a perder el tiempo. Sabía que todos mis tíos me habrían seguido el juego. —Dicho lo cual, guardó silencio.

—Bien. ¿Qué pasó?

—Ah —dijo como si despertara de un trance—, nada.

—¿Nada?

—No, el muy idiota ni siquiera preguntó por qué andaba más deprisa. Lo único que hizo, por educación, fue tratar de mantenerse a mi ritmo. Al poco rato me cansé del juego y nos dijimos adiós. No respondí a las preguntas de la familia hasta que dejaron de hacerlas. Estoy segura de que a estas alturas estará felizmente casado con una chica metidita en carnes —dijo, mirándonos con alegría. Le encantaba contar una buena anécdota, aunque fuera ella el blanco de la broma.

Había sido una semana agotadora para Yassi: por un lado aquel nuevo pretendiente y por otro el regreso de su tío a Estados Unidos. Siempre que su tío visitaba Irán, cosa que no sucedía a menudo, sembraba dudas y preguntas en Yassi, que pasaba semanas acosada por anhelos vagos e inquietantes que la hacían suspirar por algo, aunque no sabía exactamente el qué. Su alma se llenaba de deseos inadvertidos y sin justificación que se convertían en algo más real que su propio cuerpo: sueños nebulosos, anhelos, punzadas y fiebres placenteras. Ahora sabía que tenía que ir a Estados Unidos, igual que a los doce años supo que tenía que tocar un instrumento musical prohibido. Tocar aquel instrumento, su insistencia en asistir a la Universidad de Teherán y la voluntad de acudir a mi seminario habían sido preparativos que la acercaban al objetivo final: estar físicamente donde estaban sus tíos y probar el sabor de aquella tentadora fruta que siempre había pendido sobre la vida de su madre y de sus tías, seductora y a la vez fuera de su alcance. No carecían estas mujeres de inteligencia ni de intelecto, pero les había faltado libertad. A Yassi no le había quedado más remedio que querer ser como sus tíos, no necesariamente como ellos, pero sí investirse con lo que ella creía que eran sus derechos inalienables.

Yo no quería que se casara. Quería que pasara toda aquella ordalía y venciera los obstáculos aparentemente insuperables. Todo estaba en contra de ella, desde su familia (no había precedentes de que una chica hubiera ido al extranjero a estudiar) hasta las enormes dificultades económicas. Además, tenían que admitirla en una universidad norteamericana y debía obtener un visado. Yo quería que todo le saliera bien, no sólo por ella, sino por todas. Siempre he anhelado la seguridad de los sueños imposibles.

Aquél fue el día de los galanes; también Sanaz estaba rebosante de anécdotas. Tras la ruptura del compromiso, Sanaz se había dedicado a salir con distintos pretendientes, y habló largo y tendido del educado ingeniero norteamericano con permiso de residencia, símbolo de su posición, que se había fijado en ella en una fotografía familiar y al llegar a Teherán la había buscado para invitarla al Restaurante Suizo; y del rico comerciante enamorado de la idea de tener una esposa educada y atractiva, y que quería comprarle una biblioteca entera para que no tuviera que salir de casa; y así sucesivamente. Aquellas salidas eran para Sanaz como un proceso de expansión y purga.

—Aprende de nosotras —dijo Azin—. ¿Para qué necesitas casarte? —Había recuperado el tono insinuante—. No te tomes en serio a esos individuos: sal con ellos y pásalo bien.

Mi amiga la abogada tenía muchos problemas con Azin. Al principio ésta se había mostrado inflexible con lo del divorcio. Diez días después había acudido al bufete con su marido, su suegra y sus cuñadas. Pensaba que la reconciliación era posible. Poco después se presentó sin cita previa; estaba cubierta de magulladuras y dijo que la había vuelto a golpear y que había dejado a su hija en casa de la madre de él. Por la noche, él se había arrodillado al lado de su cama, llorando y suplicándole que no lo abandonara. Mientras hablábamos, Azin rompió a llorar otra vez, diciendo que él le quitaría a la niña si seguía adelante con el divorcio. Aquella niña era toda su vida, «y ya conocéis los tribunales, la custodia de los hijos siempre se la dan al padre». Azin sabía que él sólo quería a la niña para hacerle daño a ella. Nunca se preocupaba por la pequeña y lo más probable era que la mandase a casa de su madre. Azin había solicitado un visado para Canadá, pero aunque habían aceptado la solicitud, no podía abandonar legalmente el país sin el permiso del marido. «Sólo si soy dueña de mi propia vida podré obrar sin el permiso de mi marido», dijo, desesperada y dramáticamente.

Manna estaba de acuerdo con Azin, pero le costaba admitirlo.

—Si yo estuviera en tu lugar, saldría del país en cuanto pudiera —había aconsejado a Sanaz—. No te quedes aquí ni te cases con alquien que tenga que quedarse. Te pudrirías.

Mahshid la miró con reproche.

—Éste es tu país —dijo frunciendo los labios—; puedes hacer muchas cosas.

—No puedes hacer nada. Nada —dijo Manna con firmeza.

—Puedes escribir y puedes enseñar —dijo Mahshid, mirándome de reojo—. Necesitamos buenos críticos. Necesitamos buenos profesores.

—Sí —dijo Manna—, como la profesora Nafisi. Te rompes los codos durante años, ¿y luego qué? Nima dijo el otro día que si en vez de pasarse los años estudiando para conseguir un máster en literatura inglesa hubiera sido vendedor callejero, ahora estaría ganando dinero.

—Si todo el mundo se va —dijo Mahshid, con la mirada clavada en el suelo—, ¿quién ayudará a levantar este país? ¿Cómo podemos ser tan irresponsables?

Era una pregunta que yo me hacía día y noche. «No podemos abandonar todos el país —me había dicho Bijan—, es nuestra patria.» «El mundo es un lugar muy grande —había dicho mi mago cuando había corrido a contarle mis desgracias—. Puedes escribir y enseñar estés donde estés. De hecho, te leerán más y te escucharán mejor cuando te vayas.» ¿Irse o no irse? «En el largo camino, todo es muy personal —razonó mi mago—. Siempre he admirado la sinceridad de tu antiguo colega», dijo. «¿Qué antiguo colega?» «El doctor A, el que dijo que su única razón para irse era que le gustaba beber cerveza libremente. Me estoy hartando de los que ocultan sus defectos y deseos personales bajo el disfraz del fervor patriótico. Se quedan porque no tienen medios para irse a ningún otro sitio, porque en otro lugar no serán los peces gordos que son aquí y hablan de sacrificarse por la patria. Y los que se van, dicen que lo han hecho para criticar y desenmascarar al régimen. ¿A qué vienen tantas justificaciones?»

Tenía su parte de razón, pero las cosas no eran tan sencillas: yo sabía que Bijan quería quedarse no porque no pudiera encontrar trabajo en Estados Unidos, ya que tenía varios parientes cercanos allí y él había vivido en aquel país más años incluso que en Irán. «Quiero quedarme porque amo a este país —me dijo—. Deberíamos quedarnos como forma de resistencia, para demostrar que no nos han vencido. Nuestra sola presencia es una espina para ellos. ¿En qué otra parte del mundo —me preguntó— atraería a tanta gente una clase sobre *Madame Bovary* y estaría a punto de causar un tumulto? No podemos rendirnos y partir, nos necesitan aquí. Amo a este país», repitió. «¿Y acaso yo no?», me pregunté.

—Bijan está de acuerdo contigo —dije a Mahshid—. Está más aferrado a la idea de hogar. Él creó este hogar, literalmente construyó nuestro apartamento y la casa de la montaña, y estableció costumbres, como ver la BBC, beber vodka de contrabando y preparar barbacoas para los amigos. Es muy difícil desmantelar ese mundo y reconstruirlo en otra parte. Creo que la cuestión es que todos tenemos que elegir según nuestra capacidad y nuestras limitaciones —dije, y mientras lo decía me daba cuenta de que mis palabras debían de parecerles muy superficiales.

—Tengo la mejor de las excusas para irme a Estados Unidos —dijo Yassi con descaro—: que estoy muy flaca. Me han dicho que las chicas flacas tienen allí más oportunidades. Dicen que a los norteamericanos les gustan las delgadas.

—Eso depende de la chica —dijo Mitra, dándole un ligero codazo. Mitra, desde luego, no tendría problemas en ningún lugar de la tierra, con sus hoyuelos y sus grandes ojos castaños. Hamid y ella habían decidido pasar una semana en Siria para hacer gestiones con vistas a obtener el permiso de residencia en Canadá, aunque todavía vacilaba entre irse y quedarse.

—Aquí tenemos una identidad —dijo con actitud dubitativa—. Podemos hacer algo con nuestra vida. Allí, la vida es desconocida.

—La terrible prueba de la libertad —dijo Nassrin, repitiendo mi frase favorita de Bellow.

Sólo Mahshid permanecía en silencio. Yo sabía que estaba

más segura de lo que quería que las demás. No quería casarse. A pesar de sus creencias tradicionales y de sus imperativos morales, Mahshid tenía menos intención de casarse que Sanaz. Desaprobaba el régimen, pero sus problemas eran más prácticos que existenciales. Desilusionada desde hacía tiempo sobre la perspectiva de casarse con el hombre ideal, y sin ninguna confianza en su capacidad para sobrevivir en el extranjero, se había entregado en cuerpo y alma al trabajo. En aquel momento, su problema era cómo vencer la estupidez e ignorancia de sus jefes, que recompensaban su trabajo excepcional con algo parecido a la envidia y la amenazaban con su pasado político como si fuera una espada.

Me preocupaba Mahshid y el solitario camino que había escogido. Y también Yassi y sus irrefrenables fantasías sobre el País de Nunca Jamás en que vivían sus tíos. Me preocupaban Sanaz y su corazón roto, y Nassrin y sus recuerdos, y Azin. Me preocupaban todas, pero sobre todo Manna. Tenía esa inteligencia sincera y crítica que exige el máximo de uno mismo. Toda su situación actual le resultaba intolerable, desde el hecho de que ella y su marido dependieran económicamente de la familia de ella hasta la deslucida condición de los intelectuales y la crueldad cotidiana del régimen islámico. Nima, que compartía sus sentimientos y deseos, reforzaba aquel aislamiento voluntario. Al contrario que Yassi, Manna se negaba obstinadamente a hacer nada para cambiar su situación. Casi parecía alegrarse de saber que sus cualidades se iban a malgastar. Ella, como mi mago, estaba dispuesta a ser más inflexible consigo misma que con el mundo que la rodeaba. Los dos se culpaban de que unas personas tan inferiores gobernaran su vida.

—¿Cómo es que siempre terminamos hablando de matrimonio —dijo Mitra—, cuando se supone que estamos aquí para hablar de libros?

—Necesitamos —dije con una sonrisa— que el señor Nahvi nos recuerde que somos muy superficiales por leer a Austen y hablar de matrimonio. —El señor Nahvi, con su traje polvoriento, la camisa abotonada hasta el cuello, el pelo escalonado y los ojos pastosos, reaparecía de vez en cuando en nuestros chistes y bromas. Se había ganado mi desprecio eterno el día en que proclamó que la protagonista de *La madre* de Gorki era un modelo de mujer infinitamente más puro que todas las veleidosas damiselas de las novelas de Jane Austen.

9

Olga estaba en silencio.

—Ah —exclamó Vladimir—, ¿por qué no me amarás como te amo yo?

—Amo mi a país —dijo ella.

—Yo también —exclamó él.

—Y hay algo que amo aún con más fuerza —añadió Olga, soltándose del abrazo del joven.

—¿Y qué es? —preguntó éste.

Olga posó sus ojos azules en él y respondió sin vacilar:

—El Partido.

Todos y cada uno de los grandes libros que leíamos se convertían en un cuestionamiento de la ideología dominante. Se convertían en una amenaza en potencia, no tanto por lo que decían como por su forma de decirlo, por la postura que adoptaban ante la vida y la literatura. En nadie era más evidente este cuestionamiento que en el caso de Jane Austen.

Había pasado mucho tiempo en Allameh comparando a Flaubert, Austen y James con obras de tesis como *La madre* de Gorki, *El Don apacible*, de Sholojov, y la llamada literatura realista iraní. El pasaje de más arriba, citado por Nabokov en su *Curso sobre literatura rusa*, desató la hilaridad de mis estudiantes de Allameh. «¿Qué ocurre —les pregunté— cuando negamos a nuestra personalidad todo asomo de individualidad? ¿Quién tiene una humanidad más completa, Emma Bovary o la Olga de los límpidos ojos azules?»

Un día, después de clase, el señor Nahvi me siguió hasta el despacho. Trataba de decirme que Austen no sólo era antiislámica, sino también culpable de otro pecado. Era una autora colonialista. Me extrañó oír aquello en boca de quien, hasta entonces, se dedicaba sobre todo a citar el Corán y a citarlo mal. Me dijo que *Mansfield Park* era un libro que toleraba la esclavitud, que incluso en Occidente se habían dado cuenta de los errores que habían cometido. Lo que más me confundía era que estaba convencida de que el señor Nahvi no había leído *Mansfield Park*.

Mucho después, en un viaje a Estados Unidos, descubriría de dónde había sacado el señor Nahvi sus ideas, exactamente cuando compré un ejemplar de *Cultura e imperialismo* de Edward Said. No dejaba de ser una paradoja que los elementos más reaccionarios de Irán hubieran acabado abriendo las puertas a la obra y las teorías de autores considerados revolucionarios en Occidente e identificándose con ellas.

El señor Nahvi me estuvo regalando con aquellos botones de sabiduría mientras me seguía al despacho. Raramente abría la boca en clase, donde se mantenía en silencio, con una expresión plácida y ausente, como si asistiera a clase para hacernos un favor. Nahvi era uno de los pocos alumnos en quienes me resultaba imposible descubrir una sola cualidad que lo salvara. Como Eliza Bennett, habría podido decir que no era un hombre sensato. Un día, tras una discusión realmente agotadora, le dije: «Señor Nahvi, quiero recordarle algo: no lo estoy comparando con Elizabeth Bennett. No hay nada de ella en usted, seguro, es usted tan diferente de ella como el hombre del ratón. Pero ¿recuerda lo obsesionada que está por Darcy, tratando constantemente de encontrarle defectos, interrogando a los nuevos conocidos para confirmar que es tan bellaco como ella cree? ¿Recuerda sus relaciones con Wickham? La base de su cariño no es lo que siente por él, sino su antipatía por Darcy. Fíjese en cómo habla de lo que usted llama Occidente. No es capaz de referirse a él sin ponerle un adjetivo o un atributo: decadente, vil, corrupto, imperialista. ¡Recuerde lo que le pasó a Elizabeth!».

Todavía recuerdo su expresión cuando le dije esto y, por una vez, utilicé mis privilegios de profesora para decir la última palabra.

El señor Nahvi tenía gran influencia en la universidad y una vez denunció a Nassrin ante el comité revolucionario. Su mirada de águila la había detectado corriendo escaleras arriba un día que llegaba tarde a clase. Ella acabó admitiéndolo, aconsejada por la señora Rezvan, que la había convencido de que no valía la pena ser tan obstinada si el precio era la expulsión de la universidad.

Mientras recordábamos al señor Nahvi, noté que Mitra y Sanaz murmuraban y se reían. Cuando les pedí que nos explicaran el motivo de su regocijo, Sanaz animó a la ruborizada Mitra a repetir la anécdota. Mitra confesó que, entre sus amigos, para referirse al señor Nahvi decían el señor Collins de la Universidad Tabatabai, por el presuntuoso clérigo de Jane Austen.

Una tarde, después de clase, el señor Nahvi se plantó de repente delante de Mitra. «¿No tenía aquel aire... "formidoloso" que tenía siempre?», sugirió la incorregible Yassi. «No, no exactamente.» «¿Pontificador? ¿Presuntuoso? ¿Solemne?», prosiguió Yassi sin rendirse. «No, decididamente, el señor Nahvi no parecía él mismo. Su arrogancia había dado paso a un nerviosismo exagerado mientras entregaba un sobre a Mitra.» Sanaz incitó a Mitra a describir el sobre. «Era de un azul nauseabundo. Y apestaba.» «¿Apestaba?» «Sí, olía a perfume barato, a agua de rosas.»

Dentro del sobre había una carta de una sola página, con el mismo color y olor detestables, escrita con tinta negra y con una caligrafía inmaculada.

—Cuéntales cómo empezaba la carta —dijo Sanaz a Mitra.

—Bueno, empezaba diciendo... —Mitra se detuvo, como si le faltaran las palabras.

—¡MI DORADO NARCISO! —exclamó Sanaz, y se echó a reír. «¿De veras? ¿Dorado narciso?» «Sí, y juraba amor eterno a Mitra, cuyos movimientos y palabras estaban incrustados en su corazón y en su mente. Nada, ningún poder le había causado nunca lo que su sonrisa, que esperaba que fuera para él y sólo para él, le causaba. Y así hasta el final.»

¿Qué había hecho Mitra?, quisimos saber todas. Todo aquello había tenido lugar durante el secretísimo noviazgo de Mitra y Hamid, nos recordó Sanaz. Al día siguiente, cuando el señor Nahvi apareció súbitamente de la nada y la abordó en mitad de la calle, Mitra trató de explicarle que le resultaba imposible corresponder a su afecto. Él asintió filosóficamente y se fue, pero reapareció al cabo de unos días. Ella había aparcado en un callejón cercano a la universidad y estaba a punto de abrir la portezuela de su pequeño vehículo cuando advirtió una presencia a sus espaldas. «Como la sombra de la Muerte», intervino Nassrin con voz siniestra. Bueno, Mitra se dio la vuelta y vio al señor Nahvi, el pelo ondulado, los ojos grasientos, las orejas puntiagudas y un libro en la mano, un libro de poemas de cummings. Y entre las páginas del libro asomaba el azul de otro sobre. Antes de que Mitra tuviera tiempo de protestar, le puso el libro entre las manos y desapareció.

—Cuéntale a la doctora Nafisi lo que escribió —dijo Sanaz—. Le encantará saber que el señor Nahvi ha aprovechado sus clases.

—Dentro había escrito: A MI RUBOROSA ROSA. ¿Y qué más? Bueno, reproducía un poema que solía comentar usted en el curso de introducción a la literatura:

en algún lugar adonde nunca he viajado, gustosamente más allá
de toda experiencia, tienen tus ojos su silencio:
en tu gesto más frágil hay cosas que me cercan
o que no puedo tocar porque están demasiado próximas

tu más ligera mirada me liberará fácilmente
aunque me haya cerrado como una mano,
siempre me abres pétalo tras pétalo como abre la Primavera
(rozando hábil, misteriosamente) la primera rosa

pero si tu deseo es cerrarme, yo y
mi vida nos cerraremos hermosamente, de súbito,
como cuando el corazón de esta flor imagina
la nieve cayendo suavemente por todas partes;

nada que podamos percibir en este mundo iguala
la fuerza de tu aguda fragilidad: cuya textura
me subyuga con el color de sus campos,
sembrando muerte y eternidad con cada aliento

(no sé qué hay en ti que cierras
y abres; sólo algo que hay en mí entiende
que la voz de tus ojos es más profunda que todas las rosas)
nadie, ni siquiera la lluvia, tiene manos tan pequeñas

—Basta y sobra para dejar de enseñar poesía —dije, contagiada por su humor.

—En adelante sólo debería dar clases sobre poemas morbosos, como «Childe Harold» o «La balada del viejo marinero» —sugirió Mahshid.

Esta vez, Mitra pensó que tenía que adoptar medidas más
drásticas antes de que el asunto se le fuera de las manos. Tras
consultar con sus amistades, llegó a la conclusión de que una
negativa firme y sincera podría ser peligrosa tratándose de alguien tan influyente como el señor Nahvi. Mejor sería contarle una mentira convincente que lo dejara en una posición insostenible.

Cuando se volvieron a cruzar sus caminos, Mitra había
reunido valor suficiente para esperar al señor Nahvi y, ruborizándose y tartamudeando, le dijo que había sentido demasiada
vergüenza para revelar la auténtica razón de su desdén: estaba

comprometida con un pariente lejano. Su familia era influyente y muy tradicional, y ella tenía miedo de lo que sus parientes podían llegar a hacer si descubrían las intenciones del señor Nahvi. El joven se detuvo durante una fracción de segundo, como si estuviera clavado en el suelo, dio media vuelta sin decir palabra y dejó plantada a Mitra, que todavía temblaba un poco, en mitad de la amplia calle.

10

El último Año Nuevo que la señora Rezvan pasó en Teherán me regaló tres horquillas. Eran horquillas de pelo, que muchas mujeres utilizaban para que el pañuelo no se les moviera. Nunca supe llevar bien el pañuelo, y comprobar que estuviera en condiciones se había convertido en un ritual que practicábamos antes de las clases o las conferencias. Me dijo: «Mi querida señora Nafisi, siento que vaya a ser esto por lo que me recuerde, pero temo por usted. ¿Me promete que se las pondrá cuando me haya ido? Quiero verla aquí cuando vuelva».

La señora Rezvan se estaba preparando para viajar a Canadá. Después de años intentándolo, había conseguido por fin la codiciada beca para proseguir el doctorado. Había soñado durante años con aquello, pero ahora resultaba que estaba demasiado nerviosa para saborear el momento. No dejaba de preguntarse si lo conseguiría y si estaba preparada para la empresa. Yo me alegraba de que se fuera, tanto por ella como por mí. Casi era un alivio.

Por entonces pensaba que era demasiado ambiciosa y que me utilizaba, a mí y a gente como yo, para llegar a donde quería llegar. Más tarde descubrí que el asunto tenía tela marinera. Aquella mujer no aspiraba sólo a ser algo, a ser decana de la facultad, por ejemplo, aunque también tenía esto en el punto de mira. Lo que quería con todas sus fuerzas era ser una personalidad literaria; su amor por la literatura era real, pero su talento era limitado y su sed de poder a veces sobrepasaba e incluso llegaba a chocar con ese amor. Se las arreglaba para suscitar en mí estos sentimientos contradictorios. Me daba la sensación de que siempre estaba a punto de contarme algo importante sobre sí misma, algo que haría que la conociera. Quizá debería haber sentido más curiosidad. Quizá, si no me hubiera cerrado tanto ante sus intrusiones y exigencias, me habría dado cuenta de más cosas.

A finales del verano de 1990, por primera vez en once años, mi familia y yo nos fuimos a Cypress de vacaciones y para conocer a mis cuñadas, que aún no habían visto a nuestros hijos. No se me había permitido abandonar el país durante años y cuando por fin me dieron el permiso de salida, me sentí paralizada y ni siquiera fui capaz de rellenar la solicitud de pasaporte. Si no hubiera sido por la paciencia de Bijan, no habría reaccionado. Pero al final me dieron el pasaporte y nos fuimos sin más percances. Nos alojamos en casa de una amiga, una antigua alumna de la señora Rezvan. Dijo que la señora Rezvan le había preguntado por mí, por mi trabajo y por mi familia.

Cuando por fin volvimos a Teherán, mi amiga me comunicó que el día de nuestra partida, probablemente en el mismo avión en que habíamos volado a Teherán, la señora Rezvan se dirigía a Cypress de vacaciones. Iba sola. Llamó a mi amiga y le preguntó por mí, y la amiga le dijo que me había ido. Mi amiga me dijo que la señora Rezvan quería que la llevara a los mismos sitios que habíamos visitado durante mi estancia. Le preguntó qué había hecho yo, adónde había ido. Un día fueron a la playa donde solíamos bañarnos.

La señora Rezvan era tímida y vaciló al ponerse el traje de baño, y dijo que quería ir a una parte más solitaria de la playa, donde nadie pudiera verla. Se metió corriendo en el agua, pero salió al poco rato y le dijo a mi amiga que, por más que lo intentara, no podría acostumbrarse a pasearse en traje de baño.

Cuando se fue de Irán, la señora Rezvan desapareció de mi vida. Su ausencia se notó tanto como se había notado su presencia. No escribía ni llamaba cuando volvía ocasionalmente; sabía de ella por la secretaria del Departamento de Inglés. Ya había solicitado dos veces una ampliación de la beca para poder terminar la tesis. A veces, recorriendo los pasillos o al pasar por delante de su despacho, la recordaba; su ausencia me producía a la vez alivio y tristeza.

Unos meses después de viajar a Estados Unidos me enteré de que tenía cáncer. La llamé: no estaba en casa. Me devolvió la llamada. Hablaba con la formalidad íntima de Teherán. Quería tener noticias de algunos de nuestros alumnos comunes y de mi trabajo. Y entonces, por primera vez, se sinceró y empezó a hablar de sí misma. No podía escribir, le hacía sufrir mucho, y siempre se sentía débil y fatigada. Su hija mayor la ayudaba. Tenía muchísimos sueños y estaba llena de esperanza. La franqueza no estuvo tanto en lo que dijo como en su tono de voz, que confería cierto aire de confidencia a la simple información sobre su debilidad, su incapacidad de escribir y la dependencia respecto a su hija. Tenía fe en el último tratamiento, aunque el cáncer se había extendido bastante. Me preguntó por mi trabajo. No le dije que estaba sana y escribiendo un libro, y en general contenta.

Fue la última vez que hablé con ella; pronto estuvo demasiado enferma incluso para hablar por teléfono. Pensaba en ella casi obsesivamente. Me parecía injusto que tuviera cáncer cuando estaba tan cerca de alcanzar su meta. No quería hablar con ella para recordarle que, de nuevo, yo había sido la afortunada. Iba a disfrutar de más tiempo en la tierra, el tiempo que tan injustamente le quitaban a ella.

Murió poco después de nuestra última conversación. Ahora recuerdo sus intrusiones de otro modo. En mi cabeza, de vez en cuando, la devuelvo a la vida. Trato de penetrar en los sentimientos y emociones mudos que habían fluido entre ambas. Viene hacia mí entre una luz titilante, como en nuestro primer encuentro, con su irónica mirada de soslayo, y pasa a través de mi cuerpo, dejándome con mis dudas y lamentaciones.

11

Fue en la primavera de 1996, a principios de marzo, cuando empecé a darme cuenta de la metamorfosis de Nassrin. Un día llegó a clase sin el manto ni el pañuelo. Mahshid y Yassi llevaban pañuelos de colores diferentes y siempre se lo quitaban al entrar en el apartamento. Pero Nassrin siempre vestía igual; la única diferencia que se permitía era el color del manto, que unas veces era azul marino, otras negro y otras marrón oscuro.

Aquel día había llegado a clase más tarde de lo habitual y, al quitarse el manto, vimos una camisa azul claro, una chaqueta azul marino y unos vaqueros. Tenía el pelo largo, suave y negro, y lo llevaba recogido en una trenza que oscilaba cada vez que movía la cabeza. Manna y Yassi intercambiaron miradas y Azin le dijo que tenía buen aspecto, como si hubiera cambiado de peinado. Yassi dijo con tono burlón: «Pareces... ¡pareces la osadía en persona! Quiero decir, divina». Al final de la clase, Nassrin parecía tan natural con su nuevo atuendo que me costaba recordar a la otra Nassrin.

Cuando Nassrin iba con chador o con velo, su modo de andar era desafiante; andaba como hacía todo lo demás: con inquietud pero con una especie de arrogancia. Ahora, sin el velo, parecía lánguida, como si tratara de ocultar algo. En mitad del debate sobre las mujeres de Austen me di cuenta de qué era lo que trataba de esconder. Bajo el chador no se percibían sus curvas ni su atractivo sexual. Tuve que controlarme para no ordenarle que bajara las manos y dejara de taparse el pecho. Sin el manto era evidente que el chador había sido una excusa para ocultar lo que había tratado de repudiar, principalmente porque no sabía lo que hacer con ello. Tenía una manera torpe de andar, como una niña que diera los primeros pasos, como si en cualquier momento fuera a caerse.

Unas semanas después se quedó al terminar la clase y me preguntó si podía quedar conmigo para hablar. Le dije que se viniera a mi casa, pero dijo en tono muy formal si no nos podíamos ver en una cafetería que solíamos frecuentar mis alumnos y yo. Ahora que repaso aquellos tiempos veo que mis estudiantes me contaron muchas anécdotas privadas y muchas confidencias en lugares públicos: en mi despacho, en cafeterías, en taxis y paseando por las calles que rodeaban mi casa.

Cuando entré en la cafetería, Nassrin estaba sentada a una mesita de madera con un jarrón de claveles de cera rojo sangre. Pedimos helado de vainilla y chocolate para Nassrin y café con hielo para mí. Nassrin me había pedido aquella cita para notificarme oficialmente la existencia de un novio. «¿Lo conozco?», le pregunté, mientras la muchacha hundía con fuerza la cucharilla en el helado. «No. Quiero decir —balbuceó atropelladamente—, es posible que lo haya visto; desde luego, él sí la conoce a usted. Lo conozco desde hace mucho tiempo —continuó como si admitiera por fin un hecho vergonzoso—. Desde hace unos dos años —dijo con un suspiro—, pero sólo salimos juntos desde hace dos meses.»

La noticia me dejó perpleja. Traté de ocultar la sorpresa, buscando algo apropiado que decir, pero su expresión no admitía evasivas. «Hace mucho tiempo que quería presentárselo —dijo—, pero no sabía cómo hacerlo. Y además tenía miedo.» «¿Miedo de qué? ¿Es que es un hombre que atemoriza?» —dije, queriendo hacer una broma. «No, temía que no le gustara», dijo, abriendo surcos en el helado derretido. «Nassrin —le dije—, no es a mí a quien le tiene que gustar.»

Lo sentí por ella. Estaba enamorada, quizá por primera vez en su vida, pero estaba preocupada y nerviosa por demasiadas cosas. Desde luego, tenía que mentir a su padre: más tiempo para traducir textos. Vivía en varios mundos paralelos: el llamado mundo real de la familia, el trabajo y la sociedad, el mundo secreto de nuestro seminario y su novio, y el mundo que había creado con sus mentiras. Yo no sabía bien qué esperaba de mí. ¿Debía adoptar el papel de madre y hablarle de la vida? ¿Debía mostrar más curiosidad, pedir más detalles sobre él y sus relaciones? Esperé, esforzándome por apartar los ojos de los hipnóticos claveles rojos y mirar a Nassrin.

—No se lo reprocharía si se riera de mí —dijo embargada por la desdicha y girando la cuchara en el helado.

—Nassrin, yo nunca haría una cosa así —protesté—. ¿Por qué iba a hacerlo? Me alegro mucho por ti.

—Es de pena —dijo sin prestar atención a mis palabras, siguiendo el hilo de sus pensamientos—. A mi edad mi madre ya tenía un hijo crecido. Usted ya estaba dando clases. Y aquí estoy yo, comportándome como una cría de diez años. De esto es de lo que deberíamos hablar en clase.

—¿De que tienes diez años? —pregunté, tratando torpemente de animarla.

—No, no —dejó la cuchara a un lado—, del hecho de que todas nosotras, chicas como yo, que han leído a Austen y Nabokov y todo eso, que hablan de Derrida, de Barthes y de la situación mundial, no sabemos nada, lo que se dice nada, sobre las relaciones entre un hombre y una mujer, sobre lo que significa estar con un hombre. Mi sobrina, que tiene doce años, probablemente lo sabe todo al respecto, y seguro que ha salido con más chicos que yo. —Hablaba furiosamente, curvando y estirando los dedos.

Por una parte, tenía razón, y que fuera capaz de decirlo me inspiraba ternura y ganas de protegerla.

—Nassrin —le dije— ninguna de nosotras está tan especializada en esos asuntos como tú crees. Entiéndeme, cada vez que conozco a una persona es un nuevo comienzo. Estas cosas son instintivas, lo que necesitas aprender es a arrinconar tus inhibiciones, a volver a la infancia, cuando jugabas con chicos a las canicas o a lo que fuera y no volver a pensar en ello.»

Nassrin no respondió. Estaba toqueteando los pétalos de las flores de cera, acariciando su suave superficie.

—¿Sabes? —dije—, con mi primer marido... Sí, estuve casada antes de conocer a Bijan, cuando apenas tenía dieciocho años. ¿Sabes por qué se casó conmigo? Dijo que le gustaba mi inocencia... yo no sabía lo que era un beso con lengua. Había nacido y me había criado en una época liberal, en una familia liberal; mis padres me enviaron al extranjero cuando apenas tenía trece años. Y ahí tienes: acepté casarme con un hombre al que despreciaba profundamente, que quería una esposa casta y virginal y, siento decirlo, me eligió a mí. Había estado con muchas mujeres y cuando viajé con él a Oklahoma, donde había cursado los estudios universitarios, sus amigos se llevaron una sorpresa, porque hasta el mismísimo día que había partido para Irán a pasar el verano había estado viviendo con una norteamericana a la que había presentado a todo el mundo diciendo que era su mujer. Así que no te sientas demasiado mal, estas cosas son complicadas. ¿Eres feliz? —le pregunté. Hubo una larga pausa durante la cual cogí el jarrón y lo arrimé a la pared.

—No lo sé —dijo—, nadie me ha enseñado a ser feliz. Nos han enseñado que el placer es el gran pecado, que el sexo es para la procreación y todo lo demás. Me siento culpable, pero no por estar interesada por un hombre. Por un hombre —repitió—, ¡a mi edad! El hecho es que no sé qué quiero, y no sé si estoy obrando bien. Siempre me han dicho qué es lo que está bien, y de repente no sé nada. Sé lo que no quiero, pero no sé lo que quiero —dijo, bajando los ojos hacia el helado derretido y que apenas había probado.

—Bueno, yo no puedo responderte —me incliné hacia ella con intención de tocarle la mano, para transmitirle algo de consuelo. Pero no la toqué, no me atreví. Parecía lejana y distante—. Estaré aquí cuando me necesites, pero si me estás pidiendo consejo, no te lo puedo dar... tendrás que valerte tú sola. —«Diviértete», rogué sin convicción. ¿Cómo puede nadie enamorarse y negarse un poquito de alegría?

El novio de Nassrin se llamaba Ramin. Le había visto en varias ocasiones, la primera en una reunión relacionada con mi libro sobre Nabokov. Tenía un máster en Filosofía y daba clases a tiempo parcial. Nassrin lo había conocido en una conferencia en la que intervenía el joven y se habían puesto a hablar después. Quería hacerle preguntas: ¿Fue un amor a primera vista? ¿Cuánto tiempo habían tardado en confesar sus sentimientos? ¿Se habían besado? Eran algunos de los detalles que necesitaba saber a toda costa, pero, por supuesto, no le pregunté por ellos.

Cuando salíamos de la cafetería, Nassrin dijo con cierta vacilación: «¿Quiere venir a un concierto con nosotros?». «¿Un concierto?» «Tocan unos alumnos de Ramin. Podemos conseguir entradas para usted y su familia...».

12

Tendría que haber puesto la palabra «concierto» entre comillas, porque aquellos actos culturales eran versiones paródicas de los de verdad y o bien se celebraban en casas privadas, o bien, en los últimos tiempos, en un centro cultural construido por el Ayuntamiento en el sur de Teherán. Eran motivo de encendidas polémicas, porque a pesar de las numerosas limitaciones impuestas, muchos del Gobierno los consideraban de dudosa reputación. Las funciones estaban estrechamente vigiladas y en casi todas intervenían músicos aficionados, como los que íbamos a ver aquella noche. Pero el edificio estaba siempre atestado, las entradas siempre agotadas y la función empezaba siempre con cierto retraso.

Bijan no tenía ganas de ir. Prefería oír buena música en privado, en nuestra cómoda casa, a soportar aquellas mediocres funciones en vivo, con sus largas colas y el inevitable tumulto que seguía. Pero al final cedió ante el entusiasmo de los niños y mío. Tras la revolución, casi todos los lugares de expansión pública —cines, salas de conciertos, bares, restaurantes— habían pasado a desarrollar sus funciones en locales privados. Era refrescante salir de vez en cuando, aunque fuese para ir a un acontecimiento tan poco interesante.

Nos reunimos con ellos en la entrada. Nassrin parecía nerviosa y Ramin cohibido. Era alto y desgarbado, treintañero, pero con aire de posgraduado eterno, y atractivo desde un punto de vista intelectual. Lo recordaba como a una persona segura y sociable, pero ahora que me lo habían presentado en el nuevo papel, parecía haber perdido su habitual expresividad y las ganas de hablar. Le di las gracias a Ramin por la invitación y nos dirigimos a una larga cola compuesta en su mayor parte por jóvenes de ambos sexos. Nassrin jugaba con los niños; yo, que de repente me había quedado con la lengua pegada al paladar, quise preguntar a Ramin sobre sus clases. Sólo Bijan parecía ajeno a la extrañeza del momento. Había hecho un sacrificio al dejar su confortable casa una noche entre semana y no se sentía obligado a ser sociable.

Cuando entramos, la gente abarrotaba el local y había ocupado ya los pasillos, el suelo y el espacio de las paredes. Estábamos entre los invitados de honor, así que nuestro sitio estaba en la segunda fila y conseguimos sentarnos. La función comenzó con retraso. La presentó un caballero que estuvo ofendiendo al público durante quince o veinte minutos, diciendo que la dirección no quería entretener a un público de «ricos imperialistas» contaminados por la decadente cultura occidental. Aquello despertó una sonrisa en muchos que habían acudido aquella noche a oír la música de los Gypsy Kings. El caballero dijo además, muy serio él, que si alguno se comportaba de manera no islámica sería expulsado de la sala. Luego sermoneó a las mujeres para que observaran las normas y regulaciones relativas al uso del velo.

Es difícil evocar la imagen exacta de lo que sucedió aquella noche. El grupo estaba formado por cuatro jóvenes iraníes, todos aficionados, que nos entretuvieron con sus versiones de los Gypsy Kings. Pero no se les permitía cantar: sólo podían tocar los instrumentos. Tampoco podían mostrar entusiasmo por lo que estaban haciendo, porque manifestar emociones era antiislámico. Y así llegué a la conclusión de que la única manera de que la noche pudiera resultar entretenida era fingir que era una observadora extranjera que había acudido no a divertirse, sino a informar de lo que era salir por la noche en la República Islámica de Irán.

A pesar de las restricciones y de la calidad de la interpretación, los jóvenes músicos no podían haber encontrado en ningún otro lugar del mundo un público más solidario, más comprensivo con sus defectos ni más complacido con su música. Cada vez que los asistentes, casi todos jóvenes y no necesariamente ricos, empezaban a moverse o a batir palmas, aparecían dos hombres trajeados por ambos lados del escenario y gesticulaban para que dejaran de dar palmas, o de canturrear, o de moverse con la música. Incluso cuando nos esforzábamos por oír, por olvidar a aquellos gimnastas, se las arreglaban para interponerse en nuestro campo visual, siempre presentes, siempre preparados para saltar e intervenir. Siempre éramos culpables.

Los músicos estaban muy solemnes. Como era casi imposible tocar sin ninguna expresión, todos estaban cariacontecidos. El solista parecía enfadado con el público: fruncía el entrecejo, tratando de no mover el cuerpo, lo que era bastante difícil teniendo en cuenta que interpretaba a los Gypsy Kings.

Bijan sugirió que nos fuéramos pronto, antes de que nos bloqueara la multitud que, no habiendo podido exteriorizar sus sentimientos durante la función, tal vez quisiera vengarse pisoteando a los asistentes. Al salir nos detuvimos unos momentos en la entrada. Bijan, que rara vez hablaba, estaba emocionado por la ocasión.

—Siento pena por esos muchachos —dijo—. No carecen por completo de talento, pero nunca se les juzgará por la calidad de su música. El régimen los critica por ser occidentales y decadentes, y el público los aclama irracionalmente, no porque sean de primera fila, sino porque tocan música prohibida... y en consecuencia —añadió dirigiéndose a todos en general— nunca aprenderán a tocar bien.

—Es cierto —dije, sintiéndome obligada a llenar el silencio que siguió—. No se juzga a nadie por el mérito de su trabajo. Individuos sin el menor conocimiento de música andan por ahí llamándose músicos. —Nassrin estaba mohína y Ramin callaba y se reconcomía. Me alarmó aquella metamorfosis y decidí no crearles más problemas obligándolos a hablar.

Nassrin se animó de súbito.

—Nabokov no habría querido saber nada de esto —dijo emocionada—. Fíjate en nosotros; damos pena, venir corriendo en busca de entretenimiento. —Movía las manos y hablaba a toda prisa, deseosa de ocultar con la andanada la turbación que sentía—. Se lo habría pasado en grande si hubiera estado aquí... ¡Hablo de *poshlust*!

—¿De qué? —dijo Negar, que había disfrutado más con la aventura de salir de noche que con la música.

—POSHLUST —repitió Nassrin y, cosa rara en ella, no añadió nada más.

13

Refunfuñaba mientras ponía la mesa para comer. Bijan se volvió hacia mí y me dijo: «¿Qué murmuras?». «No te va a interesar», dije secamente. «Inténtalo», dijo. «De acuerdo, estaba pensando en la menopausia.» Bijan volvió a concentrarse en la BBC. «Tienes razón, no me interesa.» ¿Por qué no le interesaba?, me pregunté. ¿No quería saber nada de algo que también le había pasado a su madre, que le iba a pasar a su mujer, a sus hermanas, a su hija, y (añadí con malhumor), si alguna vez tenía una aventura, a su amante? Sabía que era injusta con él. No era hombre insensible a la dureza de la vida en la República Islámica, pero aquellos días se ponía a la defensiva cada vez que me quejaba. Yo protestaba como si él fuera responsable de todas las desgracias traídas por el régimen; y esto lo impulsaba a retraerse y a hacerse el indiferente en cosas que le importaban bastante más de lo que daba a entender.

La última sesión del seminario había terminado con un detalle extraño: estábamos hablando de las madres de mis chicas, de sus sufrimientos y tribulaciones, y del hecho de que no supieran nada sobre la menopausia. El turno de comentarios empezó con Manna. La noche anterior, ella y Nima habían visto por tercera vez *Mi desconfiada esposa* de Minnelli en un canal que sintonizaban por la antena parabólica. Manna se había puesto muy triste viendo la película. Se le ocurrió pensar que nunca había experimentado el amor en un entorno auténticamente persa. El amor es el amor, pero hay muchas formas de expresarlo. Cuando leía *Madame Bovary*, o veía *Casablanca*, era capaz de experimentar y de sentir la textura sensorial de la obra: oía, tocaba, olía y veía. Nunca había oído una canción de amor, leído una novela o visto una película que le hubiera hecho pensar que ella podía vivir aquellas experiencias. Incluso en las películas persas, cuando se supone que hay dos personas enamoradas, no se percibe en sus miradas, en sus gestos ni en sus palabras. El amor estaba prohibido, desterrado de la esfera pública. ¿Cómo podía experimentarse si expresarlo era ilegal?

El comentario había contribuido a abrirme los ojos. Descubrí que casi todas mis chicas separaban lo que llamaban amor intelectual o espiritual (bueno) de las relaciones sexuales (malas). Lo que al parecer importaba era el reino de la afinidad espiritual. Incluso Mitra había movido los hoyuelos al argumentar que las relaciones sexuales no eran importantes en una relación, que la satisfacción sexual nunca le había importado. El peor golpe, en mi opinión, había procedido de Azin. Con un tono insinuante que implicaba que había vuelto a la normalidad (había llegado a una tregua a medias con el marido), había dicho que lo más importante en esta vida era la unión mística con el universo. Añadió, filosóficamente, que los hombres eran simples conductos para alcanzar ese elevado amor espiritual. ¿Conductos? Adiós, pues, a todas sus reivindicaciones de satisfacción sexual y compatibilidad física. Incluso Mahshid, que cambió una rápida mirada con Manna, estaba sorprendida.

—Entonces —dijo Nassrin, que había estado callada hasta entonces—, cuando tu marido te golpea, puedes fingir que te lo estás imaginando todo, ya que él no es más que un conducto vacío que tú llenas con tus fantasías. Y no es sólo Azin —dijo—, todas las demás estáis diciendo básicamente lo mismo.

—¿Qué me dices de Nima y de ti? —preguntó Mitra a Manna.

—Me gusta porque no hay nadie en el mundo con quien pueda hablar como con él —dijo Manna encogiéndose de hombros.

—Pobre Nima —dijo Yassi.

—No tan pobre —Manna estaba feroz aquel día—: él tampoco tiene a nadie más con quien hablar. A la desdicha le gusta la compañía... y puede ser una fuerza tan poderosa como el amor.

—Me defraudáis todas —dijo Yassi—. Esperaba que me contárais que la atracción física importa, que el amor no sólo es espiritual e intelectual. Esperaba que me dijerais que aprendiera a amar físicamente y viera que estaba equivocada. Me habéis dejado totalmente pasmada —dijo, arrellanándose en el sofá—. Más aún: patidifusa —concluyó con sonrisa triunfante.

—¡Au! —grité. Bijan apartó la vista del televisor y dijo:

—¿Te pasa algo?

—No, es que me he cortado. —Estaba troceando pepinos para el famoso kebab de pollo de Bijan. Fue al cuarto de baño y regresó con una tirita, que me aplicó con cuidado en el dedo. Sin decir palabra, sonriendo con comprensión, fue al minibar, sirvió un vodka casero de contrabando en un pequeño vaso de cristal, lo dejó en la mesa lateral con un plato de pistachos y volvió a acomodarse ante la BBC. Entré y salí de la cocina rezongando. «No me extraña que Bijan disfrute de la vida, esto es lo que haría si viviéramos en Estados Unidos. Para mí es muy duro —gruñí, replicando a un interlocutor invisible que siempre cuestionaba y se burlaba de todas mis quejas—. Realmente es duro para mí», repetí una vez más, sin querer admitir, culpablemente, que Bijan soportaba sus males sin quejarse apenas, y no debía regatearle el vodka ni la BBC.

Cuando terminé de cortar los pepinos y las hierbas, y las eché al yogur, había llegado a una conclusión: nuestra cultura rehuía el sexo porque estaba demasiado envuelta en él. Tuvo que reprimirlo violentamente, por la misma razón por la que un hombre impotente encierra a su mujer bajo llave. Siempre hemos separado el sexo de los sentimientos y del amor intelectual, así que o bien eres pura y virtuosa como había dicho el tío de Nassrin, o sucia y divertida. Lo que no tenía nada que ver con nosotros era Eros, la auténtica sensualidad. Mis chicas sabían mucho de Jane Austen, podían discutir sobre Joyce y Woolf con inteligencia, pero no sabían absolutamente nada sobre sus propios cuerpos, de los que les habían dicho que eran la causa de todas las tentaciones, ni sobre lo que podían esperar de ellos.

¿Cómo le dices a una persona que tiene que aprender a quererse a sí misma y a su propio cuerpo para poder ser amada o amar? Mientras echaba la sal y la pimienta en el plato di con una respuesta a esta pregunta. Asistí a la siguiente sesión armada con un ejemplar de *Orgullo y prejuicio* en una mano y en la otra *Nuestros cuerpos*, el único libro que había encontrado sobre sexualidad.

14

A Charlotte Brontë no le gustaba Jane Austen. «Desconoce totalmente las Pasiones —se quejaba a un amigo— y a los Sentimientos apenas les concede un reconocimiento graciosamente ocasional aunque lejano; conversar con frecuencia con ellos alteraría la elegancia de su andadura.» Conociendo a Charlotte Brontë y sus preferencias, es fácil entender que una buena novelista deteste a otra tanto como Brontë detestaba a Austen. Era firme e insistente en su desprecio y en 1848 había escrito a G. H. Lewes para decirle: «¿Por qué le gusta tanto la señorita Austen? Es algo que me desconcierta... No había visto *Orgullo y prejuicio* hasta que leí la frase de usted y compré el libro. ¿Y qué encontré? Un perfecto daguerrotipo de la vulgaridad; un jardín perfectamente vallado y bien cultivado, con limpios arriates y flores delicadas; pero ni un solo carácter vívido, ningún campo abierto, nada de aire fresco, ni colinas azules, ni arroyos amenos. No creo que me gustara vivir con sus señoras y sus caballeros, en sus casas elegantes pero cerradas».

En parte tiene razón, aunque Brontë no es totalmente justa al formular esta acusación. No se puede decir que a las novelas de Austen les falte pasión. Les falta un poco de sensualidad madura, el gusto por el romántico abandono sin filtrar de Jane Eyre y Rochester. La suya es una sensualidad más callada, un deseo sin orientar.

«Por favor, id a la página 148 y tratad de visualizar la escena tal como la leéis en el pasaje. Darcy y Elizabeth están solos en casa del señor Collins. Darcy se está dando cuenta poco a poco de que no puede vivir sin Elizabeth. Están hablando del significado de la distancia entre la casa de la mujer casada y la de sus padres.

> Darcy acercó un poco la silla hacia ella y dijo:
> —Usted no puede tener derecho a una atadura local tan fuerte. Usted no puede haber estado siempre en Longbourn.
> Elizabeth pareció sorprendida. El caballero cambió sin duda de intenciones; apartó la silla, cogió el periódico de la mesa y, mirando por encima, dijo en un tono de voz más frío:
> —¿Le gusta Kent?

»Volvamos a la escena. El hincapié en el tono de Darcy es un indicio de su pasión por Elizabeth; surge incluso en sus interacciones más mundanas. Podemos rastrear el desarrollo de los sentimientos de Darcy por Elizabeth en el tono de su voz, que alcanza su punto culminante en la escena en que le hace proposiciones. Su actitud pesimista, que empieza a manifestarse con "En vano he luchado. No servirá", resulta casi violenta, porque la novela en sí es muy contenida y Darcy es el personaje más contenido de todos.

»Ahora, por favor, escuchad con atención ese "usted". Darcy raramente se dirige a Elizabeth por su nombre, pero tiene una manera especial de decir "usted" en ciertas ocasiones que habla con ella que convierte el pronombre personal en una palabra de gran intimidad. Deberíamos apreciar tales matices en una cultura como la nuestra, donde todo el mundo se ve impulsado a demostrar de una manera exagerada su amor por su imán, y sin embargo tiene prohibida toda expresión pública de sentimientos privados, sobre todo el amor.

»Hay poquísimas descripciones físicas de personajes o de escenarios en *Orgullo y prejuicio*, y aun así tenemos la sensación de que hemos visto a todos y cada uno de estos personajes y sus mundos interiores; sentimos que los conocemos y captamos su entorno. Percibimos la reacción de Elizabeth ante el comentario de Darcy sobre su belleza, a la señora Bennett parloteando en la cena o a Elizabeth y Darcy entrando y saliendo de las sombras de la finca de Pemberly. Lo más sorprendente es que todo esto se crea a través del tono, de los diferentes tonos de voz, palabras que se convierten en altivas y atrevidas, suaves, duras, persuasivas, insinuantes, insensibles, vanas.

»El sentido del tacto, inexistente en las novelas de Austen, es reemplazado por una tensión, por una erótica contextura de sonidos y silencios. Consigue crear una sensación de añoranza situando a personajes que se quieren y siempre están enfrentados. Elizabeth y Darcy aparecen en varias escenas físicamente cercanos, pero en lugares públicos, donde no pueden hablar en privado. Austen crea gran cantidad de tensiones frustradas al situarlos en la misma habitación, pero fuera de alcance. La tensión se profundiza por el hecho de que, mientras todos esperan que Jane y Bingley se enamoren, se espera todo lo contrario de Elizabeth y Darcy.

»Tomemos como ejemplo la escena de la fiesta en casa de Elizabeth, hacia el final de la novela, cuando ella está desesperada por encontrar un momento para hablar con él en privado. Todo el acontecimiento discurre en un estado de ansiedad. Ella está con su hermana, ayudándola a servir té y café y se dice: "Si no viene a mí, tendré que renunciar a él para siempre". Él se aproxima a ella, pero una de las chicas se queda junto a Elizabeth y le dice susurrando: "Los hombres no nos separarán, estoy decidida. No queremos a ninguno, ¿verdad?". Darcy se va, obligándola a seguirle con la mirada. Elizabeth "envidiaba a todos y cada uno con quienes hablaba, casi no tenía paciencia para servir café a nadie; ¡y estaba enfadada consigo misma por ser tan tonta!". El juego continúa toda la noche. Darcy se aproxima de nuevo a su mesa, deja la copa, se queda un rato, cambian unas palabras amables y de nuevo tiene que irse.

»Austen consigue hacernos conscientes del aspecto más intrigante de una relación: la necesidad, el anhelo del objeto del deseo que está cerca y lejos a la vez. Es un anhelo que será recompensado, un suspense que terminará en unidad y felicidad. No hay escenas de amor propiamente dichas en las novelas de Austen, pero sus historias son un largo y complicado cortejo. Es obvio que está más interesada por la felicidad que por la institución del matrimonio, por el amor y la comprensión que por el matrimonio. Esto se ve en todos los matrimonios mal avenidos de sus novelas: sir Thomas y lady Bertram, los señores Bennet, Mary y Charles Musgrove. Como Scherezade en sus cuentos, encontramos una infinita variedad de matrimonios buenos y malos, así como de hombres y mujeres buenos y malos.

»La afirmación de Brontë sobre el confinamiento no es del todo exacta. El confinamiento es constantemente subvertido por las mujeres de las novelas de Austen, que se sienten más a gusto en el campo privado que en el público, el campo del corazón y de las intrincadas relaciones individuales. La novela del siglo XIX situaba al individuo, su felicidad, sus problemas y sus derechos, en el centro del argumento. Así pues, el matrimonio era su tema más importante; desde la desventurada Clarissa de Richardson a Elizabeth Bennet, pasando por la tímida y obediente Sophia de Fielding, las mujeres creaban las complicaciones y tensiones que movían la trama. Pusieron en el centro de nuestra atención lo que formulaban las novelas de Austen: no la importancia del matrimonio, sino la importancia del corazón y la comprensión en el matrimonio; no la primacía de los convencionalismos, sino el saltárselos y el derecho a elegir. Estas mujeres, amables y bellas, son las rebeldes que dicen no a elecciones de madres estúpidas, padres incompetentes (casi no hay un solo padre inteligente en las novelas de Austen) y la rígida ortodoxia de la sociedad. Se arriesgan al ostracismo y a la pobreza por querer el amor y el compañerismo, y por buscar esa escurridiza meta que está en el núcleo de la democracia: el derecho a elegir.»

15

Imaginad una noche de verano. Estamos en una fiesta, sentados en un fragante jardín. En una gran terraza que queda por encima de la piscina, nuestro amable anfitrión ha puesto mesitas con velas delicadas. En un rincón, contra la pared, ha colocado varios cojines sobre una alfombra persa. Algunos estamos sentados en los cojines. El vino y el vodka son caseros, pero nadie lo diría por el color. Las risas y las conversaciones circulan entre las mesas. La compañía es de lo mejor que se pueda encontrar en el mundo: culta, ingeniosa, elegante y llena de anécdotas.

¿Qué oímos los que estamos sentados en la alfombra, con los vasos de vino en la mano, apoyados en los cojines? Nuestro anfitrión está contando otra vez la anécdota del autobús. Acaba de salir del horno. Muchos hemos oído un trozo aquí y otro allá en los últimos dos días, pero la historia es demasiado increíble incluso para nosotros, que ya estamos curados de espanto. Nuestro anfitrión es una fuente fiable y, lo que es más, la ha oído de buena tinta, o al menos de boca de alguien envuelto en el episodio.

Unos dos meses antes, la junta directiva de la Asociación de Escritores había recibido una invitación para participar en una conferencia en Armenia. La invitación era extensiva a todos los miembros. Muchos, al principio, recibieron llamadas telefónicas del servicio de seguridad amenazándolos y diciéndoles que no asistieran, pero más tarde el régimen pareció relajarse e incluso los animó a viajar. Al final aceptaron la invitación veinte miembros. Decidieron alquilar un autobús. Aquí difieren los detalles de la historia: unos aseguraban haber sospechado que había gato encerrado desde el principio, otros se acusaban entre sí de estar implicados en la conjura. Pero en lo que todos estaban de acuerdo es en que la mañana del viaje se dirigieron veintiún escritores a la estación de autobuses. A unos les pareció extraño que el autobús no fuera puntual y que hubieran cambiado al conductor. Otros advirtieron que algunos colegas se habían echado atrás y habían decidido no ir la misma mañana del viaje.

Finalmente se pusieron en camino. El viaje transcurrió con normalidad hasta después de media noche, según uno hasta las dos de la madrugada, cuando todos los pasajeros estaban dormidos; todos menos un insomne que se dio cuenta de que el autobús estaba parado y el conductor había desaparecido. Miró por la ventanilla y vio que estaban al borde de un gran precipicio. Entonces echó a correr hacia la parte delantera del autobús, gritando para despertar a los demás, se puso al volante y dio marcha atrás. Los otros pasajeros, sobresaltados, bajaron aturdidos del autobús y se vieron de pronto rodeados por las fuerzas de seguridad, que estaban allí con sus Mercedes Benz y sus helicópteros. Los condujeron a diferentes centros de interrogatorio y, tras retenerlos y aconsejarles que no dijeran una palabra, los dejaron en libertad. Al día siguiente todo Teherán había oído hablar del asunto. Al parecer, se trataba de un plan para precipitar el autobús por el barranco y decir que había sido un accidente.

Hubo muchas bromas a costa de este episodio, igual que a costa de sucesos parecidos. Aquella noche, camino de casa, Bijan y yo hablamos de la terrible experiencia de aquellos escritores. «Qué extraño —dijo—; normalmente, cuando hablas de muchos de estos escritores, es porque te fastidia su actitud ideológica ante la literatura, pero una cosa así hace que todo eso pierda importancia. No importa cuánto te opongas a ellos, ni que pienses que son malos escritores; la compasión se impone por encima de cualquier otra consideración.»

Pocos días después nos despertó a primera hora de la mañana una amiga que estaba casada con uno de los fundadores de la Asociación de Escritores. Parecía asustada, quería saber si podíamos ponernos en contacto con la BBC y contarles lo que estaba pasando. Ella y su marido habían sido obligados a salir de Teherán hasta que se olvidara el suceso y quería saber si podíamos alojar a su hijo durante unos días.

Había habido otros episodios parecidos: el asalto de la casa del cónsul alemán, que celebraba una pequeña fiesta para intelectuales y escritores, con la consiguiente detención de los invitados; la desaparición de un conocido periodista de izquierdas, director de una revista popular, que había sido detenido con otros y al que no habían dejado en libertad con los demás. Más tarde se dijo que se había ido a Alemania, donde vivían su mujer y su familia, pero no llegó a Alemania. El gobierno iraní aseguraba que había salido de Irán y que los alemanes lo tenían prisionero. El gobierno alemán negó las alegaciones. El revuelo internacional que siguió a su desaparición contribuyó a mantener el asunto públicamente vigilado. Un día apareció repentinamente en el aeropuerto de Teherán, con una extraña historia sobre que había ido a Alemania y de allí a otro país. Pocos días después escribió una carta abierta en la que describía las torturas a que le había sometido el régimen y fue detenido de nuevo. Finalmente lo dejaron en libertad debido a las presiones internacionales. Muy poco después, un editor iraní, que había ayudado a este periodista y a otros disidentes, salió de su casa y no regresó nunca más. Su cadáver fue encontrado en un lugar desierto, en las afueras de Teherán, como los de muchos otros disidentes.

A mediados de los años noventa, en un esfuerzo por acercarse a Europa, se invitó a ir a Irán a varios intelectuales de Occidente. Paul Ricoeur acudió para dar una serie de conferencias. Pronunció tres, ante un público que llenaba el pasillo y la escalera. Poco después llegó V. S. Naipaul. Se alojó en Isfahán, en casa de un conocido traductor y editor, Ahmad Mir Alaii. Aún puedo ver a Mir Alaii en su librería de Isfahán, que se había convertido en centro de reunión y encuentro de intelectuales y escritores. Mir Alaii era un hombre pálido, con una piel que parecía extrañamente desteñida. Era rechoncho y llevaba gafas redondas de montura marrón. De alguna manera, la combinación de palidez y gordura nos inducía a confiar en él y a contarle nuestra vida. Tenía un ingenio agudo y era de los que parecían escuchar y solidarizarse con el interlocutor. Esto se debía en parte a que, a diferencia de sus amigos más activos, no era un hombre belicoso. Podría llamarlo víctima porque no se metía en política: el fuego cruzado lo había pillado en medio y a veces tenía que adoptar posturas políticas radicales, a pesar de su carácter. Tenía un gusto excelente para traducir; había traducido a Naipaul y a Kundera y a muchos otros autores.

Pocos meses después de que Naipaul estuviera en Irán, encontraron el cadáver de Mir Alaii en una calle, cerca de un arroyo. Había salido de casa por la mañana y no había vuelto. Aquella noche informaron a la familia de su muerte. Le encontraron una botella de vodka en un bolsillo. Le habían derramado vodka en la pechera de la camisa para hacer creer que Mir Alaii, a mediodía, se había ido de borrachera y había sufrido un ataque al corazón en medio de la calle. Nadie se lo creyó. Se le encontró una ancha magulladura en el pecho y huellas de inyecciones en los brazos. Lo habían interrogado y sus interrogadores, queriendo o sin querer, lo habían matado.

Muy poco después, Jahangir Tafazoli, el archiconocido experto en historia antigua de Irán, apareció muerto. Yo lo conocía bien. Era muy tímido y delgado, y tenía el pelo negro y unos ojos grandes detrás de las gafas. Tafazoli no estaba metido en política, aunque había colaborado en la *Encyclopedia Iranica*, un proyecto dirigido por un prominente estudioso iraní de la Universidad de Columbia que fue condenado varias veces por el Gobierno de Irán. El periodo en que era experto, el Irán preislámico, estaba muy mal visto por el régimen. Había salido de la Universidad de Teherán para dirigirse a su domicilio y por el camino y desde un coche había hecho una sospechosa llamada telefónica a su hija, que estaba en casa. Su cadáver apareció en una carretera que quedaba lejos de su domicilio y de la universidad. Se dijo que lo había atropellado un coche mientras cambiaba un neumático.

En ceremonias fúnebres, en fiestas, en reuniones no hacía

más que hablar de estas muertes con amigos y colegas. Devolvíamos a la vida a los muertos, reconstruíamos morbosamente su final según las versiones oficiales y luego los rematábamos, conjeturando la forma en que habían muerto realmente. Todavía imagino a Tafazoli sentado en un coche entre dos sicarios, obligado a llamar a su hija; luego me quedo en blanco y me pregunto: «¿Cuándo y dónde lo mataron? ¿Le asestaron un golpe dentro del coche? ¿O lo llevaron a un piso franco, lo mataron y luego lo tiraron en una carretera desierta?».

16

—Si prometes que te comportarás —me dijo mi mago por teléfono—, tengo una grata sorpresa para ti. —Quedamos en vernos en una concurrida cafetería que estaba en el vestíbulo de un restaurante y que también era pastelería. No recuerdo el nombre, aunque estoy segura de que, como ocurrió en muchos otros lugares, lo cambiaron después de la revolución.

Cuando llegué con las bolsas de pasteles, encontré a mi mago sentado en un rincón, mirando una torre de libros. «Buscabas una edición inglesa de *Las mil y una noches* —dijo—. Te he encontrado una edición de Oxford.» Pedimos un capuchino para mí, un expreso para él y dos «napoleones», pasteles por los que era famosa la cafetería. «También te he traído ese poema de Auden que andabas buscando, aunque no sé para qué lo quieres», dijo, dándome un papel con la «Carta a lord Byron» de Auden, escrita a máquina.

—El otro día tuvimos en clase una conversación realmente interesante —dije—. Estábamos hablando de *El diciembre del decano,* de *Lolita* y otros libros que habíamos repasado. Una de mis chicas, Manna, ¿recuerdas a mi Manna?

—Sí, recuerdo a Manna —dijo—, tu poetisa.

—Sí, pues Manna preguntó cómo podíamos relacionar a estos autores con Jane Austen, que es mucho más optimista acerca del mundo y sus habitantes.

—Mucha gente comete el mismo error con Austen —dijo—. Deberían leerla con más atención.

—Sí, es lo que le dije; el tema de Austen es la crueldad, pero no en circunstancias extraordinarias, sino en las habituales, una crueldad que ejercen personas como nosotros. ¿A que da más miedo así? Y por eso me gusta Bellow —dije a modo de coda, pensando en mi último amor.

—Qué inconstante eres —dijo—. ¿Qué le ha pasado a Nabokov? ¡Un libro y ya es historia!

—No, en serio —dije, tratando de no hacer caso de su tono burlón—. Las novelas de Bellow hablan de crueldades privadas, de la libertad, de la responsabilidad de elegir... igual que las de James, si vamos a ello. Da miedo ser libre, tener que ser responsable de nuestras decisiones.

—Sí —dijo—, no tener una República Islámica a la que echar la culpa. Y no es que diga que es inocente —añadió tras una breve pausa—, ni mucho menos.

—Mira esto —dije, pasando las páginas de *Son más los que mueren de desamor* que había comprado con el único fin de señalarle mis pasajes favoritos. «El significado de la revolución era que Rusia había intentado mantenerse al margen de la terrible prueba de la conciencia moderna. Fue sellar el país por dentro. Dentro del país herméticamente cerrado, Stalin escanciaba la vieja muerte. La terrible prueba de Occidente se refiere a una muerte de nuevo cuño. No hay palabras para expresar lo que le sucede al alma en el mundo libre. Ya no importan "los crecientes derechos", ya no importa el "estilo de vida" lujoso. Nuestro enterrado criterio lo sabe bien. Todo esto lo ven remotos centros de conciencia que luchan contra la vigilia total. La vigilia total nos haría plantar cara a la muerte de nuevo cuño, a la ordalía característica de nuestro hemisferio. Adquirir una conciencia real de lo que está ocurriendo realmente sería un purgatorio.»

—Me encanta este «escanciar la vieja muerte» —le dije—. En alguna parte habla de la «atrofia del sentimiento», Occidente está atenazado por una «atrofia del sentimiento...».

—Sí —dijo—, se pueden citar infinitas frases del señor Bellow, de Saul, como lo llaman tus estudiantes. No sé si es una virtud o un defecto.

—¿Quién me inició en esto, quién me dio *La conexión Bellarosa*? —le pregunté con aire acusador—. Creo que es importante para el seminario, todas tienen tendencia a mitificar Occidente, tienen una idea completamente descafeinada de Occidente, gracias a la República Islámica. Todo lo que es bueno a sus ojos viene de Estados Unidos o de Europa, desde el chocolate hasta el chicle, pasando por Austen y la declaración de independencia. Bellow les da una visión más auténtica de ese otro lugar, les permite ver sus problemas y sus temores.

—Pues ésa es la cuestión —dije—, es lo que estamos pasando aquí... —pero no me miraba—. No estás escuchando —dije con impaciencia. Estaba mirando por encima de mi hombro y haciendo señas al camarero, que no tardó en aparecer junto a nuestra mesa.

—¿Qué ocurre? —preguntó—, ¿qué es ese alboroto? —Porque detrás de nosotros se había producido un disturbio del que yo, enfrascada en la defensa de las virtudes del señor Bellow, no me había enterado.

El camarero explicó que era una redada y que los guardias estaban en la puerta pidiendo los papeles a todos los que salían. Sugirió con delicadeza que, si no estábamos casados, mi mago debería sentarse a otra mesa y yo podría alegar, cuando me preguntaran qué estaba haciendo allí, que estaba esperando un pedido de la pastelería.

Dije: «No hacemos nada malo, no pienso moverme —y me volví a mi mago—: ni tú tampoco». «No seas tonta —dijo—, no querrás organizar un escándalo.» «Voy a llamar a Bijan», dije. «¿Y de qué servirá? —replicó—. ¿De verdad piensas que van a hacerle caso por no saber controlar a su mujer?» Se levantó con la taza de café en la mano. «Olvidas algo», le dije, dándole *Las mil y una noches*. Él dijo en inglés: «Estás portándote como una niña». «Es para que te entretengas —dije—, además ya fotocopié el otro que me diste.» Se fue a una mesa lejana con el café y los libros, y yo me quedé sola, tratando de comerme el «napoleón», pasando con furia las hojas de *Son más los que mueren de desamor*, como si estuviera empollando para el examen del día siguiente.

Cuando los guardias revolucionarios entraron en la cafetería, empezaron a ir de mesa en mesa. Unos cuantos jóvenes se habían ido a tiempo, otros no tuvieron tanta suerte. Quedaron una familia de cuatro miembros, mi mago, dos mujeres maduras y tres jóvenes. Cuando estuvo listo mi pedido, me levanté, di una ostentosa propina al camarero, se me cayó el paquete de libros, se rompió y los libros se desparramaron por el suelo. Esperé a que el camarero me diera una bolsa y salí sin mirar a mi mago.

Ya en el taxi, me sentía confusa, irritada y ligeramente arrepentida. «Me voy de aquí —me dije—, ya no soporto esta vida.» Siempre que sucedía algo parecido, yo, como muchas otras personas, pensaba en huir, en ir a un lugar donde la vida cotidiana no fuera un campo de batalla. Últimamente, la idea de dejar Irán era algo más que un mecanismo de defensa; incidentes como éste iban colmando el vaso poco a poco. Algunos amigos y colegas habían tratado de adaptarse a la situación. «No estamos con el régimen ni con el corazón ni con la cabeza —había dicho uno—, pero ¿qué podemos hacer, sino obedecer? ¿Tendría que ir a la cárcel y perder mi trabajo por culpa de dos mechones de pelo sueltos?» La señora Rezvan había dicho en cierta ocasión: «Ahora tendríamos que estar acostumbradas a todo esto; estas jóvenes están un poco malcriadas, esperan demasiado. Fíjese en Somalia, o en Afganistán. Comparadas con las mujeres de allí, vivimos como reinas».

«Yo no puedo acostumbrarme», dijo Manna un día. Y yo no podía culparla. Seguíamos siendo desdichadas, comparábamos nuestra situación con nuestra propia capacidad y nuestras propias posibilidades, con lo que podíamos tener, y había poco consuelo en el hecho de que millones de personas fueran más infelices que nosotras. ¿Por qué la desgracia de otras gentes iba a hacernos más felices, o más alegres?

Cuando llegué a casa, Bijan y los niños estaban en el apartamento de mi madre. Guardé en la nevera los «napoleones» que les había llevado y dejé fuera el pastel de zanahoria que había comprado para mi madre. Luego abrí la nevera, me serví un gran tazón de helado, le eché café y almendras por encima y, cuando Bijan y los niños llegaron arriba, ya estaba en el cuarto de baño vomitando. Pasé toda la tarde y toda la noche vomitando. Mi mago llamó en algún momento. «Te pido disculpas —dijo—, me siento vil.» «Yo también te pido disculpas —contesté—, todos pedimos disculpas; no te olvides de firmarme y fecharme el libro.»

Aquella noche no pude tomar nada, ni siquiera agua, y por la mañana, cuando abrí los ojos, la habitación empezó a dar vueltas y vi que en el aire vertiginoso bailaban coronas diminutas formadas por brillantes puntitos de luz. Cerré los ojos, los abrí de nuevo, y las diademas reaparecieron. Me apreté el estómago, fui al cuarto de baño y vomité bilis. Me quedé todo el día cómodamente tendida en la cama, envuelta en la caricia de las sábanas.

17

No podrías escandalizarla más de lo que ella me escandaliza: Joyce, a su lado, parece inocente como una hortaliza.

Y es que me inquieta en demasía
ver a una solterona inglesa de la pequeña burguesía
describiendo los efectos amorosos de la renta y la cuantía
desnudando con tanta franqueza y sobriedad
la base económica de la sociedad.

Violan a una chica, la meten en el maletero de un coche y la matan. Matan a un joven estudiante y le cortan las orejas. Se habla de campamentos de prisioneros, de muerte y destrucción en Bellow, en Nabokov tenemos monstruos como Humbert, que viola a niñas de doce años, incluso en Flaubert hay mucho dolor y mucha traición... «¿Y Austen?», había preguntado Manna cierto día.

Eso digo yo, ¿y Austen? Las comedias de Austen y el temple generoso de la autora hacían que mis alumnas a veces cayeran en la creencia común de que era una solterona remilgada, en paz con el mundo y ajena a su brutalidad. Tuve que recordarles la «Carta a lord Byron» de Auden, en la que el autor pide a Byron que le diga a Jane Austen «lo mucho que gustan sus novelas aquí abajo».

Las heroínas de Austen son implacables a su manera. Hay mucha traición en sus novelas, mucha avaricia y falsedad, muchos amigos desleales, madres egoístas, padres tiranos, mucha vanidad, crueldad y dolor. Austen es generosa con sus personajes malvados, pero eso no significa que deje escapar fácilmente a nadie, ni siquiera a sus heroínas. Fanny Price, su protagonista preferida y menos simpática, es de hecho la que más sufre.

La novela moderna lleva el mal a la vida cotidiana, a las relaciones corrientes, a las personas como vosotras y como yo. ¡Lector! ¡Hermano!, como decía Humbert. El mal, en Austen, como en casi todos los grandes autores, se encuentra en la incapacidad de «ver» a los demás y, por tanto, de identificarse con ellos. Asusta que esa ceguera pueda darse tanto en las mejores personas (Eliza Bennet) como en las peores (Humbert).

Todos podemos convertirnos en el censor ciego, imponiendo nuestra visión y nuestros deseos a los demás.

Una vez que el mal se individualiza y se convierte en parte de la vida diaria, la forma de resistirlo también se individualiza. Cómo sobrevive el alma es la cuestión esencial, y la respuesta es: por medio del amor y la imaginación. Stalin despojó a Rusia de su alma escanciando la vieja muerte. Mandelstam y Sinyavsky la restauraron recitando poesía a los compañeros de presidio y escribiendo sobre el problema en sus periódicos. «Seguir siendo poeta en tales circunstancias —escribió Bellow— quizá sea como llegar al meollo de la política. Los sentimientos humanos, las experiencias humanas, la forma y la superficie humana, recobran su auténtico lugar, el primer plano.»

18

Tomamos la decisión de abandonar Irán casi por casualidad; al menos, eso fue lo que nos pareció. Tales decisiones, por muy trascendentes que sean, raramente están bien planeadas. Como los matrimonios que se llevan mal, son el resultado de años de resentimiento y rabia que de repente explotan en una resolución disparatada. La idea de partir, como la posibilidad del divorcio, acecha en alguna parte de la mente, sombría y siniestra, lista para salir a la superficie a la menor provocación. Si alguien me hubiera preguntado, habría dado las razones habituales: mi trabajo y mi situación como mujer, el futuro de nuestros hijos y mis viajes a Estados Unidos, que nos habían hecho conscientes una vez más de nuestras opciones y posibilidades.

Bijan y yo nos peleamos en serio por primera vez, y durante un tiempo sólo hablábamos de irnos o de quedarnos. Cuando Bijan se dio cuenta de que esta vez estaba dispuesta a irme, entró en un periodo de silencio tortuoso, luego pasó a una fase en que tuvimos largas discusiones en las que también participaban amigos y familiares. Bijan decía que no era buena idea, que al menos deberíamos esperar a que crecieran los niños y estuvieran preparados para ir a la universidad; mi mago decía que era la única solución, mis amigas estaban divididas. Mis padres querían que nos fuésemos, a pesar de que nuestra partida significaría quedarse solos. La posibilidad de que los hijos tengan una vida mejor, aunque sea ilusoria, resulta muy atractiva para la mayoría de los padres.

Al final, Bijan, siempre juicioso y muy razonable, estuvo de acuerdo en que nos marcháramos... unos años al menos. La asunción de nuestro nuevo destino lo activó. Su forma de afrontar el difícil viaje que nos esperaba fue práctica, y se dedicó a desmantelar dieciocho años de vida y de trabajo y a meterlos en las ocho maletas que se nos permitía llevar. La mía había consistido en huir de la situación hasta el punto de negarla. El hecho de que se lo estuviera tomando tan bien me hacía sentirme culpable y con dudas. Aplacé la preparación del equipaje y me negué a hablar seriamente del tema. En clase adopté una actitud ligera y frívola que impedía que mis chicas supieran cómo reaccionar.

Nunca habíamos hablado en clase de mi decisión de partir. Se daba por hecho que el seminario no continuaría indefinidamente y yo había expresado la esperanza de que mis chicas organizaran seminarios propios, para atraer más amigas al redil. Notaba la tensión en los silencios de Manna y en las alusiones indirectas de Mahshid a las obligaciones con el hogar y la patria. Las demás mostraban cierta ansiedad y tristeza ante la idea de que el seminario fuera a terminarse. «Su casa estará muy vacía», había dicho Yassi, utilizando una expresión persa; pero también ellas empezaron a meditar planes propios para irse.

En cuanto se decidió que nos iríamos, todo el mundo dejó

de hablar del tema. Los ojos de mi padre se retrajeron, como si estuviera mirando el punto del horizonte por el que ya hubiéramos desaparecido. Mi madre, sin venir a cuento, se volvió irritable y resentida, lo que significaba que mi decisión había vuelto a confirmar sus peores sospechas sobre mi deslealtad. Mi mejor amiga me llevó a comprar regalos y habló de todo menos del viaje, y mis chicas apenas notaron el cambio; sólo mis hijos lo mencionaban con una mezcla de emoción y tristeza.

19

Hay una expresión en persa, «piedra de la paciencia», que se emplea a menudo en épocas de inquietud y turbulencia. La idea es que una persona guarda todos sus problemas y desgracias dentro de una piedra. Ésta escuchará y absorberá sus sufrimientos y secretos, y así la persona se curará. A veces la piedra no puede soportar todo el peso y entonces revienta. Mi mago no era mi «piedra de la paciencia» y él tampoco me había contado su historia en ningún momento; aseguraba que no era interesante. Sin embargo, pasaba noches sin dormir escuchando y absorbiendo los problemas y sufrimientos ajenos, y el consejo que me dio a mí fue que debía irme, irme y escribir mi propia historia, y dar mis propias clases.

Quizá entendía mejor que yo lo que me estaba pasando. Ahora me doy cuenta de que, paradójicamente, cuanto más vinculada estaba al seminario y a mis alumnas, más desvinculada estaba de Irán. Cuanto más descubría la cualidad lírica de nuestras vidas, más se convertía mi propia vida en una trama de ficción. Ahora puedo hablar y expresar todo esto con cierto grado de claridad, pero entonces no era así. Era mucho más complicado.

Mientras recorro el camino de su casa, con sus giros y revueltas, y paso una vez más junto al viejo árbol que se alza delante, me asalta un pensamiento: los recuerdos tienen capacidad para independizarse de la realidad que evocan. Pueden acolcharnos frente a quienes nos han herido profundamente, o hacer que nos resintamos de aquellos a quienes habíamos aceptado y querido de manera incondicional.

Otra vez estamos con Reza a la misma mesa redonda de comedor, bajo el cuadro de árboles verdes, hablando y comiendo, los prohibidos bocadillos de jamón y queso. Nuestro mago no bebe. No quiere transigir con las falsificaciones, los vídeos y el vino de contrabando, las novelas y películas censuradas. No ve la televisión ni va al cine; ver en vídeo una película que le gusta le resulta repugnante, aunque nos consigue cintas de sus películas favoritas. Hoy ha traído cinco botellas de vino casero, de un pecaminoso rosa claro, envasado en botellas de vinagre. Más tarde me llevo el vino a casa y me lo bebo. Algo no ha ido bien y el vino sabe a vinagre, aunque no se lo digo.

El tema candente del día era Mohammad Jatami y su reciente candidatura. Jatami, conocido por los intelectuales sobre todo por su breve periodo como ministro de Cultura y Orientación Islámica, se había convertido en pocas semanas en un nombre familiar. En autobuses y taxis, en fiestas privadas y en el trabajo, todo el mundo hablaba de Jatami, a quien teníamos el deber moral de votar. No era suficiente que durante diecisiete años el clero hubiera proclamado que votar era una obligación y encima una obligación religiosa; nosotros habíamos adoptado la misma actitud. Hubo peleas y amistades rotas por este asunto.

Aquel día iba hacia la casa de mi mago, forcejeando con el pañuelo y tratando de retenerlo en el cuello, cuando vi un cartel de la campaña de Jatami en la pared de enfrente. Había un retrato gigantesco del candidato, adornado con grandes letras que decían: IRÁN VUELVE A ENAMORARSE. «Oh, no —me dije con desaliento, otra vez no.»

Sentados alrededor de la mesa de mi mago, lugar de multitud de anécdotas contadas o inventadas, les estaba hablando de los carteles. Amamos a la familia, a la pareja, a las amistades, pero ¿tenemos que enamorarnos de nuestros políticos? Incluso en el seminario nos habíamos peleado por su culpa. Manna no entiende que nadie pueda votarle; dice que para ella no es tan importante llevar el pañuelo de un color más claro y dejar que se le vea algo más de pelo. Sanaz dice que si te dan a elegir entre lo malo y lo peor, eliges lo malo, y Manna le replica que ella no quiere un carcelero más guapo, quiere estar fuera de la cárcel. Azin dice: «¿Este tipo quiere el imperio de la ley? ¿No es la misma ley que permite a mi marido pegarme y quitarme a mi hija?». Yassi está confusa y Mitra dice que incluso en estas elecciones se rumorea que te controlarán el pasaporte y no dejarán que te vayas si no votas. «Otro rumor —dice Mahshid con aspereza— que no te hace falta escuchar.»

—La gente por lo general merece lo que le cae encima —dijo Reza, dando un bocado al jamón con queso. Le lancé una mirada de reproche—. Me refiero —dijo— a que estamos dispuestos a que nos embauquen con todas las llamadas elecciones, cuando sabemos que no son elecciones auténticas, pues sólo pueden ser candidatos los musulmanes con méritos revolucionarios, elegidos por el Consejo de Guardianes y aprobados por el jefe supremo. El asunto es que, mientras aceptemos esta farsa de las elecciones y esperemos que nos salve un Rafsanjani o un Jatami, nos merecemos todas las desilusiones.

—Pero esta frustración no es unilateral —añadió mi mago—. ¿Cómo creéis que se siente Jamenei —me dirigió una mirada interrogativa y enarcó una ceja— al ver a tu Mitra y a tu Sanaz felices y contentas y, por si fuera poco, corrompiendo a buenas musulmanas como Yassi y Mahshid? ¿O cuando oyen a sus antiguos revolucionarios radicales citando a Kant y a Spinoza en vez de textos islámicos? Y luego tenemos a la hija de nuestro presidente, que compra votos prometiendo públicamente que concederá a las mujeres el derecho a montar en bicicleta en recintos especiales de los parques públicos.

—Pero todo esto es ridículo —dije.

—Puede que sea ridículo para ti —dijo—, pero no le hace ninguna gracia a este presidente ni a sus seguidores, que tienen que ganarse en cuerpo y alma a los hijos de la revolución prometiéndoles, al menos implícitamente, acceso a todo tipo de cosas occidentales. Y sin embargo —añadió con placer—, estos jóvenes escuchan más a Michael Jackson y leen a tu Nabokov con más alegría y entusiasmo que tú y yo en nuestra decadente juventud.

»Además, ¿por qué te preocupas? —añadió—. Vas a dejarnos muy pronto, a nosotros y nuestros problemas.»

—No os voy a dejar, ni a vosotros ni vuestros problemas —dije—. Y cuento con que me tengáis informada.

—Yo no lo haré —dijo—. Cuando te vayas, dejaremos de comunicarnos.

En respuesta a mi expresión de sorpresa, añadió:

—Llámalo autodefensa o cobardía; no quiero estar en contacto con las amistades que han tenido la suerte de irse.

—Pero tú me animaste a ello —dije, desconcertada por lo que estaba oyendo.

—Bueno, sí, ése es otro tema, pero mis normas son éstas. Poco vistos, pronto olvidados, fuera de la vista, de la mente y de todo eso. Un hombre necesita protegerse.

Hizo todo lo que pudo por ayudarme a que me fuera, y sin embargo, cuando vio que por fin me iba y que todo salía bien al final, no estaba satisfecho conmigo. ¿Estaba decepcionado? ¿Pensaba que mi partida era una especie de comentario sobre los que se quedaban?

20

Estaba al teléfono cuando llegó Nassrin. Negar, que había abierto la puerta, seguía gritando, sin ninguna necesidad: «¡Mamá, mamá, Nassrin está aquí!». Al poco rato entró Nassrin con apocamiento y se quedó en la puerta, como si ya lamentara estar en mi casa. Le indiqué por señas que me esperara en la salita. «Te llamaré más tarde —le dije a la amiga que estaba al otro lado del hilo—, una de mis chicas ha venido a verme.» «¿Chicas?», dijo; pero sabía muy bien a qué me refería. «Estudiantes», dije. «¡Estudiantes! Vive la vida, mujer, ¿por qué no vuelves a la enseñanza?» «Pero estoy enseñando.» «Sabes a qué me refiero. Hablando de tus estudiantes, tu Azin está a punto de volverme loca. Esa chica no conoce ni su propia cabeza... o eso o está jugando a un juego que no entiendo.» «Está preocupada por su hija —dije precipitadamente—, pero oye, tengo que dejarte. Te llamaré más tarde.»

Cuando entré en la salita, Nassrin estaba mirando las aves del paraíso y mordiéndose las uñas con el aire distraído de una devorauñas profesional. Recuerdo que pensé: «No sabía que perteneciera a la categoría de las que se muerden las uñas... Tenía que haber hecho de tripas corazón para no mordérselas en clase».

Al oír mi voz, se volvió bruscamente y escondió las manos detrás de la espalda. Para ocultar el embarazo del momento, le pregunté qué quería beber. «Nada, gracias.» No se había quitado el manto, aunque se había desabrochado los botones, dejando al descubierto una camisa blanca remetida en unos pantalones negros de pana. Llevaba Reeboks y el pelo recogido en una cola de caballo. Parecía una chica guapa, joven y frágil, como cualquier chica de cualquier parte del mundo. Se apoyaba en un pie y en otro sin cesar, y me acordé de la primera vez que la había visto, dieciséis años antes. «Nassrin, estate quieta un momento —dije—. Mejor aún, siéntate. Siéntate, por favor... No, vamos abajo a mi despacho, es más íntimo.»

Estaba tratando de aplazar lo que había venido a contarme. Nos detuvimos en la cocina, le di el frutero y puse en una bandeja una jarra de agua, dos vasos y algunos platos. Me alcanzó bajando la escalera: «Me voy», dijo. Sabía por experiencia que no debía desequilibrarla aún más sorprendiéndome demasiado. «¿Adónde vas?» «A Londres, a vivir con mi hermana durante un tiempo.» «¿Y Ramin?» Habíamos llegado al despacho. Esperó a que abriera la puerta, saltando de pie en pie, como si ninguna de las dos quisiera responsabilizarse de su peso. Por su palidez y la expresión aturdida de su rostro, habría jurado que había hecho la pregunta que no debía. «He terminado con él», murmuró mientras entrábamos.

«¿Cómo te vas?», le pregunté una vez que estuvimos sentadas, ella de espaldas a la ventana y yo arrellanada en el sofá, debajo del cuadro de las montañas de Teherán, demasiado grande para una habitación tan pequeña. «Traficantes —dijo—; no quieren darme el pasaporte. Tendré que ir a Turquía por tierra y esperar a que mi cuñado me recoja allí.»

«¿Cuándo?» «Dentro de una semana, más o menos —dijo—; no estoy segura de la fecha exacta, han de comunicármela. Lo sabrás por Mahshid —añadió tras una pausa—, está en contacto con mi madre. Es la única del seminario que lo sabe.»

«¿Irá alguien contigo?» «No. Mi padre está en contra, aunque al final accedió a costear parte del viaje. Mi hermana se encarga del resto; lo llama operación de rescate. Mi padre dice que si insisto en seguir adelante con mis planes, estoy en mi derecho. Dice que estas personas, no importa lo que pensemos de ellas, son nuestra gente. Ya perdió una hija y ahora pierde otra. Dice que primero fue el seminario y ahora esto.» «Creía que no sabía nada del seminario», dije. «Parece que sí, pero guardaba las apariencias.»

Se frotaba las manos sin cesar, y evitaba mirarme directamente. Allí estaba Nassrin o, para ser sincera, allí estábamos las dos, compartiendo el más íntimo de los momentos con un encogimiento de hombros, fingiendo que no era íntimo. No era

el valor lo que motivaba aquella manera indiferente e impersonal de afrontar tanta tristeza, era una clase especial de cobardía, un mecanismo destructivo de defensa que obligaba a la vez
a oír las experiencias más horribles y a negarles el momento de
empatía: no lo sientas por mí, no hay nada que no pueda soportar, no pasa nada, realmente nada.

Me dijo que después de todos los años que había pasado en
la cárcel y después de todos los años de la guerra, lo más difícil para ella era este periodo de adaptación. Al principio pensaba que le bastaría con estar fuera un tiempo. Pero poco a
poco se había dado cuenta de que quería irse sin más. No iban
a darle un pasaporte, así que tendría que marcharse de forma
ilegal, y eso le gustaba.

Yo me comportaba como si habláramos de un viaje normal, de una visita rutinaria a su hermana mayor de Londres:
«Es muy húmedo en esta época del año, tienes que decirle que
te lleve al Teatro del Globo...» «¿Y por qué has terminado con
Ramin? —No había podido contenerme—. ¿Estaba en contra
de tu partida o fue él quien te la sugirió?» «No, él... él... bueno
él sabía las ganas que tenía de irme, por esta enfermedad que
tengo, ya sabes, por el tiempo que estuve en la cárcel. Mi hermana, mi madre y yo hacía tiempo que pensábamos que sería
más fácil de soportar lejos de aquí.» Nunca le pregunté cuál
era exactamente su enfermedad.

«Ramin, que es un hombre honrado —sonrió brevemente y
durante aquel instante reapareció su juventud—, al principio estaba de acuerdo en que debía irme, pero pensó que era mejor
que al menos estuviéramos prometidos. —Esperé a que continuara—. Pero entonces, bueno, entonces yo rompí.» «¿Nassrin?» Se detuvo y agachó la cabeza, concentrándose en las manos. Dijo muy aprisa: «Era..., no es mejor que los demás.
¿Recuerda aquella frase de Bellow sobre las personas que vacían
sobre nosotros su cubo de basura mental? —Sonrió de nuevo—.
Bueno, así son Ramin y sus amigos intelectuales conmigo».

Aquello era demasiado, incluso para una evasora experimentada como yo. Un sorbo de agua, como sabemos por las novelas, es una buena manera de ganar tiempo: «¿Qué quieres decir con que no es mejor que los otros? ¿Qué otros?».

«Mi tío era más elemental —dijo lentamente—, ya sabe, más como el señor Nahvi. Ramin era diferente, había leído a Derrida y había visto películas de Bergman y de Kiarostami. No, no me tocó; la verdad es que puso mucho cuidado en no tocarme. Fue peor, no puedo explicarlo, eran sus ojos.» «¿Sus ojos?» «La forma en que miraba a la gente, a las otras mujeres. Se le notaba enseguida —dijo. Bajó la cabeza llena de dolor, con las yemas de los dedos unidas—. Ramin era de la opinión de que existe una diferencia entre las chicas que te atraen sexualmente y las chicas con las que te casas, una chica con la que compartirías tu vida intelectual, una chica a la que respetarías. *Respetar* —dijo con ira—, respetar era la palabra que utilizaba. Él me respetaba. Yo era su Simone de Beauvoir, pero sin cama. Y él era demasiado cobarde para ir a buscar el sexo con otras. Así que las miraba. Lo descubrí cuando miró a mi hermana mayor mientras hablaba conmigo. Sólo la miró; miraba a las mujeres de la misma manera, de la misma manera que me tocaba mi tío.»

Sentí lástima por Nassrin, y por raro que parezca, también por Ramin. Pensé que él también necesitaba ayuda, necesitaba saber más sobre sí mismo, sobre sus necesidades y deseos. ¿No se daba ella cuenta de que no era como su tío? Quizá fuera pedir demasiado que fuese comprensiva con Ramin. Era realmente despiadada con él; se había convencido de que no debía permitirse ningún sentimiento en aquel asunto. Le había dicho que habían terminado y había dejado claro que, a sus ojos, él no era mejor que los hombres a los que criticaba y despreciaba. «Al menos con el ayatolá Jamenei sabes a quién te enfrentas, pero esos otros, los que hacen reivindicaciones de todas clases y tienen ideas políticamente correctas, ésos son los peores. Queréis curar a la humanidad —le había dicho al joven— tú y tu maldita Arendt; ¿por qué no empiezas por curarte tú de tus problemas sexuales, buscas una prostituta y dejas de mirar a mi hermana?»

Siempre que pienso en Nassrin, empiezo y termino con aquel día que me dijo en mi despacho que se iba. Mi hijo estaba conmigo en la habitación. Era por la tarde. Fuera, el cielo tenía un color polvoriento, ni oscuro ni claro, ni siquiera gris. Llovía a cántaros y goteaban las hojas pardas del peral.

—Me voy —dijo. Dijo que tenía veintisiete años y no sabía lo que significaba vivir. Siempre había creído que la vida en la cárcel sería lo más duro, pero no lo había sido. Se apartó el pelo de la cara. Dijo—: Allí, en la cárcel, yo pensaba, como todas las demás, que nos matarían y eso sería el final de todo, o que viviríamos, que viviríamos y saldríamos, y empezaríamos de nuevo. —Dijo—: Allí, en la cárcel, soñábamos con estar fuera, libres, pero cuando salí descubrí que había perdido el sentido de la solidaridad que teníamos en la cárcel, el sentido de que todo tenía una finalidad, la forma en que tratábamos de compartir recuerdos y comida. —Dijo—: Más que nada perdí la esperanza. En la cárcel teníamos la esperanza de salir, de ir a la universidad, de divertirnos, de ir al cine. Tengo veintisiete años y no sé qué significa amar, no quiero estar escondida para siempre. Quiero saber, saber quién es esta Nassrin. Supongo que usted lo llamaría la terrible prueba de la libertad —dijo con una sonrisa.

21

Nassrin me había pedido que informara de su partida a las compañeras de seminario. No podía enfrentarse a ellas; era demasiado insoportable, era mejor irse sin decir adiós. ¿Cómo debía darles la noticia?

—Nassrin ya no volverá a asistir a clase. —La noticia como cuanto tal era simple, pero lo que contaba era cómo se decía, dónde se ponía el acento. Lo dije de súbito y con cierta brusquedad, obligando a todas a guardar un silencio de estupefacción. Percibí la risita nerviosa de Yassi, la expresión sorprendida de Azin y el rápido intercambio de miradas entre Sanaz y Mitra.

—¿Dónde está ahora? —preguntó Mitra tras una larga pausa.

—No lo sé —dije—, habrá que preguntarle a Mahshid.

—Nassrin salió hacia la frontera hace dos días —informó Mahshid con calma— y está esperando a que los traficantes se pongan en contacto con ella; la semana que viene cruzará el desierto en camello, en burro o en *jeep*.

—«No sin mi hija» —dijo Yassi con risa nerviosa—. Perdón —dijo, llevándose la mano a la boca—, me siento muy mal.

Durante un rato, todas especularon sobre el viaje de Nassrin, los peligros de la frontera turca, su soledad, sus opciones futuras.

—Dejemos de hablar de ella como si estuviera muerta —dijo Azin—. Estará mucho mejor en el sitio adonde se dirige y debemos alegrarnos por ella. —Mahshid la fulminó con la mirada. Pero Azin tenía razón: ¿qué otra cosa podíamos desearle?

Quien con más fuerza reaccionó, no ante la partida de Nassrin, sino ante la mía, ahora que la realidad de la repentina desaparición de Nassrin había convertido la amenaza de separación en algo concreto, fue la que más se identificaba conmigo: Manna.

—De todas formas, este seminario iba a terminar muy pronto —dijo, sin mirar a nadie—. Nassrin ha entendido el mensaje de la doctora Nafisi.

—¿Qué mensaje?

—Que todas deberíamos irnos.

Me sorprendió la amargura que latía en aquella acusación.

Yo ya me sentía sobradamente culpable, como si con la decisión de irme rompiera alguna promesa que les hubiera hecho. (La culpa se había convertido en parte del carácter. «Te sentías culpable incluso cuando no tenías idea de irte, diría mi mago más tarde», cuando le expusiera mis quejas.)

—No seas tonta —dijo Azin, volviéndose hacia Manna y con voz de reproche—. No es culpa suya que te sientas atrapada aquí.

—No soy tonta —dijo Manna con furia—, y es verdad, me siento atrapada, ¿cómo no iba a sentirme así?

Azin metió la mano en el bolso, quizá para coger un cigarrillo, pero la sacó inmediatamente y sin nada entre los dedos.

—¿Cómo te atreves? —le dijo a Manna con la mano temblando.

—No, deja que Manna explique lo que quiere decir —dije.

—Quizá quiera decir... —empezó Sanaz sin convicción.

—Puedo explicarme sola, gracias —dijo Manna enfadada—. Quiero decir que usted ha establecido un modelo para nosotras —dijo volviéndose a mí—, que quedarse aquí es inútil, que todas deberíamos irnos si queremos hacer algo de provecho con nuestra vida.

—Eso no es cierto —le dije con cierta irritación—. Nunca he sugerido que mi experiencia debiera ser la vuestra. No podéis imitarme en todo lo que haga, Manna. Quiero decir que cada una ha de hacer lo que crea que es mejor para ella. Ése es el único consejo que puedo daros.

—Lo único que puede convencerme de que hace usted bien dejándonos aquí —dijo Manna (recuerdo que dijo esto mismo: «dejándonos aquí»— es que sé que, si yo tuviera la mitad de sus posibilidades, haría lo mismo. Lo dejaría todo —dijo como si esto último se le acabara de ocurrir. ¿Incluso a Nima?—. Sobre todo a Nima —contestó con una sonrisa pícara—. Yo no soy como Mahshid, no creo que ninguna tenga el deber de quedarse. Sólo tenemos una vida.

Llevaba muchos años haciendo de confesora de aquellas mujeres; me habían contado sus problemas amorosos como si yo nunca hubiera tenido problemas propios que solucionar, como si viviese en una esfera mágica que me permitiera vencer todas las trampas y dificultades, no sólo de la vida en la República Islámica, sino de la vida en general. Y ahora querían que además fuera responsable de sus decisiones. Las decisiones de las personas son de las personas. Sólo se las puede ayudar sabiendo previamente lo que quieren. ¿Cómo vas a decirle a nadie lo que debe querer? (Nima llamó aquella noche: «Manna tiene miedo de que usted ya no la quiera —dijo medio en broma—. Me ha pedido que la llame».)

Las penas y alegrías de los demás suelen recordarnos las nuestras; en parte nos identificamos con ellas, porque nos preguntamos: ¿Y yo? ¿Cómo se relaciona eso con mi vida, mis sufrimientos, mi angustia? Para nosotras, la partida de Nassrin suponía un interés sincero por ella, y temores y esperanzas en relación con su nueva vida. También, al menos por el momento, estábamos consternadas por haberla perdido, por tener que imaginar el seminario sin ella. Pero al final nos concentramos otra vez en nosotras, recordando nuestras propias esperanzas y ansiedades, con su decisión de partir como punto de referencia.

Mitra fue la primera en expresar sus emociones. Últimamente yo había observado en ella furia y resentimiento, tanto más alarmantes por cuanto no tenían precedentes. Se había puesto a elevar la voz en sus diarios y apuntes, empezando por la historia del viaje a Siria con su marido. Lo primero que le llamó la atención fue la humillación por la que tenían que pasar los iraníes, con total docilidad, en el aeropuerto de Damasco, donde los ponían en una cola distinta y los cacheaban como si fueran delincuentes. Aunque lo que más la afectó fue el hecho de encontrarse en las calles de Damasco, por las que paseaba libremente, de la mano con Hamid, vestida con vaqueros y camiseta. Describió lo que era sentir el viento y el sol sobre su cabello y su piel: esta sensación siempre resultaba asombrosa, me había sucedido a mí y más tarde le sucedería a Yassi y a Manna.

En el aeropuerto de Damasco la habían humillado por lo que se suponía que era y cuando regresó a Teherán se sentía furiosa por lo que podía haber sido. Estaba furiosa por los años que había perdido, por su perdida cuota de sol y viento, por los paseos que no había dado con Hamid. El asunto era, había dicho maravillada, que pasear con él de aquel modo lo había transformado súbitamente en un extraño. Era un contexto distinto en su relación; ella ya era una extraña incluso para sí misma. ¿Era ésta la misma Mitra, se preguntaba, esta mujer con vaqueros y camiseta naranja que pasea al sol con un atractivo joven? ¿Quién era esa mujer? ¿Podía aprender a incorporarla a su vida si se fuera a vivir a Canadá?

—¿Quieres decir que no te sientes de aquí? —dijo Mahshid, mirando a Mitra con aire de desafío—. Parece que soy la única que cree que le debe algo a este lugar.

—No puedo vivir con este continuo temor —dijo Mitra—, teniendo que preocuparme constantemente por la forma en que me visto o camino. Cosas que me parecen naturales se consideran pecaminosas, así que ¿cómo debo comportarme?

—Pero sabes lo que se espera de ti, conoces las leyes —dijo Mahshid—, no es una novedad. ¿Qué ha cambiado? ¿Por qué de repente te molesta tanto?

—Quizá sea más fácil para ti —dijo Sanaz, pero Mahshid no la dejó continuar.

—¿Crees que yo lo tengo más fácil? —dijo, fulminando a Sanaz con la mirada—. ¿Crees que sólo la gente como tú sufre en este país? Ni siquiera sabes lo que es el miedo. Sólo porque creo en lo que creo y por el hecho de llevar velo ya piensas que no me siento amenazada, ¿crees que no tengo miedo? ¿No te parece un poco superficial creer que el único miedo que existe es el tuyo? —dijo con una insólita exhibición de rencor.

—No quería decir eso —dijo Sanaz con amabilidad—. El hecho de que conozcamos las leyes, el hecho de que nos resulten familiares no las hace mejores. No significa que no sintamos la opresión y el miedo, pero al menos para ti llevar el velo es natural, es tu religión, tu decisión.

—Mi decisión —dijo Mahshid riéndose—. ¿Qué otra cosa tengo aparte de mi religión? Si pierdo eso... —dejó la frase sin terminar y volvió a mirar al suelo, murmurando—: Perdonad, me he emocionado demasiado.

—Sé a qué se refiere Mahshid —dijo Yassi—. El peor miedo de todos es el de perder la fe. Porque entonces no te acepta nadie, ni los que se consideran laicos ni los que observan tu religión. Es terrible. Mahshid y yo hemos hablado de eso, de hasta qué punto nuestra religión ha definido todas y cada una de las decisiones que hemos tomado, y eso desde que éramos pequeñas. Si algún día pierdo la fe, sería como si muriese y tuviera que empezar de nuevo en un mundo sin garantías.

Mi corazón envolvió a Mahshid, sentada allí, esforzándose por parecer serena, con la cara ruborizada y víctima de intensas emociones que, semejantes a capilares, se agitaban bajo su pálida piel. Mahshid, me dije, tenía que plantearse cuestiones religiosas más problemáticas que las de mis alumnas laicas. En su diario de clase y en sus trabajos, con una cólera tan contenida como su sonrisa, criticaba y se cuestionaba detalles insignificantes de la vida bajo la ley islámica. Mahshid había escrito después en su diario de clase: «Yassi y yo sabemos que estamos perdiendo la fe, que nos la hemos cuestionado con cada movimiento. En la época del sha era otra cosa. Sentía que estaba en minoría y que tenía que defender mi fe a toda costa. Ahora que mi religión está en el poder, me siento más indefensa que nunca, y más alienada». Escribía que desde siempre le habían dicho que la vida en tierra de infieles era el mismo infierno. Le habían prometido que todo sería diferente con un Gobierno islámico justo. ¡Gobierno islámico! Aquello era un espectáculo de hipocresía y vergüenza. Escribía que, en el trabajo, los hombres que estaban por encima de ella nunca la miraban a los ojos; que, en el cine, incluso las niñas de seis años debían llevar pañuelo y no podían jugar con niños. Aunque ella llevaba velo, describía el dolor de que la obligaran a llevarlo, y lo calificaba de máscara tras la que las mujeres se veían obligadas a esconderse. Hablaba de todo esto fría y furiosamente, poniendo entre interrogantes todos estos comentarios.

—Decidir esta partida ha sido muy difícil —dije, sintiendo por primera vez que estaba preparada para contarles con sinceridad quién era yo y qué significaba irme—. He tenido que sortear muchas dificultades, incluso pensé en abandonar a Bijan. —(«¿En serio?», me preguntó Bijan más adelante, cuando le conté aquella conversación. Nunca me lo dijiste.») Al menos se olvidaron momentáneamente de sus angustias y frustraciones. Les conté mis temores, que me despertaba por la noche sintiendo que me ahogaba, que nunca sería capaz de seguir adelante; les hablé de los mareos, las náuseas y los paseos por el apartamento a cualquier hora de la noche. Me sinceré totalmente con ellas, les hablé de mis sentimientos y emociones, y eso pareció tener un extraño efecto calmante. Cuando Azin se levantó bruscamente, recordando que era el día en que le tocaba visitar a su hija, a la que había llamado Negar, como la mía, y que por entonces vivía temporalmente con la familia de su marido, ya estábamos más relajadas y bromeábamos sobre los pretendientes de Sanaz y los esfuerzos de Yassi por engordar un poco.

Antes de irse, Mahshid sacó un pequeño paquete que había llevado consigo. Dijo: «Tengo algo para usted. Nassrin le manda recuerdos. Me pidió que le entregara esto». Me dio una gruesa carpeta con las páginas llenas de notas. Tengo la carpeta aquí, en este otro escritorio, en el despacho que ocupo actualmente. Tiene el fondo blanco, franjas de burbujas de un naranja brillante y tres personajes de dibujos animados. Hay escrito con letras verdes y púrpura: «Nos veremos en la fabulosa Florida. ¡Todo va mejor cuando hace sol!». La carpeta contenía una transcripción literal de las clases que había dado en la Universidad de Allameh durante los últimos tres semestres, con la limpia caligrafía de Nassrin, con encabezados y subtítulos. Todas las frases y anécdotas estaban apuntadas. James, Austen, Fielding, Brontë, Poe, Twain, todos estaban allí. Nassrin no había dejado nada más, ni fotos, ni notas personales, exceptuando una frase en la última página de la carpeta: «Todavía le debo un trabajo sobre *Gatsby*».

22

«Vivir en la República Islámica es como tener relaciones sexuales con un hombre al que aborreces», le dije a Bijan aquel jueves por la tarde, después del seminario. Al llegar me había encontrado sentada en mi silla de siempre, en la salita, con la carpeta de Nassrin en el regazo, las notas de las alumnas desparramadas en la mesa y al lado un plato con helado de café, ya derretido. «Vaya, debes de sentirte muy mal —dijo al fijarse en el helado. Se sentó delante de mí y dijo—: No dejes la frase en el aire. Explícate.»

«Bueno, pues es así; si te obligan a acostarte con alguien que te disgusta, dejas la mente en blanco y finges estar en otra parte, tiendes a olvidar tu cuerpo, detestas tu cuerpo. Eso es lo que hacemos aquí, hacer constantemente como que estamos en otra parte... planeándolo o soñándolo. Desde que se han ido mis chicas, no pienso en otra cosa.»

Por extraño que parezca, Bijan y yo estábamos muy unidos después del periodo de acaloradas y dolorosas discusiones. Bijan era más expresivo en sus silencios. Gracias a él había aprendido los distintos registros y matices del silencio: el silencio furioso y el de reproche, el silencio apreciativo y el cariñoso. A veces sus silencios se acumulaban y se desbordaban en torrentes de palabras, pero últimamente solíamos pasar mucho tiempo hablando. Todo empezó cuando decidimos contarnos lo que sentíamos por Irán. Por primera vez vimos el asunto a través de los ojos del otro. Ahora que había empezado a desmantelar su vida en Irán, necesitaba expresar y compartir sus pensamientos y emociones. Pasábamos largas horas hablando de nuestros sentimientos, de nuestras ideas sobre lo que era una casa: para mí una entidad portátil, para él algo más tradicional y con raíces.

Le conté con detalle lo que habíamos discutido aquel día en el seminario. Cuando se fueron todas, no conseguía librarme de esta idea del forzamiento sexual, dije; y seguía torturándome, pensando que así era como debía de sentirse Manna.

Bijan no respondió, parecía esperar a que yo siguiera hablando, pero de repente no tuve nada más que decir. Sintiéndome liberada, cogí un puñado de pistachos. «¿Alguna vez has notado —dije partiendo un pistacho— lo extraño que resulta mirar el espejo de la pared del fondo y en lugar de verte tú, ver los árboles y las montañas, como si por arte de magia hubieras desaparecido?»

«Sí, lo he notado —dijo dirigiéndose a la cocina a buscar el vodka—, pero no me ha hecho perder el sueño. Tú, en cambio, parece que piensas en ello día y noche —añadió dejando en la mesa su vaso y otro plato de pistachos—. En cuanto a tu muy gráfica comparación, a tus chicas debe de dolerles que tú abandones al compañero de cama mientras ellas tienen que seguir durmiendo con él; al menos algunas —dijo tomando un sorbo de vodka. Miró el vaso con el ceño fruncido—. Voy a echar esto de menos, ¿sabes? Tienes que admitir que tenemos el mejor vodka de contrabando del mundo.»

Interrumpí sus especulaciones sobre los méritos del vodka: «Irse no es tan beneficioso como crees. Los recuerdos siguen contigo, y la huella de la corrupción. No son cosas que desaparezcan de pronto cuando te vas».

«Tengo dos observaciones que hacer a eso —dijo—. Primera: nadie puede impedir que le salpique la maldad del mundo, lo que importa es la actitud que adoptas ante ella. Y segunda: siempre hablas del efecto que esta gente causa en ti, pero ¿has pensado alguna vez en el que tú causas en ellos? —Lo miré con cierto escepticismo—. Esta relación no es proporcional ni en lo malo ni en lo bueno, ellos tienen poder para matarnos o darnos latigazos, pero todo eso sólo sirve para recordarles su propia debilidad. Tienen que estar muy asustados al ver lo que les está pasando a sus antiguos camaradas, y a sus hijos.»

23

Era un cálido día de verano, un par de semanas después de aquella conversación con Bijan. Me había refugiado en una cafetería. En realidad era una pastelería, una de las pocas que quedaban de mi infancia, con grandes *piroshki* por los que la gente hacía largas colas, y cerca de la entrada, al lado de las grandes puertas de cristal, dos o tres mesitas. Estaba sentada a una de éstas con un café helado delante. Saqué papel y lápiz y, mirando al aire, empecé a escribir. Este mirar al aire y escribir se había convertido en mi fuerte, sobre todo durante los últimos meses que pasé en Teherán.

De repente, en la larga cola de los *piroshki*, vi una cara que me resultaba familiar, pero no tanto como para situarla. Una mujer me miraba, mejor dicho, me observaba fijamente. Sonrió y, dejando su precioso puesto en la cola, se acercó a mí. «Doctora Nafisi —dijo—, ¿no me recuerda?» Estaba claro que se trataba de una antigua alumna. Su voz me resultaba familiar, pero no conseguía identificarla. Me recordó algunas clases sobre James y Austen y, poco a poco, su espíritu adquirió forma en mi memoria, se volvió definido y reconocí a la señorita

Ruhi, a la que no había visto desde hacía cerca de tres años. La habría reconocido antes si hubiera llevado puesto el chador que realzaba su pequeña nariz respingona y su sonrisa defensiva.

Iba vestida de negro, pero no con chador, y llevaba al cuello un gran pañuelo negro sujeto con un broche plateado que parecía temblar como una telaraña sobre el negro tejido. Llevaba un maquillaje sencillo y bajo el pañuelo le asomaban unas mechas de pelo castaño oscuro. No dejaba de recordar su otra cara, la austera, tan retraída que parecía tener siempre los labios fruncidos. Me di cuenta de que no era fea, en contra de lo que siempre había creído.

Se quedó al lado de mi mesa. Le dije que, ya que había perdido su turno en la cola, se sentara y tomara un café conmigo. Vaciló y al cabo se sentó tímidamente en el borde de la silla. Al salir de la universidad se había integrado en una organización de milicianos, pero la dejó al cabo de poco tiempo. «No les interesaba demasiado la literatura inglesa, ¿sabe?», dijo con una sonrisa... y luego estuvo dos años casada. Dijo que había echado de menos sus años de estudiante. Entonces se había planteado por qué seguía con la literatura inglesa, por qué no buscaba algo útil (aquí esbozó una sonrisa), y ahora se alegraba de haberlo hecho. Sentía que tenía algo de lo que carecían los demás. «¿Recuerda nuestros comentarios sobre *Cumbres borrascosas*?»

Sí, los recordaba, y mientras hablábamos los recordé con más claridad; las imágenes se superpusieron a su rostro actual y desconocido y lo reemplazaron por otro, también desconocido ya. Regresé mentalmente al aula del tercer piso, a la tercera o cuarta fila, cerca del pasillo. Sólo podía distinguir dos rostros, de idéntica expresión insulsa, tomando notas. Estaban allí cuando entraba en clase y seguían allí cuando me iba. Casi todos las miraban con recelo. Eran miembros activos de la Asociación de Estudiantes Musulmanes y no se llevaban bien ni siquiera con los miembros más liberales de la Yihad Islámica, como el señor Forsati.

La recuerdo. Recuerdo aquel comentario en particular sobre *Cumbres borrascosas*, porque recuerdo que se despegó de su amiga y me siguió fuera del aula, arrinconándome casi en el pasillo. Se plantó delante de mí y barbotó con indignación lo que pensaba de la inmoralidad de Catherine y Heathcliff. Había tanta pasión en sus palabras que me desconcertó por completo. ¿De qué estaba hablando?

No pensaba llevar a juicio otra novela. Le dije que era inmoral hablar de una gran novela de aquella forma, que los personajes no eran vehículos de pedantes imperativos morales, que no había que leer una novela para buscarle los defectos. Comentó algo sobre otros profesores, la consideración que tenían por expurgar incluso la palabra «vino» de los textos que comentaban, para no ofender la sensibilidad islámica de los alumnos. «Sí —dije para mí—, y todavía están dando clases sobre *La perla*.» Le dije que podía dejar la asignatura o llevar el asunto ante las autoridades, que así era como funcionaban las cosas en mi curso y que continuaría enseñando lo que enseñaba. La dejé allí, en aquel rincón oscuro del larguísimo pasillo. Aunque más tarde la volví a ver, en mi mente la había dejado allí para siempre. Y ahora se había desvinculado y había pulido su imagen.

También había protestado por *Daisy Miller*: encontraba a Daisy no sólo inmoral, sino tonta e irracional. Sin embargo, a pesar de nuestras diferencias y de la evidente condena de las novelas que yo comentaba, había vuelto a matricularse en mi asignatura al año siguiente. Se rumoreaba que tenía un idilio con un importante miembro de la Asociación de Estudiantes Islámicos. Nassrin solía repetirme aquellos rumores, como para demostrar lo hipócrita que era «aquella gente».

Me dijo que echaba de menos la universidad, que en aquella época no le había parecido muy importante, pero que más tarde se dio cuenta de lo mucho que la echaba de menos. Echaba de menos las películas que vimos juntas y los comentarios de clase. «¿Recuerda la sociedad Querida Jane?» Me sentí confusa, ¿cómo se había enterado? Aquello era una broma entre un grupo de alumnas y yo. Dijo: «Siempre quise formar parte. Siempre pensé que tenía que ser muy divertido. Me gustaba mucho Jane Austen; ¡si supiera cuántas chicas se derretían por Darcy!». Dije: «No sabía que en tu grupo se os permitiera tener corazón». Dijo: «Lo crea o no, nos enamorábamos y desenamorábamos continuamente».

Había intentado estudiar árabe y había traducido algunos cuentos y poemas del inglés al persa; «para uso personal», añadió después. Utilizó la expresión persa «para mi propio corazón». Tras una pausa, añadió: «Y entonces me casé y ahora tengo una hija». Me pregunté si se habría casado con el hombre de los rumores; era un hombre del que no tenía recuerdo alguno.

Le pregunté cuántos años tenía su hija. Dijo que once meses y, tras una pausa, con un asomo de sonrisa bailoteándole en los labios: «El nombre que tiene se lo hemos puesto en su honor». «¿En mi honor?» «Bueno, es un poco distinto en el certificado de nacimiento. Se llama Fahimeh, por una tía muy querida que murió joven, pero en privado la llamo Daisy.» Dijo que había dudado entre Daisy y Lizzy. Finalmente se había decidido por Daisy. Lizzy era con la que había soñado, pero casarse con el señor Darcy era ilusionarse demasiado. «¿Por qué Daisy?» «¿No recuerda a Daisy Miller? ¿No ha oído decir que si se le pone a un hijo un nombre con un significado, adquirirá la personalidad que indica ese nombre? Quiero que mi hija sea lo que yo nunca fui, como Daisy, ya sabe, valiente.»

Daisy era el personaje con el que más se identificaban mis alumnas. Algunas se obsesionaban. Luego, en el taller literario, volverían de vez en cuando a hablar de ella, de aquel valor que ellas creían que les faltaba. Mahshid y Mitra hablaban de ella en sus escritos con pesar; al igual que Winterbourne, creían que estaban condenadas a equivocarse con ella. Cuando se levantó para despedirse, la miré vacilante y dije: «¿Podría hacerte una pregunta más bien personal? Has dicho que te habías casado. ¿Y tu marido?». «Me casé con un hombre ajeno a la universidad —dijo—. Se dedica a la informática. Un hombre sin prejuicios», añadió con una sonrisa.

Debía irse, tenía una hija de once meses con un nombre secreto esperándola en casa. «¿Sabe?, entonces no me daba cuenta de ello, pero lo pasábamos bien —dijo— con todo aquel alboroto sobre los escritores, como si lo que decían fuera cuestión de vida o muerte para nosotros... James, y Nabokov, y Jane Austen.»

24

De las profundidades de lo que llamamos memoria surgen ciertos recuerdos, como los globos imaginarios que hacía Yassi con sus delicadas manos. Cuando estaba de buen humor levantaba las manos como si lanzara globos al aire. Semejantes a globos, estos recuerdos son ligeros, brillantes e irrecuperables, a pesar de la «tristeza del aire» (palabras de Bellow) que los rodea. Durante las últimas semanas que pasé en Irán, mis chicas y yo nos reuníamos, además de los jueves, en diferentes partes de la ciudad. Incluso íbamos juntas de compras, pues había decidido comprar regalos para las amistades y los familiares residentes en Estados Unidos.

Una tarde entré en mi cafetería preferida, buscando a mis chicas, pero no las encontré. Abordé a un camarero ya mayor cuyos pantalones negros le quedaban algo cortos y que llevaba una bandeja de pasteles y dos tazas de café humeante, y le pregunté si había visto a un grupo de muchachas por allí. «¿Van sin compañía?», preguntó. Lo miré sorprendida: «Bueno, sí, supongo que van sin compañía». «Bien, entonces estarán al fondo. —Señaló a mi izquierda, donde estaba el restaurante—.

Ya conoce las normas —dijo—, las mujeres sin compañía no pueden sentarse en esta zona.»

Mis chicas estaban sentadas al lado de la ventana. La única mesa ocupada en aquel vasto espacio era una pequeña que había al lado de la pared, donde tomaban café dos mujeres.

—No hay hombres, no hay privilegios —dijo Manna alegremente—. He aquí una ocasión en que Nima habría podido ser de utilidad.

La ausencia de Nassrin era más patente en aquellas últimas semanas en que salíamos todas juntas. Pregunté a Mahshid por ella. No tenía noticias y, añadió con cierta amargura, «la falta de noticias son buenas noticias».

Manna y Azin habían llevado sus cámaras fotográficas: «Recuerdos del café», dijo Manna. Conforme se acercaba la hora de partir, aumentaba mi obsesión por hacer fotografías de todos los detalles de nuestra vida. Cuando no llevaba la cámara, yo misma me convertía en retratista y escribía febrilmente sobre el vuelo de los pájaros en Polur, nuestro centro turístico de las montañas de Teherán, la textura del aire, que casi se podía tocar, en particular por la mañana temprano, al salir el sol, y sobre todos los rostros amados que nos rodearon durante aquellas últimas semanas.

Mitra estaba triste. Antes de mi llegada les había estado contando a las demás sus problemas domésticos. La madre de Hamid se oponía totalmente a que se fueran a Canadá y esta desautorización hacía dudar a Hamid de su decisión. «No me molesta tanto que no quiera que nos vayamos como que siempre se esté metiendo en nuestros asuntos. Primero quería que tuviéramos hijos, quería tener un nieto antes de ser demasiado anciana para disfrutarlo, y ahora esto.» También Mitra y Hamid estaban ya llenos de dudas. Él tenía un buen trabajo y seguridad económica, y en Canadá debería empezar de cero. Dijo que ella misma notaba que estaba cambiando, que se volvía más nerviosa, más sensible, y que había empezado a tener pesadillas; una noche se levantó pensando que toda la casa temblaba, pero era ella que sacudía la mesita de noche. «A veces creo que los hombres son incapaces de darse cuenta de lo difícil que resulta ser mujer en este país», dijo con contrariedad. «Para ellos es más fácil —dijo Yassi—: en cierto modo, este lugar podría ser un paraíso para un hombre.» «Hamid —dijo Mitra— me dice que si nos ganamos bien la vida, siempre podremos pasar las vacaciones en el extranjero.»

«Definitivamente, las cosas están mucho mejor para los hombres —dijo Azin—. Fijaos en la legislación sobre el matrimonio y el divorcio, fijaos en que muchos hombres que se consideran laicos toman otra esposa.» «Sobre todo algunos intelectuales —dijo Manna—, que son los que airean sus exigencias de libertad y todo eso.»

«No todos los hombres son así», objetó Sanaz.

Azin, sonriendo de repente, se volvió hacia Sanaz. «Bueno, algunos sí, como tu nuevo pretendiente...»

«No es un pretendiente —se quejó Sanaz, riendo, disfrutando por fin después de un largo periodo de depresión—. Es un amigo de Ali que ha venido de Inglaterra —dijo mirándome, comprendiendo que hacía falta una explicación—. Ya nos conocíamos de antes; éramos más o menos amigos —añadió—, por mediación de Ali. Iba a ser nuestro padrino, pero ya ves. Así que vino a visitarme, sólo por tener un detalle.

Los hoyuelos de Mitra y la sonrisa cómplice de Azin sugerían que había algo más que un cruce de miradas. «¿Qué?», dijo Sanaz. «No es atractivo. En realidad —dijo entornando los ojos—, es casi feo.» «¿Quizá de facciones duras?», sugirió Yassi, esperanzada. «No, no, es realmente feo, pero muy buen hombre, considerado y amable. Mi hermano no deja de burlarse de él, y bueno, a veces pienso que me gustaría estar con él o algo por el estilo. El otro día decía que aquí no podía llevar manga corta ni ir a bañarse. Cuando se fue, mi hermano siguió burlándose de él y diciendo: "Inteligente método de seducción, y mi necia hermana es la clase de chica que cae en la trampa".»

El camarero se acercó a preguntarme qué quería. Pedí café helado y, mirando a Manna, añadí: «Tráiganos después café turco para todas». Desde que mi madre había establecido el ritual de servir café turco en el seminario, habíamos adquirido la costumbre de leer el futuro en los posos. Manna y Azin siempre rivalizaban por el privilegio de ser la pitonisa. La última vez, Azin me lo había leído a mí y había prometido a Manna que pronto le llegaría el turno.

Cuando se fue el camarero, Azin dijo: «Me encantaría hacerle una foto a este hombre. ¿Por qué no lo entretenéis mientras se la hago?» «¿Cómo vamos a entretenerle? —dijo Manna—. No querrás que vayamos a la cárcel por coquetear con una criatura tan decrépita.»

Cuando volvió el camarero con el pedido, vi que Azin sacaba la cámara, le hacía señas a Yassi, que estaba sentada a mi lado, y movía la cámara en mi dirección, como si estuviera enfocando la pared. «¿Podría ser sin azúcar mi café?», preguntó Yassi al camarero. «No lo sé, normalmente ya está mezclado», dijo el camarero con irritación. Se volvió bruscamente al oír el clic, miró con recelo nuestras expresiones de inocencia y se fue. «No sé cómo habrá salido —dijo Azin—, ya veremos.» En la fotografía está a mi lado, pero tiene el rostro vuelto hacia Yassi, aunque no se le ve la cara desde la barbilla para arriba. El decapitado torso está ligeramente inclinado y lleva una bandeja vacía en una mano; Yassi y yo lo miramos y yo sujeto con fuerza el vaso helado, como si fueran a quitármelo en cualquier momento.

Más tarde le enseñé a mi mago todas las fotos que habíamos hecho en las últimas semanas. «Tienes una sensación extraña cuando estás a punto de abandonar un lugar —le dije—, como que no sólo vas a echar de menos a la gente que quieres, sino también a la persona que eres aquí y ahora, porque nunca volverás a estar en las mismas circunstancias.»

El camarero nos trajo los cafés en tacitas de diferentes colores. Y mientras bebíamos, meditábamos sobre las tribulaciones de escribir en Irán, donde hay tanto que decir pero donde no se permite decirlo. Miré el reloj, ya iba con retraso. «Oigamos a Manna leerme el futuro y luego me iré», dije. Cogí lápiz y papel y le dije a Manna que estaba lista para escribir cada palabra, y que estaría en deuda con ella por lo que me dijera. «Recuerda lo que decía Cary Grant en una película, que una palabra es como una oportunidad perdida: no puede borrarse una vez que se pronuncia.»

Manna cogió mi taza y empezó a leerme el futuro:

—Veo un ave parecida a un gallo, que significa buenas noticias, pero usted está muy agitada. Un camino que parece luminoso. Y usted está dando el primer paso, y pensando en cientos de cosas al mismo tiempo. Un camino está cerrado y oscuro y el otro está abierto y lleno de luz, puede tomar cualquiera de los dos, la decisión es suya. Hay una llave, un problema que debe resolver. No hay dinero, un pequeño barco que todavía está en el puerto, que no ha levado anclas.

25

¿Despiertan los magos, los magos auténticos, como el mío, al prestidigitador oculto que todos llevamos dentro, sacando a la luz las posibilidades y capacidades mágicas que no sabíamos que existían? Helo ahí, en su sillón, el sillón que estoy en proceso de inventar. Mientras escribo, se crea el sillón: de nogal, con un cojín marrón, ligeramente incómodo, te mantiene alerta, y ya tenemos el sillón, pero él no está sentado en este sillón, lo estoy yo. Él está en el sofá, con los mismos cojines marrones, quizá más blandos; parece sentirse más en casa que yo: es su sofá. Se sienta como siempre, en el centro, dejando dos amplios espacios vacíos a ambos lados. No se apoya en el respaldo, sino que se mantiene erguido, con las manos en los muslos, el rostro enjuto y afilado.

Antes de que se ponga a hablar, permitidme que le haga ir a la cocina, porque es una persona muy hospitalaria y no va a dejarme hablar tanto rato sin ofrecerme té o café, ¿o tal vez un helado? Por hoy dejemos que sea té en dos tazas diferentes, la suya marrón, la mía verde, su generosa pobreza aristocrática, sus tazas, sus vaqueros descoloridos, sus camisetas, sus bombones. Mientras está en la cocina, dejadme que guarde silencio y piense en la minuciosidad con que ha organizado sus rituales: leer el periódico a cierta hora después del desayuno, paseos matutinos y vespertinos, responder al teléfono después de dos timbrazos; me invade una repentina ternura: qué fuerte parece y, sin embargo, qué frágil es su vida.

Cuando vuelve con las dos tazas, le digo: «¿Sabes?, tengo la sensación de que toda mi vida ha sido una continua serie de partidas». Enarca las cejas, deja las tazas sobre la mesa y me mira como si hubiera esperado ver a un príncipe y sólo viera una rana. Nos echamos a reír. Dice, todavía de pie: «Puedes decir esas tonterías en la intimidad de estas cuatro paredes, soy tu amigo y te perdono, pero jamás escribas eso en tu libro». Digo: «Pero es la verdad». «Mujer —dijo—: no necesitamos tus verdades, sino tu imaginación; si escribes bien, quizá puedas dejar caer alguna verdad, pero ahórranos tus verdaderos sentimientos.»

Ha vuelto a la cocina y busca algo en la nevera. Vuelve con cinco bombones en un platito. Se sienta delante de mí, casi en el borde del asiento. «Nos hemos quedado sin nada, y me temo que lo único que tengo es estos bombones que había en el frigorífico.»

Le dije que quería escribir un libro en el que pudiera dar las gracias a la República Islámica por todo lo que me había enseñado: a amar a Austen y a James, el helado y la libertad. «Que lo diga ahora no es suficiente para apreciar todo esto, quiero escribirlo.» Dijo: «No podrás escribir sobre Austen sin escribir sobre nosotros, sobre este lugar en el que redescubriste a Austen. No podrás apartarnos de tu cabeza. Inténtalo y verás. La Jane Austen que conoces está irremediablemente vinculada a este lugar, a esta tierra y a estos árboles. No creerás que es la misma Austen que leíste con el doctor French... Era el doctor French, ¿no? ¿Me sigues? Ésta es la Austen que leíste aquí, en un lugar en el que el censor cinematográfico es casi ciego y donde ahorcan a la gente en las calles y ponen una cortina en el mar para separar a los hombres de las mujeres». Dije: «Cuando escriba todo eso quizá me vuelva más generosa, menos airada».

Así estuvimos, contando historias sin parar, él en su sofá, yo en mi sillón; detrás de nosotros, el círculo achatado de luz que hay delante de la mecedora se estrecha y empequeñece hasta desaparecer; el mago enciende la lámpara y seguimos hablando.

26

Me obsesiona una fantasía que tengo sobre la adición de un nuevo artículo a la declaración de derechos del ciudadano: el derecho a la imaginación. He llegado a la conclusión de que la auténtica democracia no puede existir sin libertad de imaginar ni sin el derecho a utilizar obras de la imaginación sin restricción alguna. Para tener una vida completa, hemos de tener la posibilidad de formar y expresar públicamente mundos, sueños, pensamientos y deseos privados, de tener acceso continuo a un diálogo entre los mundos público y privado. ¿De qué otra manera podemos saber que hemos existido, sentido, deseado y temido?

Hablamos de hechos, pero los hechos sólo tienen para nosotros una existencia parcial si no los repetimos y recreamos con las emociones, pensamientos y sentimientos. Me daba la sensación de que no habíamos existido realmente o sólo habíamos existido a medias porque no podíamos realizarnos imaginativamente ni comunicarnos con el mundo, porque habíamos utilizado las obras literarias como si fueran peones de trampas políticas.

Aquel día, cuando salí de casa de mi mago, me senté en los escalones de la puerta del edificio y escribí estas palabras en mi cuaderno. Puse fecha de 23 de junio de 1997 y al lado añadí: «Para el nuevo libro». Tardé un año en volver a pensar en este libro y otro más antes de decidirme a empuñar la pluma, como suele decirse, para escribir sobre Austen y Nabokov quienes leyeron y vivieron conmigo.

Aquel día, cuando salí de casa de mi mago, el sol desaparecía y el aire era tibio, los árboles de un verde oscuro, y tenía muchas razones para sentirme triste. Cada objeto y cada rostro había perdido su cualidad tangible y aparecía como un recuerdo grato: mis padres, las amistades, los estudiantes, esta calle, aquellos árboles, el oscurecimiento de las montañas en el espejo. Pero también me sentía vagamente eufórica, parafraseando a la heroína de Muriel Spark en su maravillosa novela *Merodeando con aviesa intención*, seguí mi camino con alegría, pensando en lo maravilloso que es ser mujer y escritora a finales del siglo xx.

Epílogo

Salí de Teherán el 24 de junio de 1997, en pos de la luz verde en la que Gatsby había creído antaño. Vuelvo a escribir y a dar clases, en el sexto piso de una población sin montañas, pero con unos otoños y unas primaveras asombrosas. Sigo enseñando a Nabokov, a James, a Fitzgerald, a Conrad y también a Iraj Pezeshzad, autor de una de mis novelas iraníes preferidas, *Mi tío Napoleón*, y a otros que he descubierto desde que estoy en Estados Unidos, como Zora Neale Hurston y Orhan Pamuk. Y ahora sé que mi mundo, como el de Pnin, será siempre un «mundo portátil».

Salí de Irán, pero Irán no salió de mí. Al parecer han cambiado mucho las cosas desde que nos fuimos Bijan y yo. Hay más desafío en el porte de Manna y en el de otras mujeres; sus pañuelos tienen más colores y sus mantos son más cortos, llevan maquillaje y pasean libremente con hombres que no son sus hermanos, ni sus padres ni sus maridos. Al mismo tiempo, prosiguen las redadas, las detenciones y las ejecuciones públicas. Pero hay más movilizaciones en favor de la libertad; mientras escribo, abro el periódico y me entero de las recientes manifestaciones estudiantiles para apoyar a un disidente condenado a muerte por decir que no hay que obedecer ciegamente al clero, como harían los simios, y por pedir que se revise la constitución. Leo escritos de estudiantes jóvenes y de ex revolucionarios, consignas y reivindicaciones de la democracia, y si algo he aprendido es que este obstinado deseo de vida, libertad y búsqueda de la felicidad de los jóvenes iraníes actuales, los hijos de la revolución, y las angustiadas autocríticas de los ex revolucionarios son los elementos que determinarán la forma de nuestro futuro.

Desde que me fui de Irán no he hablado con mi mago ni le he escrito, respetando sus deseos, pero su magia ha formado parte de mi vida durante tanto tiempo que a veces me pregunto si existió alguna vez, si me lo inventé o si él me inventó a mí.

A veces recibo mensajes de correo electrónico que parecen luciérnagas, o cartas con matasellos de Teherán y de Sidney; son de mis antiguas estudiantes, que me hablan de su vida y sus recuerdos.

Sé que Nassrin llegó a Inglaterra felizmente, pero no tengo la menor noticia de lo que fue de ella después.

Mitra se fue a Canadá unos meses después de marcharnos nosotros a Estados Unidos. Me escribía por e-mail o me llamaba por teléfono con cierta regularidad, pero hace ya mucho que no sé nada de ella. Yassi me cuenta que se matriculó en la universidad y que tiene un hijo.

También tuve noticias de Sanaz cuando llegué a Estados Unidos. Me llamó de Europa para contarme que se había casado y tenía intención de matricularse en la universidad. Pero Azin me informa de que abandonó estos planes y ahora se dedica a sus labores, como solía decirse.

Cuando llegué a Estados Unidos dejé de estar en comunicación continua con Azin; por lo general me llamaba por mi cumpleaños. Otra ex estudiante me había dicho que estaba dando clases en Allameh, la misma asignatura y los mismos libros que había enseñado yo. Lo último que sabía de Azin, dijo la ex estudiante con algo de malicia, es que se había trasladado al despacho contiguo al que había tenido en el cuarto piso. A menudo pensaba en ella y en su guapa y pequeña Negar. Hace unos meses me llamó de manera inesperada, desde California. Tenía aquella voz optimista e insinuante cuyo timbre, por lo visto, se me ha grabado en la memoria. Ha vuelto a casarse; su último marido vive en California. El primero le había quitado a Negar y ya no tenía mucho sentido quedarse en Teherán. Estaba llena de ideas sobre estudiar y empezar una nueva vida.

Mahshid, Manna y Yassi siguieron viéndose después de mi partida. Leyeron a Virginia Woolf, a Kundera y a otros, y escribieron sobre cine, sobre poesía y sobre su propia vida como mujeres. Mahshid consiguió por fin la plaza fija que tanto merecía y ahora es editora y publica sus propios libros.

Durante el último año que pasó en Irán, Yassi dirigió un seminario privado, con estudiantes que la querían y con quienes se iba de excursión al monte; me escribía e-mails llenos de entusiasmo por esta nueva afición suya. Además trabajó de firme para cursar estudios de posgrado en Estados Unidos. Al final, en el año 2000, la aceptaron en la Rice University, Texas, y en la actualidad está preparando el doctorado.

Nima da clases. Es, como siempre he dicho, un profesor nato. Además escribe brillantes e inacabados ensayos sobre James, Nabokov y sus persas predilectos. Todavía me cuenta historias y anécdotas. Manna escribe poesía y cuando hace poco le dije que quería escribir un epílogo para mi libro y que no sabía qué decir de ella, me envió lo siguiente:

> Han pasado cinco años desde que empezó la historia, en una habitación mal iluminada donde leíamos *Madame Bovary* y cogíamos bombones de un plato color burdeos los jueves por la mañana. Apenas ha cambiado nada en la incesante uniformidad de nuestra vida cotidiana. Pero yo he cambiado en todo lo demás. Todas las mañanas, cuando despierto con la salida del sol de costumbre y me pongo el velo delante del espejo, preparándome para salir y formar parte de lo que llaman realidad, soy consciente de que hay otro «yo» que se ha desnudado en las páginas de un libro; he quedado plasmada, como una escultura de Rodin, en un mundo imaginario. Y así seguiré mientras me tengáis en la retina, queridos lectores.

Agradecimientos

Son muchas las personas que tienen una aparición especial, como entes reales, como espíritus o como sombras, en las páginas de este libro. A unas las conocí hace mucho tiempo y compartí con ellas muchas experiencias que se han descrito en este volumen; a otras es como si las conociera de toda la vida aunque no estuvieran presentes entonces. Es imposible agradecer su colaboración con tan pocas palabras. Como las hadas y genios buenos que protegían al Pnin de Nabokov, han sido los ángeles de la guarda de este libro. Les debo más de lo que soy capaz de expresar.

Mi madre, Nezhat Nafisi, falleció el 2 de enero de 2003. No pude estar con ella durante los últimos meses de su enfermedad ni en su muerte. El dolor que sentí estará siempre unido al odio que compartí con ella por los perversos sistemas totalitarios a los que Nabokov acusó de pulsar las fibras sensibles de sus ciudadanos para convertirlos en rehenes. Para ella, la lucha contra la tiranía no era una lucha política, sino existencial. Ni como hija ni como persona he podido alcanzar la perfección que esperaba de mí, pero le gustaba de veras lo que yo escribía y teníamos los mismos valores e ideales. Esperaba este libro con impaciencia para leerlo y a ella se lo dedico en memoria de su valor y de su integridad, que fueron las principales causas de sus defectos temperamentales. Mi madre y mi padre fueron los primeros que me apoyaron, y lo hicieron con el máximo entusiasmo y la máxima generosidad.

Mi padre fue el primer narrador que apareció en mi vida, inventaba historias para que yo las oyera y en las que aparecía yo como personaje. Me enseñó muchas cosas, por ejemplo a creer en los ideales y a enfrentarme al mundo real con las posibilidades creadas por los de ficción. A mi hermano Mohammad le conté mis primeros sueños y mis primeras historias (una experiencia que prosigo con mi querida sobrina, Sanam Banu Nafisi); aunque vivíamos en lugares distintos mientras escribía este libro, su ojo crítico y comprensivo no ha dejado de hacerme compañía. Mi marido, Bijan, con quien compartí muchísimas experiencias descritas en el libro, ha sido literalmente mi cara mitad en esta espantosa prueba, lo mismo que en todas las demás. Exceptuando a mi editor, fue el único que leyó el manuscrito de este libro y me ayudó mucho con sus juicios imparciales, su integridad moral y su cariño. Mis hijos, Dara y Negar, me dieron un afecto y un apoyo que a veces hacía que se invirtieran nuestros papeles.

Gracias al apoyo y estímulo de otros familiares y amigos, la redacción de este libro me resultó más fácil: Manijeh y Q Aghazadeh; Taraneh y Mo Shamszad; Parvin, cuya valiosísima amistad y cuyo apoyo continuo no podría agradecer nunca como es debido, y también Josrow, Tahmineh Joon, Goli, Karim, Nahid y Zari; mi buena amiga Mahnaz Afjami, que me ofreció amistad y prudentes consejos en un período de soledad y dificultades, y a quien doy las gracias especialmente por su inapreciable apoyo, y por las sugerencias e ideas que me aportó para el seminario privado; Paul (te doy las gracias por iniciarme en *Persecution and the art of writing*, entre muchas otras cosas), Carl Gershman, Hillel Fradkin y los maravillosos colegas y miembros del personal de la Universidad de Freedonia; Bernard Lewis (que abría la puerta); Hayedeh Daraghi, Freshteh Shahpar, Farivar Farzan, Shahran Tabari y Ziama (por hacerme comprender la relación entre Beethoven y la libertad); Lea Kenig, por su amistad, apoyo y amor a los libros, que compartía conmigo generosamente; mis recuperadas amigas de la infancia, Farah Ebrahimi e Issa H. Rhode; y las voces de mi conciencia y amistades del alma, Ladan Boroumand, Roya Boroumand y Abdi Nafisi.

Siempre estaré en deuda con mis alumnos, que me permitieron conocer otros puntos de vista sobre la vida y la literatura, pero sobre todo con Azin, Yassi, Sanaz, Mitra, Mahshid, Manna, Ava, Mozhgan, Nassrin y Nima. En casi todas las páginas de este libro resuenan recuerdos de mis experiencias docentes y en cierto modo cada página está dedicada a ellos.

Desde que me fui de Irán, en 1997, mi patria académica e intelectual ha sido la Facultad Paul H. Nitze de Estudios Internacionales Avanzados, de la Universidad Johns Hopkins. He aprendido mucho de la franqueza, la curiosidad y la libertad intelectual de los colegas y miembros del personal del pasado y del presente. Me gustaría darles las gracias por haber sabido crear un ambiente académicamente estimulante y experimental, y que nunca ha sido intelectualmente artificial ni limitado. Gracias especialmente a Fouad Ajami y al departamento de Oriente Medio, y al personal y a mis colegas del Instituto de Política Exterior, y a su director, el doctor Tom Keaney.

Gracias a una generosa beca de la Fundación Smith Richardson pude trabajar en este libro y proseguir mis investigaciones en la Facultad de Estudios Internacionales Avanzados. Doy las gracias especialmente a Marin Strmecki y Samantha Ravich por creer en los derechos de todos los individuos a la vida, la libertad y la búsqueda de la felicidad, sin que importe el lugar donde vivan. Por las citas del ayatolá Jomeini y los datos sobre su vida, estoy en deuda con Baqer Moin, autor de *Khomeini: life of the ayatollah* (I. B. Tauris, 1999).

Quisiera dar las gracias al personal de Random House por su apoyo, su entusiasmo y su profesionalidad. Estoy en deuda con Veronica Windholz por su escrupulosa corrección de estilo y su odio a las tiranías, y con Robin Rolewicz, en cuyas sonrisas y en cuyo generoso y oportuno apoyo, que desbordó con creces sus obligaciones, acabé confiando mucho. Me había preguntado con frecuencia por qué algunos escritores daban tanto jabón a los editores, hasta que empecé a trabajar con Joy de Menil. A pesar de su juventud, Joy decidió ser el hada madrina de este libro. Le estoy agradecida por su amistad, afianzada durante la redacción del libro, su intuición, sus sugerencias imaginativas, su minuciosa revisión, y no en menor medida por su amor y entusiasmo por las grandes obras de la literatura.

Y por último estará siempre el inimitable e incorregible señor R., dondequiera que se encuentre en este momento y sea cual fuere la historia que esté inventando o viviendo.